# BAUDRI DE BOURGUEIL

# POÈMES

# COLLECTION A.L.M.A.

*Publiée sous le patronage de l'Association Guillaume Budé
sous la direction de François Dolbeau et Jean-Yves Guillaumin*

Déjà parus :

**ABBON DE FLEURY** (Abbo Floriacensis).
**Questions grammaticales.** Texte établi, traduit et commenté par
A. Guerreau-Jalabert (1982).

**BAUDRI DE BOURGUEIL** (Baldricus Burgulianus).
**Poèmes.** Tomes I-II. Texte établi, traduit et commenté par
J.-Y. Tilliette (1998-2002).

**GUILLAUME DE SAINT-THIERRY** (Guillelmus de Sancto Theodorico).
**De natura corporis et animae.** Texte établi, traduit et commenté
par M. Lemoine (1988).

**HROTSVITA**
**Théâtre.** Texte établi, traduit et commenté par M. Goullet (1999).

**INGHETTO CONTARDO** (Ingetus Contardus).
**Controverse avec les Juifs.** Texte établi, traduit et commenté par
G. Dahan (1993).

**ISIDORE DE SÉVILLE** (Isidorus Hispalensis).
**De differentiis**
*Livre I.* Texte établi, traduit et commenté par C. Codoñer (en espagnol) (1992).
**Étymologies**
*Livre II. Rhétorique et dialectique.* Texte établi, traduit et commenté
par P. K. Marshall (en anglais) (1983).
*Livre III. Les mathématiques.* Texte établi par G. Gasparotto avec la
collaboration de J.-Y. Guillaumin, traduit et commenté par
J.-Y. Guillaumin (2009).
*Livre VI. Les Saintes Écritures.* Texte établi, traduit et commenté
par C. Chaparro Gómez (en espagnol) (2012).
*Livre VII. Dieu, les anges, les saints.* Texte établi par J.-Y. Guillaumin,
traduit et commenté par J.-Y. Guillaumin et P. Monat (2012).
*Livre IX. Les langues et les groupes sociaux.* Texte établi, traduit et
commenté par M. Reydellet (1984).
*Livre XI. L'homme et les monstres.* Texte établi, traduit et commenté
par F. Gasti (en italien) (2010).
*Livre XII. Animaux.* Texte établi, traduit et commenté par J. André
(1986).
*Livre XIII. Le Monde et ses parties.* Texte établi, traduit et commenté par G. Gasparotto (en italien) (2004).
*Livre XIV. La Terre.* Texte établi, traduit et commenté par O. Spevak
(2011).
*Livre XVI. Pierres et métaux.* Texte établi, traduit et commenté par
J. Feáns Landeira (en espagnol) (2011).
*Livre XVII. Agriculture.* Texte établi, traduit et commenté par
J. André (1981).

# BAUDRI DE BOURGUEIL

## POÈMES

## I

Texte établi, traduit et commenté

par

JEAN-YVES TILLIETTE

2ᵉ tirage

PARIS

LES BELLES LETTRES

2012

## COLLECTION A.L.M.A. *(suite)*

**ISIDORE DE SÉVILLE** (Isidorus Hispalensis).
  **Étymologies**
  *Livre XVIII. Guerre et jeux.* Texte établi, traduit et commenté par J. Cantó Llorca (en espagnol) (2007).
  *Livre XIX. Navires, édifices et vêtements.* Texte établi, traduit et commenté par M. Rodríguez Pantoja (en espagnol) (1995).
  *Livre XX. Nourriture, boisson, ustensiles.* Texte établi, traduit et commenté par J.-Y. Guillaumin (2010).
  **De ortu et obitu patrum.** Texte établi, traduit et commenté par C. Chaparro Gómez (en espagnol) (1985).
  **Le Livre des nombres.** Texte établi, traduit et commenté par J.-Y. Guillaumin (2005).

**MARBODE DE RENNES** (Marbodus Redonensis).
  **Le Livre des pierres.** Texte établi, traduit et commenté par M. E. Herrera (en espagnol) (2005).


À paraître :

**BAUDRI DE BOURGUEIL. Œuvres.** Tome III. Texte établi, traduit et commenté par A. Le Huërou.

**ISIDORE DE SÉVILLE. Étymologies.**
  *Livre V. Les lois et les époques.* Texte établi, traduit et commenté par F. J. Andrés Santos et V. Yarza Urquiola.

*Conformément aux statuts de l'Association Guillaume Budé, ce volume a été soumis à l'approbation de la commission technique qui a chargé Jacques Fontaine d'en faire la révision et d'en surveiller la correction en collaboration avec Jean-Yves Tilliette.*

*© 2012. Société d'édition Les Belles Lettres*
*95 bd Raspail 75006 Paris.*

*Premier tirage 1998*

*ISBN : 978-2-251-33637-4*
*ISSN : 0223-3819*

# INTRODUCTION

## I. – LA VIE ET L'ŒUVRE DE BAUDRI DE BOURGUEIL

*Une biographie lacunaire* [1]

On est assez mal informé sur l'existence de « Baudri, abbé de Bourgueil, puis archevêque de Dol »[2] : un prénom, les étapes d'une belle carrière ecclésiastique, et c'est presque tout. Les sources fournissant des repères biographiques, sans être très rares, ne sont guère éloquentes. Il s'agit :

– d'une soixantaine de chartes, pour la plupart connues à travers des copies modernes, souscrites par Baudri ou mentionnant son nom[3]. La seule indication que l'on puisse en tirer

1. La seule monographie moderne consacrée à Baudri est la thèse de doctorat de l'abbé Henri Pasquier, *Un poète chrétien à la fin du XIe siècle. Baudri, abbé de Bourgueil, archevêque de Dol d'après des documents inédits (1046-1130)*, Angers, 1878. Ce livre, s'il pèche parfois par des interprétations trop uniment favorables au personnage dont il retrace la vie, est bien informé et de lecture plaisante.

2. *Baldrici abbatis Burguliensis in Andegauis postea episcopi Dolensis carmina* : tel est le titre inscrit par un bibliothécaire du XVIIIe siècle sur la page de garde du manuscrit des poèmes (Vatican, Reg. lat. 1351, f. IIv°).

3. Les documents relatifs à l'abbatiat de Baudri ont été rassemblés et transcrits vers le milieu du XIXe siècle par André Salmon (manuscrit de Tours, Bibliothèque municipale, 1338, p. 331-406 et *passim*) ; les actes de son épiscopat, plus dispersés, ont été exploités par Pasquier (*op. cit.*, p. 282-290).

concerne le prestige et l'influence qui s'attachaient à la charge
d'abbé de Bourgueil, souvent cité en bon rang parmi les
témoins ;
  – d'une demi-douzaine de lettres à lui adressées ou le
concernant, de caractère essentiellement administratif[4] ;
  – de l'éloge funèbre bref, mais vibrant d'admiration, que lui
dédie l'historien normand Orderic Vital[5].
  C'est donc principalement de son œuvre que l'on peut tirer
les informations qui suivent. Baudri, en latin *Baldricus, Balde-*
*ricus*, parfois *Baudricus* ou *Batoricus*, est né en 1045/46 à
Meung-sur-Loire, près d'Orléans[6]. On ignore tout de son origine sociale, sinon qu'elle n'était vraisemblablement pas aris-
tocratique, si l'on peut interpréter en ce sens le silence de la
documentation. On n'en sait guère plus sur sa famille : Baudri
fait une fois allusion à sa sœur, parle avec plus d'insistance
d'un neveu prêtre, qu'il semble avoir chéri d'une tendre affection[7]. Il étudie les premiers rudiments sous la férule d'un certain Hubert, maître d'école à Meung, en qui certains ont voulu
voir sans preuves très solides un élève de Fulbert de Chartres[8].


4. Deux lettres du pape Pascal II, datées de 1107 et adressées au
clergé et au peuple de Dol, accordant à Baudri le pallium d'archevêque (Martène, *Thesaurus novus anecdotorum*, Paris, 1717, III, 882-
883), une lettre de Calixte II à Baudri le convoquant au premier
concile du Latran (*PL* 163, 1249), une lettre d'Hildebert, archevêque
de Tours, écrite juste après la mort de Baudri (janvier 1130) à Hono-
rius II, contestant à Dol le rang de métropole ecclésiastique (*PL* 171,
258). Sur les lettres de Pierre, abbé de Maillezais, à Baudri et d'Yves
de Chartres à Hugues, archevêque de Lyon, on reviendra plus loin.
    5. *Historia eccleciastica*, 9, 18 (éd. M. Chibnall, t. 5, Oxford,
1975, p. 188).
    6. *c.* 153, 32 : *Magduni natus (sum)* ; Orderic Vital (*loc. cit.*) qua-
lifie Baudri de *civis Aurelianensis*.
    7. Cf. *cc.* 114, 8 ; 126, 105 et 250, 11. Ce neveu est le dédicataire du
traité *De visitatione infirmorum* (cf. *infra*). Il est douteux qu'il faille
l'identifier à « Arnaldus clericus Baudrici archiepiscopi nepos » qui
souscrit une charte entre 1107 et 1123 (ms. de Tours 1338, p. 406).
    8. J. A. Clerval, *Les Écoles de Chartres au Moyen Age*, Paris,
1895, p. 73. L'école de Meung, fondée par Théodulphe (E. Lesne,
*Histoire de la propriété ecclésiastique en France*, t. 5 : *Les écoles de*

C'est à peu près tout ce que nous savons de positif sur les « années d'apprentissage » de notre auteur. Toutefois, la solide culture littéraire dont il est le dépositaire incite à penser qu'il a fréquenté une de ces écoles cathédrales alors en plein essor. La tradition veut qu'il ait parfait sa formation à Angers – hypothèse qui ne repose sur aucun argument, sinon la familiarité que Baudri témoignera plus tard pour plusieurs maîtres et étudiants angevins[9].

La date de la conversion monastique de notre auteur est, elle aussi, inconnue. Elle ne doit pas avoir été très précoce puisque, de son propre aveu, il fut d'abord tenté par une carrière d'enseignant[10]. Quoi qu'il en soit, il accède dans les années 1078-1082 – date controversée, mais hautement vraisemblable[11] – à la charge d'abbé du monastère bénédictin de Saint-Pierre-de-Bourgueil. Cette abbaye, fondée en 990 par Emma de Blois, duchesse d'Aquitaine, dans l'esprit de la réforme clunisienne, jouit alors en Anjou d'une réelle opulence. Cette prospérité ne fait que croître sous le long abbatiat de Baudri – une charge dont il s'acquitte avec une très grande diligence, si l'on se fie au témoignage des documents[12]. Sur le plan spirituel toutefois, sa carrière laisse plus à désirer : en 1098, il essaie, sans succès d'ailleurs, de s'emparer de l'évêché d'Orléans laissé vacant par la déposition de son titulaire, au

---

*la fin du VIIIe siècle à la fin du XIIe siècle,* Lille, 1940, p. 190), semble avoir bien perdu de son lustre au cours du Xe siècle.

9. Discussion du problème par Phyllis Abrahams, *Les œuvres poétiques de Baudri de Bourgueil (1046-1130). Édition critique publiée d'après le manuscrit du Vatican,* Paris, 1926, p. XXI et XXV et par Walter Bulst, « Studien zu Marbods *carmina varia* und *Liber decem capitulorum* », *Göttinger Nachrichten, Ph.-hist. Kl., Fachgruppe VI, NF 2,* 1939, p. 229-234.

10. *c.* 77, 132-136.

11. Elle est établie par O. Guillot, *Le comte d'Anjou et son entourage au XIe siècle,* Paris, 1972, t. 2, p. 212. La datation traditionnelle au 25 décembre 1089 de l'accession de Baudri à l'abbatiat doit être rejetée. Selon Pasquier (*op. cit.,* p. 273-274), notre auteur aurait d'abord exercé les fonctions de prieur au sein du monastère.

12. M. Dupont, *Monographie du cartulaire de Bourgueil (des origines à la fin du Moyen Age),* Tours, 1962, p. 30-31.

prix de manœuvres simoniaques. C'est Yves de Chartres qui relate l'épisode avec une verve indignée[13]. H. Pasquier, l'hagiographe de Baudri, s'est efforcé sans convaincre de laver son héros de cette vilaine accusation. L'évêque de Chartres, primat *de facto* de l'église de France, était sévère, certes, mais bien informé et il ne paraît nullement dans son tempérament d'avoir forgé une pareille calomnie. Ce que l'anecdote révèle, c'est que le mouvement de réforme dit grégorien, dont Baudri ne semble guère par ailleurs avoir été un zélateur acharné[14], peine encore à s'imposer en France[15]. Des pratiques plus tard honnies sont alors la règle plutôt que l'exception. Ce qui est neuf, c'est que l'on commence à s'en indigner.

En tous cas, notre auteur doit avoir donné suffisamment de témoignages de sa résipiscence pour être en 1107 promu, dans des conditions parfaitement canoniques cette fois, à la tête de l'archevêché de Dol-de-Bretagne[16]. La fin de son séjour à Bourgueil semble avoir été terni par des difficultés relatives aux possessions poitevines de l'abbaye, qui représentent près de la moitié de son temporel, mais on en ignore la nature exacte[17]. Le titre pompeux de métropolitain de Petite-Bretagne, dont peut désormais se parer Baudri, recouvre en fait une réalité moins glorieuse. Tout d'abord, les droits (incertains) de la métropole de Bretagne sont de plus en plus vivement contestés

13. *Ep. 65 ad Hugonem, Lugdunensem archiepiscopum*, éd. J. Leclercq, Paris, 1949, p. 282-291 (p. 288).

14. Voir à ce sujet nos remarques dans « Hermès amoureux, ou les métamorphoses de la Chimère. Réflexions sur les *carmina* 200 et 201 de Baudri de Bourgueil », *Mélanges de l'École française de Rome. Moyen Age*, 104, 1992, p. 121-161 (p. 125-127).

15. Cf., par exemple, J. Paul, *L'Église et la culture en Occident, IX$^e$-XII$^e$ siècle*, Paris, 1986 (« Nouvelle Clio », 15) t. 1, p. 381-385.

16. On notera cependant que le clergé de Dol lui avait préféré le chancelier de l'église de Chartres, Vulgrin, qui se désista avec l'appui de son évêque Yves (cf. Yves de Chartres, *ep. 176* et *178*, *PL* 162, 178 et 180). Ce dernier ne s'opposa donc pas à l'élection « par défaut » de Baudri.

17. *Itinerarium siue epistula ad Fiscannenses* (*infra*, n. 43) : (à la fin du séjour de Baudri à Bourgueil) *inquietus Pictaviensis turbo inchoaverat nequiter efflare* (*PL* 166, 1173 b) ; cf. aussi *c.* 201, 82.

par celle de Tours et ce n'est qu'au prix de démarches complexes, qui l'entraînent jusqu'à Rome, que Baudri finit par se
faire concéder le pallium à titre strictement personnel[18]. Cela
ne l'empêche d'ailleurs pas de se voir déserté de presque tous
ses suffragants au cours de son épiscopat[19]. D'autre part, les
relations de l'archevêque avec ses diocésains paraissent avoir
été très tôt exécrables. La littérature du temps est si unanime à
présenter les Bretons comme des êtres incultes, brutaux et
impies que l'on peut se demander s'il n'y a pas, dans ce lieu
commun, un fond de vérité[20]. L'esthète raffiné, jusqu'alors protégé par l'abri du cloître, qu'était Baudri ne tarde pas à proclamer son dégoût pour les hommes et les tâches dont il est en
charge[21]. En 1120, il connaît l'humiliation de se voir suspendu
par le légat pontifical Gérard d'Angoulême, à la suite d'un
litige avec certains membres de son chapitre[22]. Bien que rapidement réintégré dans sa charge, il paraît dès lors en avoir
délaissé progressivement les offices et s'être retiré dans un
prieuré normand dépendant de l'église de Dol, Saint-Samson-
sur-Risle. C'est peut-être au cours de cette ultime période de
son existence qu'il effectua, en confrère, les nombreuses visites
aux moines des abbayes bénédictines d'Angleterre (Wor-
cester[23]) et de Normandie (Le Bec, Fécamp, Fontenelle,

18. Sur ces questions difficiles, l'excellent ouvrage de F. Duine,
*La métropole de Bretagne...*, Paris, 1916, n'a pas été dépassé.
A propos de Baudri, voir les p. 118-123.

19. Duine, *op. cit.*, p. 35-36.

20. Cf. Guillaume de Poitiers, *Gesta Guillelmi ducis Norman-
norum et regis Anglorum*, ch. 44 (*... legis divini* [sic] *atque pudici
ritus ignari... culturae... morum minime student... rapinis, latrociniis...
aluntur*, éd. Foreville, Paris, 1952, p. 108-110) ; Marbode de Rennes,
c. 2, 37 (« *Vrbs Redonis, spoliata bonis, ... plena dolis, odiosa polis,
etc.* », éd. Bulst, *loc. cit.*, p. 199) ; Orderic Vital, *loc. cit.* (« *Bri-
ton(es)... protervos et exleges* ») ; Pierre Abélard, *Historia calamitatum* (« *gens terre illius inhumana atque incomposita* », éd. Monfrin,
Paris, 1978⁴, p. 98).

21. *Itinerarium...*, cit. : « *terrae maritimae barbara mephita
devictus, substiti* » (PL 166, 1173 c).

22. Pasquier, *op. cit.*, p. 285 ; Duine, *op. cit.*, p. 118.

23. Dont les *cc.* 218-221 décrivent l'église.

Jumièges), dont lui-même et Orderic Vital nous ont gardé le témoignage[24]. Il se plaît à y retrouver, toujours de son propre aveu, l'atmosphère sereine de son « jardin » de Bourgueil. C'est dans l'une de ces abbayes, Préaux, que Baudri s'éteint le 5 janvier 1130, âgé de quatre-vingt-quatre ans, un mois tout juste après avoir consacré l'église de Saint-Samson-sur-Risle, où dom Bouquet a relevé son épitaphe[25].

## Un talent de polygraphe

La partie la plus originale de l'œuvre de Baudri, celle en tout cas par quoi il nous est le plus proche, est constituée par les poèmes ici édités, et dont nous parlerons plus en détail dans la suite de cette introduction. Ils n'ont toutefois guère rencontré le succès au Moyen Age, puisqu'un seul manuscrit nous les a transmis. Les œuvres en prose ont, elles, été beaucoup plus populaires. Leur énumération montrera la variété des domaines où s'est exercé le talent de notre auteur.

– Le *De visitatione infirmorum* est un opuscule spirituel. C'est un « traité de la bonne mort » dédié par Baudri à son neveu bien-aimé. Aucun des manuscrits qui le transmettent, à l'exception d'un seul (Londres, Lambeth 363, saec. XIII) ne

24. L'*Itinerarium* évoque un voyage en Angleterre (sans plus de précisions), un voyage au Bec et trois voyages à Fécamp ; Orderic Vital (*loc. cit.*) écrit : « *vicina coenobia, Fiscannum scilicet ac Fontinellam atque Gemmeticum aliaque plura visitabat* ».

25. *Notum sit praesentibus et futuris quod Baldricus bonae memoriae Dolensis archiepiscopus dedicavit hanc ecclesiam in honore beatae virginis Mariae et beati Petri apostolorum principis et sancti Samsonis beatissimi confessoris VIII idus decembris anno ab incarnatione D. MCXXIX ; eodem anno dedicavit ecclesiam S. Laurentius de Mansco VI idus decembris, quae sunt iuris sanctae Dolensis ecclesiae. Qui Baldricus rexit Dolensem ecclesiam XXII annis et XXXXIV diebus. Trigesimo autem die post consecrationem huius praesentis ecclesiae obiit in Christi confessione et Pratellis dormit. Cuius anima aeternam requiem possideat.* (Recueil des historiens des Gaules... t. XV, p. 326). L'obit de Baudri était célébré le 27 décembre au prieuré de Saint-Nicaise de Meulan (Molinier, *Obit. Prov. Sens*, II, 242) et le 30 décembre à Saint-Julien de Tours (BN, ms. fr. 22322, p. 395).

mentionne le nom de l'auteur. Aussi fut-il longtemps attribué sans preuves à l'autorité prestigieuse de saint Augustin[26]. Il semble, d'après l'analyse des manuscrits où il figure, avoir été fort populaire à la fin du Moyen Age dans les milieux de la *devotio moderna*. C'est Casimir Oudin qui en a restitué la paternité à Baudri ; des rapprochements stylistiques avec les poèmes ne laissent aucun doute à ce sujet. La date de composition de cet ouvrage est inconnue, mais sans doute antérieure à l'élévation de Baudri à la charge d'archevêque[27].

– Dans l'*Historia hierosolymitana*[28], son ouvrage le plus célèbre, notre auteur fait œuvre d'historien. Comme son titre l'indique, il s'agit d'un récit de la première Croisade. Entrepris par Baudri à la demande de son ami Pierre, abbé de Maillezais, ce n'est évidemment pas un témoignage de première main, exception faite de la relation du concile de Clermont, auquel Baudri a participé. Mais c'est toutefois un peu plus qu'une réécriture en latin correct et savant des *Gesta Francorum et aliorum Hierosolimitanorum* anonymes (entreprise à laquelle se bornaient les exigences de Pierre de Maillezais). Baudri a su en effet intelligemment combiner sa source principale avec d'autres témoignages, peut-être oraux, et donner une coloration idéologique toute personnelle à son récit[29]. Tôt adaptée en vers français[30], cette *Historia*, écrite vers 1107, connut une popularité durable.

– La *Vita sancti Samsonis* est la réécriture d'une ancienne *Vie* du fondateur de l'église de Dol composée à la fin du IXe ou

26. Et encore édité au tome 40 de la *PL* (col. 1147-1158) parmi les *opera spuria* d'Augustin.

27. Le *c.* 114 au moine Bernier, vraisemblablement écrit à Bourgueil, fait référence à cet ouvrage.

28. *PL* 166, 1057-1152 ; *Recueil des historiens des Croisades. Historiens occidentaux*, IV, Paris, 1879, p. 4-111.

29. Ch. Thurot, « Études critiques sur les historiens de la première croisade : Baudri de Bourgueil », *Revue historique*, 1, 1876, p. 373-386 ; P. Alphandéry et A. Dupront, *La chrétienté et l'idée de croisade. Les premières croisades*, Paris, 1954 (« L'évolution de l'humanité », 38), p. 59-73 et *passim*.

30. P. Meyer, « Un récit en vers français de la première croisade fondé sur Baudri de Bourgueil », *Romania*, 5, 1876, p. 1-63.

au début du Xᵉ siècle[31]. Seul le prologue en a été publié[32]. Le récit hagiographique lui-même, tel qu'on le lit par exemple dans le manuscrit de la Bibliothèque nationale de Paris lat. 5350 (XIIIᵉ-XIVᵉ s.) ne diffère de son modèle que par des embellissements stylistiques[33].

– C'est probablement au même travail de remise au goût littéraire du jour que Baudri aurait soumis les *Gesta pontificum Dolensium*. Mais la version qu'en donna notre auteur est aujourd'hui presque intégralement perdue et on ne la connaît qu'à travers les rares citations qu'en fait Pierre Le Baud dans son *Histoire de Bretagne*[34]. Cet ouvrage, comme le précédent, date à l'évidence de l'épiscopat de Baudri.

– Le *De scuto et gladio sancti Michaelis*[35] constitue un troisième « écrit breton ». C'est la relation d'un miracle assez curieux opéré par saint Michel-au-péril-de-la-mer. Selon une

31. F. Duine, *Memento des sources hagiographiques de l'histoire de Bretagne*, Rennes, 1918, p. 31-35.

32. Par F. Plaine, « Vita antiqua sancti Samsonis », *Analecta bollandiana*, 6, 1887, p. 77-150 (p. 80-82). Les travaux récents sur l'hagiographie samsonienne (voir n. 1, *c.* 215, dans le tome II de notre édition, à paraître) n'accordent aucune attention aux remaniements effectués par Baudri.

33. Duine attribue encore à Baudri une *Inventio sepulchri sancti Samsonis*, dont on n'a conservé qu'un mince fragment (*La métropole de Bretagne...*, p. 123 n. 1).

34. Duine, *La métropole de Bretagne...*, p. 3-5. Le récit remanié (légèrement, croit-on) par Baudri est un memorandum composé entre 1076 et 1080 par un certain Pierre, clerc de l'archevêché de Dol, pour le soutien des droits métropolitains de celui-ci. Ainsi que l'a démontré Duine, l'attribution à Baudri lui-même de ce texte, conservé par deux manuscrits (Paris, BN lat. 14617, et Rennes, Archives départementales IF 1003), n'est pas défendable, contrairement à ce que soutient L. Martin-Chauffier dans sa thèse de l'École des chartes (*Pos. th.. Éc. chartes*, 1921, p. 85-90).

35. Éd. J. Huynes, in *Histoire générale de l'abbaye du Mont-Saint-Michel au péril de la mer*, éd. E. Robillard de Beaurepaire, Rouen, 1873, t. 1, p. 135-148, d'après le manuscrit d'Avranches, Bibliothèque municipale 214 (saec. XV). Les manuscrits d'Avranches 212 et 213, également copiés au XVᵉ siècle au Mont-Saint-Michel, contiennent une recension abrégée, encore inédite, de ce texte.

tradition remontant au XIVᵉ siècle, elle aurait été rédigée en 1112, à la suite d'un pèlerinage que fit l'archevêque de Dol au monastère voisin du Mont-Saint-Michel[36].

– La *Vita beati Roberti de Arbrissello*[37] a été écrite par Baudri aussitôt après la mort du saint ermite fondateur de Fontevraud (1117), sur la requête de la première abbesse de l'ordre, Pétronille de Chemillé. Les historiens récents de Robert d'Arbrissel, J.-M. Bienvenu et J. Dalarun, ont exploité ce texte, généralement considéré comme trop orné de fleurs de rhétorique et, de ce fait même, de moindre valeur historique que l'autre *Vita* contemporaine de Robert[38].

– *Vita sancti Hugonis Rotomagensis episcopi*[39] : cet autre texte hagiographique a, cette fois, été commandé à notre auteur par l'abbé Ours de Jumièges, et donc composé avant la mort de celui-ci en 1127. Il est lui aussi destiné à se substituer à une *Vita* plus ancienne, moins bien écrite et faisant la part moins belle au merveilleux[40].

– Les *Acta translations capitis sancti Valentini martyris Gemmeticum in Gallia*[41] sont un autre texte à la gloire des saints de Jumièges.

– L'*epistula ad Petrum Gemmeticensum priorem*[42] documente elle aussi les liens étroits qui unissaient notre arche-

36. Voir J. Laporte, « L'épée et le bouclier de Saint-Michel », in *Millénaire monastique du Mont Saint-Michel*, Paris, 1967, t. 2, p. 398-410.

37. *PL* 152, 1043-1058.

38. J.-M. Bienvenu, « Les deux *Vitae* de Robert d'Arbrissel » in *La littérature angevine médiévale*, Maulévrier, 1981, p. 63-76, à corriger d'après J. Dalarun, *L'impossible sainteté. La vie retrouvée de Robert d'Arbrissel (v. 1045-1116) fondateur de Fontevraud*, Paris, 1985, *passim*.

39. *PL* 166, 1163-1172.

40. J. van den Straeten, « Vie inédite de saint Hugues, évêque de Rouen », *Analecta bollandiana*, 87, 1969, p. 215-260.

41. *PL* 166, 1173-1182 (cf. P. J. Geary, *Le vol des reliques au Moyen Age. Furta sacra* (trad. fr.), Paris, 1993, p. 217).

42. Éd. J.-Y. Tilliette, « Une lettre inédite sur le mépris du monde et la componction du cœur adressée par Baudri de Bourgueil à Pierre

vêque à la grande abbaye normande. Cette « lettre de direction » mutilée de la fin, adressée à un personnage inconnu par ailleurs, fait suite, dans l'unique manuscrit où elle est conservée (Rouen, Bibl. mun., 1408, saec. XIIex), à la *Vita* de saint Hugues de Rouen.

– Enfin, l'*Itinerarium siue epistula ad Fiscannenses*[43] est le plus original des écrits en prose de Baudri. Cette lettre, de peu postérieure à une visite rendue par Baudri aux moines de Fécamp que l'on situe généralement après 1123, est doublement précieuse en ce qu'elle fournit nombre d'informations autobiographiques inédites et que, décrivant en détail l'abbaye de La Trinité telle qu'elle se présentait alors, elle constitue pour les archéologues et historiens de l'art une source irremplaçable[44].

Fabricius fait encore de Baudri l'auteur de deux *Vitae* éditées par Mabillon, l'une de saint Malo, premier évêque d'Alet, l'autre de saint Magloire, deuxième évêque de Dol, mais sans justifier ces attributions[45]. On sait d'autre part, d'après son propre témoignage, que, lors de son abbatiat, il écrivit, ou du

de Jumièges », *Revue des Études augustiniennes*, 28, 1982, p. 257-279 (p. 262-266).
43. *PL* 166, 1173-1182.
44. Cf. J. Lemaître, « Dix siècles d'orgue et de musique à l'abbaye de Fécamp », in *L'abbaye bénédictine de Fécamp. Ouvrage scientifique du XIIIe centenaire, 658-1958*, Fécamp, 1960, t. 2, p. 193-217. Selon une tradition fantaisiste, le tombeau de Baudri aurait été retrouvé en 1700 à la Trinité de Fécamp (*L'abbaye bénédictine...*, t. 1, p. 213).
45. *Bibliotheca Latina mediae et infirmae aetatis*, Paris, 1734, t. 1, p. 164. L'édition de ces *Vitae* par Mabillon est au tome 1 des *Acta sanctorum ordinis sancti Benedicti* (Paris, 1668), p. 217-221 et 223-231. Duine admet prudemment, sur des critères purement stylistiques, la paternité baldéricienne de la *Vie de saint Malo*, qu'il date de 1118-1120 (*Memento des sources hagiographiques...*, p. 52-54 et 113). Ses arguments nous semblent fragiles. Plus récemment, J.-C. Poulin, « Les dossiers de saint Magloire de Dol et de saint Malo d'Alet », *Francia* 17/1. *Mittelalter. Moyen Age*, 1990, p. 159-209, est absolument silencieux sur une éventuelle contribution de Baudri à la diffusion de ces deux *Vies*.

moins commença à écrire, une paraphrase en vers de la Genèse[46], composa des sermons et peut-être des vies de saints en vers[47]. Ces ouvrages sont aujourd'hui perdus. En revanche, il faut absolument lui refuser la paternité des *Acta sancti Valeriani martyris*, que Migne classe parmi ses *opera dubia*[48], transmis notamment par un manuscrit du X\ :sup:`e` siècle (Vatican, Reg. lat. 819).

La liste qui précède suffit à donner la mesure exacte du talent de Baudri prosateur. Il n'est pas, comme son contemporain Hildebert de Lavardin, un penseur profond et original, mais un écrivain brillant et réputé. Comme on l'aura remarqué, plusieurs de ces œuvres répondent à des commandes : en lui, Pierre de Muillezais, Pétronille de Chemillé, Ours de Jumièges font appel au styliste élégant, à la plume cicéronienne[49]. Il convient maintenant de dire brièvement si les mêmes qualités définissent son œuvre poétique.

## II. – LES POÈMES DE BAUDRI DE BOURGUEIL

Nous avons conservé de Baudri une collection de 256 poèmes de longueur très variable (de 1 à 1368 vers), tous écrits en vers métriques et composés, pour la grande majorité d'entre eux, au cours de son abbatiat. Il n'est guère d'auteur médiolatin, à l'exception, peut-être, de Gautier de Châtillon et de Jean de Garlande, qui ait laissé une œuvre poétique à la fois

46. *cc.* 1, 59 et 200, 165-166. Dans l'épître dédicatoire de l'*Historia Hierosolymitana* à Pierre de Maillezais, Baudri témoigne d'un grand intérêt pour certaines gloses anonymes du Pentateuque, dont il veut que son correspondant lui procure copie (*PL* 166, 1060 a).

47. *c.* 1, 60-61.

48. *PL* 166, 1207-1212. Cette attribution fut déjà contestée par l'abbé Juenin (*Nouvelle histoire de l'abbaye royale et collégiale de Saint-Philibert et de la ville de Tournus*, Dijon, 1730, p. 11).

49. Pierre de Maillezais l'appelle *meus admirandus Cicero* (*PL* 166, 1061 a) ; Orderic Vital (*loc. cit.*) le décrit comme *liberalibus imbutus studiis*.

aussi abondante et aussi diverse. Son analyse détaillée excéde-
rait sans aucun doute le cadre de cette introduction. Nous nous
bornerons donc à en donner ici les caractéristiques essen-
tielles[50].

## Genres et thèmes

Baudri s'est essayé dans presque tous les genres pratiqués
avant lui par les poètes de l'Antiquité et leurs épigones classicisants d'époque carolingienne : la satire, l'épître – et notamment cette variante particulière de l'épître qu'est la lettre
héroïde (cc. 7-8 et 200-201) – l'épigramme, dans les deux sens
du terme – inscription destinée au moins fictivement à un
monument et courte pièce de vers volontiers satirique –, le
poème didactique (cc. 134 et 154), et, plus succinctement,
l'épopée (les v. 235-572 du c. 134) ; il s'est en revanche
adonné avec beaucoup moins de ferveur aux formes lyriques
puisque l'on ne conserve de lui que quatre hymnes (cc. 215,
216, 222 et 253) et un planctus (c. 74). Il n'a pas hésité non
plus à mettre la main à des genres plus spécifiquement médiévaux, récit de vision (c. 2), méditation spirituelle (c. 122),
énigmes ou logogriphes (c. 186-190), tituli pour des images
pieuses (cc. 125, 224-243, 246-249) ou d'autres objets
(cc. 168-169, 185, 218-221, 244-245) ; ce qu'il a pu composer
en matière d'épopée biblique ou d'hagiographie versifiée est,
comme on l'a vu, perdu. Cet inventaire est à lui seul significatif
de la plasticité de l'inspiration de Baudri et du caractère de
virtuosité pure que représente pour lui l'exercice de la poésie.
Pas plus qu'aucun de ses contemporains, il n'est poète de profession. Que, suivant ses déclarations quelque peu contradic-
toires, il s'installe tous les matins à sa table de travail[51] ou qu'il

---

50. Et nous nous permettons de renvoyer le lecteur avide de plus
de détails à notre thèse de 3e cycle inédite Rhétorique et poétique chez
les poètes latins médiévaux. Recherches sur Baudri de Bourgueil
(Paris, 1981).
    51. c. 101, 11-12 : Matutinus ego tabulas grafiumque pararam /
Inuitaturus nostras ex more camenas.

meuble ses heures creuses en s'essayant à versifier[52], il est poète d'occasion – autant dire poète de circonstance, s'inscrivant dignement dans une lignée qui va d'Ausone à Théodulphe, en passant par Sidoine Apollinaire et Venance Fortunat, à qui on l'a parfois comparé. « Tout ce que j'essayais de dire » – dût-il s'agir de choses aussi prosaïques que la description de tablettes à écrire ou des propriétés de l'arithmétique –, déclare-t-il sous le masque d'Ovide, « était poésie »[53]...

Les genres que Baudri a pratiqués avec le plus d'assiduité sont l'inscription funéraire (91 épitaphes et 6 *tituli* pour des « rouleaux des morts ») et la lettre en vers (88 poèmes). Autant celles-ci sont variées dans leur ton et dans leur sujet, autant celles-là semblent convenues et monotones. Mais pouvait-il en être autrement ? La rhétorique du deuil chrétien s'appuie sur des lieux communs intégralement répertoriés dès l'Antiquité tardive et la forme de l'épitaphe en vers n'évolue guère après Fortunat : il n'est que de parcourir les centaines de textes publiés par L. Delisle[54] ou par les éditeurs des tomes 4 et 5 des *Poetae latini medii aevi* pour s'en convaincre.

Baudri à son tour puise dans le stock abondant, mais non illimité, des formules adaptées à la fois à la circonstance et à la prosodie de l'hexamètre. Ce que l'on peut admirer, c'est son brio et son aptitude à pratiquer la *variatio* : lorsqu'il consacre quatre ou cinq épitaphes au même individu, il redit toujours la même chose, chaque fois en des termes différents. Ses thèmes de prédilection sont, par ordre d'importance décroissante : l'éloge du défunt, l'assurance du salut éternel, la fragilité de la condition humaine (*homo/humus*), le chagrin des survivants. Là où l'on rencontrera peut-être une petite pointe d'originalité, c'est dans le fait que notre auteur ne voue pas automatiquement au Ciel tous les morts qu'il célèbre : par-delà les conventions de l'éloge, ceux dont l'existence n'a pas été irréprochable devront leur salut à la miséricorde divine plutôt qu'à leurs

---

52. *c.* 1, 64 : *Talia dictaba(m) noctibus aut equitans.*
53. *c.* 98, 122 : *quicquid uolui dicere Musa fuit.*
54. *Rouleaux des morts du IXᵉ au XVᵉ siècle*, Paris, 1866.

mérites incertains[55]. Faut-il voir là l'embryon de ce qui sera le Purgatoire, encore à naître[56] ?

La question de savoir si ces épitaphes étaient réellement destinées à être gravées dans la pierre ne se pose pas vraiment, surtout lorsqu'elles sont dédiées... à Cicéron (*cc.* 179-184)! Les volumes publiés du *Corpus des Inscriptions de la France médiévale*[57] ne nous offrent que peu d'exemples d'inscriptions contemporaines maîtrisant à ce point les règles de la versification et de la rhétorique classiques. On y verra plus volontiers, sinon un pur jeu littéraire, du moins un monument de parchemin érigé en l'honneur de grands hommes ou d'amis défunts, à l'instar des « tombeaux » composés par Ausone pour les héros de la guerre de Troie ou de mainte épigramme recueillie dans l'*Anthologie latine*. Cependant, il n'est pas exclu que quelques-unes des épitaphes composées par Baudri aient réellement servi à orner un tombeau[58].

Les lettres ne se prêtent pas à une définition aussi globale. Pour faire bref, on se bornera à remarquer qu'elles développent trois séries de thèmes, psychologiques, moraux et esthétiques, fréquemment entrelacés. Les premiers consistent en une variation sur le thème de l'amitié[59], dont sont évoquées avec finesse les joies et les misères : rencontres (par exemple, les *cc.* 11, 101), séparations (*cc.* 109, 110), fâcheries (*cc.* 107, 143), retrouvailles (*c.* 103), petits cadeaux (*c.* 105). Les thèmes moraux sont développés par des « lettres de direction » où

55. *cc.* 26, 9-10 ; 40, 9-10 ; 42, 8 ; 61, 10 ; 66, 6 ; 72, 5-6 ; 162, 7-8.
56. J. Le Goff, *La naissance du purgatoire*, Paris, 1981, p. 296-298.
57. Dix-huit volumes parus, sous la direction de R. Favreau, à Poitiers, puis à Paris, depuis 1974.
58. Cela semble être le cas pour au moins deux d'entre elles : les épitaphes de Simon évêque d'Agen (*c.* 21, 1-2 – cf. *CIFM*, t. 3, p. 25 n. 2) et d'Eudes, abbé de Saint-Jean-d'Angély (*c.* 48 – cf. *CIFM*, t. 3, p. 105-106). L'un des *tituli* composés par Baudri pour un crucifix (*c.* 125) est effectivement gravé au portail d'une église catalane (R. Favreau, « L'inscription du tympan Nord de San Miguel d'Estella », *Bibliothèque de l'École des chartes*, 137, 1975, p. 237-246).
59. Cf. J. Leclercq, « L'amitié dans les lettres au Moyen Age », *Revue du Moyen Age latin*, 1, 1945, p. 391-410.

Baudri, avec une sagesse bonhomme et quelque peu « juste-milieu », essaie de corriger ses jeunes correspondants, garçons ou filles, de leur péchés véniels et de les amener à vivre une vie plus sainte, de préférence au monastère (*cc.* 91, 94, par exemple). Enfin, l'on voit, dans plusieurs importants poèmes (*cc.* 1, 99, 193, 200...), l'abbé de Bourgueil s'employer à justifier, avec un rien de mauvaise conscience peut-être, le caractère léger, voire badin, de son inspiration. Tous ces thèmes conjoints définissent un idéal de « vie vraiment heureuse » (*c.* 126, 139 : *Vere ... vita beata*), à savoir la possibilité qu'offre la retraite champêtre du cloître de goûter en toute innocence, avec l'élu de son cœur, au charme de « doux entretiens » littéraires (*c.* 129, 5 : *dulcedo colloquiorum*). Le maître-mot de cette poésie, comme l'a montré G. A. Bond dans un remarquable article auquel il nous suffira de renvoyer[60], c'est *iocus*, à la fois le jeu de la poésie et la joie de l'amitié, indissociables l'un de l'autre.

Cette correspondance, comme toute correspondance littéraire, pose le problème de son (ses) destinataire(s). Que les lettres, ou certaines d'entre elles, aient été réellement envoyées, c'est probable, puisque leur auteur se plaint à diverses reprises qu'elles n'aient pas reçu de réponse (*cc.* 100, 135). Il reste que, au-delà du correspondant nommé et quelquefois identifiable par nous, Baudri s'adresse à un lecteur plus général, plus indéterminé, capable d'apprécier sa prouesse poétique[61] et de partager ses aspirations. On s'efforcera plus loin de définir ce public.

### Modèles

La poésie de l'abbé de Bourgueil est une poésie savante. La lecture des deux longs poèmes didactiques suffit à en convain-

60. « *Iocus Amoris.* The poetry of Baudri of Bourgueil and the formation of the ovidian subculture », *Traditio*, 42, 1986, p. 243-293.

61. Voir par exemple cette brève note en prose, qui fait suite à un poème très élaboré techniquement (*c.* 144) : *Quicunque hos uersus legeritis, imperfectum meum uideant oculi uestri et uos imperfecti mei supplementum estote.*

cre. Si le fragment mythologique (*c.* 154) puise presque exclusivement à la source que constitue Fulgence, suivi pas à pas, la composition du poème encyclopédique « à la comtesse Adèle » (*c.* 134) suppose le recours à une érudition copieuse et maîtrisée : Baudri y tire en effet parti de ses lectures, non seulement de Martianus Capella (*Noces de Philologie et de Mercure*) et d'Isidore de Séville (*Étymologies*), comme on pouvait s'y attendre, mais aussi d'un commentaire anonyme d'époque carolingienne aux *Phénomènes* d'Aratus, de l'*Asclepius* du pseudo-Apulée, de l'*Institutio arithmetica* et du commentaire sur le *Perihermeneias* de Boèce, des traités grammaticaux de Donat et Priscien, probablement encore du commentaire sur le *Timée* de Calcidius, de celui sur le *Songe de Scipion* et des *Saturnales* de Macrobe, peut-être de l'*Histoire naturelle* de Pline et du *De inventione* de Cicéron [62]... Aucun de ces ouvrages techniques ne représente à l'époque une rareté, mais leur usage conjoint n'est pas banal au tout début du XIIe siècle, comme il le deviendra quelques décennies plus tard sous l'influence de la pensée chartraine. Ce qu'il convient de souligner en outre, c'est que la démarche compilatoire de Baudri ne se limite pas à restituer la substance des sources ainsi convoquées, mais qu'elle s'efforce avec plus ou moins de bonheur d'en adapter la lettre même au carcan de l'hexamètre. Notre auteur procède de même dans son unique poème de teneur exclusivement religieuse, avec le *Commentaire sur l'évangile de Luc* de Bède [63]. « Tout ce que j'essayais de dire était poésie »...

L'abbé de Bourgueil n'en use pas différemment avec les œuvres des poètes classiques qu'il s'approprie avec plus d'aisance et dont il nourrit sa propre poésie. Dressons là encore

62. Voir notre étude, « La chambre de la comtesse Adèle : savoir scientifique et technique littéraire dans le *c.* CXCVI de Baudri de Bourgueil », *Romania*, 102, 1981, p. 145-171. C. Ratkowitsch, *Descriptio picturae. Die literarische Funktion der Beschreibung von Kunstwerken in lateinischen Grossdichtung des 12. Jahrhunderts*, Vienne, 1991, p. 17-127, s'intéresse plutôt à l'agencement littéraire du poème qu'à son contenu.
63. *c.* 122, 136-148 (à propos de Lc 15, 12-25 – parabole de l'enfant prodigue). Cf. notre annotation *ad loc.*

l'inventaire des textes dont Baudri manifeste une connaissance plus que scolaire et superficielle, mais dont tout prouve qu'il a fait une lecture subtile et approfondie : les trois poèmes de Virgile, tout Horace (sauf les *Épodes*), la *Pharsale* de Lucain, la *Thébaïde* de Stace, les *Satires* de Perse et de Juvénal, l'œuvre complète d'Ovide – ce qui est plus original – avec un doute concernant le *Contre Ibis*, sans doute les comédies de Térence (plus difficiles à traduire dans la versification hexamétrique), peut-être Martial, sûrement quelques épigrammes au moins de l'*Anthologie latine*[64], les fables d'Avien, les *Disticha Catonis*, le *De raptu Proserpinae* de Claudien et les *Élégies* de Maximien. Du côté des poètes chrétiens, dont l'influence est plus difficile à évaluer, car ils se sont eux-mêmes abondamment abreuvés aux sources de la poésie classique, on peut documenter avec exactitude des emprunts à la *Psychomachie* de Prudence, au *Carmen Paschale* de Sedulius et aux œuvres de Venance Fortunat – les traces de Juvencus, Avitus, Arator, Sidoine Apollinaire sont moins nettes.

Tous ces textes, à de rares exceptions près, définissent sans surprise le programme scolaire tel qu'il se met en place dans les écoles cathédrales à l'orée de la renaissance du XII$^e$ siècle[65]. Ce qui est bien plus original, c'est l'usage qu'en fait Baudri. Les poètes médiolatins d'époque antérieure nous ont habitués à parsemer leurs vers, souvent avec talent et à propos, de *juncturae* élégantes extraites, comme de « carrières de pierres précieuses » (G. Vinay), des œuvres de leur glorieux devanciers, surtout Virgile. Mais l'esthétique de notre auteur n'est pas une esthétique du pur ornement. Certes, lorsqu'il s'agit de décrire une navigation épique, il saura au bon moment mettre à contribution l'*Énéide* ou la *Pharsale*[66]. Mais la désinvolture

64. Les six épitaphes de Cicéron (*cc.* 179-184) sont directement inspirées des *cc.* 603 à 614 de l'édition Riese de l'*Anth. lat.* (Leipzig, 1897).
65. G. Glauche, *Schullektüre im Mittelalter. Entstehung und Wandlungen des Lektürekanons bis 1200 nach den Quellen dargestellt*, Munich, 1970 ; B. Munk Olsen, *I classici nel canone scolastico altomedievale*, Spolète, 1991.
66. Cf. Tilliette, « La chambre de la comtesse Adèle... »

apparente avec laquelle il traite souvent ses modèles témoigne en réalité d'une compréhension intime, qui transcende la fidélité à la lettre. Nous n'en prendrons que deux exemples : la critique s'est parfois étonnée que les pastiches des *Héroïdes* 16 et 17 d'Ovide, de Pâris à Hélène et d'Hélène à Pâris (*cc*. 7-8), soit de style et de mètre virgiliens. Et d'en conclure à la « moralisation » de la fable ovidienne[67] ! C'est n'avoir pas la patience de lire jusqu'au bout ces textes il est vrai un peu longs, et notamment les soixante derniers vers de la réponse d'Hélène qui prennent à contre-pied cette prétendue démarche et la tournent en dérision. En réalité, ce jeu très ironique sur l'attente frustrée du lecteur, fait de feintes et d'esquives, est tout au contraire absolument ovidien[68]. C'est dans le même esprit qu'un poème de titre, de ton et d'inspiration clairement horaciens (soit : la critique empreinte de scepticisme bienveillant de l'agitation humaine en ce monde) est saturé de références aux solennelles *Géorgiques*[69].

Osera-t-on dire que ces manipulations aussi rusées que spirituelles de l'*auctoritas* font de Baudri le lointain prédécesseur des goliards[70] ? que ce n'est pas un hasard s'il s'est choisi pour « saint patron » en littérature le seul auteur antique à qui l'on puisse attribuer cette vertu moderne qu'est l'humour : Ovide ?

67. M. von Albrecht, « La correspondance de Pâris et d'Hélène : Ovide et Baudri de Bourgueil », in R. Chevallier (éd.) *Colloque Présence d'Ovide*, Paris, 1982, p. 189-193 ; C. Ratkowitsch, « Die keusche Helena. Ovids Heroides 16/17 in der mittelalterlichen Neudichtung des Baudri von Bourgueil », *Wiener Studien*, 104, 1991, p. 209-236.

68. Comme nous l'avons montré dans notre article « Savants et poètes du Moyen Age face à Ovide : les débuts de l'*aetas ovidiana* (v. 1050-v. 1200) », *in* M. Picone-B. Zimmermann (éd.)., *Ovidius redivivus. Von Ovid zu Dante*, Stuttgart, 1994, p. 63-104.

69. *c*. 126, *De sufficientia votorum suorum*. Voir notre annotation *ad loc*.

70. Cf., par exemple, A. Goddard Elliot, « The bedraggled Cupid : Ovidian Satire in Carmina Burana 105 », *Traditio*, 37, 1981, p. 426-437 ; *ead*., « The art of the inept *exemplum* : Ovidian deception in Carmina Burana 117 and 178 », *Sandalion*, 5, 1982, p. 353-368.

*Langue, style et versification*

Que Baudri ait souhaité d'être l'Ovide de son temps, à qui il lui arrive même de s'identifier exactement[71] est hors de doute. Le choix n'est d'ailleurs pas sans audace à une époque où la lecture du poète de Sulmone est considérée avec une extrême suspicion. Cependant, si notre auteur a su s'imprégner de l'esprit de son maître, il n'en va pas tout à fait de même sur le plan de l'expression. Ce qui est chez Ovide aisance apparaît souvent chez Baudri bavardage ; ce qui est éloquence, ratioci nation. Un texte comme la lettre à Godefroid de Reims (*c.* 99), en dépit de toute sa richesse et de quelques heureuses formules, semble parfois laborieux, répétitif, mal construit. C'est que le langage poétique, en cette fin du XI<sup>e</sup> siècle, se cherche, écartelé comme il l'est entre les exigences sévères d'une prosodie et d'une métrique qui ne correspondent plus à aucune réalité phonétique et celles, inverses, d'une syntaxe qui tend à s'effilocher, à devenir plus analytique, plus souple, plus verbeuse aussi que celle du latin classique ; lieu de tension, aussi, entre une esthétique de la pure *imitatio*, comme la pratiquent volontiers les auteurs d'épopées hagiographiques du haut Moyen Age[72] – et, de ce point de vue, les rares passages strictement narratifs de la poésie de Baudri, rapt d'Hélène ou bataille de Hastings, sont fort bien réussis –, et la volonté d'exprimer, sur le mode discursif, mais au moyen du même vieil arsenal de formules usées, réalités et sentiments plus personnels, plus contemporains. La résolution de ces dilemmes sera le fait, dans la seconde moitié du XII<sup>e</sup> siècle, des poéticiens Mathieu de Vendôme et Geoffroy de Vinsauf qui, en décidant d'assimiler

71. Dans le *c.* 98 *Ovidius Floro suo* ; cf. S. Schülper, « Ovid aus der Sicht des Balderich von Bourgueil, dargestellt anhand des Briefwechsels Florus-Ovid », *Mittellateinisches Jahrbuch*, 14, 1979, p. 93-117 ; C. Ratkowitsch, « Baudri von Bourgueil – ein Dichter der "inneren Emigration" », *ibid.*, 22, 1987, p. 142-165.

72. Voir, par exemple, B. de Gaiffier, « L'hagiographie dans le marquisat de Flandre et le duché de Basse-Lotharingie au XI<sup>e</sup> siècle », in *Études critiques d'hagiographie et d'iconologie*, Bruxelles, 1967 (Subsidia hagiographica 63), p. 415-507 (p. 441-442).

strictement les mots de la poésie aux figures de l'*elocutio* rhétorique, inventent un langage neuf, dense, libéré des contraintes
de l'*imitatio*[73]. Mais Baudri, même si l'on commence à perce-
voir dans son œuvre les signes de cette future évolution – son
ami Marbode n'est-il pas l'auteur de l'un des tout premiers
« arts poétiques » médiévaux ? –, reste plus proche linguisti-
quement de Fortunat que de Joseph d'Exeter ou Alain de Lille.
  Ainsi, la langue de Baudri ne surprendra guère les connais-
seurs du latin « tardif » ou « chrétien ». On se bornera donc à
en décrire dans les grandes lignes les principales particularités :
  • Le *lexique* est relativement peu novateur. Pas de créations
verbales flamboyantes comme chez les écrivains du Xe siècle,
très peu d'emprunts au grec ou à la langue vulgaire[74]. Les mots
que Baudri est le premier, ou l'un des premiers, à utiliser, sont
généralement faciles à analyser. On notera sa prédilection pour
les verbes forgés par adjonction des préfixes *super-*[75], *sub-*
avec valeur atténuative[76], *in-* ou *de-* privatifs[77]. Il se plaît également à employer les adjectifs rares en *-alis, -osus, -iuus* dont
l'usage sera prôné par Mathieu de Vendôme[78]. Les adjectifs

73. Ce dont ils sont fort conscients eux-mêmes : voir la préface
pleine de hardiesse, et très méprisante à l'égard des *auctores*, que
Joseph d'Exeter donne à son *Ylias* (éd. L. Gompf, Leyde-Cologne,
1970, p. 77-79).
  74. Pour le grec, *sophia* (*c.* 49, 3 et *passim*), *techna* (*c.* 67, 4) – qui
existent déjà dans la langue archaïque comme en latin chrétien –, et le
plus curieux adjectif *horologus* (*c.* 134, 673 et 1081) ; pour la langue
vulgaire, noter *belle nepos*, « beau neveu » (*c.* 112, 16).
  75. *superapparere* (*c.* 134,   625,   d'après Fulgence), *super-*
*appendere* (*c.* 8,  235), *supperapponere* (*c.* 9, 3-4), *superassociare*
(*c.* 115,  12), *superedere* (*c.* 134, 669), *superexpectare* (*c.* 115,  11),
*superingruere* (*c.* 134, 412).
  76. *subcomitari* (*cc.* 77, 196 ; 98, 60 ; 200, 10 et 79) ; *subinstare*
(*c.* 8, 319), *subtrepidare* (*c.* 134, 18).
  77. Avec *in-* : *incurius* (*c.* 120, 23 ; *indelusus* (*c.* 149, 2) ; *inuiolari*
(*c.* 138, 21 – *inuiolatus* est banal) ; avec *de-* : *decanere* (*c.* 120, 18)
*defuscare* (*c.* 99, 24).
  78. En *-alis* : *effigialis* (*c.* 92, 8 : un emploi parallèle chez Foulcoie
de Beauvais) ; *meretricalis* (*c.* 122, 118 – première attestation du
terme) ; *triuialis* au sens de « relatif au trivium » (*c.* 134, 1261) ; en
*-osus* : *ceruicosus* (*c.* 2, 126), *coturnosus* (*c.* 3, 57), mots du « latin

composés *saporifer* (*c.* 208, 46), *signipotens* (« thaumaturge »,
*c.* 216, 11) et *uerbifluus* (*c.* 183, 2) ne semblent guère attestés
avant le XIᵉ siècle, et *fibriloquus* (*c.* 7, 87) qualifiant un haruspice « qui dit les lobes des foies » est sans doute un *hapax*.
Quelques termes enfin sont créés pour désigner des réalités
contemporaines : *tabularius* (*c.* 12, 31), « fabricant de tablettes
à écrire », ou *priorare* (*c.* 94, 1), « élire prieur ». Le butin des
lexicographes est, on le voit, plutôt maigre.

• La *morphologie* appelle encore moins de remarques. On
signalera l'hésitation sur le genre du mot *rotulus*, « rouleau des
morts » (*rotula* dans le titre des *cc.* 72 et 73) et sur la forme
d'accusatif pluriel des mots de la quatrième déclinaison (*c.* 5,
37 : *usos* ; 134, 1 : *fastos* – licence déjà tolérée par Isidore de
Séville[79]). Plus fréquent en revanche est l'emploi de comparatifs et de superlatifs inusités en langue classique (*c.* 134,
214 : *tenuior* ; 43, 5 : *conspectissima*), ou à l'inverse de la
tournure analytique quand la forme synthétique existe (*c.* 94,
22 : *plus grauis* ; 134, 1125 : *plus sagax* ; 134, 518 : *magna
satis* pour *maxima*,...). Enfin, pour la morphologie verbale,
Baudri utilise à l'occasion des formes surcomposées comme
*recensa fuit* (*c.* 134, 722) ou *appositurus eram*, équivalent
d'*apponerem* (*c.* 99, 122).

• *Syntaxe de la proposition* : substantivation très fréquente
des infinitifs *esse, posse, uelle*, mais aussi d'autres verbes
comme *amare* (*c.* 97, 56), *aedificare* (*c.* 134, 336), ainsi que
des impératifs *salue, uale*(*to*), traités comme des noms au
neutre singulier ; emploi du participe présent pour l'ablatif du
gérondif et inversement (*passim*) ; confusion générale entre les
démonstratifs *hic, iste, ille, is* (ainsi, dans un contexte très
laudatif [*c.* 201, 21-31], l'objet de l'éloge est désigné sept fois
par *iste*, trois fois par *hic*, jamais par *ille*), tandis que *ipse* a le
plus souvent simple valeur d'anaphorique (*e. g., c.* 1, 129) ;
substitution possible de l'adjectif *proprius* à n'importe quel
possessif (*e. g., cc.* 139, 23 ; 200, 7 ; 251, 3) : tous ces traits

---

chrétien » ; en -*iuus* : *responsiuus* (*c.* 88, 12) ; *tractatiuus* (*c.* 154,
685). Cf. Mathieu de Vendôme, *Ars versificatoria* 2, 14-24 (éd.
F. Munari, Rome, 1988, p. 240-248).
    79. *Differentiae* 1, 260 (*PL* 83, 37 a).

appartiennent, de façon très généralisée, à la langue médiévale, de même, pour ce qui est de la syntaxe des compléments, que la construction transitive de plusieurs verbes intransitifs (*c.* 93, 41 et *passim* : *sonare* ; 206, 30 : *pluere*, « répandre en pluie »), l'usage fréquent de la préposition peu classique *absque*, l'extension des emplois de *de*, qui concurrence *ex* (*c.* 2, 40) aussi bien que des constructions à l'ablatif sans préposition (*c.* 87, 2), enfin, l'incompréhension absolue de la syntaxe du réfléchi, très fréquemment utilisé à la place de l'anaphorique. Peut-être un peu plus particuliers à Baudri, l'usage de ce même réfléchi pour exprimer la réciprocité (*e. g.*, v. 134, 2013 : *sibi consensere sorores* [= *alia cum alia*]) celui, très fréquent (47 emplois) du pronom personnel suivi de l'enclitique *-cum* au sens de « chez moi », « chez toi » (*c.* 134, 917) ou encore celui de *uiuere* + attribut comme équivalent du verbe « être » (*e. g.*, *c.* 3, 33).

• *Syntaxe de la phrase* : là encore, rien de très original. La substitution de complétives introduites par *quod, quia* ou *quoniam* suivis de l'indicatif ou du subjonctif à la proposition infinitive est banale, de même que l'emploi incertain des modes et des temps dans les propositions circonstancielles (notamment celles introduites par *dum* ou les systèmes conditionnels). On se bornera à épingler les constructions assez rudes qui consistent à faire d'une conditionnelle (*c.* 130, 5) ou d'une temporelle (*c.* 134, 704) le sujet d'un verbe principal, ou l'absence étrange d'attraction du relatif dans une phrase comme : *rosa ... marcuit a quod erat* (*c.* 40, 6 ; cf. aussi *c.* 134, 1018). Mais ce qui est le plus notable, c'est la tendance systématique, sans doute sous l'influence du style biblique et chrétien, à remplacer les rapports de subordination par des relations de coordination, généralement marquées par des conjonctions fortes – *tamen* plutôt que *uero, quoque* plutôt que *et* –, mais employées dans un sens très faible (« d'autre part », « et »)[80].

---

80. Noter les constructions négatives pléonastiques *sed neque* pour *sed non* (*c.* 3, 36 et *passim*), *nec enim* pour *non enim* (*c.* 134, 36 et *passim*). La coordination négative des propositions au subjonctif se fait par *nec*, jamais par *neu*. En matière de disjonction, *siue... siue...*

C'est là, nous semble-t-il, que réside la grande faiblesse du
style de Baudri. Tout d'abord parce que ces propositions cousues l'une à l'autre, mais toutes placées sur le même plan,
finissent par engendrer un effet de répétition infini et rhapso-
dique. Ensuite, et de façon un peu contradictoire, parce que ces
articulations logiques fortes donnent au texte un tour argu-
mentatif, qui le fait parfois ressembler à de la prose versifiée.

Et c'est là que l'on mesure l'emprise que la rhétorique
commence à exercer sur la poésie. L'un des précédents éditeurs
des poèmes de Baudri, Phyllis Abrahams, a dressé le catalogue
des figures et des tropes utilisés par notre auteur[81]. Cette liste,
qu'il est inutile de répéter ici, aurait gagné à être moins aride,
mieux ordonnée et plus complète, mais elle a le mérite de souligner ce que l'abbé de Bourgueil doit à ce qui est alors la
science-reine du *trivium*. Bien des lettres sont en effet conçues
comme de véritables plaidoyers. Pour prendre un exemple
extrême, on verra que celle d'Hélène à Pâris met successivement en œuvre toutes le figures du discours délibératif, dans
l'ordre, ou presque, où les énumère la *Rhétorique à Herennius*.
De façon plus générale, on discernera souvent dans ces lettres
le plan que commencent alors à rendre canonique les *artes
dictaminis* : *salutatio, exordium, narratio* (souvent en forme de
*captatio benevolentiae*), *petitio, conclusio* (cf. par exemple le
*c.* 194). Mais là où Baudri se montre vrai poète, c'est dans son
amour pour les mots et sa capacité de jouer avec eux (*c.* 101,
16 : *Vocibus alludo soleoque eludere uoces*). Énumérations en
asyndète de termes rares, chiasmes et symétries, répétitions,
paronomases, calembours pseudo-étymologiques, polyptotes,
allitérations, rimes – toutes ces figures peuplent les poèmes de
Baudri, dont le talent est de savoir en user sans (trop) en abuser. D'où un effet de variation expressive qui vient corriger
l'impression parfois pénible que laisse la platitude de la syntaxe. Il est bon de noter que, dans ses poèmes les plus longs et
à nos yeux de modernes les plus plaisants à lire, à savoir les
lettres, Baudri use plus volontiers des ressources de l'*ornatus*

---

tend à remplacer *aut... aut...* ; on trouve aussi des tours comme *uel...
siue...* (*c.* 94, 57-58).

81. *Op. cit.* (n. 9), p. XXX-XXXVII.

*facilis* (figures de mots et de pensée), réservant les tropes, et en particulier la métaphore, avec ce qu'elle comporte de densité et de mystère, aux poèmes « lapidaires », épitaphes ou *tituli*. Dans le débat infini qui voit s'affronter les partisans des deux styles, atticistes et asianistes, notre auteur choisit donc résolument le camp du classicisme contre celui du baroque.

On peut tirer la même conclusion de l'étude de sa versification. Celle-ci a été analysée fort en détail par K. Hilbert[82], dont nous nous contentons de résumer les conclusions :

• La *prosodie* de Baudri est correcte, compte tenu des licences assez nombreuses que s'autorisent les poètes depuis la fin de l'Antiquité : tout -*o* final est considéré comme une syllabe indifférente (encore que notre auteur évite autant que possible de scander brefs les datifs-ablatifs singuliers de la deuxième déclinaison, sauf ceux des gérondifs), de même que le -*i* final des datifs *mihi*, *tibi*, *sibi* ; le *i* du génitif pronominal -*ius* est toujours long dans *totius*, *nullius*, *unius*, tantôt long tantôt bref dans *ipsius*, *illius*, *istius* ; les préfixes *prae-* (souvent orthographiés *pre-*) et *de-* peuvent s'abréger devant une voyelle ; par extension abusive de la règle, une syllabe suivie de *muta cum liquida*, même naturellement longue, est susceptible de s'abréger (*c.* 85, 11 : *lŭbricas*) ; toute syllabe brève précédant la coupe penthémimère de l'hexamètre ou celle du pentamètre peut s'allonger (*productio in arsi* : Baudri use de cette licence avec beaucoup plus de réserve que nombre de ses contemporains) ; la plus grande liberté est observée dans la scansion des noms propres (*c.* 41, 3 : *Ālexander vs. c.* 42, 2 : *Ălexandro*) ou des mots d'origine grecque (*phĭlosophīa* [*c.* 134, 954] ou *cenobīta* [*c.* 139, 1] par exemple) ; la prosodie de certains mots, aberrante par rapport à la norme classique, mais attestée par de bons auteurs du IVᵉ siècle, s'explique par des raisons phonétiques (par exemple, *c.* 77, 93 *muliēris* ; 191, 39 *rudīmentis* ; 194, 44 *pĭratarum*), ou plus rarement par des confusions d'homonymes (*c.* 250, 9 *lĕuis*, « léger », scandé comme *lēuis*, « lisse ») ou de conjugaisons (*potĭtur* systématiquement scandé sur le modèle de *legitur*) ; on signalera enfin des diérèses de

82. *Studien zu den Carmina des Baudri von Bourgueil*, dissertation dactyl., Heidelberg, 1967, p. 57-76.

type *nĕŭtrum* (*c.* 98, 106 et *passim*) ou les synérèses *malasūăda* (*c.* 8, 28 et *passim*) ou *dēĕrant* (*cc.* 90, 29 ; 134, 564). Toutes ces entorses à la norme, dont Baudri fait un usage raisonnable, n'en sont pas vraiment, puisque garanties par l'autorité de poètes dont le plus tardif, Fortunat, remonte au VIᵉ siècle[83].

• Dans son application des règles de la *métrique*, notre auteur fait preuve d'aussi peu de hardiesse ou, si l'on préfère, d'une aussi grande fidélité à ses modèles antiques. Cela est particulièrement remarquable dans l'usage très parcimonieux qu'il fait de la rime, quand une grande partie de l'œuvre poétique de Marbode est en vers léonins. Baudri, quant à lui, semble avoir réservé cet ornement à des genres spécifiquement médiévaux : trois poèmes pour les « rouleaux des morts » (*cc.* 14, 17 et 73) et trois *tituli* (*cc.* 224, 235 et 237) sont entièrement rimés en fin de vers (*caudati*) ; la plupart des autres *tituli*, généralement brefs (un vers ou deux), sont léonins (*cc.* 124, 228-229, 231, 233, 238-245) ; le *titulus* 125 est à la fois *caudatus* et léonin. En revanche, on ne rencontre que deux épitaphes (*cc.* 15 et 159) rimées en fin de vers, ainsi que trois lettres, qui font de la rime un usage original : la grande richesse des rimes *caudatae*, parfois équivoquées, du *c.* 89 témoigne de la grande virtuosité de l'abbé de Bourgueil et de sa capacité, s'il l'avait voulu, à jouer de ces échos de sonorité ; le *c.* 143 adopte le rythme sautillant et monotone des vers *trinini salientes* qui combinent rimes intérieures et rimes finales (aaB/ccB) – une forme très prisée au Moyen Age[84] que notre auteur n'est pas loin de considérer comme une pure plaisanterie (v. 27 : *iocus est si carmina scandas*) ; enfin, le *c.* 144 expérimente une forme apparemment originale : il est fait de six groupes de six vers, composés chacun de deux fois deux hexamètres suivis d'un pentamètre, dont un hémistiche, servant de refrain, est répété selon les figures de l'« anadiplose » et de l'« épanalepse »[85]. Dans les autres poèmes, la rime est accidentelle,

83. Voir D. Norberg, *Introduction à l'étude de la versification latine médiévale*, Stockholm, 1958, p. 7-28.
84. Norberg, *op. cit.*, p. 66.
85. En voici par exemple les vers 1-6 : *Qui michi gratanter tabulas, Bernarde, dedisti, / Accipe quas habeo, quas possum redere,*

moins fréquente par exemple que chez Ovide. Cela nous permet de ranger Baudri au côté des classiques, comme Mathieu de Vendôme qui condamnera sans appel les effets faciles et les jeux puérils associés à l'usage de la versification léonine[86].

L'immense majorité des poèmes de l'abbé de Bourgueil est écrite en distiques élégiaques (176) et en hexamètres (72, dont 8 monostiches)[87]. L'analyse de la répartition des pieds dans le vers montre qu'il manie le rythme dactylique avec une réelle aisance : on trouve assez peu de ces hexamètres pesants commençant par quatre spondées, 8,1 %, ce qui est une proportion comparable à celle de Virgile (7 %), relativement faible au regard de la pratique de nombreux poètes du XIe siècle, qui abusent des facilités de l'allongement par position ; d'autre part, on ne rencontre dans toute sa poésie que deux vers spondaïques (c. 134, 647 et 685). Ses schémas métriques préférés sont dsss (11,6 %), ddss (10,3 %) et ddsd (8,6 %). Certes, il n'a pas l'agilité d'Ovide, un des rares poètes latins à employer plus de dactyles que de spondées, mais l'instrument dont il joue est, au total, un peu plus souple que celui de Virgile.

Cependant, l'hexamètre que l'on apprend à composer dans les écoles du XIe siècle, n'est pas exactement, comme l'a bien montré P. Klopsch[88], l'hexamètre antique. Il se distingue de ce dernier sous trois rapports : l'exaspération des règles concernant la place de la césure d'une part, la pratique de l'élision de

---

grates, / Quas ergo carminibus reddere nunc ualeo. /Reddere nunc ualeo [anadiplose] quae sint iocunda iocosis, /Reddere nunc ualeo studiosis quod sit amandum, / Carmine more meo reddere nunc ualeo [épanalepse].

86. Ars versificatoria 2, 43-44 (éd. cit., p. 161-162). Notons cependant que, dans le même contexte (Ars 2, 46), Mathieu proscrit absolument l'usage en poésie de mots comme porro, autem, quoque qui nuisent gravement à la « vénusté » du vers, mais dont nous venons de voir que Baudri fait un usage immodéré.

87. A quoi il faut ajouter deux textes trop mutilés pour que l'on puisse savoir s'ils étaient destinés à être en hexamètres ou en distiques (cc. 24 et 254). Les six poèmes restants sont le c. 144 (cf. supra) et les cinq pièces en vers lyriques (cf. infra).

88. Einführung in die mittellateinische Verslehre, Darmstadt, 1972, p. 64.

l'autre, enfin, l'irrégularité des fins de vers. On retrouve ces trois caractéristiques dans la poésie de Baudri :
— La coupe penthémimère se rencontre dans plus de 96 % des vers, seule ou associée à d'autres coupes [89]. L'effet de ritournelle un peu monotone est indéniable, surtout si l'on songe que le pentamètre est coupé après la première syllabe suivant le deuxième pied. Le couple trihémimère / hephthémimère apparaît dans 3 % des vers. Les autres systèmes, tendant alors à produire un effet d'expressivité [90], sont rarissimes. On notera la fréquence très anormale de la coupe dite « bucolique » (un peu plus de 40 %), qui s'explique sans doute par le caractère souvent formulaire de la clausule.
— L'élision et l'aphérèse sont soigneusement évitées par Baudri, comme par beaucoup de ses contemporains (Marbode les proscrit même totalement) : quatre tous les cent vers en moyenne, contre une tous les cinq vers chez Ovide, et une tous les deux vers chez Virgile. Cela ne l'empêche pas d'élider fautivement un monosyllabe long (c. 134, 1073,...) ou un mot spondaïque (c. 4, 2, ...). Six vers seulement comportent deux élisions (cc. 2, 112 ; 98, 129, 141 ; 120, 23 ; 134, 980 ; 223, 37). Le seul hiatus admis est le classique o utinam.
— La particularité la plus aberrante de la métrique de notre auteur concerne les fins de vers : on sait qu'elles sont en principe marquées, à quelques tolérances près, par des mots di- ou trisyllabes. Or, si Baudri n'emploie pas plus de monosyllabes à la clausule que les classiques, il la peuple volontiers de mots longs : pour les seuls hexamètres, 373 quadrisyllabes, 474 pentasyllabes, 7 hexasyllabes et même 2 heptasyllabes (cc. 8, 14 et 9, 3) ! Seul de ses prédécesseurs et contemporains, Abbon de Saint-Germain-des-Prés fait aussi bien (ou aussi mal) [91]. Ces

89. A savoir : à la trihémimère, à l'hephthémimère, aux deux à la fois, à la coupe « bucolique », à la trihémimère et à la coupe « bucolique » ; on trouve encore, très rarement (moins de 1 % des vers) une coupe au trochée quatrième (par ex., c. 135, 15).
90. Trihémimère seule dans les cc. 2, 102 et 201, 79, par exemple.
91. J. Soubiran, « Prosodie et métrique des « Bella Parisiacae urbis » d'Abbon », Journal des savants, 1965, p. 204-331. Soubiran

infractions massives à la bonne règle laissent perplexe. De la part d'un écrivain du talent de Baudri, il est difficile d'incriminer l'ignorance ou l'incompétence. Faut-il y voir une sorte de signature ?

Les quatre hymnes en mètres lyriques composées par notre auteur adoptent les formes suivantes : la strophe « ambrosienne » de quatre dimètres iambiques (*cc.* 215 et 222), la strophe saphique (*c.* 253)[92], enfin une strophe, de type plus rare, composée de quatre asclépiades mineurs catalectiques et d'un adonique (cf. cependant Prudence, *Perist.* 4) dans le *c.* 216. La structure métrique résolument originale du « *planctus* sur son maître » (*c.* 74) sera examinée en son lieu.

Au total, si l'on fait abstraction de la bizarrerie des clausules, la versification de Baudri n'est pas très différente de celle des poètes de l'Antiquité tardive et de l'époque carolingienne. En bon élève, il applique les règles avec un scrupule certain, mais sans en être l'esclave (voir les concessions qu'il fait à la pratique de l'élision et la relative variété du système des coupes, malgré le retour obsédant de la penthémimère). Il faudra de toutes façons attendre les grands poètes classicisants de la fin du XIIe siècle (Gautier de Châtillon, Joseph d'Exeter) pour retrouver un hexamètre qui ait l'air virgilien. Certes, le vers de Baudri, soumis aux contraintes on ne peut moins naturelles que sont devenues celles de la versification antique, est bien souvent pesant et laborieux, chargé comme il l'est de tournures péniblement explicatives, de verbes « être », de pronoms démonstratifs ou indéfinis, de conjonctions passe-partout qui n'ont d'autre fonction que de l'aider à « retomber sur ses pieds », si l'on ose dire. Un vers comme : *Haec quoque siue quod his sit par ut dicere possis* (*c.* 142, 39) se passe de commentaires. Mais, à côté de tels exemples, le refus délibéré

---

s'étonne également de cette désinvolture à l'égard des clausules de la part d'un versificateur autrement très scrupuleux.

92. Sur l'emploi fréquent de ces formes au Moyen Age, voir Norberg, *op. cit.*, p. 69-71 et 77-78. Sur le mètre saphique, cf. également P. Stotz, *Sonderformen der sapphischen Dichtung. Ein Beitrag zur Erforschung der sapphischen Dichtung des lateinischen Mittelalters*, Munich, 1982.

d'avoir recours au clinquant de la rime, aux grands mots
sonores, à une syntaxe énigmatique permet parfois à l'abbé de
Bourgueil de produire des vers de fort belle facture. « Si, parmi
mes vers, on peut en retenir un sur dix, alors les fleuves de
sueur qu'ils me coûtent sont féconds » (c. 99, 175-176)...

## Milieu littéraire

A quel public s'adressait la *musa iocosa* de Baudri, cette
poésie frivole et savante tout comme celle d'Ovide ? A cette
question difficile, la réalité des faits apporte une réponse para-
doxale : les correspondants de Baudri semblent dessiner un
réseau vaste et divers de lecteurs virtuels, mais les conditions
de survie de cette œuvre, conservée dans un manuscrit unique
qui est pour partie un exemplaire d'auteur, témoignent de son
insuccès. Des collections contemporaines, moins riches et
originales toutefois, ont connu un sort analogue [93]. La poésie de
circonstance était-elle destinée à se démoder très vite ? trop
profane ou trop libre pour son temps ?
    Pour répondre à ces questions, il est bon de partir des don-
nées positives que fournit l'histoire littéraire. Le XIe siècle a vu
l'essor des écoles urbaines au détriment des écoles monastiques. Ce mouvement a pour cause générale l'évolution lente
de l'économie et de la société, pour raison plus particulière la
nécessité où se trouvent désormais les princes territoriaux de
s'entourer d'administrateurs compétents et cultivés [94] – pour
conséquence la généralisation et la sécularisation de la culture
écrite : l'apprentissage des lettres n'a plus pour finalité exclu-

93. Nous pensons notamment aux épîtres et épigrammes de Raoul
« le Tourtier » ou de Foulcoie de Beauvais, dont les poèmes non
hagiographiques ne nous ont été conservés que par un manuscrit
unique (respectivement Vatican, Reg. lat. 1357 et Beauvais, Bibl.
mun. 11, tous deux du XIIe siècle).
    94. M. T. Clanchy, *From Memory to Written Record. England,
1066-1307*, Londres, 1979. Sur la qualité littéraire particulièrement
élevée des documents angevins au XIe siècle, voir O. Guillot, « A
propos de la qualité littéraire de certaines chartes angevines au
XIe siècle », in *La littérature angevine médiévale*, cit., p. 25-39.

sive la perfection du service divin. Or, les écoles de la France du Centre-Ouest sont aux avant-postes de ce mouvement : Chartres d'abord avec Fulbert, Tours avec Béranger, Angers avec Renaud et Marbode[95]. La critique se plaît à déceler une coloration particulièrement « humaniste » dans la prérenaissance angevine. C'est ainsi que, dans les années 1920, H. Brinkmann crée le concept de « cercle de la Loire » (Loirekreis)[96], aussitôt repris par les historiens de la littérature[97], pour désigner le courant littéraire qui aurait pour centre l'école cathédrale d'Angers et pour figures de proue Marbode, Hildebert de Lavardin et Baudri ; il se caractérise essentiellement par le retour à la fois scrupuleux et enthousiaste aux formes et aux thèmes souvent profanes de la poésie de l'Antiquité classique. Une telle vision des choses comporte indéniablement une part de réalité, puisqu'elle s'appuie sur ces faits incontestables que sont les œuvres de nos trois poètes, mais elle gagne à être nuancée : d'abord parce que, dans les années 1050-1100, le val de Loire n'a pas le monopole de l'humanisme – des écrivains d'inspiration semblable s'expriment alors en Italie du Nord (Guidon d'Ivrée), dans la métropole ecclésiastique de Reims (Godefroid de Reims, Foulcoie de Beauvais), voire en Angleterre (Réginald de Cantorbéry, d'origine poitevine il est vrai) ; ensuite parce que les trois « poètes de la Loire » ne constituent en aucun cas une école littéraire au sens strict où nous l'entendrions aujourd'hui : ainsi Baudri, assez proche de Marbode par son inspiration, en diffère sensiblement sur le plan des techniques d'écriture, tandis qu'il n'a d'Hildebert qu'une connaissance vague et imparfaite[98].

95. Cf. J. Vezin, « La vie intellectuelle en Anjou pendant le XIᵉ siècle » in *La littérature angevine médiévale*, cit., p. 13-23.

96. « Anfänge lateinischen Liebesdichtung im Mittelalter », *Neophilologus*, 1924, p. 49-61 ; *Entstehungsgeschichte des Minnesangs*, Halle/Saale, 1926, p. 34 et *passim*.

97. Notamment R. R. Bezzola, *Les origines et la formation de la littérature courtoise en Occident (500-1200)*, t. 2, Paris, 1966, p. 366-391.

98. Voir les v. 1 à 5 du *c.* 87 à Hildebert : « Le hasard vient de me faire tomber entre les mains de beaux poèmes portant ton nom en épigraphe... Je ne te connais pas avec les yeux de la chair, mais du

On a donc intérêt, semble-t-il, à reprendre le problème sur nouveaux frais. La méthode qui s'impose passe par l'analyse, aussi complète et précise que possible, de l'échantillon constitué par les correspondants et amis de Baudri, l'établissement d'une sorte de « cartulaire poétique », comme le dit joliment G. A. Bond[99]. Sans anticiper sur le résultat des recherches annoncées de ce savant, qui risquent de s'avérer ardues, tant les éléments d'identification fournis par la critique interne et externe sont maigres, on peut d'ores et déjà corriger ou préciser les vues traditionnelles sur deux points :

• Le recrutement géographique des correspondants de notre auteur est loin de se réduire aux seules régions ligériennes : à côté des Angevins Marbode (c. 86), Payen (c. 223), Emma (cc. 139 et 153) et Constance (cc. 142, 200 et 201)[100], du Tourangeau Gérard (cc. 1, 209 et 9), du Loudunois homonyme (cc. 75-77), des Manceaux Hildebert (c. 87), Raoul (c. 205) et peut-être Guiternus (c. 148), des Blésois Philippe (c. 93) et Adèle (cc. 134-135), on dénombre, parmi les amis de Baudri, plusieurs Normands – Cécile de Caen (c. 136), Richard « le Normand » (c. 149), Guillaume « le Normand » (c. 150), Guillaume de Lisieux (c. 202), le destinataire anonyme du c. 217 et, si l'on veut, Roger Borsa, duc de Pouille (c. 192) –, l'Anglo-Saxonne Muriel (c. 137), le Rémois Godefroid (c. 99-100), peut-être un Breton, Galon (cc. 193 et 252) ; l'assertion de Bond selon laquelle aucun des correspondants de l'abbé de Bourgueil ne serait originaire du Sud de la Loire n'est pas tout à fait exacte, puisqu'il adresse des lettres à Renouf de Bazas (c. 91), Guillaume de Saintes (c. 132) et Amat d'Oloron, archevêque de Bordeaux (cc. 147-148). Quoi qu'il en soit, nous accordons volontiers au savant américain que cet inventaire

---

fond du cœur ». Le c. 86 est adressé à Marbode, avec qui Baudri déclare avoir eu de fréquents entretiens (v. 2-3). Les seuls poètes du XIe siècle dans l'œuvre desquels on repère des parallèles textuels précis avec celle de Baudri sont Marbode, Godefroid de Reims et Roger de Caen.

99. *Loc. cit.*, p. 187 et n. 121.

100. Pour l'identification précise de tous les personnages énumérés ici, on se reportera aux notes de notre édition.

hétéroclite dessine les frontières toutes mentales d'une communauté littéraire parfaitement indifférente aux limites géographiques et politiques des terroirs et des États.

• La composition sociale de l'échantillon n'est guère aisée à déterminer. Bien évidemment, les correspondants de Baudri sont tous des clercs, au sens large que le Moyen Age donne à ce terme, à savoir des individus capables de lire les *auctores* et d'écrire le latin. On doit certes inclure dans cette large catégorie professeurs – comme Marbode, Gérard de Loudun, Godefroid de Reims, voire le médiocre pédagogue Thibaud (*c.* 112) – et étudiants – Philippe (*c.* 93), Pierre (*c.* 113), Guillaume le Normand... –, mais également de jeunes laïcs nobles – Avit (*c.* 5), le destinataire du *c.* 94, Pierre (*c.* 145) – et surtout beaucoup de moines et de moniales – Étienne (*c.* 90), Bernier (*c.* 114), Maieul (*c.* 117), toutes les correspondantes de Baudri à l'exception d'Adèle. C'est à ce titre aussi que des membres de la très haute noblesse, ces mécènes potentiels que sont Adèle de Blois et le duc Roger, sont associés par notre auteur à ses jeux poétiques. Cependant, contrairement à l'opinion reçue et encore partagée, dans une certaine mesure, par Bond[101], il ne nous semble pas que le public auquel souhaite s'adresser Baudri soit celui du monde des écoles urbaines, considéré avec une méfiance parfois teintée d'ironie : voir, entre autres, les épitaphes de Frodon d'Angers (*cc.* 28-30), la tentative réussie entreprise auprès de Gérard de Loudun pour l'amener à abandonner son enseignement des arts libéraux au profit d'une retraite monastique, le *c.* 88 au « philosophe » Siméon, instamment prié d'abandonner la cour épiscopale, donc sans doute l'école cathédrale où il exerçait ses talents, ou encore le *c.* 191 (sans titre) adressé à un certain Robert. Ce dernier poème instaure une démarcation très nette entre deux types concurrents de culture savante : l'une, celle de Baudri, monastique et « rurale », essentiellement fondée sur la lecture commentée des *auctores*, ce que l'on appelle alors la *grammatica*, l'autre, urbaine, désignée par les métonymies « Tullius » et « Socra-

---

101. *Loc. cit.*, p. 189 : « Baudri's audience ... was composed mostly of the teachers and especially the students. »

tes »[102], c'est-à-dire la rhétorique et la dialectique qui induisent une approche plus complexe et plus théorique des sciences du langage. C'est sans doute là que résident l'originalité de Baudri, comme les raisons de son échec.

L'abbé de Bourgueil nous apparaît ainsi comme un représentant attardé du vieux « monachisme de culture » carolingien, jetant un regard circonspect et un peu dédaigneux sur les innovations intellectuelles de son temps (*c*. 191, 28 : *de philosophis mentio nulla michi*) – à ceci près toutefois que le canon des lectures scolaires s'est enrichi pour lui d'une recrue de choix, Ovide. Ce n'est sans doute pas un hasard si le ton et la thématique des lettres de Baudri rappellent souvent de façon frappante ceux de la correspondance en prose et en vers de Fromond de Tegernsee, son aîné de plus d'un siècle, abbé, d'ailleurs, d'un monastère appelé à jouer un grand rôle dans la redécouverte de l'œuvre du poète de Sulmone[103]. Notre auteur se trouvait donc doublement en porte-à-faux : par rapport à l'idéal monastique qui, sous l'influence de la réforme, de Pierre Damien (« *mea grammatica Christus* ») à Bernard de Clairvaux, se fait de plus en plus ascétique et s'avère incompatible avec la lecture d'Ovide[104] ; par rapport à la science dispensée dans les écoles cathédrales, où les *auctores* vont cesser de faire l'objet d'une approche immédiate, naïve et seront soumis aux mêmes processus d'exégèse et d'allégorisation que le texte sacré. Du haut de leurs chaires d'Angers et du Mans, Marbode le rhéteur, Hildebert le philosophe, dont la pensée en matière d'allégorie influencera profondément celle du premier des grands maîtres chartrains, Bernard Silvestre, préparaient les voies de leur gloire posthume. Baudri, quant à lui, n'eut pas de

102. *c*. 191, 16 ; cf. *cc*. 1, 22 ; 29, 4 ; 75, 3 ; 153, 33 ; 223, 25 (*Tullius, Cicero*) ; 29, 2 ; 75, 4 ; 223, 24 (*Aristoteles*).

103. Cf. C. E. Eder, *Die Schule des Klosters Tegernsee im frühen Mittelalter im Spiegel der Tergernseer Handschriften*, Munich, 1972 ; R. J. Hexter, *Ovid and Medieval Schooling. Studies in Medieval School Commentaries on Ovid's* Ars amatoria, Epistulae ex Ponto *and* Epistulae Heroidum, Munich, 1986 (en particulier les p. 143-170).

104. Sévère mise en garde contre sa pratique dans le *Dialogus super auctores* du clunisien Conrad d'Hirsau, écrit dans les années 1125-1130 (éd. R. B. C. Huygens, Leyde, 1970, p. 114-115).

disciples. Seulement des amis. Et ce n'est pas sans émotion que l'on peut lire le dernier poème du recueil confectionné par ses mains, qui est une déploration sur le silence poétique de Marbode, un adieu aux paisibles joies de la campagne, désertée par les Muses[105].

## III. – LES MANUSCRITS

*Le manuscrit du Vatican Reg. lat. 1351 (V)*

La quasi-totalité de l'œuvre poétique de Baudri ne nous a été conservée que par un seul manuscrit ancien. Ce document, de petit format (225 x 132 mm), épais de 152 folios de parchemin et daté par les catalogues du XIIᵉ siècle sans plus de précision, est donc fort précieux. Il figurait au XVIIᵉ siècle, sous la cote Q 27, dans la bibliothèque de Paul Petau, puis de son fils Alexandre avant d'être vendu par ce dernier à la reine Christine de Suède par l'intermédiaire d'Isaac Vossius. Christine, comme on sait, légua sa bibliothèque au Vatican, où notre manuscrit est demeuré jusqu'à ce jour, si l'on excepte un bref retour dans la mère patrie à l'époque des conquêtes napoléoniennes (1797-1815)[106].

---

105. c. 153, 35-36 et 43-44 : *iste locus [=Burgulius] foret olim uatibus aptus,/Dum Musae siluas soliuagae colerent/... Sed uates siluas iamdudum deseruere,/Quos urbis perimit deliciosus amor.*

106. Sur la bibliothèque des Petau, voir K. A. De Meyier, *Paul en Alexandre Petau en de geschiedenis van hun handschriften*, Leyde, 1947 (aucune indication sur la provenance du manuscrit Q 27) ; sur le fonds *reginense* du Vatican, J. Bignami-Odier, « Sur le fonds de la reine Christine de Suède », in *Collectanea Vaticana in honorem Anselmi card. Albareda*, Cité du Vatican, 1962 (Studi e Testi 219), p. 159-189 (bibliographie complémentaire dans *ead., La Bibliothèque Vaticane de Sixte IV à Pie XI. Recherches sur l'histoire des collections de manuscrits,* Cité du Vatican, 1973 (Studi e Testi 272), p. 299-300).

Les descriptions codicologiques fort précises qui ont été données du manuscrit *V* nous dispensent d'entrer ici dans le détail de l'analyse[107]. Il importe cependant de rappeler que, en dépit de l'homogénéité de son contenu, *V* est en réalité un manuscrit composite, constitué de quatre éléments d'apparence matérielle fort différente :

1. Les folios 5 à 108 (env. 205 × 130 mm, 29 l. par page) forment un ensemble parfaitement homogène de 13 quaternions, malgré une lacune certaine d'un cahier ou plus après le folio 28. De présentation fort élégante, il a été transcrit par deux scribes appartenant au même scriptorium. On peut, sur une base paléographique solide, localiser ce scriptorium dans les environs d'Angers, mais non à Angers même, et dater la copie de la décennie qui précède ou de celle qui suit 1100. Ces indications de lieu et de date suffiraient presque à elles seules à induire la conclusion que ces pages ont été transcrites à Bourgueil sous l'abbatiat, donc sous le contrôle de Baudri lui-même, si l'hypothèse n'était en outre corroborée par de fort nombreux indices codicologiques que nous énumérons ailleurs[108]. On ajoutera qu'elles ont fait l'objet d'une révision fort minutieuse, certaines des corrections de la main du scribe ayant toute l'apparence de corrections d'auteur[109] et que, comme on le verra plus bas, l'organisation même du recueil ne doit rien au hasard. Celui-là a donc été copié soit à Bourgueil avant 1107, soit – hypothèse beaucoup moins vraisemblable – à Dol au cours des années qui ont suivi, par des moines de Bourgueil qui auraient accompagné Baudri dans son exil breton[110].

---

107. K. Hilbert, *Studien...*, cit. (n. 82), p. 7-25 ; J.-Y. Tilliette, « Note sur le manuscrit des poèmes de Baudri de Bourgueil (Vatican, Reg. lat. 1351) » *Scriptorium*, 37, 1983, p. 241-245.

108. Cf. note précédente.

109. Par exemple, aux *cc.* 8, 205-206 ; 129, 38 ; 134, 307-308, 775-778 (voir notre apparat critique).

110. Certes, Baudri maintient des liens étroits avec l'Anjou, et Bourgueil en particulier, après son élévation à l'archiépiscopat (Pasquier, *op. cit.*, p. 282-290 et *passim*). Mais les seuls indices qui pourraient soutenir l'hypothèse d'une datation tardive des f. 5-108 du *V* relèvent de la critique interne. Ce sont : l'identification de la dédica-

2. Les folios 109 à 127 et 152 (195 × 110 mm, 31 l. par page) constituent aussi un tout cohérent : transcrit par un seul scribe, qui utilise une écriture de très petit module et une encre plus noire que celles utilisées dans le reste du manuscrit, il a été copié un peu plus tardivement. L'emploi systématique de certaines abréviations nous autorise à le dater au plus tôt de la fin de la première moitié du XII<sup>e</sup> siècle. Cet élément contient un seul poème : la longue paraphrase en vers des *Mythologies* de Fulgence (*c.* 154), mutilée du début et de la fin. Comme l'a bien montré Hilbert[111], ce texte a été copié dans un ordre fautif, sans doute d'après un modèle dont les folios avaient été intervertis. Tout prouve donc que cet élément n'a pas été revu par l'auteur.

3. Les folios 128 à 147 (deux quinions, mêmes dimensions, même nombre de lignes que l'élément 1) constituent encore une unité, du point de vue de la nature du parchemin, mince, souple et un peu « pelucheux » et de l'uniformité des encres, fort pâles. En revanche, les scribes qui ont transcrit ces pages sont au moins quatre. Leurs écritures sont datables du premier tiers du XII<sup>e</sup> siècle, difficilement localisables. Une grossière

---

taire de l'épitaphe n° 55 avec la comtesse Helvise d'Évreux, morte après 1115 ; celle du neveu de Baudri présenté comme décédé par le *c.* 114 avec *Arnaldus clericus* (cf. *supra*, n. 7) ; celle de la destinataire du *c.* 137 avec la religieuse-poétesse Muriel de Wilton, que notre auteur aurait pu rencontrer (v. 2 et 5) lors du voyage en Angleterre qu'il fit peu de temps après son installation à Dol (*Itinerarium*, ch. 2) – sous réserve qu'il n'ait pas déjà, au cours de son abbatiat, effectué un séjour Outre-Manche non documenté par ailleurs. On voit qu'ils sont d'une extrême fragilité (ces identifications sont tout à fait conjecturales) face au faisceau de preuves convergentes qui militent en faveur de l'autre hypothèse. Les tentatives de certains critiques imaginatifs pour dater le *c.* 2, d'une part, les *cc.* 97-98, de l'autre, de l'extrême fin de la vie de Baudri (cf. notre annotation *ad loc.*) ne sont rien moins que convaincantes.

111. *Studien...*, cit., p. 15-20 et 182-188. Démonstration brièvement résumée dans son édition des poèmes de Baudri (cf. *infra*), p. 308-311.

erreur de copie[112] interdit là aussi de songer à une révision par l'auteur.

4. Folios 1-4 et 148-151 (deux binions, dont le second est à lire dans l'ordre 150-148-149-151 ; dimensions comparables à celles des éléments 1 et 3, 28 à 30 l. par page) : c'est l'élément le plus hétéroclite. Le parchemin, jaune, rigide, de mauvaise qualité, a été fort endommagé par l'humidité, notamment aux folios 1 et 4. Les poèmes semblent avoir été copiés sans grand soin, presque « au coup par coup », par autant de mains différentes : certaines présentent nettement les caractéristiques de l'écriture normande, ou anglo-normande, de la première moitié du XIIe siècle[113]. On ajoutera qu'une note bilingue (anglais-latin), guère compréhensible, a été griffonnée en cursive gothique du XIVe siècle en marge du folio 4r. Cela indiquerait-il que le manuscrit *V* a été un temps conservé en Angleterre ? A vrai dire, on ignore tout de son destin avant son entrée dans la bibliothèque de Paul Petau.

Ce qui est certain en revanche, c'est que l'ordre des folios, à une date antérieure à celle de leur numérotation, était celui que nous avons reconstitué. C'est l'inadvertance d'un relieur qui a transposé le binion aujourd'hui numéroté 1-4 en tête du volume. Le folio 5 porte en effet dans la marge supérieure un titre, d'une écriture ancienne, et, dans la marge inférieure, une signature (ES : peut-être la marque d'un possesseur que nous n'avons pu identifier, répétée au bas du folio 151v)[114]. En outre, le poème qui commence là joue clairement le rôle de

112. Les deux épitaphes d'Audebert de Bourges nos 157 et 158 sont copiées sans solution de continuité. Il est probable aussi que les v. 1-4 et 5-10 du c. 205 constituent deux poèmes distincts.
113. Les cc. 211 à 221, copiés aux f. 149 et 151 (lettre du Dr N. R. Ker du 30. 4. 1978). Les cc. 211 à 214 ont été composés en 1106 au plus tôt ; les cc. 215-221 sont les seuls, de tout le manuscrit, que l'on puisse dater avec certitude de l'époque où Baudri était archevêque.
114. C'est la raison pour laquelle nous considérons, contre Hilbert, que le cahier formé par les f. 1-4 devait précéder, avant l'accident survenu lors de la reliure, celui que constituent les f. 148-151. Mais la succession des poèmes à l'intérieur de cet ensemble est à ce point arbitraire (sauf les *tituli* des f. 2-3) que l'ordre adopté pour l'édition n'a ici pas grande importance.

préface, sinon pour l'ensemble du livre, du moins pour le
premier de ses éléments constitutifs.

## La structure du recueil

Puisque, avec les deux premiers tiers du manuscrit $V$, l'on
se trouve selon toute vraisemblance en présence d'un exemplaire d'auteur, il n'est pas sans intérêt de se demander si une
volonté organisatrice a présidé à la distribution des poèmes au
sein de la collection qu'il constitue, ou si leur enchaînement est
entièrement laissé au hasard. La question n'est pas sans conséquence du point de vue de l'histoire littéraire : les aléas de la
transmission des textes font que peu d'écrivains de cette
époque du Moyen Age nous ont laissé un ensemble de poèmes
à la fois aussi abondant et aussi varié. C'est le plus souvent au
travers d'anthologies nettement postérieures dans le temps que
nous connaissons leurs œuvres[115]. Que la logique qui sous-tend
l'organisation des poèmes entre eux soit celle du recueil plutôt
que du *keepsake* témoignerait chez notre auteur d'un haut
degré de conscience littéraire, comme on ne s'attend guère à le
rencontrer chez un écrivain de cette époque[116].

Or, une lecture, qui n'a même pas besoin d'être très attentive, des *cc.* 1 à 153 suffit à prouver qu'une telle volonté de
mise en ordre structurelle existe, que le projet de Baudri est
bien de réaliser un livre (*c.* 1, 2 : *liber* ; *c.* 153, 9 : *libellus*), et
non une simple collection de poèmes. Si l'unité de l'ensemble
n'apparaît pas d'emblée très clairement, c'est d'abord en raison

115. P. Bourgain, « Les chansonniers lyriques latins » dans
M. Tyssens (éd.) *Lyrique romane médiévale : la tradition des chansonniers,* Liège, 1991, p. 62-84, donne la bibliographie exhaustive des
travaux – notamment ceux d'A. Wilmart, A. Boutemy et A. J. Rigg –
relatifs à ces anthologies poétiques médiolatines. La survie des *carmina minora* d'Hildebert et de Marbode est passée par de tels documents.

116. E. R. Curtius (*La littérature européenne et le Moyen Age
latin* (trad. fr.), Paris, 1986², t. 2, p. 328-329) porte un jugement
sévère, peut-être trop, sur le manque de sens de la composition chez
les écrivains médiévaux.

de la grande variété de ses éléments, mais surtout parce que, en cette époque « pré-dialectique », les principes de composition sont fondés non sur des schémas extérieurs aux œuvres et préexistants à celles-ci, mais sur les rapports de contiguïté qu'elles entretiennent mutuellement : il est rare qu'un poème n'ait aucune relation avec celui qui le précède et celui qui le suit, ces liens dussent-ils être fort divers et parfois déconcertants pour nous. Sans entrer dans le détail, feuilletons rapidement le premier élément du manuscrit *V* pour essayer d'en discerner quelques-uns.

Que le *c*. 1, congé à son livre où sont concentrés tous les *topoi* de l'exorde (sur le modèle d'Ov., *Trist.* 1, 1), assume le rôle de préface, il est à peine utile de le démontrer. L'obscur *c*. 2 semble redoubler, dans le registre du fantasme, les mêmes précautions oratoires. Les *c*. 3 à 5 sont trois satires adressées à des jeunes gens et dirigées contre les trois péchés capitaux que sont *superbia*, *ira* et *avaritia*. Après le morceau de bravoure constitué par les pastiches ovidiens des *cc*. 7 et 8 vient une séquence un peu plus confuse, où l'on remarque une nouvelle série de conseils à son scribe (*c*. 9) et le célèbre éloge de ses tablettes à écrire (*c*. 12), qui est aussi indirectement une apologie du métier d'écrivain. Le *c*. 14 inaugure la longue série des épigrammes funéraires : tout d'abord les *tituli* pour des rouleaux des morts (*cc*. 14, 17, 18, 22 – cf. aussi *c*. 23), entre lesquels s'intercalent les épitaphes dédiées aux mêmes personnages (*cc*. 15, 16, 19-21, 24) ; ensuite les épitaphes, annoncées par un titre générique[117], approximativement classées en fonction du statut social de leurs dédicataires : dignitaires ecclésiastiques, dans un ordre vaguement hiérarchique (*cc*. 31-51), nobles laïcs (*cc*. 52-66), enfants (*cc*. 67-68 et 70 – le *c*. 69, qui aurait dû figurer plus haut, est placé là par inadvertance) ; l'ensemble est conclu par deux nouvelles inscriptions « rotulaires » (*cc*. 72-73) et par le *planctus* techniquement très élaboré que Baudri dédie à son maître (*c*. 74). Les pseudo-épitaphes de Gérard de Loudun (mort au monde, vivant au monastère : *cc*. 75-76) introduisent logiquement le grand poème sur le

---

117. *Inscriptiones subnotatis defunctis competentes.*

mépris du monde (*c.* 77) et sa brève paraphrase ironique (*c.* 78).

Après les épitaphes de Gérard de La Sauve (*cc.* 79-83), dont nous parvenons moins à justifier la place, le livre prend, si l'on peut dire, un second départ, avec de nouveaux conseils à son scribe (*c.* 84), un nouveau manifeste poétique (*c.* 85). Les *cc.* 86 à 91, de longueur sensiblement équivalente, sont des lettres adressées à des confrères en poésie, à qui notre auteur réclame systématiquement, *in fine*, la joie d'un entretien (*colloquium*)[118]. Les « lettres de direction » adressées à un jeune clerc noble (*c.* 93) et à un jeune ermite (*c.* 94) se répondent symétriquement. Au centre du recueil – centre approximatif, puisque l'on ignore l'étendue de la lacune qui suit le folio 28 –, trois longs et importants poèmes consacrés par Baudri, sur le mode de la fiction (*c.* 97-98) puis en son nom propre (*c.* 99), à la défense et à l'illustration de son inspiration – peut-être notre auteur aurait-il aimé faire figurer à la place du *c.* 100 la réponse que Godefroid de Reims ne lui a jamais écrite. Suivent des épigrammes généralement brèves (*cc.* 101-117) qui déclinent sur tous les tons les figures de l'amitié. On peut y discerner des sous-ensembles, comme celui que constituent les *cc.* 112 (à un mauvais maître) et 113 (à un bon élève), le *c.* 112 étant lui-même amené par une similitude thématique avec le poème précédent (deux cas de spoliation dont Baudri a été victime). Les *cc.* 118-120 d'une part et 122, de l'autre, sont, les uns sur le mode profane, l'autre sur le mode religieux, des récits de conversion, dont le caractère complémentaire est garanti par l'identité parfaite de leur conclusion[119]. Entre les premiers et le second s'intercale le *c.* 121, poème « ironique », qui, conformément à la nomenclature des figures de rhétorique dressée par Isidore de Séville, doit succéder aux poèmes « allégoriques » 118 à 120[120]. Le *c.* 122 introduit un petit groupe d'épigrammes à sujet religieux (*cc.* 123-125, 127, 132) ; les *cc.* 126 et 129

118. On peut encore noter qu'à l'intérieur de cette brève section, les *cc.* 86 à 89 sont en hexamètres, les *cc.* 90 et 91 en distiques.

119. *cc.* 120, 35 et 122, 155 : ... *de conuerso laet(amur) deque reverso.*

120. *Orig.* 1, 37, 22 et 23.

développent le même thème bucolique. La longue lettre à Adèle de Blois (*c.* 134) précède l'ensemble des *epistulae ad mulieres* (*cc.* 135-142). Viennent ensuite deux poèmes que rapproche la singularité de leur versification (*cc.* 143-144), puis, en ordre plus dispersé, quelques billets à des amis (noter cependant la proximité des titres des *cc.* 149 *Ricardo Normanno* et 150 *Guillelmo Normanno*). L'envoi de son livre tout entier (*totum... libellum*) à une lectrice avisée, la savante Emma du Ronceray (*c.* 153) conclut harmonieusement l'ensemble : tel vers de ce poème reprend en effet mot pour mot tel autre vers du *c.* 1 [121].

Nous ne pensons pas qu'une telle reconstruction soit arbitraire. Sans doute même certains liens nous échappent-ils, faute d'ingéniosité ou faute de connaître assez bien le milieu culturel dans lequel évolue Baudri et la personnalité exacte de tous ses correspondants. Certes, une telle organisation déroute notre mentalité de modernes, dans la mesure où les critères classificatoires utilisés sont fort hétéroclites (thématiques, génériques, strictement formels voire purement verbaux) et que deux logiques concurrentes se télescopent parfois. Elle n'en reflète pas moins la façon qu'avaient les hommes de ce temps de penser le monde – par le jeu des analogies – et, plus modestement, celle qu'avait Baudri de composer chacun de ses poèmes par associations d'idées plus que suivant un plan bien organisé.

### Autres manuscrits médiévaux

– Paris, Bibliothèque nationale, lat. 4126, copié à York dans la seconde moitié du XIV$^e$ siècle : aux folios 20-21 sont transcrits les vers 749 à 946 du *c.* 134 *Adelae comitissae*, à savoir la description cosmographique que contient ce poème. Le texte en est très corrompu. Il est improbable que ce manuscrit descende directement de *V*, mais il a dû avoir pour ancêtre un codex très proche de ce dernier, peut-être lui aussi copié à Bourgueil :

---

121. *c.* 1, 20 : « *Explicit* » *apponet mors mea, nil aliud* ; *c.* 153, 15 : *mea dumtaxat mors* « *explicit* » *appositura est.*

aussi nous permet-il, sur un point, peut-être deux, d'améliorer le texte de notre manuscrit de base [122].

– Paris, Bibliothèque nationale, lat. 5350 (fin XIIIᵉ-XIVᵉ s.) : ce manuscrit contient la *Vie de saint Samson de Dol* dans la version remaniée par Baudri. A la suite de ce texte, aux folios 105-106 v, figurent, sur deux colonnes, les deux hymnes composées par notre auteur en l'honneur du même saint (*cc.* 215-216). Le module de l'écriture, la nature de la décoration, le découpage de la vie en leçons suggèrent fortement que ce manuscrit était d'usage liturgique. On n'a aucune indication concernant son origine, à situer selon toute vraisemblance à Dol ou dans son diocèse. Ce manuscrit n'offre aucun intérêt pour l'établissement du texte des hymnes.

– Le bref *titulus* pour un crucifix qui constitue le numéro 125 du recueil est le seul poème de Baudri qui ait connu une réelle popularité : il est transmis sans nom d'auteur, avec de nombreuses variantes dont on trouvera la liste dans l'apparat de notre édition, par dix-huit manuscrits (du XIIᵉ au XVᵉ siècle)[123] et même par une inscription lapidaire[124]. Peut-être son attribution fallacieuse à Hildebert explique-t-elle ce succès.

*Manuscrits modernes*

– Paris, Bibliothèque nationale, coll. Duchesne, 20 : on trouve aux folios 6-20 la copie faite sur *V*, pour André Duchesne, des *carmina historica*, essentiellement les épitaphes, que cet historien devait éditer dans ses *Historiae Francorum Scriptores* (cf. *infra*).

122. Sur ce manuscrit, voir P. Gautier-Dalché et J.-Y. Tilliette, « Un nouveau document sur la tradition du poème de Baudri de Bourgueil à la comtesse Adèle », *Bibliothèque de l'École des chartes*, 144, 1986, p. 241-257.

123. H. Walther, *Initia carminum ac versuum medii aevi posterioris*, Göttingen, 1969, n° 11685. R. Pörtner, *Eine Sammlung lateinischer Gedichte in der Handschrift Wien ÖNB 806 aus dem 12. Jahrhundert*, diss. Tübingen, 1989, p. 243-248.

124. R. Favreau, *loc. cit. supra* (n. 58).

– Paris, Bibliothèque nationale, coll. Duchesne, 49 : copie, aux folios 537-540, des vers 259 à 560 du *c.* 134 (conquête de l'Angleterre par les Normands) et du *c.* 202. Ces textes n'ont pas été publiés par Duchesne.

– Tours, Bibliothèque municipale, 891 : copie de *V* exécuté vers le milieu du XIXᵉ siècle par André Salmon, qui projetait d'éditer les poèmes de Baudri (cf. *infra*).

– Paris, Bibliothèque nationale, nouv. acq. lat. 870 : copie très fidèle du manuscrit de Salmon, exécutée pour Léopold Delisle par M. de Saint-Maclou.

Ces deux dernières copies ne sont pas absolument dépourvues d'intérêt, en ce qu'elles permettent de restituer partiellement les textes copiés sur les folios 1-1v et 137v-138 de *V*, aujourd'hui presque illisibles. Peut-être ces pages étaient-elles voilà un siècle et demi moins détériorées qu'elles ne le sont actuellement, et assurément Salmon était-il doté d'un talent paléographique supérieur.

Nous n'avons pas consulté, à supposer qu'il ait échappé aux destructions de la Deuxième Guerre mondiale, le manuscrit de l'hôtel de ville de Caen (coll. Mancel, 296-300, t. V) signalé par Ph. Abrahams (p. XIII), qui contiendrait au folio 260 la copie du *c.* 202 exécutée pour Delisle.


## IV. – ÉDITIONS


C'est vers le milieu du XVIIᵉ siècle que les poèmes de Baudri de Bourgueil commencent à sortir de l'oubli pluriséculaire dans lequel ils étaient tombés. André Duchesne, qui avait pris connaissance du manuscrit dans la bibliothèque d'Alexandre Petau[125], publie un certain nombre de « pièces historiques » au tome IV de ses *Historiae Francorum scriptores coetanei* (Paris, 1641, p. 251-279) : il s'agit pour

125. Il n'est pas impossible que certaines notes que porte le manuscrit en marge des folios 15v, 26v, 29v (voir notre apparat critique) soient de la main même de Duchesne.

l'essentiel des épitaphes, ainsi que de quelques lettres, ou fragments de lettres, adressés à des personnages illustres[126] – choix qui dénote bien l'orientation essentiellement prosopographique de la recherche historique au cours du Grand Siècle. Après le legs par la reine de Suède de sa bibliothèque au Saint-Siège, le manuscrit, provisoirement intégré au fonds Ottoboni de la Bibliothèque Vaticane, est examiné par dom Mabillon ou l'un de ses collaborateurs : le savant bénédictin en extrait quelques vers qu'il édite aux tomes IV et V de ses *Annales ordinis s. Benedicti...*[127], ainsi que dans le supplément de son *De re diplomatica*[128]. Ce sont les éditions de Duchesne et de Mabillon (*De re diplomatica*) qui sont reproduites au tome 166 (col. 1181-1208) de la *Patrologie latine* (1854), moyennant quelques infimes variantes, à imputer probablement à la négligence des typographes. Entre-temps, Edelestand du Méril avait publié, non sans intervenir assez pesamment sur le texte du manuscrit, le *planctus* que Baudri dédie à son maître Hubert de Meung, dans son recueil de *Poésies populaires latines antérieures au XII<sup>e</sup> siècle*[129] – témoignant par là d'une conception assez singulière de la poésie populaire, puisque aucun des textes composés par Baudri n'est aussi savamment élaboré du point de vue de la métrique.

Il faut attendre les années 1850 pour que l'ensemble des poèmes de Baudri recueillis dans le manuscrit du Vatican soit enfin considéré comme un tout. Le chartiste André Salmon,

126. Soit les *cc.* 14-24, 155-178, 209-214, 25-76, un fragment du *c.* 77 (v. 158-166), les *cc.* 79-83, 3 v. du *c.* 87 (8-10), le *c.* 93, le début du *c.* 134 (v. 1-88), les *cc.* 135, 136, 192 (v. 1-4 et 17-24), 194, 139 (v. 1-4 et 11-18), 146, 204, 206 et 208 (v. 31-70). On aura remarqué que Duchesne regroupe les poèmes par genre (ainsi, toutes les épitaphes), sans tenir compte de l'ordre où il se présentent dans le manuscrit – ce qui fourvoiera par la suite L. Delisle (*infra*, n. 134) et Ph. Abrahams (n. 141).

127. Tome 4 (Paris, 1707), p. 63 (*c.* 77, 160-165), 518 (*c.* 23, v. 1-10) et 563 (*c.* 7, 193-198) ; tome 5 (Paris, 1713), p. 147 (*c.* 127), 283 (*c.* 48), 377 (*c.* 18, 1-8), 381 (*c.* 194, 31-38), 422 (*c.* 170).

128. Paris, 1709, p. 151 : éd. du *c.* 12, v. 23-30 ; allusions aux *cc.* 1, 84 et 92.

129. Paris, 1843, p. 292-293 (éd. du *c.* 74).

éminent spécialiste de l'histoire de la Touraine, conçoit le projet d'une édition intégrale des textes contenus dans *V* ; à cette fin, il prend copie de ce manuscrit, à l'exclusion des poèmes déjà publiés (Bibliothèque municipale de Tours, ms. 891). Une mort prématurée[130] l'empêche de mener à terme l'entreprise. C'est alors Léopold Delisle qui reprend le flambeau : il publiera successivement, d'après Duchesne, l'une des pièces destinées aux rouleaux des morts[131], d'après la copie de Salmon, le grand poème à la comtesse Adèle de Blois, l'œuvre majeure de Baudri[132] et l'épigramme à Guillaume de Lisieux, sur la fabrication de la bière[133]. Mais surtout, Delisle, dans le premier volume de *Romania*, donne une analyse détaillée du contenu du manuscrit des poèmes[134] ; cet article reste un des jalons majeurs de l'histoire de la connaissance de l'œuvre poétique de notre auteur. Six ans plus tard, Henri Pasquier, dans sa thèse[135], illustre ses développements de nombreuses citations extraites de poèmes jusqu'alors inédits.

Dès lors, au gré des intérêts spécifiques des savants, les éditions partielles des poèmes de l'abbé de Bourgueil vont se multiplier. On peut tenir pour secondaires les contributions extrêmement limitées à ce dévoilement progressif apportées par Dümmler, Hauréau et von Schlosser[136] ; en revanche, on

130. Survenue le 24 septembre 1857.

131. *Rouleaux des morts du IXᵉ au XVᵉ siècle*, Paris, 1866, p. 144-146 (éd. du *c.* 22).

132. « Poème adressé à Adèle, fille de Guillaume le Conquérant, par Baudri, abbé de Bourgueil », *Mémoires de la Société des antiquaires de Normandie*, 28, 1871, p. 187-224 (éd. du *c.* 134).

133. *Étude sur la condition de la classe agricole en Normandie au Moyen Age*, Évreux, 1851, p. 278-280 (éd. du *c.* 202).

134. « Notes sur les poésies de Baudri, abbé de Bourgueil », *Romania*, 1, 1872, p. 23-50.

135. Voir *supra*, n. 1.

136. E. Dümmler, « Briefe und Verse des neunten Jahrhunderts », *Neues Archiv*, 13, 1887, p. 358 n. 4 (éd. du *c.* 189, logriphe sur le mot *Vulturnus*) ; B. Hauréau, *Notices et extraits de quelques manuscrits latins de la Bibliothèque nationale, V*, Paris, 1892, p. 233 (éd. de quelques vers du *c.* 87 à Hildebert); J. von Schlosser, *Quellenbuch zur Kunstgeschichte des Abendländischen Mittelalters*,

doit signaler que G. M. Dreves publie en 1895 les quelques hymnes composées par Baudri[137], E. Maass, en 1898, la partie du poème à la comtesse Adèle consacrée à l'astronomie[138], Ph. Lauer, en 1913, les vers de ce même poème relatant la conquête de l'Angleterre par les Normands[139] (il pose du même coup la question encore débattue de savoir si ce passage est ou non une description de la célèbre broderie de la reine Mathilde conservée à Bayeux) ; en 1927 enfin, P. Lehmann édite en appendice à sa *Pseudo-antike Literatur des Mittelalters* les brillants pastiches ovidiens que sont les correspondances entre Pâris et Hélène et entre Florus et Ovide[140].

Lorsque Lehmann composait cet ouvrage, il ne pouvait avoir accès à la première édition critique de la totalité des poèmes de Baudri, parue en 1926 seulement. Il s'agit de la thèse de doctorat, réalisée sous la direction d'Edmond Faral, de Phyllis Abrahams[141]. Aussitôt publié, cet ouvrage fit contre lui l'unanimité de la critique et fut littéralement mis en pièces par des plumes aussi autorisées que celles de Lehmann lui-même, d'O. Schumann, de W. B. Sedgwick et celle, particulièrement acérée, de K. Strecker[142]. Il faut bien hélas reconnaître que cet

---

Vienne, 1896, p. 218-220 (éd. de quelques vers du *c.* 134 à la comtesse Adèle).

137. *Analecta hymnica*, t. 19, Leipzig, 1895, p. 252-253 (éd. des hymnes à saint Samson, *cc.* 215 et 216) ; t. 22, Leipzig, 1895, p. 156 (éd. de l'hymne à sainte Catherine, *c.* 253).

138. *Commentariorum in Aratum reliquiae*, Berlin, 1898, p. 608-614 (éd. du *c.* 134, 538-718).

139. « Le poème de Baudri de Bourgueil adressé à Adèle fille de Guillaume le Conquérant et la date de la tapisserie de Bayeux » in *Mélanges d'histoire offerts à M. Charles Bémont...*, Paris, 1913, p. 43-58 (éd. du *c.* 134, 227-582). Signalons, pour être exhaustif, qu'en 1914 le Dr L. Dubreuil-Chambardel reproduit d'après l'édition Delisle (n. 132) les vers 1255-1342, sur la médecine, du *c.* 134, aux pages 54-56 de sa thèse *Les médecins dans l'Ouest de la France aux XI<sup>e</sup> et XII<sup>e</sup> siècles* (Paris).

140. *Pseudo-antike Literatur des Mittelalters*, Leipzig-Berlin, 1927, p. 65-87 (éd. des *cc.* 7-8 et 97-98).

141. Cf. *supra*, n. 9.

142. c. r. de P. Lehmann dans *Literaturblatt für germanische und*

éreintement était loin d'être dépourvu de toute justification : les
erreurs de transcription, souvent grossières, dépassent très
largement le millier, alors que le manuscrit *V* n'est pas de lecture difficile ; la décision, au demeurant appliquée avec passablement d'incohérence, de normaliser l'orthographe n'est pas
judicieuse ; l'annotation est approximative et l'introduction
indigeste. Sans méconnaître la validité de ces appréciations,
nous serions enclin, avec le recul du temps, à en nuancer
quelque peu la sévérité. L'établissement d'une *editio princeps*
est toujours une entreprise périlleuse, sans doute supérieure aux
forces d'un chercheur qui se définissait lui-même comme
« novice ». En outre, les analyses, brèves mais exactes, qui
précèdent chacun des poèmes, le repérage d'un certain nombre
de *loci paralleli* avec des œuvres antiques, l'identification des
destinataires de ces textes, l'effort fait pour les dater sont d'un
réel secours pour qui cherche à accéder à cette œuvre composite et difficile. Enfin, l'accent mis dans l'introduction, même
de façon bien maladroite, sur le caractère éminemment rhétorique de la poésie de Baudri (démarche à l'époque assez nova-
trice, où l'on sent l'influence de Faral) place enfin celle-ci dans
une juste perspective. Après tout, et bien qu'elle ne l'avoue
qu'avec une réticence un peu contrite, Phyllis Abrahams est la
première à avoir affirmé que l'intérêt littéraire des poèmes de
Baudri dépassait de beaucoup leur intérêt historique. C'est
donc bien à elle que notre auteur doit d'occuper la place qu'il
mérite dans les grandes histoires littéraires de Manitius, Raby,
de Ghellinck... L'article plein de sensibilité et de finesse, au
titre significatif (« Baudri von Bourgueil als Dichter »),
qu'O. Schumann donne aux mélanges Strecker [143] témoigne

---

*romanische Philologie*, 49, 1928, p. 19-22 ; d'O. Schumann dans
*Zeitschrift für romanische Philologie*, 49, 1929, p. 579-595 ; de
W. B. Sedgwick dans *Archivum latinitatis medii aevi*, 5, 1930, p. 218-
222 ; de K. Strecker dans *Studi medievali*, n. s. 1, 1928, p. 532-539.
M. Hélin (dans *Revue belge de philologie et d'histoire*, 6, 1927,
p. 311-312) est plus bénin.
    143. « Baudri von Bourgueil als Dichter », in *Studien zur lat.
Dichtung des Mittelalters. Ehrengabe für K. Strecker...*, Dresde, 1931,
p. 158-170 [repris dans K. Langosch (éd.) *Mittellateinische Dichtung*,
Darmstadt, 1969, p. 330-342].

bien de cette nouvelle approche dont Baudri fait désormais l'objet.

On ne signalera que pour mémoire, car l'ouvrage est bien difficile d'accès, l'édition fournie en 1936 par Maria Teresa Razzoli (qui ignore apparemment le travail d'Abrahams) de la plupart des « épîtres métriques » de Baudri de Bourgueil[144]. Cette édition n'a pas grand-chose à envier à la précédente sur le plan de la correction du texte, bien que Razzoli ait eu directement accès au manuscrit, et non, comme Abrahams, à de simples photos et à des copies tardives. De plus, la classification thématique des poèmes édités (« epistulae ad mulieres », « ... ad nobiles », « ... ad poetas », « ... ad juvenes », etc.) n'a aucune pertinence codicologique, non plus que littéraire ou historique. La riche annotation des *epistulae ad mulieres* contient cependant nombre de remarques fines et suggestives.

Le livre de M. T. Razzoli, publié à un moment peu opportun, n'ayant eu aucun écho, c'est l'œuvre de Karlheinz Hilbert qui, après celles de Duchesne, Delisle et Abrahams, représente le quatrième stade de l'histoire de la critique baldéricienne. Ce savant, élève de W. Bulst, le grand spécialiste de Marbode de Rennes, présente en 1967 à l'université de Heidelberg une dissertation intitulée *Studien zu den Carmina des Baudri von Bourgueil*. Ce travail de diffusion malheureusement limitée est fondamental sur quatre points : l'inventaire exhaustif des erreurs de lecture commises par Abrahams, la description codicologique détaillée du manuscrit *V*, l'étude des techniques de versification mises en œuvre par Baudri, l'analyse littéraire de ses épigrammes (épitaphes, rouleaux des morts et *tituli*). La parution en 1979 de l'édition promise par Hilbert[145] marque un progrès considérable dans notre connaissance du texte de Baudri : sa fidélité scrupuleuse au texte du manuscrit unique, dont les mélectures n'excèdent pas la dizaine, la pertinence de certaines des rares corrections qui y sont apportées, la richesse et la précision de l'apparat critique font de cet ouvrage un instru-

---

144. *Le Epistole metriche di Baldericus Burguliensis* (*dal codice Vaticano latino* 1351 [sic]), Milan-Gênes-Rome-Naples, 1936.

145. *Baldricus Burgulianus. Carmina*, Heidelberg, 1979 (Editiones Heidelbergenses 19).

ment de travail digne de confiance ; tout au plus peut-on lui reprocher l'extrême bizarrerie de la ponctuation, qui laisse souvent planer une incertitude sur la façon dont l'éditeur a construit ou compris tel passage. Pourtant, au regard de ce que laissaient espérer les *Studien*, l'édition Hilbert est au bout du compte décevante : une brève introduction, curieusement placée en fin de volume, dit l'essentiel de ce qu'il y a à savoir sur la manuscrit *V* (p. 303-317). Pour le reste, le texte est rigoureusement dépourvu de la moindre annotation : en l'absence d'apparat des sources, de notes explicatives des particularités lexicales, syntaxiques ou métriques de la langue de Baudri, d'indications prosopographiques sur les personnages nommés par lui, qui permettraient de se faire une idée du milieu culturel où il évolue, l'ouvrage n'est guère accessible qu'aux spécialistes rompus à l'étude de la poésie hexamétrique des XIᵉ et XIIᵉ siècles ; les autres – historiens de la culture et des mentalités, critiques littéraires, amateurs éclairés... – en restent réduits à recourir aux indications souvent incertaines données par Abrahams.

Il faut enfin mentionner une édition supplémentaire du *c.* 134 à la comtesse Adèle, publiée en 1980 par Nunzia Bartolomucci[146] : fidèle aux principes de l'édition critique moderne, elle marque elle aussi une sensible amélioration sur les textes de Delisle et d'Abrahams, même si la vingtaine de corrections qu'elle apporte à *V* sont toutes malheureuses.

## V. – LA PRÉSENTE ÉDITION

Notre seule ambition, bien modeste, est donc de conjoindre les mérites des éditions Abrahams et Hilbert et de pallier leurs lacunes respectives : autrement dit, de fournir au lecteur à la fois un texte fiable et les éléments de commentaire permettant d'y pénétrer.

146. « L'epistola CXCVI di Balderico di Bourgueil. Testo critico », *Annali della Facoltà di lettere e filosofia di Bari*, 22, 1979, p. 5-52.

*Principes adoptés*

L'établissement du texte ne posait pas de problème majeur puisque nous sommes, sauf pour de très rares passages, en présence d'un manuscrit unique – qui plus est, pour les deux tiers de ce document, d'un exemplaire d'auteur, comme nous venons de le montrer. Nous avons donc choisi de rester aussi fidèle que possible au texte donné par *V*, choisissant à l'occasion contre Hilbert lui-même certaines *lectiones difficiliores*[147]. Notre apparat critique se veut le reflet fidèle des repentirs, retouches ou corrections portés sur *V* par le scribe ou, beaucoup plus rarement, par une main contemporaine. En revanche, nous n'avons pas jugé nécessaire d'y rendre compte systématiquement des leçons manifestement erronées données par les éditions antérieures (à l'exception de celle de Hilbert, avec laquelle nous sigalons toujours nos points de désaccord) ni des conjectures toujours ingénieuses, mais parfois inexactes, d'érudits qui n'avaient pas vu le manuscrit, comme Sedgwick et Strecker[148].

Suivant l'usage, nous avons naturellement conservé l'orthographe de *V*, qui n'offre d'ailleurs pas de particularités déroutantes à qui est tant soit peu familier des manuscrits médiévaux. Voici les principales d'entre elles :

– confusion des syllabes *ci* et *ti* (*ocia*, mais *speties, glatialis*) ;

– emploi du *h* hypercorrect (*inhers, perhennis*) ou, au contraire, suppression de cette lettre (*iems, Omerus, ortus*, mais aussi *inuei* pour *inuehi* et *spera* pour *sphera*)[149] ;

– emploi de *y* hypercorrect pour *i* (*yemalis, ymber...*) ou au contraire de *i* pour *y* (*cinicos*) ;

147. Par exemple, pour les quinze premiers poèmes : *cc.* 1, 8-9 ; 2, 9, 116 ; 7, 155, 252, 272 ; 8, 60 ; 13, 31.

148. Nous signalons toutefois, lorsque le texte est difficile, leurs conjectures les plus séduisantes, même si elles sont contredites par la leçon du manuscrit.

149. Dans un seul cas (*c.* 194, 27), nous avons pris sur nous de corriger en fonction de la norme classique le texte du manuscrit, celui-ci (*hostia* pour *ostia*) étant générateur d'équivoque.

– emploi de *i* pour *e* (*extimplo, saltim*) ;
– emploi de *p* pour *b* (*optinuit*) ou, à l'inverse, de *b* pour *p* (*obtabo*) dans le préfixe *ob-* ;
– emploi de *n* pour *m*, généralement devant un *q* (*quenquam, quicunque, nanque*) ;
– omission de *s* après le préfixe *ex-* (*exaturari, expes*) ;
– remplacement, dans la plupart des cas, de *ph* par *f* (*Frigio, Fillix* [pour *Phyllis*]) ;
– gémination de consonnes simples (*relligio, buffo*) ou au contraire simplification de consonnes doubles (*pupis, quatuor*) ;
– enfin, l'orthographe des noms propres, notamment antiques, est assez mal fixée.

Le seul problème vraiment délicat est posé par la diphtongue : assez rarement transcrite en toutes lettres (*ae, oe*) elle est le plus souvent rendue par un *e* cédillé, mais aussi par *e* (systématiquement dans des mots comme *sepe et seuus*). Contre Hilbert, et infidèle en cela seulement aux judicieux conseils donnés par P. Bourgain[150], nous avons choisi de développer le *e* cédillé. En effet, même si, vers 1100 et en France, la distinction entre *e* et *ae* n'a plus aucune pertinence phonétique, les choix délibérés et assez cohérents opérés par le scribe ou son mentor d'adopter, pour tel mot, un signe plutôt que l'autre (dont témoigne, par exemple, le fait que, dans bien des cas, la cédille a été rajoutée après coup, à l'encre de couleur), manifestent, selon nous, l'existence d'une certaine « conscience graphique » – la perception un peu plus que floue d'une distinction linguistique, digne d'être matérialisée dans l'écriture même si la voix ne la marque pas plus que l'oreille ne la perçoit. Notre choix a donc été dicté par le fait que ces textes, contrairement à la poésie lyrique par exemple, étaient d'abord conçus pour être lus plutôt qu'écoutés.

Nous avons enfin adopté l'ordre et la numérotation des poèmes tels qu'ils apparaissent dans l'édition de Heidelberg, même si on peut les contester sur deux points de détail : le *c.* 54, qui figure au bas d'un folio partiellement détruit, n'existe pas (ou alors, il faudrait arbitrairement affecter d'un numéro

---

150. « Sur l'édition des textes littéraires latins médiévaux », *Bibliothèque de l'École des chartes*, 150, 1992, p. 5-49 (p. 27-30).

d'ordre les poèmes en nombre indéterminé qui remplissaient la
lacune séparant les folios 28 et 29) ; le *c*. 205 de Hilbert est en
fait constitué de deux poèmes différents (respectivement les
v. 1-4 et 5-10 de ce texte), copiés par erreur sans solution de
continuité (comme les *cc*. 157 et 158) : nous donnons au
second le numéro 205*bis*. Il nous paraissait en effet superflu
d'imposer aux spécialistes désormais accoutumés à l'édition
Hilbert une nouvelle nomenclature et de leur infliger d'arides
tables de concordance[151]. D'autre part, la remise en ordre des
folios de *V* telle qu'elle est suggérée par Schumann[152] et la
reconstruction du *c*. 154 magistralement opérée par Hilbert,
d'après Fulgence, ne souffrent aucune contestation.


*Sources et « loci paralleli »*

   Il s'agit là encore d'une question fort difficile, à laquelle on
ne peut guère apporter de réponse qu'empirique. Il est évident
que l'une des toutes premières tâches de l'éditeur de textes
comme ceux-ci est d'identifier et de signaler les emprunts
jamais explicites faits aux œuvres littéraires antérieures, notamment antiques, puisque la poésie savante et pour *happy few* de
Baudri n'est compréhensible qu'au lecteur apte à déchiffrer les
signaux qu'elle adresse ainsi à ses glorieux modèles. Reste à
caractériser et à classifier ces emprunts. Il nous semble
qu'entre l'écho purement mécanique et pour ainsi dire incons-
cient d'un apprentissage scolaire de la versification métrique
fondé sur la lecture des textes canoniques et la citation jamais
avouée comme telle, mais à coup sûr volontaire parce que
fonctionnelle à son contexte de remploi, il y a place pour une
troisième catégorie, qui est celle de la réminiscence : bien souvent, telle *junctura verborum* banale, empruntée au vaste formulaire désormais galvaudé de la poésie classique, est reprise

---

   151. C'est ainsi également que nous renonçons à bouleverser
l'ordre des poèmes contenus dans les deux derniers cahiers du manuscrit, même si nous considérons que les *cc*. 222-256, copiés aux f. 1-4,
devaient en principe se trouver avant les *cc*. 207-221, copiés aux
f. 148-151 (cf. *supra*, n. 114).
   152. c. r. de l'édition Abrahams, *loc. cit.*, p. 582-587.

par notre auteur non pas en référence à un texte-source aisément identifiable, mais néanmoins dans l'intention précise de
donner à son poème une « couleur » virgilienne ou ovidienne[153]. Nous nous sommes efforcé, dans les notes, de tenir
compte de cette typologie, en signalant les citations que nous
avons repérées et en renvoyant, pour les réminiscences, à cet
instrument de travail précieux mais de maniement délicat
qu'est le *Lateinisches Hexameter-Lexikon* d'Otto Schumann[154] ; nous espérons n'en avoir pas abusé – ce qui aurait
alourdi sans profit une annotation déjà pesante –, en nous
abstenant de faire droit aux rencontres verbales les plus routi-
nières et les plus aléatoires : à ce compte, un vers de Baudri sur
deux, ou presque, serait à considérer comme une citation classique !

## VI. – LA TRADUCTION

Il conviendrait ici de recourir à un topos qui revient bien
souvent sous la plume des traducteurs de textes en langues
mortes et de réclamer l'indulgence pour la situation inconfor-
table de qui se trouve astreint à choisir, tel l'âne de Buridan (et
parfois, hélas, avec le même résultat), entre les exigences de la
fidélité et celles de l'élégance. Dans le cas de textes comme
ceux que nous présentons, la difficulté est pour ainsi dire
double, puisque leur langue, morte pour nous, l'était déjà dans
une large mesure pour leur auteur : l'hexamètre médiéval a
bien souvent besoin de béquilles pour tenir debout ; de plus,
l'annexion de la poétique par la « rhétorique restreinte » de
l'*elocutio* fait de tels poèmes le lieu de jeux verbaux guère

153. Voir l'exemple analysé par F. Châtillon, « Le pentamètre
ovidien en « Inque » dans la tradition médiévale et néo-classique »,
*Revue du Moyen Age latin*, 12, 1956, p. 177-240.
154. Munich, 1979-1983 (*MGH*, Hilfsmittel 4), 6 volumes. Sur les
précautions à observer avant d'utiliser ce formidable instrument de
travail, justes remarques de P. Bourgain, « Sur l'édition... » cit., p. 41.

aisés à transposer dans toute leur complexité. La poésie
lyrique, en vers mesurés, peut sans doute, elle, faire plus faci-
lement l'objet de brillantes transpositions en français d'aujourd'hui. En revanche, il n'y a pas, à notre connaissance,
depuis la naissance de la philologie moderne, d'exemple de
traduction en français d'une masse aussi importante d'hexamètres et de distiques médiolatins que celle que représente la
poésie de Baudri [155]. L'essai que nous en faisons sera donc tenu
pour ce qu'il est : purement expérimental.

   Le principe qui nous a guidé a été de fournir au lecteur
ignorant du latin un texte lisible, tout en essayant de répercuter
à son intention quelques échos de la poésie de Baudri dans sa
littéralité – qu'il soit bien clair que nous entendons par là non
pas l'exactitude du mot-à-mot, mais la sensibilité à ces « jeux
de la lettre » (C. Méla) que sont les figures de rhétorique. C'est
ainsi que nous avons délibérément omis de traduire bien de ces

---

155. Henri Pasquier, dans son ouvrage (cf. *supra* n. 1) donne la
traduction élégante, mais un peu compassée, de plusieurs fragments
des lettres de Baudri. La traduction en alexandrin des *cc.* 134 (v. 1-
88), 135 et 139 (v. 1-4 et 11-18) par S. Ropartz (*Les poésies de
Marbode, évêque de Rennes, traduites en vers français...*, Rennes,
1873, Appendice, p. 211-219) relève plutôt de la curiosité littéraire.
Autre curiosité, la traduction par André Maurois des vers 379 à 488 du
*c.* 134 (in *La conquête de l'Angleterre par les Normands*, Paris, 1968,
coll. « Le mémorial des siècles », p. 321-324), que Pierre-Alain
Tilliette a eu l'obligeance de nous signaler. H. Spitzmüller (*Poésie
latine chrétienne du Moyen Age (III^e-XV^e siècle)*, s. l., 1971, p. 486-
497) a fait du *c.* 122 *Confessio poenitentialis* une traduction qui ne
manque pas de souffle, mais qui, fondée sur le texte fautif de
l'éd. Abrahams, n'évite malheureusement pas les contresens. Enfin,
on mentionnera sans s'y arrêter la traduction bien incertaine des
*cc.* 137, 200 et 201 publiée tout récemment par E. Wolff, in *La lettre
d'amour au Moyen Age*, Paris, 1996, p. 68-91. Quant au lecteur
anglophone, il pourra se reporter à la traduction des vers 207 à 572 du
*c.* 134 par M. Herren (in S. A. Brown, *The Bayeux Tapestry. History
and Bibliography*, Woodbridge, 1988, p. 167-177) et à celle des
*cc.* 105, 198, 200 et 201 par G. A. Bond, *The Loving Subject. Desire,
Eloquence, and Power in Romanesque France*, Philadelphie, 1995,
p. 44, 59 et 170-193 ; le lecteur italien, à celle des *cc.* 3 et 129 par
G. Gardenal, *Poesia latina medievale*, Milan, 1993, p. 136-143.

conjonctions de coordination qui constituent l'attaque de nombreux vers, dont la restitution scrupuleuse eût été un obstacle définitif à toute lisibilité du texte français : c'est qu'il s'agit alors, nous semble-t-il, soit de simples chevilles placées là *metri causa*, soit, plus souvent, d'un système de ponctuation destiné à compléter celui, encore bien rudimentaire, dont disposent les écrivains du XIe siècle. A l'inverse, nous nous sommes interdit de gommer, au profit d'une langue plus classique et plus sobre, les images, les répétitions inlassables et parfois lassantes, les sauts hardis qu'opère de temps à autre le raisonnement. S'il fallait choisir entre le rythme d'une phrase et l'exacte fidélité aux indications données par le dictionnaire ou par la grammaire, nous devons confesser que nous avons en général opté pour le premier terme de l'alternative, convaincu que, dans de tels textes, la forme aussi (peut-être doit-on dire : la forme surtout) fait sens. Quoi qu'il en soit, ce n'est désormais plus à nous qu'il revient de juger du résultat d'une telle démarche.

L'usage veut que nous adressions maintenant à tous ceux qui, à Paris, Rome puis Genève, nous ont aidé dans la réalisation de ce travail long et minutieux. Qu'ils sachent bien que, comme dans la poésie de Baudri, l'exigence formelle n'exclut pas la sincérité. Mes remerciements vont d'abord à M. André Vernet, qui le premier, voilà déjà bien longtemps, m'a lancé sur la piste de Baudri de Bourgueil ; M. Alain Michel a ouvert ma sensibilité à la tradition classique, tandis que M. Jacques Monfrin guidait mes premiers pas de philologue ; les avis et remarques de M. Jacques Fontaine, qui me fait l'honneur d'accueillir ce livre dans la collection qu'il dirige avec M. François Dolbeau, dont le soutien amical ne s'est jamais démenti, m'ont toujours été précieux. Qu'il me permettent de leur associer dans ma reconnaissance la mémoire du regretté Yves Lefèvre.
Les responsables et le personnel de la Biblioteca apostolica vaticana, du cabinet des manuscrits de la Bibliothèque nationale, des bibliothèques de l'École normale supérieure et de

l'École française de Rome, ainsi que ceux de la section latine de l'Institut de recherche et d'histoire des textes et du « Bureau Du Cange » ont favorisé de leur compétence et de leur courtoisie la préparation de ce travail.

Qu'il me soit enfin permis d'adresser des remerciements tout particuliers à Mme Colette Isoz, qui a mis au point le manuscrit de cette édition avec une acribie et un zèle jamais lassés, à Mme Dominique de Libera, qui en a préparé le texte pour l'impression, ainsi qu'à ma femme, Pascale Koch Tilliette, qui a supporté avec équanimité la présence parfois envahissante de Baudri au cours de toutes ces années. A eux, et à tous ceux que je ne nomme pas, l'expression de ma plus profonde gratitude.

# BIBLIOGRAPHIE

*N. B.* : On ne mentionne dans cette liste que les travaux prenant des poèmes de Baudri de Bourgueil pour objet d'analyse, à l'exclusion des éditions et traductions complètes ou partielles énumérées et décrites ci-dessus, et des articles de dictionnaires ou d'encyclopédies.

dom Jean MABILLON, *Annales ordinis s. Benedicti...*, t. 5, Paris, 1713, *passim.*

*Histoire littéraire de la France... par des religieux bénédictins de la Congrégation de Saint-Maur,* t. 11, Paris, 1759, p. 96-113.

Léopold DELISLE, « Notes sur les poésies de Baudri, abbé de Bourgueil », *Romania,* 1, 1872, p. 23-50.

abbé Henri PASQUIER, *Un poète chrétien à la fin du XIe siècle. Baudri, abbé de Bourgueil, archevêque de Dol d'après des documents inédits* (1046-1130), Angers, 1878.

Philippe LAUER, « Le poème de Baudri de Bourgueil adressé à Adèle, fille de Guillaume le Conquérant, et la date de la tapisserie de Bayeux », dans *Mélanges d'histoire offerts à M. Charles Bémont...,* Paris, 1913, p. 43-58.

Paul LEHMANN, *Pseudo-antike Literatur des Mittelalters,* Leipzig-Berlin, 1927, p. 10-11 et 93.

Max MANITIUS, *Geschichte der lateinischen Literatur des Mittelalters, Bd. 3 : Vom Ausbruch des Kirchenstreites bis zum Ende des 12. Jahrhunderts,* Munich, 1931, p. 883-898.

Otto SCHUMANN, « Baudri von Bourgueil als Dichter », dans *Studien zur lateinischen Dichtung des Mittelalters. Ehrengabe für Karl Strecker,* Dresde, 1931, p. 158-170.

Frederick J. E. RABY, *A History of Secular Latin Poetry in the Middle Ages,* Oxford, 1934, vol. 1, p. 337-348.

André BOUTEMY, « Muriel. Note sur deux poèmes de Baudri de Bourgueil et de Serlon de Bayeux », *Le Moyen Age,* 45, 1935, p. 241-251.

Bernard LANDRY, « Les idées morales au XIIᵉ siècle. Les écrivains en latin : Baudri de Bourgueil », *Revue des cours et conférences,* 40, 1938-1939, p. 127-136.

Walter BULST, « Studien zur Marbods *carmina varia* und *Liber decem capitulorum* », *Nachrichten von der Gesellschaft der Wissenschaften zur Göttingen, Ph.-H.Kl., NF II,* 1939, p. 227-234.

Guy DE VALOUS, « La poésie amoureuse en langue latine au Moyen Age », *Classica et Medievalia,* 13, 1952, p. 332-343.

François CHATILLON, « Le pentamètre ovidien en *Inque* dans la tradition médiévale et néo-classique », *Revue du Moyen Age latin,* 12, 1956, p. 177-240.

Wolfram VON DEN STEINEN, « Humanismus um 1100 », *Archiv für Kulturgeschichte,* 46, 1964, p. 4-27.

Reto R. BEZZOLA, *Les origines et la formation de la littérature courtoise en Occident (500-1200),* t. 2, Paris, 1966 (BEPHE 313), p. 371-384.

Dieter SCHALLER, « Probleme der Ueberlieferung und Verfasserschaft lateinischer Liebesbriefe des hohen Mittelalters », *Mittellateinisches Jahrbuch,* 3, 1966, p. 25-36.

Karlheinz HILBERT, *Studien zu den Carmina des Baudri von Bourgueil,* Diss. Heidelberg, 1967.

Winfried OFFERMANNS, *Die Wirkung Ovids auf die literarische Sprache der lateinischen Liebesdichtung des 11. und 12. Jahrhunderts,* Wuppertal-Kastellaun-Düsseldorf, 1970, p. 94-100 et *passim.*

Karl FORSTNER, « Das Traumgedicht Baudris von Bourgueil », *Mittellateinisches Jahrbuch,* 6, 1972, p. 45-57.

Nunzia BARTOLOMUCCI, « Tecnica e poesia in Balderico di Bourgueil C. CXCVI », *Annali della Facoltà di Lettere e Filosofia, Università di Bari,* 17, 1974, p. 137-157.

Robert FAVREAU, « L'inscription du tympan Nord de San Miguel d'Estella », *Bibliothèque de l'École des chartes,* 137, 1975, p. 237-246.

Ernstpeter RUHE, *De amasio ad amasiam. Zur Gattungs-geschichte des mittelalterlichen Liebesbriefes,* Munich, 1975, p. 24-50.

Nunzia BARTOLOMUCCI, « Note lessicali al carme CXCVI di Balderico di Bourgueil », *Giornale italiano di filologia,* n.s. 7, 1976, p. 192-196.

O. K. WERCKMEISTER, « The Political Ideology of the Bayeux Tapestry », *Studi Medievali,* 17, 1976, p. 535-595.

Therese LATZKE, « Der Fürstinnenpreis », *Mittellateinisches Jahrbuch,* 14, 1979, p. 22-65.

Sabine SCHUELPER, « Ovid aus der Sicht des Balderich von Bourgueil, dargestellt anhand des Briefwechsels Florus-Ovid », *Mittellateinisches Jahrbuch,* 14, 1979, p. 93-115.

John BOSWELL, *Christianity, Social Tolerance and Homosexuality,* Chicago, 1980, p. 243-266.

Jean-Yves TILLIETTE, « Culture classique et humanisme monastique : les poèmes de Baudri de Bourgueil », dans *La littérature angevine médiévale,* Maulévrier, 1981, p. 77-88.

ID., « La chambre de la comtesse Adèle : savoir scientifique et technique littéraire dans le *c.* CXCVI de Baudri de Bourgueil », *Romania,* 102, 1981, p. 145-171.

Michael VON ALBRECHT, « La correspondance de Pâris et d'Hélène : Ovide et Baudri de Bourgueil », dans R. Chevallier (éd.) *Colloque Présence d'Ovide,* Paris, 1982, p. 189-193.

Jean-Yves TILLIETTE, « Note sur le manuscrit des poèmes de Baudri de Bourgueil (Vatican, Reg. lat. 1351) », *Scriptorium,* 37, 1983, p. 241-245.

Peter DRONKE, *Women Writers of the Middle Ages. A Critical Study of Texts from Perpetua († 203) to Marguerite Porete († 1310),* Cambridge, 1984, p. 84-91.

Gerald A. BOND, « *"Iocus amoris"* : The Poetry of Baudri of Bourgueil and the Formation of the Ovidian Subculture », *Traditio,* 42, 1986, p. 143-193.

Patrick GAUTIER-DALCHÉ et Jean-Yves TILLIETTE, « Un nouveau document sur la tradition du poème de Baudri de Bourgueil à la comtesse Adèle », *Bibliothèque de l'École des chartes*, 144, 1986, p. 241-257.

Xavier BARRAL I ALTET, « Poésie et iconographie : un pavement du XIIᵉ siècle décrit par Baudri de Bourgueil », *Dumbarton Oaks Papers*, 41, 1987, p. 43-54.

Jean-Claude KAHN, *Les moines messagers. La religion, le pouvoir et la science saisis par les rouleaux des morts (XIᵉ-XIIᵉ siècles)*, Paris, 1987, p. 92-100.

Christine RATKOWITSCH, « Baudri von Bourgueil – Ein Dichter der "inneren Emigration" », *Mittellateinisches Jahrbuch*, 22, 1987, p. 142-165.

Loriano ZURLI, « Nota al testo di Baldrico », *Giornale italiano di filologia*, 40, 1988, p. 263-265.

Gerald A. BOND, « Composing Yourself : Ovid's *Heroides*, Baudri of Bourgueil and the Problem of Persona », *Mediaevalia*, 13, 1989, p. 83-117.

Richard H. et Mary A. ROUSE, « The Vocabulary of Wax Tablets », dans *Vocabulaire du livre et de l'écriture au Moyen Age,* Turnhout, 1989 (coll. CIVICIMA, 2), p. 220-230.

E. M. C. VAN HOUTS, « Latin Poetry and the Anglo-Norman Court, 1066-1135 : *The Carmen de Hastingae proelio* », *Journal of Medieval History*, 15, 1989, p. 39-62.

Christine RATKOWITSCH, « Io und Europa bei Baudri von Bourgueil » dans E. Könsgen (éd.) *Arbor amoena comis, 25 Jahre Mittellateinisches Seminar in Bonn,* Stuttgart, 1990, p. 155-161.

EAD., *Descriptio picturae. Die literarische Funktion der Beschreibung von Kunstwerken in der lateinischen Gross-dichtung des 12. Jahrhunderts,* Vienne, 1991, p. 17-127.

EAD., « Die keusche Helena. Ovids Heroides 16/17 in der mittelalterlichen Neudichtung des Baudri von Bourgueil », *Wiener Studien,* 104, 1991, p. 209-236.

Jean-Yves TILLIETTE, « Hermès amoureux ou les métamorphoses de la Chimère. Réflexions sur les *carmina.*200 et 201 de Baudri de Bourgueil », *Mélanges de l'École française de Rome. Moyen Age,* 104, 1992, p. 121-161.

ID., « Savants et poètes du Moyen Age face à Ovide. Les débuts de l'*aetas ovidiana* », *in* M. Picone-B. Zimmermann (éd.)., *Ovidius redivivus. Von Ovid zu Dante*, Stuttgart, 1994, p. 63-104.

G. A. BOND, *The Loving Subject. Desire, Eloquence, and Power in Romanesque France*, Philadelphie, 1995, p. 42-69 et 221-231.

Nunzia BARTOLOMUCCI, « Il registro epico di Baudri de Bourgueil. *Adelae comitissae* : vv. 207-582 », *Annali della facoltà di lettere e filosofia di Bari*, 39, 1996, p. 73-87.

Jean-Yves TILLIETTE, « Le retour du grand Pan. Remarques sur une adaptation en vers de *Mitologiae* de Fulgence à la fin du XI^e siècle (Baudri de Bourgueil, *c.* 154) », *Studi Medievali*, 3a s., 37, 1996, p. 65-93.

# CONSPECTVS SIGLORVM ET ABBREVIATIONVM

| | | |
|---|---|---|
| *V* | : | Vat. Reg. lat. 1351 — saec. XI ex.-XII in. |
| *D* | : | Paris, BNF, Nouv. acq. lat. 870 — saec. XIX med. |

ÉDITIONS ANTÉRIEURES OU REMARQUES CRITIQUES SUR LE TEXTE

| | | |
|---|---|---|
| *Abr.* | : | éd. Phyllis Abrahams, Paris, 1926 |
| *Du Méril* | : | *Poés. pop. lat. ant.*, Paris, 1843 (éd. du *c.* 74) |
| *Hil .* | : | éd. K. Hilbert, Heidelberg, 1979 |
| *Leh.* | : | P. Lehmann, *Pseud. ant. lit. des Mas.*, Leipzig, 1927 (éd. des *cc.* 7-8) |
| *Mabillon 1707* | : | *Ann. O.s.B. 4*, Paris, 1707 (éd. part. du *c.* 77) |
| *Mabillon 1713* | : | *Ann. O.s.B. 5*, Paris, 1713 (éd. du *c.* 127) |
| *Pas.* | : | H. Pasquier, *Baudri, abbé de Bourgueil...*, Angers, 1878 |
| *Raz.* | : | éd. M. T. Razzoli, Milan-Rome-Naples, 1936 |
| *Sch.* | : | O. Schumann, c.r. de l'éd. Abr. (*ZRPh*, 49, 1929, p. 579-593) |
| *Sed.* | : | W. B. Sedgwick, c.r. de l'éd. Abr. (*ALMA*, 5, 1929-1930, p. 218-222) |
| *Sed. Speculum* | : | W. B. Sedgwick, c.r. de l'éd. Leh. des *cc.* 7-8, (*Speculum,* 5, 1930, p. 303-304) |
| *Str.* | : | K. Strecker, c.r. de l'éd. Abr. (*SM*, n.s. 1, 1928, p. 532-539) |
| *edd.* | : | accord des éditions. |

### ABBRÉVIATIONS UTILISÉES DANS L'APPARAT CRITIQUE

| | |
|---|---|
| *ac* en exposant | : ante correctionem |
| *add.* | : addidit |
| *coni.* | : coniecit |
| *corr.* | : correxit |
| *in mg.* | : in margine |
| *(in) ras.* | : (in) rasura |
| *interp.* | : interpunxit |
| *pc* en exposant | : post correctionem |
| *s.l.* | : supra lineam |
| *suppl.* | : suppleuit |

### ABBRÉVIATIONS UTILISÉES DANS LES NOTES

Les noms des auteurs anciens ont été abrégés suivant le modèle proposé par le *Thesaurus linguae latinae.*

### OUVRAGES DE RÉFÉRENCE OU GRANDES COLLECTIONS

| | |
|---|---|
| *CC* | : Corpus christianorum |
| *CCCM* | : Corpus christianorum, Continuatio mediaevalis |
| Du Cange | : *Glossarium mediae et infirmae latinitatis* |
| *LHL* | : O. Schumann, *Lateinisches Hexameter-Lexikon* |
| *PL* | : Patrologia latina |
| *Poetae* | : Monumenta Germaniae Historica, Poetae latini medii aevi |
| *ThLL* | : *Thesaurus linguae latinae* |

*BALDRICI BVRGVLIANI
ANDEGAVENSIS ABBATIS
CARMINA*

POÈMES DE BAUDRI,
ABBÉ DE BOURGUEIL
EN ANJOU

**1**

## Contra obtrectatores consolatur librum suum[1]

Vade[2], manus multas subiturus et atria multa,
    Vade, liber trepidus, discidium metuens,
Vade meus sine me, carmen sine nomine, uade,
    Causa, principio, consule[3], fine carens.
5 Sique tuum nomen uult fratrum[4] sollicitudo,
    « Nomen quod petitis », dic sibi, « non habeo.
Si tamen et dignum uigilantia uestra coaptet,
    Annuo, non renuo, dicite quod[5] deceat.
Dicite qui deceat et uos et Burgulianum[6]
10     Vestro perpetuum filiolo titulum ».
Cur sis collectus[7], non est occasio multa :
    Impleuit pellem scriptor ebes sterilem.
Incipis in multis, in multis desinis atque
    In multis pendes nec loca certa tenes :
15 Tantundem ualeas, si quis praeposterat odas ;
    Est locus incertus quo magis incipias.
Pagina furtiua, quo consule tutior ibis ?
    Immo iudicium consulis ipsa time.
Donec ego uiuo, clauderis limite nullo ;
20     « Explicit » apponet mors mea, nil aliud[8].
Vrbana non es uerborum commoditate[9]
    Accinctus neque te Tullius associat[10].
At bene dictandi[11] non defuit ampla uoluntas,
    Cum cuperem musam Virgilii esse meam ;
25 Sed non afflauit cupienti dextra facultas
    Nec patres illud promeruere mei[12].

*Inscriptio.* Baldrici Burguliani And.gauensis Abbatis B.rguli.nsis Carmina /
Floruit per 46 an..s tempp. / Ann. 1090 *add.in mg. sup. alia manus saec. XII* ||
4 (pri)n(cipio) *V s.l.* || 8 quod *V* : quid *edd.* || 9 qui *V* : quid *edd.* || 23
(di)c(tandi) *V s.l.*

# 1

## Consolation à son livre en réponse aux critiques [1]

Va [2], toi qui dois passer entre beaucoup de mains, par beaucoup de demeures, va, livre, qui t'arraches à moi en frémissant
de peur, va-t'en, mon fils, sans moi, poème anonyme, va-t'en,
privé de raison d'être, de début, de conseiller [3], de fin. Et si des
frères [4] ont le souci de demander ton nom, dis-leur : « Vous
réclamez un nom : je n'en possède point. Mais si votre soin
attentif trouve à m'approprier le nom que je mérite, j'accepte,
je ne dis pas non ; donnez-moi le nom qui [5] me siée, donnez à
votre filleul un titre immortel qui vous siée à vous-mêmes et à
l'habitant de Bourgueil [6]. » Les prétextes à élaborer le recueil
que tu constitues [7] ne furent pas nombreux : c'est une plume
émoussée qui a rempli un parchemin stérile. Tu abondes en
débuts, en fins, en interruptions soudaines et rien en toi n'occupe de place fixe : tu aurais ni plus ni moins de valeur si l'on
intervertit les odes ; la place n'est pas fixée, où tu dois plutôt
commencer. Page discrète, quel conseiller te permettra d'aller
d'un pas plus assuré ? Aie bien plutôt à redouter le verdict de
ce conseiller. Tant que je vivrai, aucune borne ne te sera
posée : c'est ma mort, et rien d'autre, qui inscrira le mot
« fin » [8]. Tu n'as pas pour caparaçon l'aisance [9] d'un style
élégant ni Tullius pour allié [10]. Pourtant, ce n'est pas que m'ait
manqué le ferme vouloir d'écrire de beaux vers [11], puisque je
désirais faire mienne la muse de Virgile. Mais l'habileté, le
talent, n'ont pas favorisé ce désir de leur souffle et mes pères
ne m'ont pas mérité cette heureuse chance [12].

Ecce misella uolas, a multis dilanianda,
  Siue per errorem, siue per inuidiam.
5v     Carta, tibi multum mea musa iocosa[13] nocebit,
30     Musa iocosa licet nil michi contulerit.
Frons irsuta iocos tibi nostros improperabit,
  Frons irsuta licet sepe iocum faciat.
Crede michi[14], numquam nocuerunt verba iocosa,
  Me semper munit pectoris integritas.
35 Grande supercilium[15], nigrum magnumque cucullum
  Hostes ferales primitus inuenies.
Tu quoque, dic ipsis : « Medici, < curate p>rius uos,
  Palletis, ranae funditus assimiles »[16].
Codex idcirco securior egrediaris,
40     Quod fecant[17] dominum morbida nulla tuum.
Qui leuiter dicunt me suspicione notabunt,
  Sed neque radicem suspicionis habent.
Vt ros in Phebo, tepido nix sicut in Austro,
  Vt palea in clibano, fumus ut absque foco[18],
45 Vt subitus turbo, sicut de fulgure fulgor,
  Sic transit subito re sine suspicio.
Me quemcumque notent, in me quicumque susurrent,
  Non commendat eos amplior integritas.
Vellus eos mentitur ouem, lupus obstrepit intus[19] ;
50     Nequiter intus agunt, at Curios simulant[20].
Quod si uerborum damnaris pro leuitate
  Incutiturque tibi poena, sed immerito,
Te consoletur quia poenam non meruisti
  Et sine iudicio iudicium pateris.
55 Si tibi dicetur : « Cur nugis ergo uacabat ? »,
  Dices : « Nolebat uiuere tempus iners »[21] ;
« Scriberet aut legeret diuina uolumina », dicent ;
6r     Tu : « Scripsit, legit, fecit utrumque diu,
Incubuit metrice magno conamine Moysi[22],
60     Vitas sanctorum lucidius cecinit[23],
Sermones fecit multos sermone pedestri[24].
  Haec ut uitaret ocia composuit,

---

35 m(agnumque) *V s.l.* ‖ 37 curate p(rius u)o(s) *suppleui* : *V non legitur* ‖ 38 Palletis *V^{pc}* : Polletis *V^{ac}*

Maintenant, tu t'envoles, mon pauvre malheureux, et beaucoup vont te mettre en pièces, par ignorance ou par envie : ô mon livre, ma muse enjouée [13] va te faire grand tort, bien que la muse enjouée ne m'ait jamais rien rapporté. Des mines broussailleuses vont te faire grief de mon enjouement, bien que les mines broussailleuses ne se privent pas de mener joyeuse vie. Crois-moi [14], des propos enjoués n'ont jamais fait de tort à personne : moi, la pureté de mon cœur assure à jamais ma défense. Grands airs sourcilleux [15], amples bures noires : voilà les ennemis mortels que tu rencontreras dès l'abord sur ta route. Et toi, dis-leur donc : « Médecins, commencez par vous soigner vous-mêmes ; tout comme la grenouille, vous avez le teint blême [16]. » Tu dois, toi, mon volume, avancer d'un pas plus sûr, puisqu'aucune maladie n'infecte [17] ton maître.

Ceux qui parlent à la légère me marqueront du stigmate du soupçon, mais leur soupçon n'a pas même l'ombre d'un fondement. Comme la rosée au feu du soleil, ainsi que la neige aux souffles tièdes du Midi, comme la paille au feu, comme la fumée sans feu [18], ainsi que l'ouragan soudain, ainsi que l'éclat de l'éclair, ainsi passe aussitôt le soupçon sans motif. De quelque stigmate que me marquent tous ceux, quels qu'ils soient, qui murmurent contre moi, ils ne se recommandent pas par une pureté plus grande. Une toison les contrefait brebis ; au fond de leur cœur, c'est le loup qui hurle [19] ; au fond d'eux-mêmes, ils agissent en vauriens, mais ils jouent les Curius [20]. Or, si l'on te condamne pour tes propos légers et que l'on t'inflige – mais à tort – une peine, console-toi en te disant que tu n'as pas mérité cette peine et que le jugement qui te frappe est le fait du manque de jugement.

Si l'on te dit : « Mais pourquoi donc consacrait-il son temps à des bêtises ? », tu répondras : « Il ne voulait pas passer sa vie à ne rien faire [21]. » Ils te diront : « Il n'avait qu'à écrire ou à lire des ouvrages religieux » ; et toi : « Il en a écrit, il en a lu, il a longtemps fait l'un et l'autre. Il s'est appliqué de tout son zèle à mettre Moïse en vers [22] ; il a chanté fort brillamment la vie des saints [23] ; il a fait nombre de sermons en prose [24]. Les poèmes que voici, il les a composés pour échapper à l'oisiveté.

Sed neque conuentus haec propter opuscula fugit ;
Talia dictabat noctibus aut equitans.
65 Non rapiebatur tunc sursum spiritus eius,
Sepe reui<sit h>umum religiosus homo ;
Effundebatur su<pple>x oratio mane ;
Inde trahebatur ad fora sollicitus ».
Debemus < .........: > debemus et octo[25]
70 Curant de r<ebus pontif>ices propriis
Et de priuatis reges aliquando loquuntur.
Sepeque de uili sollicitantur equo ;
Nunc uenantur apros[26], nunc ceruis retia tendunt
Et reuocat dominos sepe culina suos ;
75 Et redit ad mensam post causam rex generalem[27],
Audit cantores siue iocis[28] inhiat.
Inter pontifices minor est de codice sermo ;
Littera seu rara nulla fatigat eos.
Propterea sic est quia pars ignorat et alget[29],
80 Pars intenta lucris iura fori sequitur[30].
Ex oculo fratris festucam abducere querunt,
In proprio uero deseruere trabem[31].
Ne reprehendatur, reprehendit uel reprehendi[32]
Nos aliquis patitur, dignior ipse cruce.
85 Sed tu, uade, liber terroreque liber[33] ab isto ;
Si sit opus, pro me martirium patere.
6v        Olim tempus erit, cum per me tutior ibis,
Cum michi liber ero, cum tibi credidero.
Abbatis nomen onus est, onus et labor, et me
90 Non sinit alterius immo nec esse meum ;
Esse michi uellem meus atque suus sociorum,
Vt mea cui uellem tempora diuiderem[34].
Ad praesens ideo, codex, securior ito,
Quod bona res, bona spes se tibi consociant[35].
95 Praecepi fieri capitales aere[36] figuras,
Vt quod non sensus, res tribuat precium –

---

66 (re)ui(sit h)um(um) *suppl. Hil.* : *V non legitur* || 67 (su)pple(x) *suppl. Hil.* :
*V non legitur* (su)peris *coni. Sed.* || 69 *inter duo uerba* debemus *V non legitur* ||
70 (r)ebus ponti(fices) *suppl. Hil.* : *V non legitur* || 73 (nu)n(c ceruis) *V s.l.* || 80
(Par)s *V s.l.* || 92 (temp)o(ra) *V s.l.* || 95 aere *V* : auro *coni. Sed.*

Mais il n'a pas, pour ces œuvrettes, fui le monastère : ce genre de vers, il les faisait de nuit ou à cheval. Son esprit ne se laissait pas alors emporter dans les nues ; souvent, en vrai religieux, il est revenu faire visite au sol. Le matin, il exhalait ses supplications dans la prière, puis, le cœur en souci, il se laissait entraîner vers les affaires. »

Nous devons (...) [25]. Les évêques s'occupent de leurs biens personnels ; quant aux rois, il leur arrive parfois de discuter de questions privées et souvent de se tourmenter pour un vulgaire cheval. Tantôt ils chassent le sanglier, tantôt ils tendent des pièges aux cerfs [26] et généralement, c'est la cuisine qui ramène au bercail son seigneur. Le roi revient à table après avoir rendu solennellement justice [27], il écoute des chanteurs ou se passionne pour des jongleurs [28]. Chez les évêques, on parle de livres encore moins ; aucun souci de la culture (ou si peu) ne les obsède. Voici quelle en est la raison : les uns se morfondent [29] dans l'ignorance, les autres, avides de gain, suivent les jugements des tribunaux [30]. Ils cherchent à enlever la paille qui est dans l'œil de leur frère, mais ont bien oublié la poutre qui est dans le leur [31]. Pour ne pas être critiqué, on nous critique ou on nous laisse critiquer[32], quand soi-même on serait bien plus digne du supplice.

Mais toi, va-t'en, mon livre, libre [33] de ces terreurs ; s'il le faut, subis le martyre en mon nom. Viendra le jour où, grâce à mon nom, tu marcheras d'un pas plus sûr, où je serai libre pour moi, où je me confierai à toi. Le nom d'abbé est un fardeau et une souffrance : il m'interdit d'appartenir à autrui – qui plus est, de m'appartenir à moi-même. Je voudrais bien m'appartenir et appartenir à mes compagnons, afin de distribuer mon temps à qui je voudrais bien [34]...

A présent, mon volume, va-t'en d'un pas plus ferme, parce qu'une heureuse occurrence, une heureuse espérance accompagnent ta route [35] ; j'ai ordonné que les lettres capitales soient faites de métal brillant [36], afin que l'aspect matériel, à défaut des idées, donne du prix au livre (ce sont les Arabes, peut-être,

Ad nos miserunt Arabes huc forsitan aurum[37],
Materiarum quo signa priora micant.
Introitus alios minio uiridiue colore[38],
100     Vt mirabilius omne nitescat opus,
Vt quos allicere sententia plena[39] nequibit,
    Hos saltem species codicis alliciat.
Haec igitur lucet, haec uero littera ridet,
    Sed non arrident dicta decora tibi.
105 Elegi puerum scribentis in arte peritum,
    Qui sic disposuit, nomine Gualterium,
Qui geniale solum, uagus ut tu, dicere nescit ;
    Sed decuit profugus scriberet ut profugum.
Gerardum[40] quendam natu proauo Turonensem
110     Commoda sors Arabem contulit aurificem.
Burgulius prudens hunc educat ingeniosum
    Et iuuat aestiuis Cambio[41] temporibus,
Cambio post modicum qui, subterraneus amnis,
    Postquam Burgulium prataque praeteriit,
115 In Ligerim emergens redeat dubium est an abissum
7r     Inde reuersurus irrequietus eat[42].
Claudicat ut Iacob, quoniam pede claudicat uno[43]
    Scriptor, sed recto praeualet ingenio.
Hunc quia callebat, quia Beseleel[44] similabat,
120     Gualterio sodes addidimus socium.
Tu praesens aderas, haec omnia dum faciebant ;
    Aut sic aut aliter ergo referre potes.
Nunc igitur nostros ibis uisurus amicos
    Et dicturus eis quod sibi mando uale.
125 Ipsi te relegent, ipsi te, credo, recondent,
    Ne tibi fascinus aut liuor edax[45] noceat.
Acceleres igitur ; citus ut redeas, citus ito[46] ;
    Cautus amicorum singula dicta refer.
Vt resalutent nos, prior ipsos ipse saluta :
130     Taliter exposcit foedus amicitiae[47].

99 alios $V^{pc}$ : alias $V^{ac}$ ‖ 101 nequibit $V^{pc}$ · -quiuit (?) $V^{ac}$ ‖ 109 Gerardum *in litteris capitalibus scrips.* V ‖ 115 an $V^{pc}$ : en $V^{ac}$ ‖ 120 Gualterio *in litt. capitalibus scrips.* V

qui ont fait parvenir jusqu'ici l'or[37] dont resplendissent les premières lettres des textes) ; j'ai fait peindre les autres initiales en rouge ou en vert, afin que l'œuvre entière ait un éclat encore plus admirable[38] : de la sorte, ceux que la richesse de l'expression[39] sera bien incapable de séduire seront au moins séduits par l'apparence du manuscrit. Ainsi, ces lettres-là sont brillantes, ces lettres-ci riantes, si tu ne rayonnes pas par l'éclat du langage.

J'ai choisi un jeune homme expert en calligraphie qui a respecté ces dispositions ; il s'appelle Gautier ; vagabond comme toi, il ignore sur quel sol il est né : mais il convenait qu'un exilé transcrivît l'exilé [que tu es]. C'est un certain Gérard[40], de vieille souche tourangelle, qu'un sort favorable a mené à moi en guise d'Arabe faiseur d'or. Bourgueil, bien avisée, nourrit cet homme de l'art et le Changeon[41] lui procure agrément aux heures estivales – le Changeon, ce fleuve qui s'enfonce sous terre peu après avoir traversé Bourgueil et ses prairies et dont on ignore s'il en ressort pour se perdre dans la Loire ou s'il continue sans repos sa course vers l'abîme d'où il resurgira[42]. Mon scribe est boiteux comme Jacob, car il boîte d'une jambe[43], mais pour ce qui est du talent, il se tient bien droit et en pleine santé. Parce qu'il était habile, parce qu'il était l'émule de Beseleel[44], je l'ai, avec ta permission, associé à Gautier. Tu étais présent, lorsqu'ils réalisaient toutes ces tâches : tu peux donc en faire mémoire d'une manière ou d'une autre.

Tu vas donc maintenant aller rendre visite à mes amis et leur donner le salut que je leur adresse. Ils vont te lire, ils vont, je pense, te cacher, pour éviter qu'un sortilège ou que l'envie aux crocs rongeurs[45] ne te fassent du mal. Pars donc en hâte ; pour revenir vite, marche vite[46] ; rapporte-moi soigneusement tous les propos de mes amis. Pour qu'ils me renvoient leur salut, salue-les le premier : c'est ce qu'exige le pacte d'amitié[47].

## 2
### Somnium et expositio somnii[1]

Nox erat[2] et noctem tractabam more diei,
Quam dabat insomnem mordax afflictio cordis
Exurensque meas curarum flamma medullas[3] :
Nam grauior noctis quam sollicitudo diei est.
5   At res, unde malus prouenerat iste rotatus,
Anticipare mei capitis decus accelerabat[4].
Idque die noctuque cauens michi sollicitabar
Sollicitusque michi conflictibus afficiebar,
Prorsus amicorum factus solaminis expes.
10  Talis erat noctis talisque procella diei.
Nulla fuit nox nocte minus gratantior[5] illa,
Quae michi longa nimis fuerat quasi terminus anni,
Quam uere uellem sine mane sequente perennem :
7v          Me, quia torquebar, tedebat noctis, et inde[6]
15  Sol metuendus erat, quia iudicium metuebam
Quod nox illa suumque michi cras improperabat.
*D*ilectosque meos casus conflauerat hostes,
Quorum lingua nimis crudelia tela uomebat.
Hinc neutrum nollem non esse, diem neque noctem,
20  Si fieri posset sine tempore tempus ut esset :
Sponte forem tunc ipse mei radicitus expers.
Spiritus ergo meus sic in me deficiebat ;
Porro, negata quies fessos corruperat artus.
Lucifer[7] interea signans rarescere noctem
25  *C*onuocat exciti fulgentia limina Phebi[8].
Me timor inuadit ac si prius haut timuissem,
Deficiunt uires, friget cruor, ossa tremiscunt
Nec poterat portare sui pes corporis arcem[9].

---

*Prımae litterae uersuum ımparıum difficillime leguntur* V ‖ 9 expes (*scil.* exspes *Sed.*) V : expers *edd.* ‖ 18 (crudel)i(a) V *s.l.* ‖ 19 nollem V^*pc* . nomen V^*ac* ‖ 25 limina V^*pc* : lu-V^*ac* ‖ 26 ac V^*pc* : hac V^*ac*

## 2

### Un songe et son explication [1]

C'était la nuit [2] et je passais la nuit comme on passe le jour :
le tourment qui rongeait mon cœur, les flammes de l'angoisse
qui me consumait jusqu'aux moelles [3] m'ôtaient le sommeil.
Car l'anxiété, la nuit, est plus cruelle que le jour. Or, les événements qui avaient provoqué ce tour funeste de la roue de
Fortune hâtaient leur marche pour me dessaisir [4] de l'honneur
attaché à ma personne. Attentif à cela, je passais jours et nuits
dans l'angoisse et, au milieu de cette angoisse, j'étais tourmenté par des luttes intérieures – ayant absolument perdu tout
espoir dans les consolations de mes amis. Voilà quelle était la
bourrasque qui soufflait sur la nuit, qui soufflait sur le jour.
   Aucune nuit ne fut plus extrêmement désagréable [5] que
cette nuit-là. S'étirant sans mesure, elle me paraissait une
année tout entière, et j'aurais, à la vérité, voulu qu'elle s'éter-
nisât, privée de lendemain : j'en avais assez de la nuit, parce
que j'étais dans les affres, et, d'un autre côté [6], je redoutais le
lever du soleil, parce que je redoutais le verdict dont me mena-
çaient cette nuit et le jour qui allait la suivre. Le souffle du
malheur avait excité l'inimitié des êtres chers à mon cœur, dont
la langue vomissait des traits par trop cruels. J'aurais voulu que
ni l'un ni l'autre – ni le jour ni la nuit – n'existât, qu'ainsi, pour
peu que la chose pût se faire, fût abolie la temporalité : j'aurais
alors bien volontiers été arraché à mes pensées. Telles étaient
donc les réflexions de mon esprit défaillant ; en outre, le refus
de prendre du repos affaiblissait mon corps. Sur ces entrefaites,
Lucifer [7], messager du moment où la nuit s'exténue, annonce
que Phébus, réveillé, franchit le seuil resplendissant de sa
demeure [8]. La crainte m'envahit comme elle ne l'avait jamais
fait auparavant. Mes forces m'abandonnent, mon sang se fige,
mes os frémissent, et mes jambes n'étaient plus capables de
soutenir la citadelle de mon corps [9]. Allongé sur le sol, je ne

Sternor humi tantumque « Deus » de uoce sonabat,
30  Nam timidus ualde praemortua corda gerebam.
Deficio. Vitae flatum fugisse putares.
Nescio : uel madidos somnus suffecit ocellos
*Et* mox certa quidem me somnia commonuerunt,
Aut equidem uidi quod me uidisse putaui.
35  Mulam equitare meam memet de more uidebam
Atque super magnum fluuium conscendere pontem.
Miles frena tenens michi dux muleque praeibat ;
Sessor ego mulae[10], scando discrimina pontis[11],
De quo poenitui, si poenituisse iuuaret.
40  Pons bonus et fidus prima de parte uidetur.
*V*ado securus, securum dum licet ire.
Ad medium pontis, pons ligneus ipse tremiscit.

8r        Ipse nec impauidus metuo me precipitandum...
Subsequiturque fides[12] : in flumen corruo praeceps.
45  Gurges erat uastus[13] necnon cita gurgitis unda,
Tunc citior solito, sicut sentire dabatur :
Scire dabatur enim ripas exisse fluenta ;
Et latici color albus erat, qualem Ligerisue,
Heu male uicinos dum turgens enecat agros,
50  Vel qualem Nar albus habet sibi sulphure mixto[14].
*P*rotrahor in preceps, alto submergor hiatu,
Surgens enitor rapidis innare procellis,
Non tantum metuens quantum uigilans metuebam :
Tunc minus in terra quam nunc in flumine tutus,
55  Ad ripam uenio neque ripam prendere possum.
Saxa tamen prendo, de saxis eueho saxum,
Quod teneo manibus diuellens absque labore.
Admiror lapidem ; lapidi studiosus inherens,
Admiror formam – mirari quippe licebat :
60  Ocia miranti fuerant haec atque natanti.
*A*t lapis antiqua celatus gnauiter arte
Visus erat uiui speciem preferre leonis[15].
Vt petra uisa satis, portu tamen ipse carebam.
Protinus absque metu conitor et absque labore,

32-33 *uersus transponendos con\i. Sed.* ‖ 33 commonuerunt *V^{pc}* : commu- *V^{ac}* ‖
51 (Protra)h(or) *V s.l.*‖ 61 A(t) *Sch. Hil.* : *V non legitur* Ut *Abr.*‖ 64 et *V s.l.*

puis prononcer que ces seuls mots : « Mon Dieu ! » Dans ma
terreur extrême, j'étais à l'agonie. Je m'évanouis. On eût dit
que les souffles vitaux m'avaient fui. Je ne sais si le sommeil
se répandit sur mes yeux inondés de larmes et m'apporta tout
aussitôt l'avertissement d'un songe véridique, ou si j'ai réellement vu ce que j'ai imaginé voir.

Je me voyais moi-même, chevauchant une mule, selon mon
habitude, m'engager sur un pont qui enjambait un large fleuve.
Mon guide, un soldat, marchait devant moi et la mule, dont il
tenait la bride. Toujours à cheval sur la mule [10], j'entame ce
franchissement périlleux [11] – j'aurais à m'en repentir, si un tel
repentir servait à quelque chose. Dans sa première partie, le
pont a l'air solide et sûr. J'avance tranquillement, aussi longtemps qu'il est possible d'avancer de la sorte. En son milieu, le
pont de bois commence à trembler. Non sans effroi, je frémis à
mon tour devant la perspective d'une chute au fond de l'abîme.
Ce qui se produit incontinent [12] : je plonge la tête la première
dans le fleuve. Le gouffre était immense [13] et son courant rapide
– plus rapide alors qu'à l'ordinaire, à ce qu'il m'était donné de
comprendre. Il m'était en effet donné de constater que les flots
avaient submergé leurs rives. La couleur de l'eau était blanche,
comme est celle de la Loire, lorsque – trois fois hélas ! – elle
s'enfle et dévaste les champs pour leur malheur voisins ou celle
du Nar blanc aux flots mêlés de soufre [14]. Je suis entraîné vers
le fond, englouti dans la profondeur de l'abîme ; j'émerge et
nage à toutes forces au milieu des rapides bouillonnants, sans
éprouver autant de crainte que je n'en éprouvais à l'état de
veille : je me sentais moins en sécurité alors, sur la terre ferme,
qu'à présent dans le fleuve. J'atteins la rive et ne puis m'y
accrocher ; c'est alors aux rochers que je m'accroche, et je dé-
tache de ces rochers un roc que j'arrache sans peine à la force
des bras. Je contemple la pierre avec étonnement ; tout en m'y
cramponnant avec énergie, je m'étonne de son bel aspect – car
il y avait de quoi s'étonner d'avoir ainsi loisir de s'étonner tout
en nageant. Cette pierre, habilement sculptée comme savaient
faire les anciens, offrait, semblait-il, l'apparence d'un lion
plein de vie [15]. Quand j'eus bien contemplé le roc, je n'avais pas
pour autant touché le port. Aussitôt, sans crainte et sans effort,

65　Flumen item tranans, aliam contingere ripam.
　　Inueniebatur pro ripa mons scopulosus,
　　Verbere continuo quem flumina rauca[16] secabant.
　　Et multos secuit scopulos collisio crebra,
　　Motu fluctiuago qui deuecti super undas,
70　Sicut Simplegae[17], super equora magna rotabant.
　　Littus inaccessum scopuli fecere uagantes

8v　Et michi non multum tamen incussere timorem ;
　　Nam strepitu blando circum scopuli fluitantes[18]
　　Lambebantque caput, tamen et nichil officiebant.
75　Mons autem reliquus porrectus in aera magn*u*m[19]
　　In conum pendens minitatur a*d*usque ruinam.
　　Effugio rursus scopulosum littus et undas
　　Nando citus supero, prius ad littus redeundo.
　　Fluctibus in mediis[20], aqua quo properantior ibat,
80　Eminus aspiciens de marmore cerno columnam,
　　Siue hominis cura, fortuna siue locatam.
　　Quaelibet ars tamen hanc quadros laterauit in octo[21],
　　Quam caperent hominis complexus unus et alter
　　Aequaretque hominum staturas longa duorum.
85　Ipsa mensura longam grossamque putares ;
　　Abdita gurgitibus pars, experientia uisus
　　Quam non metitur, a carmine semoueatur.
　　Ipsa superficies, aliquod non scu*l*ptile gestans,
　　Plana uidebatur ; decus addunt planiciei
90　Octo politurae, quadri quas octo notabant.
　　Inque modum sperae finitur summa columnae,
　　Marmore de Pario ducens genus atque colorem.
　　Secernens alias natura a littore littus
　　Hunc circa lapidem prope littora contiguauit
95　Et cumulo fluuii fauces obiecerat artas.
　　Dum cupiunt aditum, furor hic fremebundus aquarum,
　　Hic strepitus magnus, clamor cum murmure multo.
　　Praecipitabatur potius quam curreret unda,

---

67 flumina *V^{pc}*: -ne *V^{ac}* ‖ 73 Nam *V Abr* : Iam *Hil.* ‖ 75 magnum *dubit.*
*conieci* . magnam *V edd.*‖ 76 minitatur *V^{pc}* minitater *V^{ac}* ‖ adusque *Hil.* :
abusque *V* ‖ 88 sculptile *edd.* : scuptile *V*

j'entreprends de franchir à la nage le fleuve pour toucher l'autre rive. En guise de rive, il y avait là un récif escarpé que les flots grondants [16] éboulaient en le battant sans trêve ; les écueils arrachés par cet assaut continuel, emportés sur les vagues, flottant au gré des ondes, étaient, telles les Symplégades [17], roulés par le vaste océan. Ces écueils errants interdisaient l'accès au rivage, sans pourtant m'inspirer une grande terreur. Car, ballottés autour de moi par la vague [18], ils effleuraient ma tête en un doux clapotis et ne me causaient nul ennui. Cependant, ce qui reste du récif érigé jusqu'au ciel s'incline, oône gigantosquc [19], ct mcnacc ruine complète. Je fuis à son tour ce rivage plein d'écueils, et, d'une nage vive, je traverse les eaux pour revenir au rivage d'avant.

Au beau milieu des flots [20], là où le courant était le plus violent, j'aperçois au lointain une colonne de marbre, placée là par l'industrie des hommes ou bien par le hasard. Quoi qu'il en soit, c'était bien pourtant un effet de l'art si elle était dotée de huit faces équarries [21] ; deux hommes en se tenant la main pourraient en embrasser le pourtour ; en hauteur, elle atteindrait la taille de deux hommes. Ces dimensions suffisent à faire imaginer comme elle était haute et épaisse ; pour ce qui est de la partie immergée au fond du torrent, l'œil, qui ne l'a pas vue, ne peut la mesurer : le poème n'en doit rien dire. En soi, la surface de la pierre, dépourvue de la moindre sculpture, semblait lisse ; la beauté de ce caractère naturel est rehaussée par le poli des huit côtés, que met en évidence leur octuple équarrissage. La colonne, en son sommet, s'achève en forme de sphère, empruntant là au marbre de Paros sa nature et sa couleur. Aux environs de cette pierre, les rives, que la nature ailleurs tenait éloignées l'une de l'autre, se rapprochaient à se toucher et le puissant débit du fleuve rencontrait l'obstacle de gorges resserrées. En quête d'une issue, les eaux, en cet endroit, rugissent de fureur, c'est un fracas immense, une clameur grondante. En sortant de ces gorges, le flot ne courait pas,

Euadens fauces uelocior alite quauis[22] :
100 Segnius excedit balistas[23] ales arundo[24].
9r Fauces in medias subtusque parum, lapis ipse
Fixus erat, qua corruit impetuosior amnis ;
Sub pelago terrae firmis radicibus herens,
Excipiebat aquas, multis immotus ab annis,
105 Haut, reor, ignarus famosae colluuiei.
Me, qua uis impegit aquae, fuit ire necesse :
Declinare uiam nequeo quam compulit unda ;
Elabor cursu quo labitur amnis eodem.
Immo, quod adiutus manuumque pedumque repulsu
110 Quantumcumque fui uelocior amne cucurri,
Obliquare uiam, qua substitit ipsa columna,
Et potui et uolui ; sed uelle audacia uertit.
Euehor in lapidem preceps humeroque sinistro
Fortiter impactum multa uirtute subegi.
115 It lapis in pelagus ; loca marmoris occupat amnis.
Deflectens ego retro caput, sic letus agebam :
« Haec saltim nullos posthac obstacula ledent. »
Nam multi obiecti perierunt obice saxi[25]
Naufragiique fuit nautis lacrimabile signum.
120 Enato sospes ego, portu fruor euigiloque.
Quae me confortans memet michi uisio[26] reddit.
Anxietate quidem sic uado liber ab omni[27],
Liber ut euasi terrore a fluminis omni.
Vt scopuli indemnes circum caput osque fremebant,
125 Sic furor indemnis fremebundae est garrulitatis ;
Sublimesque minas ceruicososque[28] tumultus
Tanta prostraui quanta leuitate columnam.
Haec diuina tamen clementia cuncta patrauit :
Quippe quod euasi meritis non deputo nostris ;
9v 130 Diuinus mos est, ut in ira propicietur[29].
At Deus iste meus per secula sit benedictus,
Qui, dum castigat, castigati miseretur.

---

114 subegi *edd.* : subaegı *V* ‖ 116 agebam *V* · aıebam *Str.Hil.* ‖ 124 Vt *Sch. Hil.* : Aut *V* ‖ 131 At *Sch. Hil.* : *V non legitur* Et *Abr.* Ut *etiam cont. Sch.*

il se précipitait, plus vite que l'oiseau [22] ; le roseau ailé [24] est plus lent à jaillir hors de l'arbalète [23]. Au milieu de ces gorges et un peu en aval, au point où le fleuve s'écoule en cataracte avec le plus de fougue, se tenait cette pierre. Accrochée au sol, sous le flot, par de fermes racines, elle recevait sans broncher le choc des eaux depuis bien des années – elle fut témoin, à mon avis, du célèbre déluge. Moi, il me fallut bien aller où me jeta la violence de l'onde ; je ne puis infléchir la route que m'impose le flot. Je suis entraîné par le courant rapide qui entraîne le fleuve. Ou plutôt, en courant plus vite que le fleuve à l'aide des poussées aussi énergiques que possible que je donnais avec les bras et avec les jambes, je pus et je voulus détourner mon chemin vers l'endroit où la colonne était dressée ; mais c'est la hardiesse qui orienta mon vouloir. Je me jette à toute vitesse contre la pierre, la heurte brutalement de l'épaule gauche et la poussais avec beaucoup de force. La pierre est à l'eau ; là où se tenait le marbre, c'est maintenant le fleuve. Moi, tournant la tête en arrière, je dis joyeusement : « Au moins, cet obstacle ne fera plus jamais de mal à personne. » Bien des hommes en effet ont péri fracassés contre cette barrière rocheuse [25], lugubre signal de naufrage pour les marins. Sain et sauf, je m'éloigne à la nage, j'atteins le port et je m'éveille.

Cette vision [26], en me donnant courage, me rend à moi-même. Eh oui ! je vais libre de toute anxiété [27], comme m'en suis allé du fleuve libre de tout effroi. Ainsi qu'étaient inoffensifs les écueils bruissant autour de ma tête et de mon visage, de même est inoffensif le bruissement frénétique des commérages. Les menaces hautaines, les agressions têtues [28], je les ai mises à bas avec autant de facilité que la colonne. Mais tout cela est l'œuvre de la clémence divine. Car je n'attribue pas à mes mérites le fait d'être tiré d'affaire. C'est la coutume de Dieu de se laisser fléchir [29] quand il est en colère. Béni soit mon Dieu à travers les siècles, lui qui, lorsqu'il punit, fait miséricorde à celui qu'il punit.

## 3

### Ad iuuenem nimis elatum [1]

Cum michi nil placeat nisi quod bene sit placiturum
Nec mihi displiceat nisi quod sit displiciturum [2] –
Cuius testis erit, si testem queris, Alexis [3] –,
Constat quod quicquid placet aut mihi displicet in te
5  Iure quidem placeat de te mihi displiceatque.
Quod si quid placeat queratur displiceatque,
Forma placet, quia forma decet, quia forma uenusta est :
Mala tenella placet, flauum caput osque modestum.
Vox tua demulcet nostras et mitigat aures,
10  Quae tam dulce sonat quam dulce sonat Filomela ;
Incertum an pueri sit uox tua siue puellae ;
Orpheus alter eris [4], nisi uocem sauciet aetas,
Aetas a pueris quae dat differre puellas,
Cum gena uestitur iuuenum lanugine prima [5].
15  Et pandae nares faciem speciemque uenustant ;
Cor pectusque meum tua uitrea lumina tangunt :
Sidus enim geminum cristallina lumina credo.
His bene respondet caro lactea, pectus eburnum [6] ;
Alludit [7] manibus niueo de corpore tactus.
20  Haec sunt quae debent aliisque michique placere,
Praesertim cum te nec agat lasciua iuuentus
Nec reprobet diuam membrorum composituram [8].
Haec michi cuncta placent, haec et michi singula
mando [9] ;
Laudo Iouis quoniam Ganimedes [10] esse refutas
25  Et precor et laudo ne corrumparis amando.
10r    Sed non laudo tuam de moribus improbitatem,
Quippe supercilio, puer improbus, utere tanto
Vt uix obliquo quenquam digneris ocello,
Vix aliquando aliquem summotenus ore salutes,

---

4 placet $V^{pc}$ : placeat $V^{ac}$ ‖ 10 Filomela $V^{pc}$ : -mena $V^{ac}$ ‖ *Primae litterae uersuum 26 ad 29 et 31 non leguntur.* ‖ 28 Vt *Hil.* : Et *Abr.* ‖ 29 aliquando aliquem *transp. V ex* aliquem aliquando

3

## A un jeune homme trop orgueilleux [1]

Puisque je n'ai de goût pour rien que pour ce qui est de bon goût, et puisque je n'ai de dégoût que pour ce qui suscite dégoût [2] – ce dont pourra témoigner Alexis [3], si tu as besoin d'un témoin –, il est bien évident que tout ce qui, de toi, suscite mon goût et mon dégoût, suscite à juste titre mon goût et mon dégoût. Veut-on savoir ce que je goûte en toi et ce qui me dégoûte ? J'ai du goût pour ta beauté, parce que ta beauté est harmonieuse, parce que ta beauté est charmeuse. J'ai du goût pour tes joues tendrelettes, ta tête blonde et ton air modeste. Ta voix caresse et flatte mes oreilles : son timbre est aussi doux que le doux chant de Philomèle ; on ne saurait dire si c'est une voix de garçon ou bien une voix de fille. Tu seras un second Orphée [4], si l'âge n'abîme pas ta voix – l'âge qui donne aux jeunes garçons de différer des jeunes filles, lorsque leurs joues adolescentes se vêtent d'un premier duvet [5]. Ton nez retroussé ajoute au charme de ton gracieux visage. Tes yeux clairs comme verre émeuvent mon cœur et mon âme, car je vois des astres jumeaux dans le cristal de tes yeux. Ta carnation de lait, l'ivoire de ta poitrine, complètent en beauté cet ensemble [6] ; le contact d'un corps de neige est un doux agrément pour la main [7].

Voilà des choses qui doivent être du goût d'autrui et du mien propre, d'autant plus que tu ne te laisses pas gouverner par la sensualité propre à la jeunesse, qu'elle ne vient pas vouer à l'enfer la divine harmonie de ton corps [8]. Toutes ces qualités sont de mon goût ; chacune prise à part, je la réclame en don [9]. Je t'approuve de refuser d'être ce que Ganymède est à Jupiter [10], et je te prie et je t'approuve de ne pas te laisser corrompre par l'amour. Mais ce que je n'approuve pas, c'est l'insolence de ton caractère : tu fais preuve, insolent garçon, d'une arrogance si sourcilleuse que tu daignes tout juste honorer quiconque d'un regard en coin, que tu salues tout juste du bout des

30  Dum tamen et salue tibi primus dixerit ipse.
     *F*orsitan ipse putas quia regnes solus in orbe
     Atque putas quia sis puero praestantior omni ;
     Sed te Narcissus reprimat qui fabula uiuit
     Exemplumque manet elatis ut resipiscant[11].
35  Non tua tocius est excellentia mundi
     Sed neque tu toto regnabis solus in orbe.
     Multa ligustra[12] parit tellus et lilia multa
     Et uiolas multas et flores edit amoenos.
     Nec solus castus, nec solus es ipse decorus ;
40  Sunt multi quos par aut maior gratia formet
     Et quos frigiditas commendet eburnea nobis.
     Castus es, et multos fecerunt frigora castos ;
     Pulcher es, et pulchros plures natura creauit.
     Non de naturae tibi sit iactantia dono :
45  Quod natura facit tibi non est attribuendum ;
     Concedet multis tibi quod concessit ad horam
     Et natura facit ut asello praestet asellus.
     Taurina ceruice tumes uadisque supinus[13] :
     Hoc est quod culpo, quod solum criminor in te ;
50  Dedecet hoc in te, de te michi displicet istud.
     Ipse tuos fastus, sed et intractabile pectus,
     Odi, cor durum, morum simul improbitatem,
     Odi pomposos, odi iuuenes silicinos.
     Arbor lenta placet, odi non flexile robur ;
55  Diligo uultum humilem, collum non flexile damno.
10v     Si uis ergo michi, si uis, puer, ipse placere,
     Pelle coturnosos et fastus reice tantos,
     Ridenti arride, responde digna loquenti,
     Flectere disce caput et lumina flectere disce ;
60  Ipse tuis moderare oculis et disce uidere,
     Non utaris, homo, tumidi ceruice iuuenci :
     Respiciat taurus, sed non homo, lumine toruo.
     Flexilis esto, puer, ceruix taurina rigescat ;
     Tu qui uiuis homo non uiuas more ferino.
65  Confidis credisque tuae nimium speciei ;
     Crede michi, speciem tibi labilis auferet aetas.

39 Nec (solus castus) *V in ras.*

lèvres celui qui pourtant t'a dit bonjour le premier. Peut-être imagines-tu être l'unique roi du monde et avoir plus de prix que tout autre garçon. Mais elle devrait tempérer tes excès, la légende de Narcisse, qui est toujours d'actualité et ne laisse pas de fournir aux orgueilleux une bonne leçon destinée à les ramener à la raison [11]. Tu ne triomphes pas sur tout l'univers ni ne seras le roi du monde entier. La terre enfante à profusion fleurs de troène [12] et fleurs de lys, elle donne naissance aux violettes, en grand nombre, et à des fleurs charmantes. Et toi, tu n'es pas le seul pur, tu n'es pas le seul beau : ils sont nombreux, ceux que pare une grâce égale ou supérieure et qu'une froideur ivoirine fait valoir à nos yeux. Tu es pur, et leur froideur a fait purs bien des hommes ; tu es beau, et la nature a créé beaux plus d'hommes encore. Ne tire donc pas vanité du cadeau fait par la nature ; ce que la nature conçoit, tu n'as pas à t'en attribuer le mérite. La nature, qui fait aussi qu'un ânon vaut mieux qu'un autre ânon, accordera à bien des gens ce qu'elle t'a accordé pour un temps.

Tu as le col enflé d'un taureau et tu marches les yeux au ciel [13] : voilà ce que je te reproche, la seule chose dont je te fais un crime ; cela est indigne de toi, cela me déplaît de ta part. J'ai en horreur tes dédains et aussi ton intransigeance, la dureté de ton cœur comme l'insolence de tes manières ; j'ai en horreur les prétentieux, les jeunes gens au cœur de pierre. J'apprécie les arbres souples, déteste le chêne rigide ; j'aime les regards humbles, réprouve les nuques rigides. Si tu veux donc, mon enfant, si tu veux être à mon goût, abandonne et rejette tous tes mépris guindés, ris à qui te sourit, adresse à qui te parle la réponse qu'il mérite, apprends à baisser la tête, apprends à baisser les yeux, adoucis tes regards, apprends enfin à voir. Tu es homme : n'adopte pas le col enflé du bouvillon ; c'est au taureau, et non à l'homme, de jeter des regards de travers. Laisse-toi fléchir, mon enfant, laisse au taureau la nuque raide. Comporte-toi en être humain, et non en animal sauvage.

Tu accordes trop de confiance, trop de créance à ta beauté. Crois-moi, le temps qui coule te privera de ta beauté. Car il

Instat enim carnis quia corruptela peribit,
Cum decus atque decor[14], flos carneus, unde tumescis,
Ilico marcescet, cum fies ipsemet alter,
70 Cum rugosa cutis, caro uero tabida fiet,
Cum te tussis aget, fluidus cum pulmo liquescet,
Cum tabes iecoris bella intestina ciebit[15].
Quod natura dedit, eadem tibi tollet idipsum.
Non ergo posthac tanta feritate superbi
75 Nec, periture puer, formae pro munere seui.
Si tibi uis ut agam, da nostris uersibus aurem.
En dixi quicquid mihi displicet aut placet in te.
Censeat en lector[16] an sit mea iusta querela ;
Iusta querela quidem, uere querimonia iusta.
80 Tuque satisfacies si te correxeris ipse.

70 rugosa *V^{pc}*   roga rugosa *V^{ac}* ǁ 75 formae pro *transp. V ex* pro formae

# 4

## Auito pro Alexandro[1]

Nomen Alexandri[2] tibi sic et forma cohesit,
     Sicut carni unguis[3], sicut hirudo cuti[4].
11r    Nomen Alexandri tantum tibi crescit in horas[5]
     Quantum boletus sub pluuio tonitru.
5 Nomen Alexandri sic tecum perpetuatur
     *V*t queat esse tuae plurima pars animae,
Nomen Alexandri si quis tibi stillet in aurem[6],
     *R*ides, exultas, intrepidus trepidas[7].
Si placare tuam conetur quislibet iram,
10     Dicat : « Alexander », mox sedet ira tibi.
Totus ab incepto subito reuocabere toto,
     *S*i quis Alexandri te faciat memorem.

*Primare litterae pentametrorum difficillime leguntur V* ǁ 9 placare tuam *V^{pc}* :
placare co tuam *V^{ac}* ǁ 10 sedet *V^{pc}* : -dat *V^{ac}*

est imminent, le moment où ta chair se consumera en pourriture : alors, ton honneur et ton ornement [14], cette chair en fleur, dont tu te rengorges, se fanera en un instant ; alors tu deviendras différent de toi-même, ta peau se ridera, ta chair se corrompra ; alors, la toux te secouera, ton poumon s'écoulera en glaires, la corruption de ton foie provoquera une guerre dans tes entrailles [15]. Cela même que la nature t'a donné, elle te le reprendra aussi. Aussi, dans l'avenir, ne manifeste plus un orgueil si farouche et ne sois pas cruel, enfant voué à la mort, au nom d'une beauté qui t'a été offerte en don.

Si tu veux que je plaide ta cause, prête l'oreille à mon poème. Alors, voilà : j'ai dit tout ce qui m'inspire en toi dégoût ou agrément. Au lecteur [16] de juger si ma plainte est fondée. Oui, cette plainte est fondée, vraiment ce grief est fondé. Toi, tu donneras satisfaction quand tu te seras amendé.


# 4

## A Avit, ou plutôt à Alexandre [1]


Le nom d'Alexandre [2] et sa figure, tu y es attaché comme l'ongle à la chair [3], comme la sangsue à la peau [4].

Le nom d'Alexandre grandit à tes yeux d'heure en heure [5] autant que le bolet sous une pluie d'orage.

Le nom d'Alexandre se perpétue en toi au point de pouvoir constituer la plus grande part de ton âme.

Le nom d'Alexandre, si on te le souffle à l'oreille [6], tu ris, tu exultes, tu es tremblant et tu ne trembles pas [7].

Si quelqu'un entreprend d'apaiser ta colère, qu'il dise « Alexandre » – sur-le-champ ta colère se calmera.

De tout cœur, tu délaisses aussitôt tout projet, si l'on te rappelle le souvenir d'Alexandre.

Nulla tamen merces, mors nulla, pecunia nulla
    *R*eddere te poterunt ipsius immemorem.
15 Ergo, si potero, supplex huic gratificabor :
    Vt tibi gratificer, gratificus <sim> ei.
Sunt et Alexandri duo, de quibus est michi sermo :
    Iunior esse suum nunc habet, alter abit[8].
Si quis Alexandrum de quo fit mentio quaerat,
20   Iunior hac nostra ponitur in satira.
Alterius malas predurat tempus et aetas
    Et puerum tollit altera barba[9] sibi.
Tu quoque[10], cui proprie legatur epistola nostra,
    *D*iriuatiuum nomen habes ab auo[11].

13 pecunia *V^{pc}* : peccunia *V^{ac}* ‖ 16 gratificus sim *ego* : gratificus *V* gratificeris *dubit. cont. Str.* gratificabor *cont. Sed.* gratificus sum *ed. Hil.*

## 5

## Auito diuiti[1]

Diues es et diues quantum potes esse laboras.
    Intentus lucris denariis inhias.
Immemor aetatis necnon et nobilitatis,
    Denarii formam iam uehementer amas.
5 Quippe iuuentutis non est uel nobilitatis[2]
    Vt uiuat frugi quilibet e pueris.
11v     Prodigus ut uiuas tibi conuenientius esset
    *Q*uam des usure tempora pestiferae.
Ecce tibi fulua distenditur archa monaeta,
10   *I*am cumulata gemit, iam tume*t* aluus ei ;
Audio ferrate gemebunda crepundia[3] ciste :
    *S*altim pregnanti precipe parturiat ;
Iam dissoluentur prae pondere flebile lignum,
    Ilia marcidule ni uacues fabricae[4].

*Primae litterae pentametrorum difficillime leguntur V* ‖ 10 tumet *Str.Raz.Hil.* : tumit *V Abr.*

D'ailleurs, ni les cadeaux, ni le trépas, ni la fortune ne pourront t'empêcher de te souvenir de lui.

Si je le puis, je me rendrai donc agréable à ses yeux par mes prières : pour me rendre agréable à toi, puissé-je lui être agréable !

Les Alexandre dont on parle sont au nombre de deux : l'un a maintenant la jeunesse en partage ; pour l'autre, elle est en partance [8]. Si l'on veut savoir de quel Alexandre il est question, c'est le plus jeune qui est l'objet de la présente satire. L'autre, ses joues ont durci avec le temps et l'âge ; la barbe qui revient lui ôte son enfance [9]. Et toi [10], à qui ma lettre est destinée à être lue, tu as un nom qui dérive du mot « avus » [11].

# 5

## A Avit le riche [1]

Tu es riche, et tu te donnes du mal pour être aussi riche que possible ; avide de profit, tu es béant d'envie à la vue des deniers. Déjà, tu es passionnément amoureux de la beauté du denier, sans te soucier de ton âge non plus que de ta noblesse ; car ce n'est pas une marque de jeunesse ni de noblesse que de vivre chichement dès l'enfance. Il te siérait mieux de vivre avec prodigalité que de dédier tes jours à l'usure maudite [2].

Et voici ta cassette déformée par les jaunets ; grosse, elle gémit déjà ; déjà son ventre s'enfle. J'entends les ferrures de la boîte craquer [3] en gémissant. Elle est enceinte : laisse-la quand même accoucher ! Le bois crie de douleur ; il ne tardera pas à se rompre sous le poids du fardeau, si tu ne soulages pas les flancs du pauvre coffret épuisé [4].

15 Noli opibus Croesi[5] quas conficis aequiperari ;
   Quemlibet Hugonem Raheriumue[6] time :
Viuat Amalricus[7] nimium qui congregat aurum[8],
   Nummatos montes qui sibi pauper habet[9] –
Huic aut Raherius uel quilibet obuiet Hugo
20   Et quod Amalricus nunc tolerat toleret.
Si sapit, has habuisse gazas modo penitet ipsum,
   Pro quibus afficitur mille miser crucibus[10].
Esuries peperit quas dicebatur habere ;
   Vt uomat intactas, esurit ecce iterum[11].
25 Tu quoque, gazarum qui seruulus esse laboras,
   Ne cumulare uelis perdere quas metuas.
Stercora stercoribus cunctis superadde diebus,
   Si nummos nummis amplius addideris.
Quodsi diues eges, te tota sequatur egestas,
30   Ad mensam esurias, in Ligeri sitias,
Se quecunque tibi res in contraria uertat –
   Sed contrarietas duret in hoc quod erit[12].
Et si uis cautus uitare quod inprecor omne,
   Esse coactarum neglige seruus opum.
35 Sint tibi diuitiae ; non seruus diuitiarum,
12r   Dapsilis esto tuis[13] – attamen adde modum.
Quod seruire tibi moderatos possit in usos[14],
   Abiecto nimio, scilicet illud habe.

---

17 amalricus *Str.* : -cum *V edd.* ‖ 23 quas *V^{pc}* : quus *V^{ac}* ‖ 29 eges *edd.* : egis *V* ‖ 31 tibi *V^{pc} s.l.* : sibi *V^{ac}* ‖ 37 moderatos *V* : -tas *Abr.* ‖ 38 A(biecto) *Abr. Hil.* : *V non legitur* O(biecto) *Raz.*

# 6

## Cuidam Guauterio[1]

Vniat absentes nos mutua littera semper :
   Me quoque presentet nunc mea carta tibi ;
Nunc mea carta tibi dicat replicetque ualeto
   Vtque magis placeat, illud idem triplicet.

La fortune que tu édifies, ne cherche pas à l'égaler à celle de Crésus[5] ; redoute d'avoir affaire à quelqu'un comme Hugues ou Rahier[6] : l'homme qui entasse l'or à profusion[8], qui, vivant dans la pauvreté, possède[9] des montagnes de sous, qu'il connaisse le sort d'Amaury[7] ! Qu'il trouve sur sa route un Rahier ou un Hugues et endure ce qu'Amaury endure aujourd'hui ! S'il est sage, il se repentira bien vite d'avoir possédé des trésors, qui lui valent, à ce misérable, d'être affligé de mille tortures[10]. Pour constituer ce trésor, qu'il était réputé posséder, il a souffert la faim ; et voilà qu'il s'affame encore pour le vomir sans y avoir touché[11].

Toi aussi, qui te donnes du mal pour être l'humble esclave des richesses, ne souhaite pas accumuler ce que tu aurais peur de perdre. Ajoute chaque jour le fumier au fumier en ajoutant sans cesse les sous aux sous ; mais si, avec ta richesse, tu vis dans l'indigence, que l'indigence te poursuive partout : souffre la faim à table, la soif au bord de la Loire ; que toutes choses te deviennent hostiles – mais qu'elles persistent à te rester hostiles[12].

Si tu as la prudence de vouloir échapper à toutes les malédictions que je fulmine contre toi, cesse d'être l'esclave des biens que tu entasses. Tu peux posséder des richesses ; ne sois pas leur esclave ; montre-toi généreux envers tes amis[13] – avec mesure, toutefois. En somme, conserve ce qui peut t'être utile si tu en uses avec modération[14], renonce au superflu.

# 6

## Au dénommé Gautier[1]

Lorsque nous sommes loin l'un de l'autre, qu'un échange de lettres toujours nous réunisse. Puisse aujourd'hui encore la lettre que voici me rapprocher de toi ! Que ma lettre aujourd'hui te dise et te redise : « Bonne santé à toi » ; pour t'être encore plus agréable, qu'elle le répète une troisième fois.

5  Carmina, Gauteri, nuper mellita recepi,
      *T*e scribente, tuam quae tetigere manum.
   *C*armina suscepi quo debebatur honore,
      M<ox quo>que collegi te sub amore meo[2].
   *E*cce reuisunt te gaudenter carmina nostra,
10      Et precor ut foueas me sub amore tuo.
   Sique uoles mecum stationem continuare,
      Cor pectusque meum dimidiabo tibi ;
   *D*imidiabo tibi quod erit michi dimidiandum ;
      Dimidiabo meam, si iubeas, animam[3].
15  Tuque locandus eris nostro sub pectore totus
      Proficiesque meae maxima pars animae.
   Interea supplex felicia fata precabor[4],
      Donec nos recreent mutua colloquia[5].
   Id consummaret, si nescis, altera uestis,
20      Et monachi nomen perpetuaret idem[6].
   Vt uero nostro diuturnus amore fruaris,
      Alteret accessus altera uita tuos,
   Siue dei commendet amor tibi relligionem[7],
      Siue timor poene, uel simul ista duo.
25  Quod si decernis ad nos accedere talis,
12v      Mandaui nostris ut tibi sint comites.
   Si quoque me fama uenturum significauit,
      In dubio res non esse uel esse potest.
   Nunc igitur propera : nocuit differre paratis[8],
30      Et cras anticipans, debita fac hodie.

---

5 recepı *V^{pc}* · suscerecepi *V^{ac}* ‖ *Prımae litterae uersuum 6, 7, 9 et 13 non leguntur* ‖ 8 (M)ox quo(que) *suppl. Abr.* : *V non legitur* ‖ 27 me fama *V^{pc}* : fama me *V^{ac}*


# 7

## Paris Helene [1]


   Quae uestrum nomen latum uulgauit in orbem[2],
Si qua fama meum uestram spirauit in aurem,
   Quis sit Alexander Paris est res cognita uobis,
   Formarum iudex, quem signat epistola praesens.

J'ai reçu, voici peu, le miel de ton poème, Gautier : tu l'as écrit toi-même et touché de ta main. J'ai accueilli le poème avec les égards qui lui étaient dus et, aussitôt, je t'ai enrôlé sous la bannière de mon amour[2]. Mon poème plein de joie revient te faire visite et te prier de ma part de m'abriter sous l'aile de ton amour. Si tu veux monter sans trêve cette garde avec moi, je te donnerai la moitié de mon cœur et de mon esprit ; je te donnerai la moitié de ce que je pourrai diviser en deux ; je te donnerai la moitié, si tu l'ordonnais, de mon âme[3]. Tu auras tout entier ton logement dans mon cœur et tu y prospéreras comme la part majeure de mon âme. En attendant, je prierai et je supplierai les destins bienfaisants[4], jusqu'à ce qu'ils nous accordent le réconfort d'un entretien mutuel[5].

Ce réconfort, au cas où tu l'ignorerais, il serait à son comble si tu changeais d'habit ; il serait éternel, si nous avions en commun le nom de moine[6]. Pour jouir longtemps de mon amour, change de vie, les rencontres en seront changées – soit que l'amour de Dieu te consacre à la vie monastique[7], soit la crainte du châtiment, soit les deux à la fois.

Et si tu as l'intention de venir me voir dans de telles dispositions, j'ai mandé à mes gens de te servir d'escorte ; si le bruit a couru que c'est moi qui viendrai, la chose n'est pas décidée, elle peut se faire, ou non.

Or, maintenant, fais vite. « Tarder quand on est prêt nuit »[8]. Et n'attends pas demain pour faire aujourd'hui ce que dois.


# 7

## Pâris à Hélène[1]


Si la renommée, qui a répandu votre nom dans le vaste univers[2], vous a un jour susurré à l'oreille le mien, vous savez parfaitement qui est Pâris Alexandre, l'arbitre des beautés : c'est son sceau qui clôt cette lettre. A écrire ces mots m'ont

5　Scribere quod scripsi deitas me multa coegit :
　　Fata Iouis, uates Phoebus Frigiique Penates[3],
　　Immo coadiutrix Venus et praesaga futuri,
　　Quae dea uotiuis nequit esse iugalibus absens ;
　　Quippe Venus semper iustos dispensat amores
10　Et nichil est Cipridem quod disparet atque Hymeneum.
　　Ex aditis igitur uel uox delata sub auras[4]
　　Vel dii presentes nec enim me fallere possunt :
　　Nam nec adhuc aliquem cortina fefellit eorum[5].
　　Sepe quidem numero super hoc me commonuerunt :
15　Hi michi dixerunt quia Teucro nubet Achiua,
　　Nubet Alexandro Troiano filia Ledae[6],
　　Quae deducta potens a gentis origine Graiae,
　　Femina praepollens a nobilitate Pelasga,
　　Transferet Argiuas ad Troiam sola Micenas
20　Et multis annis regno regnabitur[7] uno :
　　Vltro continuus Tirio[8] miscebitur Argus.
　　Ergo, premonitus diis uaticinantibus, ecce
　　Ipse tibi pando quod rettulit augur Apollo[9],
13r　　Quod tibi portendunt per me responsa deorum[10]
25　Et tibi, ni fallor, mens iam diuinat idipsum.
　　Digna quidem res est, ut dii tibi uaticinentur,
　　Et decet, ut tecum praesagia diua loquantur.
　　Ergo, faue fatis neque fata morando[11] retardes :
　　Ad maiora uocant quam sedulo fata reposcunt[12],
30　Quam superi uocitant, quam Delius augurat[13] ipse,
　　Quam Citherea rogat, quam sidera cuncta[14] loquuntur.
　　Ergo, deos omnes metuas offendere sola :
　　Offenduntur enim, si quis dilator oboedit,
　　Si fort<asse situ diuturno con>stitit[15]. Ipsa
35　Tu tardare potes, sed non auertere fata.
　　Parcendo tolerant dii prolongantque futura ;
　　Nam neque differtur ipsorum impune uoluntas,
　　Sed cumulat poenas tolerantia longa deorum.

---

7 futuri $V^{pc}$ : -rum $V^{ac}$ ‖ 21 tirio $V$ : Frigıo *com. Sed.* ‖ 23 (re)t(tulit) *V.s.1.* ‖
29 Ad *edd.* : Aad (?) $V$‖ 34 Si fortasse situ diuturno constitit *ego* : Si fort..........
stitit *V Hil.* Si fortasse nitu (situ *D*) constitit *Abr.* Differ...........differat *Leh.* ‖
36 dii $V^{pc}$ : ipsi $V^{ac}$

contraint bien des divinités : Jupiter, maître des destins, Phébus qui est devin et les pénates Phrygiens [3], mais plus encore Vénus qui me seconde et qui sait l'avenir − la déesse préside (le contraire ne se peut) aux vœux de fiançailles : les amours qu'elle inspire sont toujours légitimes et il n'y a nul désaccord entre Cypris et Hyménée. Venue de l'inconnu, une voix portée par les airs [4], ou les dieux favorables, n'ont pu, j'en suis sûr, me tromper, car jamais leur oracle [5] n'a trompé personne. Or, bien souvent ils m'ont adressé leurs conseils sur ce point et ils m'ont déclaré : « L'Achéenne épousera le Teucrien, la fille de Léda [6] épousera Alexandre de Troie ; cette femme puissante, née de la race grecque, la fleur de la noblesse pélasge, conduira toute seule Mycènes l'Argienne jusqu'à Troie ; pendant bien des années régnera [7] un unique royaume ; par-delà les mers Argos étendu jusqu'à Tyr [8] se mêlera à elle. » Averti de la sorte par les prédictions des dieux, je te dévoile aujourd'hui les propos de l'augure Apollon [9], les présages que, par ma bouche, t'adressent les oracles divins [10], et le destin que, si je ne me trompe, ton cœur aussi devine déjà. C'est quelque chose d'imposant, de voir les dieux vaticiner pour vous, quelque chose d'admirable, de les voir vous adresser leurs prophéties. Soumets-toi donc aux destins et ne retarde pas leur accomplissement par tes hésitations [11]. A celle que les destins réclament avec obstination [12], que les dieux appellent sans trêve, que le Délien lui-même annonce dans ses prophéties [13], que la Cithéréenne supplie, que tous les astres [14] nomment, ils promettent une bien haute destinée. Redoute donc de faire offense, toi toute seule, à tous les dieux − car ils sont offensés, si on traîne à leur obéir, si d'aventure on cède à l'inertie d'une longue paresse [15]. Tu peux retarder, mais non empêcher le destin. Dans leur miséricorde, les dieux sont patients et sursoient à l'avènement des choses futures ; mais on ne fait pas attendre impunément l'accomplissement de leur vouloir : abuser de leur patience est s'exposer à un surcroît de châtiment. Choisis donc

Ergo, uelis potius fatisque deisque fauere
40  Quam prius iratos uix tandem pacificare.
Ad te si pro me supplex orator adessem,
Ipse perorandi genus altius alter adissem
Atque meis alios intermiscere colores[16]
Curarem scriptis, ut possent scripta placere,
45  Quatenus insertus color affectare[17] ualeret
Alliceretque michi te carminis ordo saporus.
Addere carminibus quaedam munuscula nossem,
Corda puellarum quibus attemptare solemus[18].
Non modo res rogat haec, modo non sunt ista necesse :
50  Vix aliquid pro me, potius loquor omnia pro te ;
Ipse reuelo tibi quid prouida numina mandant.
Ha ! timeo ne lenta deos et sera molestes.

13v      Gaudeo quod merui super hoc diis gratificari,
Quippe reuelaui quod mandant ore fideli.
55  Nil michi plus ad te, nisi diis te mando fauere.
Si uero tibi uis repeti mandata deorum,
Aut quia fortassis nondum bene uerba notasti,
Aut quia uis aliter breuiusque uidere quod instat,
Credita uerba michi rescribere non pigritabor
60  ...........................................................................
Nam neque legato pudor est, ut uerba notentur,
Denuo metiri mandata iubentis ad ungue*m*.
Dii tibi significant ut, mox spreto Menelao
Et quas imbellis frater ueneratur Athenis,
65  Troica regna regas : Asie dominaberis omni,
Quae caput est Asiae, si Troie uis dominari.
Ergo, ueni Troiam, Troiae dominare roganti ;
Nam genti nostrae sunt haec oracula nota :
Ex Grecis Helenam pensant[19] abducere fata
70  Abductamque uolunt muris inducere Troiae
Inductamque[20] parant Asiae preponere toti.
Estque diu Priami quod uox haec perculit aures[21] ;
Patris letatur super hoc matura senectus[22],
Congaudens Hecuba pridem michi sollicitatur,

---

46 (Alliceret)que *V s.l.* ‖ 59 Credita *V* : Red<d>ita *Leh.* ‖ 60 *uersus ex toto erasus in V* ‖ 62 unguem *corr. Sed.* : unguen *V*

d'obéir aux destins et aux dieux plutôt que de les irriter d'abord et puis d'avoir ensuite peine à les apaiser.

Si c'était ma cause à moi que je plaidais avec instance devant toi, je serais différent, j'adopterais un tour d'éloquence plus noble ; j'aurais bien soin d'entremêler mon texte d'autres couleurs de rhétorique [16] pour qu'il te charme : ainsi, ce bariolage saurait me conquérir ton affection [17] et la saveur du récit te séduirait en ma faveur. Je ne manquerais pas non plus de joindre à mon poème de ces petits cadeaux par lesquels nous savons bien toucher le cœur des jeunes filles [18]. L'affaire présente n'exige rien de tel, rien de cela n'est ici nécessaire : c'est surtout dans ton intérêt, et bien peu dans mon intérêt, que je dis tout cela. Je me contente de te dévoiler les mandements de la providence divine. Ah ! comme je redoute que tu ne fâches les dieux par ta lenteur et tes retards ! Moi, ma joie, c'est d'avoir mérité la faveur des dieux pour t'avoir dévoilé fidèlement leurs mandements. Je n'attends rien d'autre de toi que de te voir obéir aux dieux.

D'ailleurs, si tu veux que l'on te redise les commandements des dieux, soit, peut-être, que tu n'en aies pas encore bien saisi les termes, soit que tu aies envie de voir dépeint différemment et plus succinctement le spectacle de ce qui se prépare, je ne traînerai pas à répéter dans ce texte les paroles qui m'ont été confiées (...). En effet, le messager n'a pas honte de transmettre à deux reprises in extenso les commandements exacts de son mandataire, afin que les termes en soient bien compris. Les dieux te font savoir que tu dois tout de suite abandonner Ménélas et Athènes, vénérée par son lâche de frère, pour régner sur le royaume de Troie. Tu seras maîtresse de l'Asie entière, si tu consens à être maîtresse de Troie, la capitale de l'Asie. Viens donc à Troie. Sois-en maîtresse : elle-même le veut. En effet, mon peuple connaît bien les oracles dont je parle. Il comprend [19] que les destins emmènent Hélène loin de la Grèce, souhaite qu'une fois emmenée, elle soit par eux amenée entre les murs de Troie et prépare le moment où, une fois amenée ici [20], elle gouvernera toute l'Asie.

Il y a longtemps que cette rumeur a frappé les oreilles [21] de Priam. Dans sa grande vieillesse [22], mon père s'en réjouit ; Hécube, qui partage son bonheur, me presse depuis longtemps

75 Patres, matronae suspenso pectore dicunt :
« Quid regina diu quam fata dedere moratur ?
Aut haec nostrorum nescit responsa deorum,
Aut timet aequoreas pectus muliebre procellas[23].
Omnes ergo simul uentos placemus et auras

80 *C*um libaminibus mites et plena precemur
Carbasa, que Paridi reddant conubia nostro.

14r Non etenim poterunt mentiri numina nostra,
Sed neque fatorum presagia uana[24] putemus. »
Taliter Iliadum uotis precibusque uocaris.

85 Ipsa deos timeas, si publica uota moraris ;
Sique diu spernis pia numina, seua mereris[25].
Augure fibriloquo[26] tua Grecia semper abundat :
Consule, nec pigeat te consultare peritos
Quid sit, ne deitas tibi constring*a*tur, agendum.

90 Quodsi sermonem uis ex me consiliumque,
Do tibi consilium : diis incunctanter obedi,
Huc ad nos uenias[27], conubia Greca refutes.
Quodsi forte uenis uxoria femina nobis,
Toto Troiano dotabere femina regno.

95 Nec tibi conubio graue sit succedere nostro :
Non mea nobilitas a nobilitate Pelasga
Discrepat aut unquam superat Lacedemona Troiam.
Si tibi sunt fratres Castor Polluxque gemelli
Ledaque diuina pro fertilitate[28] superbit –

100 Nam sua progenies dii*s* condita transit ad astra –,
Et mea progenies diis adnumeranda nitescit,
Et mea diis atauis prepollens floret origo[29],
Et michi sunt fratres : est armis inclitus Hector[30],
Alter cui parili nequeat probitate parari,

105 Sunt alii, sua quos sustollit in aethera uirtus ;
His Phoebi tripodas[31], datur his cognoscere fibras,
His indagari stellas sedesque deorum[32].
Sed quid eos memorem, nisi quod quicunque mei sunt
Sintque tui fratres simul et tibi subiciantur ?

110 Immo nec Argiuam graue sit tibi linquere gentem.

---

75 Patres *V^{pc}* : Matres *V^{ac}* ‖ 89 constringatur *corr.Str.* : -getur *V* ‖ 100 diis *corr.*
*Str.* : dii *V* ‖ 102 origo *V^{pc}* : imago *V^{ac}*

déjà ; les seigneurs, les dames, dans l'expectative, demandent :
« Qu'a donc la reine que nous ont donnée les destins à tarder à
ce point ? C'est qu'elle ignore les oracles de nos dieux ou que
son cœur de femme redoute les tempêtes marines [23]. Faisons
donc tous des libations pour apaiser les vents et rendre leur
souffle clément ; puissent aussi nos prières faire gonfler les
voiles qui donneront son épouse à notre cher Pâris. Il ne pourra
pas être que nos divinités soient mensongères et nous refusons
de penser que les destins aient prophétisé en vain [24]. » Tel est
l'appel que te lancent les vœux et les prières des habitants
d'Ilion. Redoute la colère des dieux, si tu déçois par tes retards
les vœux de tout un peuple. Si tu persistes à mépriser les puissances sacrées, elles se vengeront cruellement de toi [25].

Ta Grèce a toujours été peuplée d'augures qui lisent dans
les foies [26]. Va les voir. N'aie pas de répugnance à consulter les
hommes de l'art qui te diront ce qu'il faut faire, avant que la
divinité ne t'y contraigne. Si tu veux de ma part un avis, un
conseil, voici ce conseil : obéis sans hésiter aux dieux. Viens
ici chez nous [27], renie ton mariage grec. Car si tu viens pour
m'épouser, tu recevras en dot le royaume de Troie tout entier.
Cela ne doit pas te chagriner de me prendre pour ton époux :
ma noblesse ne le cède en rien à la noblesse des Pélasges, en
rien Lacédémone n'est supérieure à Troie. Tu as pour frères les
jumeaux Castor et Pollux, et Léda tire orgueil de sa divine pro-
géniture [28] – car ses enfants conçus par les dieux sont montés
jusqu'aux étoiles. Mais ma famille à moi aussi brille parmi les
rangs des dieux, ma race aussi, dans sa puissance, est illustrée
par des ancêtres divins [29]. Et vois mes frères : Hector, le
glorieux guerrier[30], dont la vaillance à nulle autre n'est
seconde ; il y en a d'autres encore, que leur valeur élève
jusqu'au ciel. A eux il est donné d'étudier les énigmes de Phébus [31] et les lobes des foies, à eux de questionner les astres et
les demeures divines [32]. Mais à quoi bon faire mention d'eux ?
Sinon pour te dire que, tous autant qu'ils sont, mes frères sont
également tes frères et se soumettent à toi.

Autre raison pour laquelle il ne doit pas te chagriner
d'abandonner le peuple argien : les fils de Cécrops sont une

Cycropides inbelle genus, gens dedita fanis ;
Fabula nulla fuit[33], quam non tua Grecia finxit :
Hii iuuenes madide docuere uacare palestrae[34],
Hii furibunda satis docuerunt orgia Bacchi
115 Et laberintheum Grecus furor edidit antrum ;
Icarus infidas, ut credunt, induit alas ;
Hi quoque, quid resonet uacuis in rupibus Echo,
Et docuere simul quanti sit adhuc Ganimedes[35] :
Quod facinus, quoniam scripserunt in monimentum,
120 Attribuendo Ioui crimen quod Iuppiter odit,
Illud in exemplum puerisque uirisque dederunt
Virginibusque mares ex magna parte tulerunt.
Quo solo facto, debes quecunque puella
Hos odisse uiros, et neglige nomen Achiuum.
125 Quid, quod uirgineos homo Grecus gestat amic*t*us ?
Suppara magna gerunt et terram sirmate uerrunt
Et crinalis acus reuocat ducitque capillos ;
Imponunt capiti nocturno tempore mitras[36] ;
Coniugibus parcunt, ut cum Ganimede laborent.
130 Vnguine uirgineo refouent sua corpora Grai ;
Pene suis nuribus fas et ius deliciarum
Eripuere mares propriumque sibi tenuerunt.
Indigetes[37] Grai quod non sunt esse laborant ;
Forsitan et quidam uellent magis esse puellae :
135 Quodsi forte sibi pariendi competat usus,
Finibus a patriis coniunx arcebitur omnis.
Graiugenae, steriles uteros[38] orate uirorum
Et de semiuiris superos querimonia tangat.
Has igitur terras, hanc funditus effuge gentem.
15r 140 Letabunda tibi plaudet Neptunia Troia[39] ;
Pergama facta manu diuinae prolis habebis ;
Troia, flos Asiae, totum tibi suggeret orbem,
Si diuum monitis, si sis quoque credula nobis.
Non eris in culpa, si diuum iussa sequaris,
145 Si dedigneris Danao fore concuba pelex,

---

114 furibunda *V^{pc}* : furipunda *V^{ac}* ‖ 125 amictus *corr. Leh.* : amicus *V* ‖
128 Imponunt *V^{pc}* · -ponit *V^{ac}* ‖ 134 uellent magis *V^{pc}* : m. u. *V^{ac}* ‖ 135 sibi *V*
*s.l.* ‖ 138 de *V s.l.*

race de lâches, un peuple confit en dévotions ; il n'y a pas une fable que ta Grèce n'ait inventée[33]. Ils enseignent à leurs jeunes gens à perdre leur temps dans la sueur des gymnases[34], ils leur inculquent à fond la folie furieuse des Bacchanales. La démence des Grecs a imaginé la grotte du labyrinthe ; selon leur croyance, Icare y revêtit des ailes qui le trahirent. Ceci également : que la voix d'Écho résonne parmi les roches désertes. L'importance qui s'attache encore à l'histoire de Ganymède[35], ils l'évoquent aussi dans leur enseignement : en consignant par écrit ce forfait pour en faire mémoire, imputant à Jupiter un crime que Jupiter abomine, ils l'offrent en modèle aux garçons et aux hommes et détournent des vierges la plupart des mâles. Pour ce seul motif, tu dois, comme toute jeune fille, haïr ces personnages et rejeter le nom d'Achéenne. Que dire du fait que les Grecs portent des vêtements de femme ? Ils revêtent de grands voiles et balaient le sol de leurs robes ; des épingles ramènent en arrière leur chevelure. La nuit, ils se mettent sur la tête des turbans[36]. Ils laissent en paix leurs femmes pour faire besogne avec Ganymède. Ils enduisent leurs corps d'onguents féminins. Peu s'en faut que les mâles n'aient retiré à leurs femmes le droit au plaisir que prescrivent la religion et la loi afin de le garder pour eux seuls. Les Grecs de pure souche[37] travaillent à être ce qu'ils ne sont pas – peut-être même certains d'entre eux préféreraient-ils être des filles. Car si d'aventure la capacité leur vient d'enfanter, ils banniront toute épouse du sol de la patrie. Priez, ô Grecques, que le ventre de vos maris reste infécond[38] ! Puissent vos doléances contre ces demi-hommes émouvoir les cieux !

Fuis donc à jamais ce pays, fuis ce peuple. Troie la Neptunienne[39], radieuse, te fera fête. Tu posséderas Pergame, ville construite par la main du fils d'un dieu. Troie, la fleur de l'Asie, mettra l'univers entier à tes pieds, si tu fais confiance aux avertissements divins, si tu me crois moi-même. Tu ne seras pas coupable, en suivant les ordres des dieux et en dédaignant d'être la putain d'un Danéen qui passe son temps à

Qui terit aetatem barbamque comamque colendo[40] :
Nam neque coniugium dici haec coniunctio debet.
Confracti maculant opprobria nulla pudoris,
Nulla superficies actus[41], infamia nulla,
150 Quam uis magna deum uel dat uel cuilibet aufert.
Ipse pudor fastus tibi dissuadere iugales
Mentis et inculte pecualia foedera debet.
O si Teucrorum precelsa palatia[42] cernas[43] !
O si sydereas uenias genitoris in aulas !
155 O si marmoreas uideas sub tecta columnas
Sique struem thalami quandoque uidebis eburnam,
Si quoque fulcra domus[44] nitidis interlita gemmis
Pergameosue Lares[45] uel cuiuscunque Penates !
Pro modico Danaas poteris deducere pompas ;
160 Immo, casas humiles sua celsa palatia dices
Quodque putant aulas, magalia parua uocabis.
Sic res Argolicae sunt nostris aequiperandae,
Quilibet ut nanus est aequiperandus Olimpo,
Miluus ut accipitri uel tanquam coruus olori[46].
165 Preter tantarum memoranda cacumina[47] rerum,
Quandoquidem, Troiae de nobilitate superba
Fando, uix aliquam conitor stringere summam –
Cum nequeant nostris tot res lucescere uerbis –,
15v Teucros haeroas, molimina magna uirorum,
170 Grais dissimiles, ut Graios pomiliones,
Troianos autem moderatos esse gigantes
Laudando dicas ; horum regina, uidebis
Cesarie flaua, stellata fronte decoros,
Consilio claros, a diis magnis oriundos,
175 Pectore robustos, <lingua>que[48] manuque potentes.
Matronis, nuribus, uxoribus atque puellis
Integritas eui formaeque decentia tanta est
Vt decor aetatem deceat aetasque decorem.
Munere diuinae decorantur compositurae[49]

---

152 (pecu)a(lia) *V s.l.* ‖ 155 tecta *V* tecto *Hil. contra rationem metricam* ‖
165 *post* memoranda *ras. ferme quatuor litterarum* ‖ 168 ũ(bis) *ın ras. In mg.*
uerbis *iter. V* ‖ 175 lingua(que) *conıecı ex Godefredi Remensıs carmıne ad*
*Ingelrannum v. 144 . V eras.* genio *conı. Hil.* ‖ 179 (comp)os(iturae) *V s.l.*

soigner sa barbe et ses cheveux [40], car une telle union ne mérite même pas le nom de mariage. Ni l'opprobre jeté sur qui viole la pudeur, ni le déshonneur ne souillent de leur tache (si petite soit son étendue [41]) celle que la toute-puissance divine donne ou enlève à qui elle veut. Cette pudeur même doit te détourner des mépris de ton mari et du pacte bestial conclu avec un esprit grossier.

Fasse le ciel que tu contemples les demeures altières [42] des Teucriens [43], que tu viennes au palais de mon père, érigé jusqu'aux astres, que tu voies les colonnes de marbre sur quoi s'appuie le toit ! Quand tu verras les murs d'ivoire de la chambre, les piliers de la salle [44] rehaussés de pierres éclatantes, les Lares de Pergame [45] ou les Pénates de chacun, tu pourras bien juger à leur médiocre prix les fastes danéens. Et même, tu diras que leurs demeures altières sont de pauvres masures ; ce qu'ils croient des palais, tu les appelleras des cabanes mesquines. Au regard des nôtres, les richesses d'Argos sont ce que le nain est à l'Olympe, le milan au faucon ou le corbeau au cygne [46]. Après l'évocation de ces sublimités [47], il faut aussi parler de la glorieuse noblesse de Troie, mais j'ai la plus grande peine, malgré tous mes efforts, à en donner un aperçu, car mes mots sont impuissants à illustrer de tels objets : les héros Teucriens, véritables montagnes humaines, sont différents des Grecs, au point que l'on peut dire avec admiration que les Grecs sont des nabots, et les Troyens de faible taille des géants. Quand tu seras leur reine, tu verras la beauté de leur chevelure blonde, de leur front radieux, l'éclat de leur sagesse, le caractère divin de leur haute origine, la vaillance de leur cœur, l'efficacité de leur parole [48] et de leur bras. Quant aux femmes, vieilles et jeunes, mariées et vierges, leur vie est si pure et leur beauté si harmonieuse que leur physique harmonieux s'harmonise avec leur âge et leur âge avec leur physique. La beauté des enfants impubères et des adolescents est d'une régularité harmonieuse [49] qui est un don de Dieu.

180 *I*mpubes pueri uel quos aetas adoleuit ;
    Pubetenus[50] tanta faciei compositura
    Vernant, aetati quae congruat et speciei,
    Exuperet quorum Narcissum gratia uestrum,
    Quos a diis genitos moderata decentia signat.
185 Solis coniugi*b*us, spreto Ganimede, uacamus ;
    Nobiscum alterius non est uiolatio sexus.
    Qui memorare situm memoratae desinat urbis[51] ?
    Est siquidem Troie situs ipse saluber et aptus :
    Diues enim tellus cerealia farra quotannis,
190 Vomere culta leui, cupidis messoribus affert.
    Ipse etiam tractus hilari dilectus Hiaco
    Exhilarat gentes geminata commoditate :
    Bacchica non similes generat Preneste[52] racemos,
    Immo, nec ille locus, qui dicitur Area Bacchi,
195 Vrbi uicinus quam dicunt Aurelianem[53],
    Talia uina bibit nec talia uina refundit
    (Quae rex Henricus[54] semper sibi uina ferebat,
16r Semper ut in bellis animosior iret et esset –
    Pauperibus siquidem uelut addit cornua Bachus[55],
200 Sic ignit tepidos et dextras armat inermes).
    Arbore pomifera passim plaga nostra redundat ;
    Nec desunt fontes, nec prata uirentia desunt[56],
    Pascua non pecori, non altrix silua ferinae.
    Insequimur ceruos, scutatos[57] figimus apros,
205 Auritos lepores, damnas[58] et rinocerota.
    Quis praetermittat Simoentis clara fluenta ?
    Quis Xanthi uitreas non admirabitur undas[59]
    Cui, preter Ligerim, nullus similabitur amnis,
    Et qui Burgulii rigat ortos Cambio felix ?
210 Hic quoque piscose sapor est et copia predae
    Et resonant unde stagnantes alite multa.
    Pinus auricomas quis no*n* miretur in Ida,

---

182 (Verna)n(t) *V s.l.* || 185 coniugibus *edd.* : coniugimus *V* || 187 memorare
*V*^*pc* : memorate *V*^*ac* || 193 (Bacchi)c(a) *V s.l.*|| 194 Wlgo Rebechitij / Villa albo
uino apt. nobilis *adn. ın mg. manus saec. XVI uel XVII* || 195 aurelianem
*V*^*pc* : -nim *V*^*ac* || 203 pecori *V*^*pc* : peccori *V*^*ac* || 205 Auritos *V*^*pc*: -tus *V*^*ac* || 207
(Xant)h(i) *V s.l.* || 212 non miretur *Abr. Hil.* : nomiretur *V* numeretur *Leh.*

Jusqu'à l'âge adulte [50], ils ont en leur printemps cette régularité de traits bien accordée à leur âge et à leur apparence, eux qui surpassent en grâce votre Narcisse et dont la modestie et l'élégance signalent l'origine divine. Pleins de mépris pour Ganymède, nous ne nous occupons que de nos femmes ; jamais chez nous n'est outragée la pudeur de l'autre sexe.

Qui ne célébrerait sans fin le site de cette ville célèbre [51] ? Le site de Troie est en effet salubre et commode : une terre fertile, qu'une charrue légère cultive, procure tous les ans le froment de Cérès au désir des moissonneurs ; chérie également du jovial Bacchus, la région offre aux gens la joie d'un second bienfait : Préneste la bacchique [52] ne produit pas de telles grappes et même le lieu dit « Aire de Bacchus », sis tout près de la ville que l'on nomme Orléans [53], ne boit ni ne donne à boire de tels vins (et pourtant, c'est son vin que le roi Henri [54] emportait toujours avec lui pour aller au combat et lutter avec plus de cœur – car Bacchus donne, comme on dit [55], des cornes aux faibles, il enflamme les tièdes et arme les bras désarmés). Notre pays partout abonde d'arbres généreux en fruits. Il n'y manque ni les sources, ni les prés verdoyants [56], ni pâturages pour le bétail, ni forêts nourricières de gibier. Nous chassons le cerf ; nos traits transpercent la carapace [57] du sanglier, les lièvres oreillards, les daims [58] et le rhinocéros. Comment passer sous silence l'onde claire du Simoïs ? qui manquera d'admirer les flots cristallins [59] du Xanthe, auquel nul cours d'eau ne saurait être comparé, fors la Loire, et le bienheureux Changeon, qui baigne les jardins de Bourgueil ? Le pêcheur y trouve aussi abondance de poissons succulents et les étangs résonnent du vol de maint oiseau. Comment ne pas admirer sur l'Ida les pins aux cheveux d'or, les chênes porte-glands [60], les cèdres qui

Quercus glandiferas[60], tangentes sidera cedros ?
Fraxinus in silua rigidis hastilibus apta[61].
215 Omnis ager nobis hac fertilitate redundat
Sicut in autumnis ut totus rideat annus,
Aut mixtum speres autumno perpetuum uer[62],
Dum flores semper, dum fructus semper habemus.
Ne me falsa putes mandatis inseruisse,
220 Tu ueniens uideas quod erit testare uidendo[63] :
Non melior testis quam qui conspecta profatur ;
Testis ego uerus, et adhuc mea dictio constat :
Has[64] altercantes direxit Iuppiter ad nos ;
Nouerat is nostra quia sit sententia iusta ;
225 Iudicium feci nequeat quod iure refelli.
Crede modo Paridi, Paridi quia numina credunt :
16v In nullis fallax, in cunctis sum tibi uerax.
Sique uenire cupis, timeas tamen ipsa uenire,
Vel quia flat Boreas et quassant aequora pupim[65],
230 Vel quia uir presens nolentem te retineret,
Altera sit nobis, diis altera sollicitudo :
Ipse uirum reprimam, dii flamina turgida placent.
Implebo, si uis, armato milite[66] classem ;
Obuius ipse uiro pugnantes ense repellam
235 Et predam pugnans intra mea Pergama ducam.
Nobilis o preda, semper memoranda rapina,
Quae michi pluris erit, si sit mea sanguine fuso[67],
Quae michi plus placeat nostro pensata cruore,
Quam potius caram reddent commertia dura :
240 Gratius est etenim quod quis sibi uindicat armis[68].
O nimium felix quem talis preda preibit !
Pro tali preda Stigias innasse paludes[69]
Vel quemuis uellem durum superasse laborem[70] ;
Aurea multa michi non essent uellera tanti,
245 Attamen expetiit Iason non multa, sed unum.

---

222 uerus *V*[pc] : uero *V*[ac] ǁ *post* uerus *ras. ferme quinque litterarum* ǁ *post uersum* 222 *lacunam esse ualde amplam coni. Hil., sed non recte quidem* ǁ 223 altercantes *corr. Sed. Speculum* : alternantes *V* ǁ Iu(ppiter) *V*[pc] *s.l.* : Ippiter *V*[ac]

touchent les astres de leur cime ? Le frêne forestier est bien
propre à donner des javelots solides [61]. Tout notre territoire
regorge de fécondité, au point que l'année entière est comme
un riant automne, ou l'espérance d'un perpétuel printemps [62]
mêlé d'automne, puisque nous avons sans cesse des fleurs, sans
cesse des fruits.

Ne va pas penser que j'enrobe de mensonges les décrets des
dieux. Viens et vois ce dont on peut témoigner quand on le
voit [63] : le meilleur témoin, c'est celui qui décrit des choses
vues. Moi, je suis un témoin véridique, et mon avis jusqu'à ce
jour fait autorité : lorsqu'elles se disputaient, Jupiter m'adressa
[les déesses [64]]. Il savait, lui, que mon jugement est juste. J'ai
rendu un arrêt que nul de bonne foi ne saurait contester. A ton
égard, je ne suis en nulle chose faux, en toutes choses vrai.
Peut-être as-tu envie de venir, mais as-tu peur de venir seule,
soit parce que Borée souffle et que les flots ébranlent le
navire [65], soit parce que la présence de ton mari te retient contre
ton gré. Aux dieux de se charger du premier obstacle, à moi le
second ! Je repousserai ton mari, les dieux calmeront les souffles de tempête. J'emplirai, si tu veux, une flotte de soldats en
armes [66]. J'irai sus à ton mari, repousserai à coups d'épée ceux
qui me combattront et ramènerai en combattant ma proie dans
les murs de ma ville de Pergame. O noble proie, butin à jamais
mémorable ! Tu as pour moi plus de valeur, si je t'obtiens au
prix d'une effusion de sang [67]. Tu as pour moi plus de douceur,
si je te paye de mon sang. Tu me seras encore plus chère, si je
dois souffrir pour t'acheter. Car on a plus d'amour encore pour
ce que l'on se gagne au combat [68]. Heureux et bienheureux,
celui dont une proie comme celle-ci orientera les pas ! Pour
une proie comme celle-ci, je voudrais traverser les marais du
Styx à la nage [69], ou accomplir les travaux les plus durs [70]. Des
quantités de toisons d'or n'auraient pas plus de valeur à mes
yeux ; et pourtant Jason, lui, s'en est allé chercher une seule
toison, et non des quantités.

Sique uenire uelis, potieris compote uoto,
Nam, nisi si nolis, ueniendi non eris impos :
 Non uirtutis inops erit umquam filia Ledae.
Est opus incepto, si uis te credere ponto[71].
250 Si mare sit placidum, si uela Fauonius inflet,
Te committe rati, si uir tuus hinc procul absit.
Credo quod superis industria uestra fauebit ;
Quocirca, securus ego certusque peroro :
Credo uelis nolis oracula certa[72] deorum.
255 Nam ueniet, ueniet quicquid cecinere futurum ;
17r  Si uis, illud erit, et erit, si forte repugnas ;
Pena repugnantem spectat, pax grata uolentem.
Ergo, uelis cum diis, quia diis obstare nequibis.
*T*e quoque uenturam tua littera significabit
260 Atque tuum pernix ad nos iter anticipabit.
Vestraque legato mandetur epistola fido
Nostraque uersetur latitans sub pectore uestro.
Sique deest aliquid quod oportuerit magis addi,
Addas : nam subito quo littera iusserit ibo.
265 Ibo[73] pedes uel eques uel, si placet, ibo liburnis ;
Ibo solus ego uel fretus remige multo.
Id michi difficile, quod nolis ipsa iubere ;
Sique iubere uelis, nil est graue nilque molestum.
Nam michi sunt classes, michi sumptus et michi uires
270 Et michi sunt comites ; nostri quoque dii miserentes
Sunt adiutores. Nichil obstat ; uterque uelimus.
Dic michi sic : « uenias », ueniam quo carta notabit.
In Paridis thalamos dea migratura, ualeto,
Terque quaterque[74] uale, ualeas ut et opto ualere.
275 Sic michi rescribas ut me iubeasque ualere
Et per te ualeas tua scripta michi recitare.
Attamen amplectar, in me quoque pene recondam
Quae ueniens Helenae recitabit epistola nomen.
Carta quidem felix nimium, quae tangere uestras
280 In scribendo manus meruit, felicior autem

---

251 committe *V^{pc}* : -mitti *V^{ac}* ‖ 252 fauebit *V* (*cf. Baldrıcus, c. 7, v.39; c.8, vv. 276, 279 et passım*) : placebit *falso corr.* Str. Hil. ‖ 258 obstare *edd.* : obtstare *V* ‖ 259 Te *corr. Sed.* : Me *V* ‖ 265 liburnıs *V^{pc}* . -nus *V^{ac}* ‖ 272 sic *V* : si *Hil.*

Si tu désires venir à moi, ton vœu se réalisera, car, à moins que tu n'y répugnes, ta venue n'est point irréalisable : la fille de Léda jamais ne manquera de courage. Il faut y aller, si tu acceptes de confier ton sort à la mer[71]. Si l'océan est calme, si le zéphyr gonfle les voiles, risque-toi sur un navire, quand ton mari sera au loin. Je crois fermement que tu mettras tout en œuvre pour obéir aux dieux. D'où ma conclusion, pleine d'assurance et de certitude : je crois, que tu le veuilles ou non, les oracles certains [72] des dieux. Car il viendra, il viendra, cet avenir qu'ils ont prophétisé. Si tu l'acceptes, il adviendra ; il adviendra également, si d'aventure tu le refuses. Mais le châtiment menace le récalcitrant, une aimable paix attend le volontaire. Partage donc la volonté des dieux, car tu ne pourras leur résister.

Une lettre de toi annoncera ta venue et te précédera d'un pas vif sur la route qui mène à moi. Confie ta missive à un messager sûr et garde la mienne cachée sur ton cœur. S'il manque quelque détail qu'il aurait fallu mentionner, fais-le. J'irai immédiatement où ta lettre me mandera d'aller. J'irai à pied ou à cheval, j'irai, s'il te plaît, en bateau. J'irai tout seul [73] ou avec le renfort d'une troupe de marins. Ma seule inquiétude, c'est que tu te refuses à me donner des ordres. Si tu veux bien commander, rien ne me pèse ni ne m'offense. J'ai des navires, de l'argent et des forces, et j'ai des compagnons ; les dieux, dans leur pitié, nous prêtent aussi main-forte. Pas d'obstacle, pour peu que nous soyons tous deux d'accord. Dis-moi : « Viens », je viendrai où m'indiquera ta lettre. Déesse prête à faire voile vers le lit de Pâris, salut. Trois et quatre fois [74] salut. Reçois le salut que je souhaite aussi pour moi-même. Que ta réponse m'apporte ton salut et l'assurance que tu me liras tes écrits de ta bouche. Cependant je la serrerai contre mon cœur, au point de la faire presque entrer dans mon cœur, la lettre qui viendra me dire le nom d'Hélène. Bienheureux parchemin, qui eut le privilège de toucher ta main, lorsque tu écrivais ; plus

Haec mea, si recubans Helenae sub pectore pauset !
O tunc carta Paris, Paris autem carta fuissem[75]
Atque modo possem poterit quo carta latere !
Atque meus subito rursus michi sensus inesset
17v 285   Et scires quis ego, quis ego quoque dicere possem ;
Carta domi remaneret, ego quoque mitterer ad uos,
Essem legatus pro me bonus atque fidelis ;
Interpres Paridis Paridisque uicarius[76] essem
Et propter Paridem tecum causas agitarem ;
290   Et responderem, si respondere iuberes,
Et sapidos oculos et uerba sapora notarem,
Et de te raperem quod me rapuisse deceret.
Quam citius poteris, Paridem tua carta reuisat,
Vt fessum recrees et sanes debilitatum.
295   Et, rogo, dulcisono resonet te carta boatu
Sitque michi speculum per quod te cernere possim.
Florida uerba michi deleget florida uirgo[77],
Quae michi Ledeae uultum mentemque figurent,
Verbaque mellito tua sint condita[78] lepore
300   Et potius scribas michi quae placitura uidebis.

281 sub *Vᵖᶜ* . sup *Vᵃᶜ*


# 8

## Helena Paridi

Fama tuum nomen nostram celebrauit in aurem
Estque diu Paridis quod res et commoda noui,
Iudicium factum te totum sparsit in orbem[1] :
Nam quis conticeat de iudice dicere tanto ?
5   Diis quasi prelatus est iam qui iudicat ipsos.
Iussus es edictum libripens[2] proferre deabus,
Vt sopirentur mentes ita litigiosae.

3 sparsıt *edd.* : sprarsit *V* || 4 quis conticeat *Vᵖᶜ* · quis enim taceat *Vᵃᶜ* || iudice
*Vᵖᶜ* : iudicere *Vᵃᶜ*

heureux encore celui que je rédige, s'il repose couché sous le sein d'Hélène. Si seulement cette feuille était alors Pâris et Pâris cette feuille ![75] Si je pouvais me dissimuler là où tu la dissimuleras ! Je reprendrais tout d'un coup conscience de moi-même, et tu apprendrais qui je suis, et je pourrais en personne te dire qui je suis. La feuille de parchemin resterait à la maison et c'est moi-même qui serais la missive à toi adressée. Je serais pour moi-même un messager exact et sûr ; je serais le porte-parole de Pâris et serais son alter ego [76] ; je plaiderais devant toi la cause de Pâris ; je répondrais aussi, si tu me demandais une réponse. Je saurais me souvenir des regards délicieux et des mots délectables, et je saisirais de toi ce qu'il me siérait de saisir.

Que ta réponse, aussi vite que possible, vienne faire visite à Pâris, récréer sa lassitude et soigner sa faiblesse. Qu'elle soit toute bruissante de cris mélodieux, je t'en prie. Qu'elle soit le miroir où je puisse te contempler. Qu'une vierge en fleur [77] m'adresse des paroles fleuries, capables de dessiner devant mes yeux le visage et les pensées de la Lédéenne. Que la douceur du miel parfume [78] tes paroles – écris-moi surtout ce qui, de ta façon de voir, est destiné à faire plaisir.

# 8

## Hélène à Pâris

La renommée a bien souvent redit ton nom à mon oreille ; il y a longtemps que je sais les aventures et les qualités de Pâris. Le jugement que tu as rendu a répandu ton nom dans tout l'univers [1] : peut-on passer sous silence l'histoire d'un si grand juge ? Il est comme supérieur aux dieux, celui qui est leur juge. Tu reçus l'ordre de signifier aux déesses un arrêt équitable [2], pour apaiser ainsi leurs esprits en litige. Jupiter fut assez malin

Iuppiter astute subduxit iudicio se
(Et tamen ipse satis litem discernere posset,
10 Quam dictarat eis pomo Discordia iacto,
Amens a mensa³ quod erat seclusa deorum),
Sed neutram uoluit sapiens offendere diuus ;
18r Iussit eas Paridis demum decreta subire.
Iudex iudicio finem superapposuisti⁴.
15 Sic intellexi rem, sic ex ordine noui ;
Quin etiam, quae sit merces tibi debita noui,
Quid Venus et Iuno promisit quidue Minerua,
Vel quam uel cuius promissum preposuisti.
Quam puto, quam spero melius dii fata secundent⁵
20 Spemque metumque meum mutent in potiora,
A superis melius liceat sperare timenti !
Ha ! nimium timeo quia sit tibi perfida Iuno,
Quod tibi sit deitas grauis atque molesta⁶˙Mineruae.
Ira fuitne, rogo, magnae Iunonis inulta ?
25 Turbata Iunone, simul turbabitur aer ;⁷
Aere turbato, tellus infida manebit.⁸
Iuno maritat humum, si nobis pacificetur,
Et malasuada Iouis subducet commoda nobis.
Dissentire nequit coniunx a coniuge tanta ;
30 Iunonem nunquam non exaudire ualebit
Iuppiter atque Ioui semper sua Iuno fauebit⁹ :
Quare Iunonis omnino est ira timenda.
Praeterea, tua nobilitas et gloria Troiae
Et Priami nomen antiquatumque uolumen
35 Sceptrigeri multas dominatus in regiones,
Hectoris et nomen nostras deuenit ad aulas.
Totius mundi nobiscum machina¹⁰ uiuit :
Namque quid igniti lateat tot lumina solis¹¹
Aut ad nos mittit aut nobis subditur orbis¹².
40 Vix locus est ullus cui non dominemur in orbe¹³ :
Aethiopes, Indos¹⁴ deuicit nostra iuuentus
18v Et domuit linguam quam dicit Greca Latinam¹⁵.
Thebarum noster prostrauit moenia miles ;

---

23 mineruae *Vᵖᶜ* . mon- *Vᵃᶜ* ‖ 25 (turba)bi(tur) *V s.l.* ‖ 38 (Nam)que *V s.l.* ‖ 40 orbe *Vᵖᶜ* : urbe *Vᵃᶜ*

pour se dérober au devoir de juger (et pourtant il était bien
capable de trancher tout seul le litige que suscita entre elles la
pomme lancée par Discorde lorsque, dans sa démence, celle-ci
se vit exclue de la table [3] des dieux). Mais le dieu se garda
sagement de fâcher l'une ou l'autre d'entre elles. Il se contenta
de les inviter à se soumettre au décret de Pâris. Par ton jugement, tu mis enfin un terme à ce procès [4]. Voilà l'histoire, telle
que je l'ai comprise, telle que j'en connais le déroulement.
Mais il y a plus : je connais aussi la récompense qui t'attendait,
l'objet des promesses que te firent et Vénus et Junon et
Minerve ; je sais à qui (mais fut-ce à elle ou à l'objet de sa
promesse ?) tu as donné ta préférence.

Puissent les dieux rendre les destins plus favorables [5] que je
ne le crois, que je ne l'attends ! Puissent les dieux muer en
optimisme mon attente et ma crainte ! Puisse-t-il m'être donné
d'attendre un meilleur sort des dieux ! Car j'ai peur, ah ! vraiment trop peur que Junon ne soit déloyale envers toi, qu'envers
toi la divinité de Minerve ne soit dure et cruelle [6]. A-t-on jamais
vu, je le demande, la fureur de l'auguste Junon rester
inassouvie ? Si Junon tempête, l'air aussitôt sera tempétueux [7] ;
quand la tempête tiendra l'air, on ne pourra se fier à la terre [8].
Junon s'accouple avec la terre quand elle est en paix avec
nous ; mal disposée à notre égard, elle refusera ses faveurs à
Jupiter [9]. Un époux ne peut être en guerre avec une épouse si
puissante ; Jupiter n'osera jamais refuser d'écouter les prières
de Junon et sa chère Junon fera toujours le vouloir de Jupiter.
Voilà pourquoi la colère de Junon est absolument redoutable.

Le bruit de ta noblesse et la gloire de Troie, le renom de
Priam, l'antique puissance de son sceptre déployée sur bien des
pays et le renom d'Hector sont parvenus jusqu'à notre palais.
Nous sommes au centre de la machine du vaste univers [10] :
aussi tout ce qui cherche à se dissimuler aux rayons si nombreux du soleil [11] embrasé, l'univers nous le révèle ou bien nous
le soumet [12]. Il n'y a presque aucun endroit de l'univers où nous
ne soyons les maîtres [13] : nos jeunes gens ont écrasé l'Éthiopie,
l'Inde [14] ; la langue grecque a prévalu sur celle que l'on nomme
latine [15] ; nos armées ont jeté à bas les murailles de Thèbes,

Fragmina fumiferos reddunt hucusque uapores[16].
45 Nescio quo pacto uires euasit Achiuas
Atque suo potiatur adhuc tua Teucria sceptro.
Nescio quid patula michi nunc uersatur in aure,
Nescio quid secum mea mens pensando susurrat
Et res ex rebus quasi presagando uolutat.
50 Tu causam queris tibi qua dominentur Achiui,
Qua prosternantur, nisi fallor, moenia Troiae[17].
Nec michi fibrarum nec prepetis omina pennae[18]
Nec sacra Iunonis incognita nec sacra Phoebi.
Tu michi factorum, michi tu responsa deorum
55 Affers et rerum magnarum uoluitur ordo[19].
Est etiam nobis augur, Dicteus Apollo,
Atque futura michi stillauit cordis in aure[20] :
Is mutanda michi conubia sepe profatus
Et natale solum dixit pariter fugiendum.
60 Me regno Troiae dotandam precinis esse ;
Audio res magnas, iacet hic mutatio rerum[21] :
Hoc siquidem pacto Troiae dominabitur Argus[22].
Ne quid inexpertum, ne quid sit non superatum
Virtuti nostrae, dii res ita regnaque pensant :
65 Vel duo coniungam, uel ego duo regna resoluam ;
Causa rei magnae conseruor femina sola,
Si mutabo solum, si federa prima refutem.
Hoc itidem dudum michi uates insinuarunt
Terque quaterque michi seriatim rem recitarunt.
70 Sed me Iunonis multum deterret imago,
19r Nusquam commota uadam secura Minerua[23].
Forsitan explebo, fatis auctoribus, hanc rem :
Tristibus inceptis deitas infensa fauebit,
Vt male perfectis olim malus exitus instet
75 Et peccatores exterminet ultio dira.
Id caue ne nobis in crastina tempora fiat.

---

46 (teucr)i((a) *V s.l.* || 56 nobis *V s.l.* || 58 Is $V^{pc}$ : Os $V^{ac}$ || 60 dotandam $V^{pc}$ :
-tatam $V^{ac}$ || 60 precinis *V Abr.* : -cinit *Sed. Hil.* || 63 non superatum $V^{pc}$ : insupera-
tum $V^{ac}$ || 66 conseruor *V* : conuersor (*scil.* sum) *siue* conuertor *dubitanter
conieci* || 72 explebo $V^{pc}$ : exemplo $V^{ac}$

dont les débris fument encore [16]. Je me demande bien comment ta Teucrie a échappé à la puissance achéenne et a encore la force de tenir en main son sceptre...

Mais voici qu'un je ne sais quoi s'insinue dans mon oreille attentive, que mes pensées méditatives me soufflent un je ne sais quoi et qu'elles perçoivent l'enchaînement des faits par une sorte de prémonition. Tu veux savoir la raison pour laquelle les Achéens seront tes maîtres, pour laquelle les murailles de Troie [17] seront, si je ne me trompe, jetées à bas ? Je ne suis pas sans bien comprendre les signes qu'on déchiffre dans les lobes des foies et dans l'envol rapide des oiseaux [18], non plus que les mystères de Junon et ceux de Phébus. Toi, tu mets sous mes yeux l'oracle des destins et des dieux, et la machinerie d'événements énormes se met en branle [19]. Mais il y a chez nous aussi un augure, Apollon de Dicté, et il a glissé à l'oreille de mon cœur [20] le récit du futur. Souventes fois, il m'a révélé que je devrais changer d'époux et fuir la terre où je suis née. Tu prophétises que je recevrai en dot le royaume de Troie. Révélation monumentale ! C'est en cela que réside le bouleversement du monde [21], car c'est de cette manière qu'Argos se rendra maîtresse de Troie [22]. Pour qu'il n'y ait pas d'épreuve que ma vaillance n'ait à affronter, pas d'obstacle qu'elle n'ait à surmonter, voici comme les dieux mettent en balance le destin des royaumes : il dépendra de moi que deux royaumes soient unis ou détruits. Moi, faible femme, me voici réservée pour être la cause d'un événement immense si je change de pays, si je romps mes engagements premiers. C'est cela que les devins m'ont naguère laissé entendre, en m'exposant, par trois ou quatre fois, l'affaire point par point.

Mais l'ombre de Junon me terrorise affreusement ; je ne serai tranquille dans aucun pays, si Minerve est en colère [23]. Peut-être, si c'est ce que trament les destins, aboutirai-je au résultat suivant : la divinité hostile secondera ma funeste entreprise, afin qu'une conduite misérable connaisse au bout du compte une conclusion misérable et qu'une vengeance atroce anéantisse les pécheurs. Prends garde que ce ne soit cela que demain nous réserve.

Sed dic*i*s uerum : placari numina[24] possunt.
Esto. Placentur. Placabilis hostia fiat
Et dimittatur facta pro fraude reatus ;
80   Dii placabuntur, si crimina destituentur.
Sed si crimen erit Paridi quod adultera nubam,
Restituarne uiro[25] ? Repetam conubia spreta ?
Sed qua despectum prospectem fronte maritum ?
Nunquid despectum uir me dignabitur ultra ?
85   Placarine potest polluta coniuge coniunx ?[26]
Nec cito dimitti pollutio publica quibit.
Numina, ni redeam, nusquam michi conciliabo :
Velle redire graue est, grauius quoque nolle redire.
Sed potius peream quam, si tibi nubo, reuertar.
90   Eripiarne tibi, michi uel magis eripieris ?
An te desererem infelix et uiuere possem ?
Siccine diuellar Paridis complexibus unquam ?
Heu, semel innexus soluetur nexus amoris ?
Hoc solo uerbo mea iam precordia marcent.
95   Taliter has pensans mecum delibero causas.
At desolatam rursum res consulit ipsa :
Non id praeciperent superi, si culpa fuisset.
Crimen adulterii non numina sancta monerent :
Caelicolae tales occasio criminis essent.
19v 100   Ipsi discernunt, rem tractant altius ipsi,
Non debemus eis torpenti corde fauere ;
Ipsi principium, medium finemque serenent.
Attamen et superos aliquid fecisse fatentur :
Iuno Ioui summo, si creditur, insidiata est[27] ;
105   Insidiata uirum de pelice sepe notauit :
Argus uiuit adhuc custos ne Iuppiter erret –
De Ganimede quidem penitus decerno tacere.
Illicitos Veneris complexus Sol reprehendit[28]
Et nimphae faciles diis consensere frequenter ;
110   Et sibi sepe fauent necnon sibi numina parcunt.

---

77 dic*i*s *Hil.* · dices *V* ‖ 80 placabuntur *V^{pc}* : placca- *V^{ac}* ‖ 96 At *V^{pc}* . Ad *V^{ac}*

Mais tu as raison : on peut apaiser les dieux [24]. Soit. Apaisons-les. Qu'on leur offre un sacrifice propre à les apaiser et que l'on soit absous du grief de trahison. Les dieux s'apaiseront, s'il y a abandon de l'accusation. Mais si l'accusation repose sur mon union adultère avec Pâris, serai-je rendue à mon mari [25] ? reviendrai-je à l'union que j'avais méprisée ? Mais quel visage faire alors face à l'époux bafoué ? Est-il pensable qu'un mari bafoué veuille encore de moi ? Est-ce qu'il peut s'apaiser, un mari dont la femme est souillée ? [26] Ce n'est pas de sitôt qu'une souillure connue de tous peut être pardonnée. Si je ne reviens pas, je n'aurai aucune chance d'obtenir la clémence des dieux. Il est bien dur de décider de revenir, plus dur encore de décider de ne pas revenir.

Mais j'aime mieux mourir plutôt que de retourner en arrière, si je t'épouse. Je te serais arrachée, ou plutôt tu me serais arraché ? Est-ce que je pourrais vivre, si j'avais le malheur de t'abandonner ? Est-ce que je serai comme cela ravie un jour aux étreintes de Pâris ? Est-ce que le lien d'amour solidement noué hélas se brisera ? A ce seul mot, mon âme se fige d'angoisse.

C'est ainsi qu'en mon for intérieur, je pèse le pour et le contre. Mais, dans mon désarroi, le souvenir des circonstances guide ma délibération : les dieux ne m'enjoindraient pas d'agir de la sorte, si c'était un péché ; les saintes divinités ne sauraient prôner le crime d'adultère ; si c'était le cas, les êtres célestes seraient la cause première du crime. Ils comprennent, ils administrent l'affaire de plus haut. Nous n'avons pas le droit de leur obéir en traînant les pieds. Ils répandront leur lumière sur le début, sur le milieu et sur la fin de l'aventure.

D'ailleurs, on reconnaît que les dieux mêmes ont quelquefois méfait : Junon, à ce qu'on croit, espionna [27] Jupiter le trèshaut – espionnage qui lui permit de stigmatiser les fréquents adultères de son mari (Argus en témoigne encore, qui veille à ce que Jupiter ne s'égare). Pour ce qui est de Ganymède, je préfère ne pas en dire un mot. Le Soleil a surpris les étreintes illicites de Vénus [28] et les nymphes ont rarement fait difficulté pour céder aux dieux. En général, les divinités s'accordent l'une à l'autre l'indulgence au moment où elles s'accordent

At nos censura, sua nos correctio dura
Continuo cohibet, quatit asperitate seuera.
Sed contra superos quae nos presumptio mouit ?
Aequanimi uoto patiamur facta deorum.
115 Quicquid agant etenim non est reprehendere nostrum :
Diis liceat facere, nobis liceat tolerare.
Nos quoque de nostris, homo, sollicitemur agendis.
Vt scribis, Troiam si uenerit hospita coniunx[29],
Coniunx alterius, coniunx de gente superba,
120 In quam si ueniam (quia de me carta profatur),
Infestabor ego quandoque furore tuorum :
Et tua plebs nimiam pro me feruescet in iram
Et tua progenies, tua copia magna parentum,
In me consurgent, cum bellis afficientur
125 Quae modo non sperant, incommoda cum patientur.
Namque meae gentis michi magna superbia nota est :
Sunt genus infractum, gens inuictissima[30] bello,
Quae perferre queat duros nimiosque labores,
20r  Prouida consilio, gens plurima, gens opulenta.
130 Nec thalamo Paridis patientur me sociari,
Dii licet annuerint, sedato pectore Grai.
Vlciscenda sibi superest iniuria tanta
Et coniurabit propter me Grecia tota :
Nam sic amissam rex efferus ipse dolebit
135 Et populos omnes dolor altus in arma ciebit[31].
Sique meus nolit quasi dedignando maritus
Hoc scelus ulcisci, tegat iram dissimuletque,
At non hoc eius frater pateretur inultum,
Cycropidaeue duces, Aiax et durus Achilles[32]
140 Presignansque patris animum iam Pirrus Achillis,
Thessandrus, Stelenus, Palamedes et Diomedes,
Consiliis pollens et fraude malignus Vlixes[33]
Atque duces alii, quorum dare nomina longum est.
Hii Troiam longa uallabunt obsidione
145 Atque manu dira miscebunt prelia multa[34].

---

115 agant *V Abr* : agunt *Leh. Str. Hil.* ‖ 130 thalamo (paridis) patientur me *V^pc*
*s.l.* poterunt (paridis) me foederibus *V^ac* ‖ 140 achillis *V^pc* : achilles *V^ac* ‖ 141
stelenus (*scil.* sthenelus) *V*

l'une à l'autre leurs faveurs. Et nous, c'est leur interdiction, c'est leur punition sévère qui nous retiennent toujours, qui nous frappent de leur rigueur brutale. Mais qu'est-ce que c'est que cette présomption qui m'anime contre les dieux ? Nous devons accepter leurs actions avec sérénité. Quelle que soit leur conduite, il ne nous revient pas de la blâmer. Aux dieux le droit d'agir, à nous le droit de supporter. Nous-mêmes, ô genre humain, préoccupons-nous de notre devoir...

Si, comme tu l'écris, Troie voit arriver une épouse étrangère [29], l'épouse d'un autre homme, la fille d'une race orgueilleuse – si en somme je viens à Troie, car c'est bien de moi que parle ta lettre , je serai un jour en butte à la fureur des tiens ; à cause de moi, ton peuple brûlera d'une colère ardente, et ta famille, la longue séquelle de tes parents, se dressera contre moi, lorsqu'ils souffriront de la guerre, lorsqu'ils auront à supporter des malheurs dont ils n'ont pas l'idée aujourd'hui. Car l'immense orgueil de ma race est notoire. C'est un peuple infrangible, une race absolument invincible [30] à la guerre, capable d'endurer une souffrance rigoureuse autant qu'extrême, un peuple plein de ruse, très nombreux et très riche. Les Grecs ne me laisseront pas placidement entrer dans le lit de Pâris, fût-ce avec la bénédiction des dieux. Bien plus : cette injure atroce, il leur faudra la venger. Toute la Grèce se coalisera à cause de moi. Car le roi sera enragé de douleur de m'avoir ainsi perdue, et cette noble douleur provoquera la mobilisation générale [31] ; et si mon mari refuse, par une sorte de dédain, de venger ce crime, qu'il cache et dissimule sa rage, son frère, quant à lui, ne le laissera pas invengé, non plus que les chefs des Cécropides, Ajax et le cruel Achille [32], Pyrrhus, dont le courage annonce déjà celui de son père Achille, Thessandre, Sthenelos, Palamède et Diomède, Ulysse aux ruses efficaces et aux tromperies maléfiques [33], d'autres chefs encore, qu'il serait trop long d'énumérer. Tous ceux-là investiront Troie pour un long siège et déchaîneront des combats sans trêve [34] de leur bras féroce. C'est alors, pour la première fois,

Tunc dare terga prius discet Troiana iuuentus[35]
Et quos assuetos armorum ferre laborem[36]
Scribis et inuictos et diro Marte potentes
Imbelles uideas et uulgus iners[37] reprehendas ;
150 Frigida corda putes gentemque uocabis inermem.
Nam Dolopum[38] tanti constabunt agmina uobis
Vt, si pugnetis, uos non pugnasse putetis,
Quosque pusillanimes nunc asseris et muliebres
Magnanimos uideas et confiteare uiriles.
155 Parcius ergo suo suus hostis deroget hosti[39].
Accinctis et discinctis est gloria dispar :
Lauda uictores tandem certamine facto.
20v Mutua pax nobis modo, gens utrinque togata –
Confligent acies : ensem res ipsa rogabit.
160 Laus neutri parti, nisi laus quam uindicat ensis :
Ensis parturiat, non uerba uolantia, laudem.
Et minus audaces res non bene gesta refrenet,
Victores autem res gnauiter acta coronet.
Quos neque coniunxit uel necdum pugna diremit,
165 Et necdum potitur[40] gens haec aut illa triumpho,
Parcius extollas hos, parcius hos reprehendas.
Nec tamen obliquis anfractibus inuehor in te
Nec Teucrum Paridem regina redarguo regem ;
Sed tamen euentus belli foret inspiciendus
170 Et tunc emerito potiretur quisque triumpho.
Tunc quoque namque mei me maxima cura remordet[41],
Cum belli instabunt propiora pericula Teucris.
Tunc prius illicitos abiurabunt hymeneos,
Tunc omni populo coniunx odiosa uidebor.
175 Cum uero natos matres nuptaeque maritos
Et cum uirgo suum bellis amittet amicum,
Cum funestabunt sua Pergama sanguine ciues,
Cum cadet exanguis puer ante oculos genitoris,
Tindaridis facies inuisa uidebitur atque
180 Totius belli furialis noxa dicabor ;
Et <tem>erata phalanx reliquorum armabitur in me

---

149 iners *V^{pc}* : inhers *V^{ac} Hil.* ‖ 178 exanguis *V^{pc}* : exsanguis *V^{ac}* ‖ 181 Et
temerata *corr. Sed.* : Et cinerata (*siue* E temerata) *V*

que la jeunesse troyenne[35] fera l'apprentissage de la fuite
devant l'ennemi ; ceux que tu décris comme rompus au métier
des armes[36], invaincus et féroces au combat, tu les verras
pusillanimes et blâmeras leur inertie[37] ; tu jugeras leur courage
glacé et nommeras leur troupe inoffensive. L'affrontement
avec les Dolopes[38] vous coûtera si cher que, si vous vous bat-
tez avec eux, vous aurez l'impression de ne pas vous être bat-
tus. Ceux que tu qualifies aujourd'hui de lâches et d'efféminés,
tu verras qu'ils sont courageux et tu devras bien reconnaître
qu'ils sont virils. Un ennemi ne doit pas trop rabaisser son
ennemi[39]. Ce n'est pas la même chose, d'être glorieux avant le
combat, et après. Ne fais l'éloge des vainqueurs qu'une fois la
bataille achevée. Pour le moment, nous sommes en paix les uns
avec les autres, et nos gens en civil. Nos armées vont s'affronter : la situation exigera que l'on recoure à l'épée. La seule
gloire qui puisse appartenir à l'un ou l'autre camp, c'est la
gloire conquise à la pointe de l'épée. C'est l'épée qui doit être
la mère de la gloire, non les paroles fugaces. La faillite de leur
entreprise vaudra aux moins courageux la soumission, l'énergie
de leur action conférera aux vainqueurs la couronne de gloire.
Tant que la bataille n'a encore mis aux prises deux peuples, ni
ne les a départagés, que ni l'un ni l'autre n'a remporté[40] le
triomphe, gardons-nous d'exalter celui-ci, de vilipender celui-
là. Ne va pas considérer ces circonlocutions comme une
attaque contre toi ni comme un blâme de la reine que je suis au
roi Teucrien Pâris. Mais il vaudrait mieux quand même considérer l'issue de la guerre et le moment où chacun remportera le
triomphe qu'il a mérité.

En outre, une extrême inquiétude me ronge[41] du sort qui
sera le mien lorsqu'un péril imminent de guerre menacera les
Teucriens. C'est alors qu'ils maudiront un hymen dès l'origine
immoral ; c'est alors que j'apparaîtrai au peuple rassemblé une
épouse détestable. Et lorsque les mères perdront leurs enfants à
la guerre, les femmes leurs maris, les vierges leurs fiancés,
lorsque Pergame sera souillée du sang de ses citoyens, lorsque
le fils tombera sans vie sous les yeux de son père, le visage de
la Tyndaride paraîtra odieux et l'on maudira en ma personne le
malheur infernal de toute cette guerre. La cohorte outragée des
survivants s'armera contre moi, et c'est à moi que l'on fera

Atque retorquebunt in me dispendia pugnae ;
Tuncque ligata manus Atridae restituenda
Exoluam poenas quas dictet adultera Troia,
185 Quae me pellexit per multa oracula uatum [42],
Quae precibus uotisque suis mea corda subegit,
21r Quae rea pollutae nostrae fuit integritatis.
Namque tibi parcet sanguis tuus et tua Troia
Atque meus sanguis surget crudelior in me.
190 Haec Elenam reprimunt, Helenam hec metuenda coercent.
Immo, iugalis amor, etiam tenor integritatis
Haec me dissuadent ne muter ad extera regna.
Attamen a superis sperare licet potiora :
Propitiabuntur dii, si diis gratificemur,
195 Et meliorabunt sua uel presagia nostra.
Pro re tantilla [43], fortassis [44] non Menelaus
Aut alter multum super hoc Atrida dolebit ;
Seu pro Ledea iurabit Grecia tota,
Se*d* prohibebuntur ne uadant omine diro ;
200 Seu mare fluctiuagum [45] seuis aquilonibus [46] actum
Obruet in pelagus disperso milite uulgus ;
Siue loquax Itacus multo cecabitur auro
Et solus faciet pacem uenalis Vlixes,
Diues et a Grecis Priamus redimetur auaris ;
205 Aut etiam optato potietur Troia triumpho
Atque minor numerus disperget milia multa [47] ;
Vel finem pugne pugnando differet Hector,
Siue molestati longe nimis obsidionis
Casibus, Argiui gladioque fameque subacti
210 Illesa Troia remigrabunt ultro Micenas.
Quando uolunt superi uel parcere uel misereri,
Quis queat effari, numerare sed et meditari
Quot signis, quot portentis, quanta ratione
Secreta subito rerum mutatio fiat ?

184 Exoluam *V^{pc}* : Exsoluam *V^{ac}* || 190 coercent *V infra lineam* || 194 (diis) quoque (gratificemur) *falso add. V s.l.* || 199 Sed *ego* : Seu *V edd.* || diro *V^{pc}* : duro *V^{ac}* || 205 Aut etiam *transpositum ab initio uersus sequentis V^{pc}* || 206 Atque minor *transpositum ab initio uersus praecedentis V^{pc}* || 214 subito *V^{pc}* : supito *V^{ac}*

payer le prix de la bataille. Alors, les mains liées, je serai rendue à l'Atride pour, recevoir le châtiment que Troie l'adultère aura édicté contre moi – Troie qui s'est servie des oracles variés des devins [42] pour faire de moi une prostituée, qui a séduit mon cœur par ses prières et par ses vœux, qui fut coupable du viol de ma pudeur. Envers toi, ils seront indulgents, ton sang et ta patrie, tandis que mon sang se dressera férocement contre moi. Ces perspectives redoutables retiennent Hélène, la maintiennent dans le droit chemin. Et puis, il y a l'amour conjugal, la constance dans la chasteté, qui me dissuadent de partir vers des royaumes étrangers...

Pourtant, il est permis d'espérer des dieux un sort plus favorable. Les dieux nous seront propices, si nous nous rendons agréables à eux, et ils tourneront en bien leurs prédictions ou nos pressentiments : peut-être, pour une affaire de si peu de conséquence [43], Ménélas ni l'autre Atride ne trouveront matière à se chagriner à l'excès [44] ; ou encore tous les Grecs se coaliseront-ils à cause de la Lédéenne, mais un sinistre augure les retiendra de se mettre en route ; ou bien la mer aux flots mouvants [45] soulevés par des aquilons farouches [46] engloutira-t-elle dans ses ondes la foule des soldats dispersés ; ou bien un gros tas d'or suggérera-t-il de fermer les yeux au bavard roi d'Ithaque, Ulysse le corrompu, qui conclura séparément la paix : les trésors de Priam achèteront son salut à la cupidité des Grecs. Peut-être encore que les Troyens remporteront le triomphe espéré et qu'inférieurs en nombre, ils mettront en fuite les myriades de leurs ennemis [47] ; ou qu'Hector, par ses armes, différera le sort des armes ou que les Argiens, épuisés par les aléas d'un siège trop long, domptés par le glaive et par la faim, choisiront de regagner Mycènes en laissant Troie intacte. Lorsque les dieux veulent faire preuve de mansuétude ou de miséricorde, qui serait capable d'énoncer, de dénombrer et de concevoir tous les signes, tous les miracles, la profondeur du plan mystérieux qui renversent d'un seul coup la situation ? Tout

215 A superis ergo quisquis speret meliora :
21v          Semper enim superi sunt indulgere parati,
          Lenit decretum lenis clementia diuum
          Consiliumque suum clementer numina mutant,
          Nec tamen iniuste, sed secreta ratione.
220 Ergo, confisa plus de bonitate deorum [48]
          Quam diffisa meis vel factis uel faciendis,
          Ipsa fauere simul diis et tibi credula possem,
          Si non obstaret res altera, res nocitura,
          Res michi quae grauis est, feralis et intoleranda :
225 Me nimis angustat uiolandi fama pudoris [49].
          Et licet ipse pudor, si uenero, non uioletur
          (Nam me fata uocant, et sic rem numina pensant),
          Attamen humanas infamia polluet aures [50],
          Quae legem nescit neque ius edicere nouit,
230 Quae bona uel reticet aut inficit aut male mutat,
          Res male mutatas uacuas dispergit in auras [51].
          Id timeo ; grauis est infamis fama superstes [52].
          Nam mea forma uelut terrarum splendet ubique
          Atque meum nomen decor unicus extulit orbi,
235 Sic leuis aura meos mortalibus efferet actus
          Nec dicet quanta uel qua deitate coacta
          Hospes ad externum transiui femina regnum,
          Quam facie tristi, quam pectoris integra casti,
          Quam diris diuum terroribus expauefacta,
240 Pene minis monitisque patentibus exanimata.
          Tantum dicetur : « rupit Ledea pudorem
          Atque iugale uiri uiolauit adultera fedus ».
          Hac turpi populos aspergine [53] fama replebit
          Et Ledam ledent eadem contagia [54] matrem ;
22r 245 Fata simul fratrum iamiam diuina meorum
          Rumor et infestus uel fama uolans uiciabit.
          Tunc autem matris faciem pudibunda uidebo ?
          Aut, rogo, qua facie supplex fraterna rogabo
          Numina, dum pro me tulerint obprobria dura ?
250 Hunc etiam poterit ratio lenire timorem :

228 (humana)s *V s.l.* || 231 dispergıt *V^{pc}* : -gis *V^{ac}* || 242 uırı *V^{pc}* . uıri rupit *V^{ac}*
|| 244 ledent *V^{pc}* : ledant *V^{ac}* ledaent *sıc Hil.*

homme doit donc espérer des dieux un sort plus heureux, car les dieux sont toujours disposés à l'indulgence. La douce clémence des dieux adoucit leurs décrets ; c'est par clémence que les puissances célestes modifient leurs projets – non pas toutefois en déni de l'équité, mais en vertu d'un plan mystérieux.

Puis donc que la bonté divine m'inspire plus de confiance[48] que mes actions réelles ou virtuelles ne m'inspirent de crainte, je pourrais à la fois obéir aux dieux et m'en remettre à toi s'il n'y avait encore un obstacle, un obstacle dévastateur, un obstacle à mes yeux terrible, funeste et intolérable : la cause de mon angoisse extrême, c'est la rumeur qui se répandra que j'aurai bafoué l'honneur[49]. Et bien que, par ma venue, l'honneur ne soit pas bafoué – puisque je réponds à l'appel des destins et que telle est la décision des dieux –, la rumeur infamante ne souillera pas moins les oreilles[50] des hommes, la rumeur ignorante de la loi, incapable de dire le juste, qui passe sous silence, travestit ou tourne en mauvaise part les bonnes actions et lance dans les cieux vides[51] la nouvelle des faits ainsi dénaturés. Telle est ma crainte : c'est une chose terrible de laisser après soi une renommée[52] d'infamie. Car, de même que ma beauté resplendit partout sur le monde et que mon charme unique a exalté mon nom à travers l'univers entier, de même les vents légers apporteront aux hommes le récit de mes actes, en se gardant bien de dire la puissance et le nom de la déesse qui m'a contrainte à émigrer en étrangère vers un royaume lointain ; ils tairont aussi la tristesse de mon visage, la pureté de mon chaste cœur, l'affreuse épouvante inspirée par les dieux, la pâmoison face aux menaces et aux ordres explicites, qui ont environné ce départ. On dira ces seuls mots : la Lédéenne a trahi son honneur et bafoué, par son adultère, le pacte qui la liait à son mari. La rumeur répandra à pleins seaux[53] sur les peuples cette ignominie qui, la contaminant, lésera[54] aussi ma mère Léda. Du même coup, mes frères, que leur destin égale désormais aux dieux, seront pollués par cette nouvelle odieuse ou par la rumeur ailée. Oserai-je alors sans rougir regarder ma mère dans les yeux ? Ou, dis-moi, de quel front adresserai-je aux divinités fraternelles des prières de supplication, quand elles auront subi par ma faute une cruelle offense ? Mais cette inquiétude, la raison peut la calmer. Car

Nam michi nil aliud nisi tantum fama nocebit.
Nam, quia diuino iusto res ordine fiet,
Hanc saltim fratres rem noscent, utpote diui
Et geminum sidus paulo post ambo futuri [55].

255 Aequanimes igitur fratres materque benigna
Remque serenabunt et sic decuisse probabunt.
Nil nocet ergo michi nisi fama modo popularis,
Scilicet in populos haec turpia uerba refundet,
Culpas augebit, de diis taciturna silebit.

260 Nam uelut infamis uelit omnis fama uolare [56],
Haec bona queque tegit, mala uero spargit in auras [57].
Non tamen id timeo, si fama quod est fateatur,
Vt probitas Helenae nosterque pudor maculetur,
Sique uelit falsos intermiscere colores [58].

265 Inficiet uerum, nigro superinduet album [59];
Si tamen est iustum plenumque uiget rationis
Nisibus ut totis faciamus iussa deorum,
Scilleos strepitus ut surdi pretereamus :
Vulgaris uentus non est diis anteferendus.

270 Sic placeamus diis ut uulgo displiceamus,
Si tamen est a diis longe sententia uulgi.
Sique potest fieri, parti placeamus utrique ;
Sin autem, deitas audacter preficiatur.

22v     Sic deitas loquitur ut nunquam falsa loquatur,
275 Sic et homo loquitur nonnunquam ut falsa loquatur [60].
Ergo, caelicolis constat magis esse fauendum
Qui nunquam fallunt, nunquam falluntur et ipsi,
Quam qui terrigenae fallunt, falluntur et ipsi [61].
Diis igitur faueo : sequor ad quecunque uocabunt.

280 Heu, Menelae meus, quam lugubris auehor a te,
Quam lacrimosa tuis rapior complexibus uxor !
Heu, quam dura meum patitur suspiria pectus !
O utinam uel nunc diis non parere liceret,
Vel non essent dii, quibus ut faueamus oportet [62] !

285 Vt furibunda loquor, quia torquet uiscera meror ;
Anxietate graui facies pallendo liquescit.
Eripiarne meo uiuens mulier Menelao ? [63]

___

265 nigro *V*[pc] : nigrum *V*[ac] ‖ 283 parere *V*[pc] : parcere *V*[ac]

c'est la rumeur, et rien d'autre, qui me fera du tort. Comme la chose adviendra selon le juste plan des dieux, mes frères au moins la comprendront, puisqu'ils sont divins, et destinés à devenir, avant peu, un astre double[55]. Ainsi mes frères, dans leur sérénité, et ma mère, dans sa bienveillance, prendront la chose avec placidité et comprendront qu'il devait en être ainsi. C'est donc seulement la rumeur répandue dans le peuple qui me fera du tort. Assurément, elle inondera les peuples de propos ignominieux, exagérera ma responsabilité, restera bouche cousue sur le rôle des dieux. C'est comme si toute rumeur ne voulait prendre son vol que pour dire l'infamie[56] : elle dissimule toujours le bien et répand le mal dans les airs[57]. Je n'ai, au demeurant, pas peur que l'honnêteté d'Hélène et mon honneur ne soient salis, si la rumeur dévoile sa vraie nature en décidant d'agrémenter ses dires de mensonges artificieux[58]. Elle travestira la vérité, teindra le blanc en noir[59]. Mais pour peu qu'il s'agisse d'une chose juste, pleinement et puissamment raisonnable, employons tous nos efforts à accomplir les commandements des dieux et passons à côté des hurlements de Scylla en nous bouchant les oreilles : le vent qui souffle parmi le vulgaire ne doit pas passer avant les dieux. Complaisons aux dieux tout en déplaisant au vulgaire, si toutefois l'avis du vulgaire est en profond désaccord avec celui des dieux. Quand c'est possible, complaisons aux uns et à l'autre ; sinon, on ne doit pas hésiter à préférer la divinité : la parole divine n'est aucune fois mensongère ; la parole humaine est quelquefois mensongère[60]. Il est donc bien évident qu'il faut obéir aux être célestes, qui ne trompent ni ne se trompent jamais, plutôt qu'aux créatures terrestres, qui trompent et qui se trompent[61]. J'obéis donc aux dieux : je suis la route qu'ils m'indiqueront, quelle qu'elle soit.

Ah ! Ménélas chéri, comme suis triste de t'être enlevée, comme je pleure d'être arrachée à tes embrassements conjugaux ! Ah ! quels cruels soupirs exhale mon cœur ! Oh ! je voudrais qu'il fût permis de se rebeller contre les dieux ou qu'il n'y eût pas de dieux à qui l'on soit tenu d'obéir[62] ! Je délire en disant ces mots, mais le chagrin me tord les entrailles, mon visage blêmit et se décompose sous l'effet d'une terrible angoisse. Serai-je, moi vivante, arrachée à mon cher Ménélas[63] ?

En uiolabo fidem quam debeo nupta marito ?
Saltim testis erit lacrimarum uena mearum
290 Insomnesque oculi, dolor et suspiria cordis,
Et qui cuncta uidet sol, et nox conscia[64] luctus,
Conscius et lectus libatae uirginitatis[65],
Quod penitus nolens patriis diuellor ab agris
Quodque uiri tandem thalamos inuita reliꞇquam.
295 Attamen ipsa meum sub corde feram Menelaum
Nec poterit nostrum remoueri pectus ab ipso –
Et sit testis Amor me non uiolasse pudorem.
Nec tamen ipsa fidem tibi conseruabo minorem
Nec minus in Paridem quam debet sponsa mouebor.
300 Immo, iugalis amor, tenor inconuulsus amoris
Libatique suo complexus more uicissim
Dandaque mox nobis occasio colloquiorum[66]
23r Reuera poterunt mentes unire duorum.
Ergo, non ultra claras uisura Micenas,
305 Ad michi promissum Paridem fatis properabo.
Iam, mea terra, uale dulcesque ualete Micenae
Tuque, meus thalamus, michi conscius et Menelao,
Ipse maritali quem foedere sepe sacrauit.
Vadam gente mea caritura simulque propinquis,
310 Vadam sceptrigeri Priami uisura Penates[67],
Nec iam me retinet pudor aut labor ullus ituram.
At discessurae clam non est duxque comesque[68],
Hanc cum presertim scierit rem nemo meorum
Nec cuiuis mandare uelim secreta deorum.
315 Ergo, quem super hoc totiens dii premonuerunt
Et cui fata fauent, Paris, obuius ipse uenito :
Nam tibi res agitur[69], tibi femina Greca paratur.
Curaque maior ei cui res erit utilitatis,
Ille labor placeat, cui merces grata subinstat[70].
320 En ego mando tibi, tua sicut epistola dixit :
Te sicut uellem uenturum significasti.
Ecce uolo uenias, uenias uelut institor alter[71].
Tres tantum naues electo milite comple[72]

---

294 tandem thalamos *V^{pc}* : thalamos tandem *V^{ac}* ‖ 306 micenae *V^{pc}* : micaenae
*V^{ac}* ‖ 314 uelim *V s.l.* ‖ 317 femina greca *V^{pc}* · greca femina *V^{ac}*

Violerai-je la foi qu'une épouse doit à son mari ? J'en prends à témoin le flot de larmes qui coule de mes yeux, mes yeux sans sommeil, les soupirs douloureux de mon cœur, et le soleil qui voit toutes choses, et la nuit qui sait bien [64] les peines, et le lit qui sait bien comme je fis l'offrande de ma virginité [65] : c'est tout à fait contre mon gré que je suis arrachée à la terre de mes pères, c'est malgré moi qu'enfin je laisserai la couche de mon mari. D'ailleurs, j'emporterai mon cher Ménélas dans mon cœur et ne pourrai l'effacer de mon âme. Amour soit témoin que je n'aurai pas bafoué l'honneur ! Ce n'est pas pour autant que je garderai une foi moindre envers toi, que je n'aurai pas pour Pâris les élans que doit une épouse. Bien au contraire, l'amour conjugal, la constance inébranlable de l'amour, les étreintes données et échangées, et l'occasion bientôt offerte de parler l'un avec l'autre [66] pourront réellement unir nos deux esprits. Sans espoir de retour vers l'illustre Mycènes, je vais donc me hâter vers ce Pâris que m'ont promis les destins. Adieu à jamais, mon pays ! Adieu, douce Mycènes ! Adieu à toi, ma chambre, confidente des rites du pacte conjugal que Ménélas souvent célébra avec moi. En partant, je perdrai mon peuple ainsi que mes parents ; en partant, j'irai contempler les pénates de Priam [67] porte-sceptre. Plus aucune pudeur, plus aucune douleur ne font obstacle à mon prochain départ.

Mais, devant partir en cachette, je n'ai ni guide ni compagnon [68], surtout que nul des miens n'est au courant de l'affaire et que je ne souhaite confier à personne les secrets des dieux. Or toi, qui fus l'objet des avertissements répétés des dieux, toi à qui les destins sourient, Pâris, viens à ma rencontre. Car c'est ton intérêt qui est en jeu [69], c'est toi qui gagne dans l'affaire une femme de Grèce. Il doit déployer plus de zèle, celui qui attend du profit d'une affaire ; la peine doit être agréable, quand une aimable récompense est au bout [70].

Voici donc les commandements que ta lettre réclamait de moi. Tu m'as fait comprendre que tu viendrais, aux conditions que je t'imposerais. Eh bien ! Je t'impose de venir, de venir sous l'apparence d'un marchand [71]. Remplis trois navires, et pas plus, de soldats triés sur le volet [72] – mène l'opération

(Res citius fiat quam rumor preueniat rem)
325 Et malo ramus superappendatur oliuae :
Sic urbi pacem, michi designabis eundum.
Vt uero tanges portus et littora nostra,
Tu lateas intus ; socii nautaeque loquantur.
Quae deceant reges uos res dicatis habere[73]
330 Nec nisi reginae uel regi ostendere uelle
Nec uos posse rates hinc uestras exonerare ;
23v Sed ueniat rex et regina uel alter eorum.
Interea lateant ne possint arma uideri
Et superaddatur armis quaecunque supellex.
335 Nuncius, ut mos est, ueniet festinus ad aulam.
Ipsa domi subito faciam remanere maritum.
Cum paucis adero. Qui sitis et unde rogabo ;
Troiam uos, aliud simulantes, dissimulate.
Ascendam nauem[74]... Vos autem, rumpite funem[75] !
340 Et uelox placida remus lentetur in unda[76],
Et mox in plenos uertantur carbasa uentos[77],
Vt fugiat nauis uelocior alite quauis[78]
Et faciat pernix fuga desperare sequentes.
Si tamen ira meos armabit et efferet in nos,
345 Ille meus quicunque licet tua sentiat arma.
Precedat quae me portauerit uncta carina[79]
Sustineantque duae bellum pondusque sequentum.
Ista licet non sic res insperata pararit
Nec quid opus facto gens nouerit obstupefacta,
350 Ocius ergo sibi quam possint consuluisse
Accelerate fugam ; quin, uentos anticipate.
Tunc iubeas toto remis incumbere[80] nisu,
Tunc a me prudens oculos auerte parumper.
Tempus erit de me cum sit tibi tota facultas
355 Et queat expleri nobis alterna uoluptas.
Ecce tuae cartae respondit cartula nostra.
Nostra locata tuo sub pectore littera pauset,
Nam tua pausabit nostro sub pectore semper[81],
A sinibus donec nostris auulseris ipsam.

---

326 eundum $V^{pc}$ : -dem $V^{ac}$ ‖ 349 facto $V$ : factu *Leh.*‖ obstupefacta *edd.* : obtu-
$V$ ‖ 354 tota $V^{pc}$ : toto $V^{ac}$ ‖ 359 donec nostris $V^{pc}$ : nostris donec $V^{ac}$

rondement, avant que la rumeur ne l'évente. Fais suspendre au mât une branche d'olivier : ainsi, tu donneras à la ville un signal de paix, à moi le signal du départ. Lorsque tu aborderas sur nos côtes, reste caché à l'intérieur ; laisse parler tes compagnons et tes marins. Dites que vous transportez des marchandises dignes de rois [73], que vous ne voulez les montrer qu'au roi et à la reine et que vous ne pouvez pas en délester votre navire ; mais le roi et la reine, ou l'un d'entre eux, n'ont qu'à venir... Entre-temps, cachez les armes ; qu'on ne puisse les voir ; recouvrez-les d'un quelconque matériel. Comme le veut la coutume, un messager accourra au palais. Je m'arrangerai immédiatement pour que mon mari reste à la maison. Je viendrai avec une suite peu nombreuse. Je vous demanderai qui vous êtes et d'où vous venez : vous tairez le nom de Troie et feindrez de venir d'ailleurs. Je monterai sur le navire [74]... Alors, larguez les amarres [75] ! Que les rames véloces se ploient dans l'onde [76] calme et que l'on oriente aussitôt les voiles dans l'axe du vent [77] qui les gonfle afin que le navire s'enfuie plus vite que l'oiseau [78] et que l'envolée de sa fuite décourage les poursuivants. Et si la colère arme mes serviteurs et les enrage contre nous, que le serviteur, quel qu'il soit, éprouve la force de tes armes – c'est permis. La nef aux flancs goudronnés [79] qui m'emportera ira devant ; les deux autres essuieront l'assaut et le choc des poursuivants. Bien que le caractère si brusque de l'opération les aient laissés à court de riposte et que, dans leur stupeur, ils ne sachent guère que faire, hâtez encore la fuite, avant qu'ils ne puissent se ressaisir et même : allez plus vite que le vent. Ordonne alors aux marins de pousser de toutes leurs forces sur les rames [80], aie alors la sagesse de détourner les yeux de moi quelque temps. Il viendra, le moment où tu pourras prendre toute liberté sur moi et où nous pourrons nous repaître d'un plaisir partagé.

Voilà. Ma petite lettre a répondu à ta lettre. Que ma lettre repose sur ton sein. La tienne reposera en permanence sur mon sein [81] jusqu'au jour où tu l'en arracheras avec mes vêtements.

360  Littera, queso, mea, Paridem michi sepe saluta :
24r       Sepe salutato Paridi me gratificabis ;
        Non tardabit enim, si gratificabimur illi.
        Expectate, ueni[82], Paris, ut pariter redeamus,
        Ne faciendo moras ortantis uota retundas,
365  Ne michi mentem dii uel mutent aequora uenti[83]
        Sic michi rescribas ut tu tua carmina reddas,
        Quatenus exponas non intellecta legenti,
        Praesenti praesens ut possis dicere : « sic est » ;
        Immo, quod expecto michi dicas illud aueto
370  Suscipiasque meum tibi me dicente ualeto[84] .

362 illi $V^{pc}$ : eilli $V^{ac}$ ‖ 366 tu $V^{pc}$ : tua $V^{ac}$

# 9

## Ad Girardum scriptorem suum[1]

       Sic, Girarde meus, tibi sit pes unus ut alter[2],
        Quodque tibi cupio, carmina scribe mea.
       Carmina carminibus nostris superapposuissem[3],
        Si superapposita susciperent tabulae.
5  Impleui nostras, dum tu pigritare, tabellas[4],
        Dum scriptum in cera lentus es excipere.
       Vt uero ceram uacues, opus excipe nostrum ;
        Vt probus a solita te excute pigricia.

1 meus tibi $V^{pc}$ : meus s tibi $V^{ac}$

# 10

## Ad eum qui carmina missa mutuo acceperat[1]

       Carmina missa michi, tibi mutuo tradita credo,
        Vix scio cui debet pagina nostra uale.
       Et tamen in primis ipsi rescribo poetae

Ma lettre, je t'en prie, ne cesse pas d'adresser à Pâris mon salut ; en le saluant ainsi, tu me rendras agréable aux yeux de Pâris, et il ne tardera pas, si je lui suis agréable. Viens, Pâris, ô toi que j'attends[82], pour que nous repartions ensemble, n'émousse pas par tes retards les désirs de celle qui t'implore, crains que les dieux ne modifient ma résolution, ou les vents l'état de la mer[83]. Que ta réponse soit de celles que tu me remettes en personne, dont tu expliques les obscurités, quand je la lirai, dont tu puisses me dire face à face : « Voilà ce qu'il en est. » Enfin, viens me donner ce bonjour que j'attends et reçois l'adieu[84] que je te donne.

## 9

### A son scribe Gérard[1]

Puisses-tu, mon cher Gérard, marcher d'une jambe comme de l'autre[2] et faire ce que j'attends de toi : copier mes poèmes. J'aurais encore écrit poème sur poème[3], s'il y avait encore de la place pour écrire sur mes tablettes[4]. Mais j'ai complètement rempli mes tablettes, tandis que tu paresses sans cesse, tandis que tu traînes à transcrire les mots tracés sur la cire. Pour libérer la cire, transcris donc mon œuvre, arrache-toi courageusement à ta paresse coutumière.

## 10

### A celui avec qui il avait eu un échange de poèmes[1]

On m'a envoyé un poème ; je pense qu'on t'en a remis un en échange, et je sais à peine qui ma lettre doit saluer. Pourtant, je m'empresse de répondre au poète dont les vers portent aux

Carmine qui celebrat nomen in astra meum[2].
5 Te quoque, sub cuius me nomine carmen adiuit,
Carminibus iubeo participare meis.
Quod tibi si uersus legalis causa tuetur,
Hoc ex me totum te resalutat opus.
Nec rosa nec uiola plus tempora uerna decorat
24v 10 Quam iuuenum solus agmina condecoras[3].
Qualis honor pratis flos plurimus herbaque iugis,
Tu forma, sensu talis honor sociis.
Ignotum facie te tota colligo mente
Et faciem rutilam sepe figuro michi.
15 Si michi te socium felix accomodet hora,
Me Croesi credam spernere regis opes.
Si locus est, michi fac ignotus cognita signa
Et forme iudex sim Paris alter ego[4].
Quem nosti nostrum, saltem complectere pro me,
20 Pro quo consilium quod petis ipse dabo.

6 iubeo participare meis *V^{pc}* : iubeo nostris p. *V^{ac}* ‖ 10 solus *V^{pc}* : simul *V^{ac}*

# 11

## De Iohanne desiderato diutius

Quem mea uota mihi specialiter[1] insinuarant,
Hunc modo praeter spem contulit ista dies.
Contulit ista dies et felix hora Iohannem
Solius ut solus colloquio[2] fruerer.
5 Colloquium tandem concors utriusque uoluntas
Ditauit nobis, fauit et ipse locus.
Ergo dies felix et semper prospera crescat
Quae pauit nostram dapsilis esuriem[3].
Temperie uerna[4] semper locus ille uirescat,
10 Qui nos uotiuos praebuit esse simul,

1 insinuarant *V^{pc}* : -runt *V^{ac}* ‖ 8 esuriem *V^{pc}* : eresuriem *V^{ac}*

nues mon nom[2]. Toi sous le nom de qui ce poème m'est parvenu, je veux que tu aies aussi ta part dans ma poésie. Que si leur prétexte honnête garantit les vers à tes yeux, cette œuvre qui vient de moi est tout entière destinée à te rendre ton salut.

La rose et la violette n'embellissent pas plus les heures printanières que tu n'embellis à toi seul les cohortes des jeunes gens[3]. Comme un tapis de fleurs et une herbe toujours verte font ; la gloire des prés, tu fais, par ta beauté et ton intelligence, la gloire de tes compagnons. Sans connaître ton visage, je concentre sur toi mon esprit tout entier et je me représente sans cesse ton visage resplendissant.

Si des circonstances bénies me donnaient d'être ton compagnon, je croirais mépriser les richesses du roi Crésus. Si l'occasion se présente, adresse-moi, inconnu, des signes de reconnaissance : je serai, second Pâris, le juge de ta beauté[4]. En tous cas, embrasse de ma part celui que tu sais mon ami, et en faveur de qui je donnerai l'avis que tu demandes.

## 11

### A propos de Jean, qui s'était trop fait attendre

L'homme à qui mes désirs avaient fait une place unique[1] dans mon cœur, voici que ce jour-ci, contre toute espérance, l'a fait venir à moi. Ce jour-ci – moment béni ! – a fait venir à moi Jean et m'a permis de jouir d'un entretien[2] seul à seul avec lui. L'accord de nos deux volontés a enrichi cet entretien ; son lieu lui-même nous fut ami. Oh ! que grandisse sans cesse le souvenir de ce jour béni et prospère, qui somptueusement rassasia notre faim[3]. Que sans cesse il verdoie de douceur printanière[4], ce lieu qui nous donna d'accorder nos désirs, qui

Qui nos optatis et colloquiis recreauit
Et modo nos nostri non sinit immemores⁵.
Est quoque sanctarum genus illud amicitiarum⁶
Quod tandem nullis afficitur maculis.
15 Hoc mecum tota stabiliuit mente Iohannes ;
Ergo sit ipse meus, ipse Iohannis ero.

11 optatis *Vᵖᶜ* : obt- *Vᵃᶜ* ‖ 14 afficitur *V* : off- *com. Pas.*

## 12

### Ludendo de tabulis suis¹

25r Quisquis maiores habet his tabulasue minores,
Aequalis formae non tamen ullus habet.
Corpore sunt paruae, sed magnae munere formae,
Cura sagax illis quam dedit artificis.
5 Illa manus siquidem nimium fuit ingeniosa,
Tam breuibus foliis que dedit hanc speciem.
Sic conectuntur octo sibi paruula ligna,
Vt quiuis lignum fissile speret idem.
He tabulae nostrae uix essent semipedales, ²
10 Astula si duplo longior ipsa foret.
O noua lex, noua res, noua progenies³ tabularum !
In manibus nanas en habeo tabulas.
Vt dicunt, olim generauit terra gigantes,
Quae commouerunt corpora magna deos ;
15 Fulminibus tandem destructa prole gigantum,
Simia uel nanus editur alter homo.
Tunc homines etiam produxit terra minores,
Ne bellis audax terreat astra gigas⁴.
Sic, sed placata deitate, dolatile lignum⁵
20 Artificis studium transtulit in modicum.
Vos igitur tabulae Faunorum, uos Satirorum⁶,
Factae poene nichil, ludus⁷ abhinc eritis.

1 his *add. V s.l.* ‖ 10 Astula *Vᵖᶜ* : Aastula *Vᵃᶜ* ‖ duplo *Vᵖᶜ* : dupplo *Vᵃᶜ*

nous a procuré le réconfort de l'entretien souhaité, et qui nous interdit désormais d'être oublieux l'un de l'autre[5]. Il y a une race d'amitiés saintes[6] que nulle tache ne salit : telle est la relation que Jean de tout son cœur a liée avec moi. Qu'il soit donc à moi, et je serai à Jean.


# 12

## A propos de ses tablettes [1], sur le ton de la plaisanterie


Tout le monde possède des tablettes plus grandes ou plus petites que celles-ci, mais personne n'en possède d'une semblable beauté. Leur volume est petit, mais grande la beauté qu'elles ont reçue en don du zèle habile d'un artisan. Les mains de ce dernier furent extrêmement adroites, lorsqu'elles conférèrent une telle élégance à des pages si courtes. Les huit planchettes sont si étroitement liées entre elles qu'on croirait qu'il s'agit d'une seule et même planche fendue en épaisseur. Ces tablettes, qui sont à moi, atteindraient tout juste un demi-pied, si la longueur du petit ais de bois était double[2]. Ô nouvelle norme, nouvelle forme, nouvelle race [3] de tablettes ! Voici que je tiens dans ma main des tablettes naines.

À ce que l'on raconte, la terre enfanta jadis des géants, créatures énormes qui ébranlèrent les dieux. Une fois l'espèce des géants finalement anéantie par la foudre, un second homme – un singe ou un nain – est créé. La terre produisit alors des hommes plus petits encore, de peur que l'audace des géants n'aille porter au ciel la guerre et la terreur[4]. C'est de la même façon, mais en paix avec la divinité, que le génie d'un artisan a réduit la taille du bois travaillé à la doloire[5]. Vous êtes donc des tablettes de faune, des tablettes de satyre[6] ; réduites à presque rien, il s'en faudra de peu que vous ne soyez un jouet[7].

In latum, uersus uix octo pagina uestra,
    In longum uero, uix capit exametrum ;
25 Attamen in uobis pariter sunt octo tabelle,
    Quae dant bis geminas paginulasque decem –
Cera nanque carent altrinsecus exteriores :
    Sic faciunt octo, quatuor atque decem.
Sic bis sex capiunt, capiunt et carmina centum :
25v 30     Id quoque multiplices paginulae faciunt.
Qui uos compegit ualeat tabularius[8] ille ;
    Felices tabulae, uosque ualete diu.
Sit uobis oculos uiridis color ad recreandos[9],
    Sint indiruptae uincula corrigiae,
35 Sitque stilus uobis, quem fecerit Andecauensis,
    Noster Lambertus, ipse suis manibus,
Sit quem consuerit saccum subtilis Arachne,
    Qui casus omnes extimus amoueat[10].
Qui michi uos misit – hoc est abbas Sagiensis[11] –
40     Sollers ploranti misit auem puero[12].
Sed uester mecum ludus perduret in aeuum,
    A tabulis nunquam scilicet amouear.
Viuam uobiscum ; uos autem, uiuite mecum ;
    Tandem nos unus suscipiat tumulus[13]. Amen.

24 exametrum *V^(pc)* : -mentrum *V^(ac)* ‖ 34 indiruptae *V^(pc)* : indisruptae *V^(ac)*


## 13

### Ad Radulphum monachum


Ad me carta mei uenit mellita Radulphi,
    Quam sapor immensae condit[1] amicitiae.
Qualiacunque meo reddam rescripta Radulpho
    Quae fauor egregiae tutet amicitiae.
5 Alloquor ergo meum, scripto resaluto Radulphum,

2 amicitiae *V^(pc)* : -ciae *V^(ac)* *Hil.*

En hauteur, les pages que vous constituez contiennent tout juste huit vers ; en largeur, à peine un hexamètre. Pourtant, comme vous êtes composées de huit planchettes, cela fait deux fois deux plus dix petites pages (en effet les deux faces extérieures ne sont pas recouvertes de cire, ce qui fait que huit planchettes donnent quatorze pages). Ainsi, elles contiennent deux fois six vers, plus cent : le grand nombre des pages permet d'arriver à ce résultat.

Mes vœux de bonne santé au tabletier [8] qui vous a confectionnées, bienheureuses tablettes ; et pour vous, mes vœux de longue vie ! Soyez de couleur verte pour reposer les yeux [9] ; que les courroies qui vous relient ne puissent se briser ; ayez auprès de vous le style que mon ami Lambert d'Angers a fabriqué de ses propres mains ; ayez pour vous envelopper le sac tissé par une Arachné aux doigts fins, destiné à vous prémunir de tout choc [10]. Celui qui vous a offertes à moi (je veux parler de l'abbé de Sées [11]) a judicieusement offert un oiseau à un enfant éploré [12].

Puissent nos jeux communs se prolonger éternellement ; je veux dire : puissé-je ne jamais me voir privé de mes tablettes. Je vivrai près de vous ; vous, vivez près de moi. Qu'à la fin un tombeau unique nous accueille [13]. Ainsi soit-il.

## 13

### Au moine Raoul

La lettre de miel de Raoul, que rehausse la saveur [1] d'une amitié sans mesure, m'est arrivée. Puissé-je adresser à mon cher Raoul une réponse, quelle qu'elle soit, que protège la faveur d'une amitié admirable. Je m'adresse donc à mon cher Raoul, je lui rends son salut par écrit, à lui qui est en moi

Qui mecum uiuit portio magna mei[2].
Alter ego, uel ego si sint duo spiritus unus
    Sique duo fiant corpora corpus idem[3],
Vt ualeas dico, te tota mente saluto,
10     Quodque mihi uellem deprecor omne tibi.
Non est quod plores, quamuis impleuerit aures
    Infestus rumor turboque falsiloquus.
Cum necdum uadam me plorans plangis iturum ;
    Hoc post cras aliter forsitan esse potest.
15 Quod si non uado, si sol mutauerit auram[4],
    Incassum lacrimas exeris ecce tuas.
A lacrimis igitur in talibus abstineatur,
    Donec rem certam certa fides dederit.
Quod si prenimio lacrimas ardore preoptas
20     Nec seruat tempus impatiens animus,
Me potius plangas obiturum, non abiturum :
    Altera certe res, altera forsan erit.
Pro certis rebus certas lacrimas habeamus.
    Prouidus et prudens damna futura caue,
25 Aut nichil aut modicum pro damnis plange futuris ;
    Quod superest, ualido pretereas animo.
Quas tamen et ualeo grates tibi, care, repenso,
    Quod michi sollicitas iam tribuis lacrimas.
Non tamen emerui quia pro me sollicitaris,
30     Sed facit hoc animi uena benigna tui.
Hoc modo perpendas : uadam sit plena facultas[5],
    Impos ero uoti si remanebo domi.
Me tamen et certum reputa tibi semper amicum,
    Omnipotens donec finiat alterutrum.
35 Nunc quoniam fragilis sine remige cimba[6] procellis
    Erro, mihi portum redde tuis precibus[7].

*(margin: 26r at line 14)*

---

18 certa *Str.* : carta *V* || 19 preoptas *V*$^{pc}$ : -obtas *V*$^{ac}$ || 21 abiturum *V*$^{pc}$ : habi-*V*$^{ac}$ || 28 iam tribuis *V*$^{pc}$ : iam michi tribuis *V*$^{ac}$ || 31 sıt *V* : si *Sed. Hil.*

comme une grande part de moi-même [2]. Ô, mon autre moi-même, toi qui serais moi-même si deux esprits n'en étaient qu'un, si deux corps ne faisaient qu'un seul et même corps [3], je t'envoie mes vœux de bonne santé, je te salue de tout mon cœur et je prie pour que tu obtiennes tout ce que je souhaiterais pour moi-même. Tu n'as pas de raison de pleurer, même si une rumeur méchante et une tempête de mensonge t'ont empli les oreilles. Je ne suis pas encore sur le départ, et tu pleures en gémissant sur mon futur voyage. Peut-être demain, ou plus tard, la situation sera-t-elle différente. Et si je ne pars pas, si le soleil fait tourner le vent [4], tu gaspilles tes larmes en pure perte. Dans de telles circonstances, l'on doit retenir ses larmes, jusqu'à ce que l'on ait reçu la certitude assurée que la chose se fera sûrement. Que si, mû par une passion trop violente, tu souhaites à toute force verser des larmes et que ton esprit impatient n'attend pas le moment opportun, lamente-toi plutôt sur mon futur décès, non sur mon futur départ : celui-là adviendra à coup sûr, celui-ci est hypothétique. Gardons des larmes sûres pour des circonstances certaines. Précautionne-toi contre les malheurs futurs avec prévoyance et prudence ; ne déplore pas, ou déplore peu, les malheurs futurs ; les autres, surmonte-les d'un cœur vaillant.

Je t'adresse cependant les remerciements que je puis, mon cher, en échange des larmes d'inquiétude que tu m'accordes déjà. Néanmoins, je n'ai pas mérité ton inquiétude à mon égard ; c'est le bon fonds de ton caractère qui est cause de ce sentiment. Maintenant, médite plutôt ces paroles : pour peu que j'aie l'entière faculté de partir [5], je n'accomplirai pas mon vœu si je reste chez moi. Songe pourtant aussi que je suis à jamais ton ami sûr, jusqu'au moment où le Tout-Puissant mettra un terme à nos deux vies. Puisque aujourd'hui, fragile barque sans rameurs [6], j'erre parmi les tempêtes, rends-moi le port par tes prières [7].

## 14

### In rotulo[1] Natalis abbatis[2]

In rotulo multi, cum sollicitudine quadam,
Dicendi seriem semper moetantur ab Adam[3].
At, dum pro primi plasmati crimine plorant,
Sepius incassum subnectere multa laborant.
5   Sed pro Natali nunc est abbate loquendum ;
26v      Ergo, quod prosit scriptis fuit adiciendum.
Cultor Natalis monachorum religionis
Caeli iungatur, Christo miserante, colonis.
Hunc, Nicholae, tuis precibus meritisque tuere,
10   Quem sibi patronum uiuens delegit habere.
Nos pro Natali carmen faceremus anheli,
Si multum carmen posset prodesse fideli ;
Sed quia non prosunt odarum garrulitates,
Odarum, queso, seponamus leuitates.
15   Intenti precibus, breuiter loca subtitulate,
Ne calamus uehemens pariat dispendia cartae[4],
Hic fuit aecclesiae, dum uixit, firma columna[5] ;
Ergo Ierusalem uiuat mens eius alumna.

13 garrulitates *V^{pc}* : -tem *V^{ac}* || 18 uiuat mens eius *V s.l.* · sit ei celestis *del. V*

## 15

### De Natali abbate[1]

Abbas Natalis has edes amplificarat
Et nouiter factas Vrbanus papa sacrarat[2],
Cum, Nicholae, tuum Deus accersiuit alumnum,
Cui dedit aeternum solemni funere somnum.
5   Hic modo Natalis pro carne iacet cineratus,
Cui noceat nullus pro carnis sorde reatus.

forte s^{ti} Nicol. Andeg. *adn. manus saec. XVI uel XVII ın mg.*

## 14

### Sur le rouleau mortuaire [1] de l'abbé Noël [2]

Sur ce rouleau, beaucoup s'appliquent à faire systématiquement remonter à Adam [3] la chaîne de leur discours. Mais
s'ils pleurent la faute du protoplaste, ils déploient en général
des efforts infructueux pour lier entre eux leurs abondants
propos. Non, c'est pour l'abbé Noël qu'il faut ici parler. Aussi
devrait-on ajouter des paroles utiles à ces textes écrits : puisse
Noël, qui observa la profession monastique, être admis, avec le
secours de la miséricorde du Christ, parmi les peuples du Ciel.
Et toi, Nicolas, que de son vivant il choisit pour protecteur,
favorise-le de tes prières et de tes mérites. Pour notre part, nous
nous épuiserions en compositions poétiques, si un long poème
pouvait venir en aide au croyant. Mais puisque le bavardage
des odes ne lui est d'aucune aide, laissons de côté, je vous prie,
les odes et leur légèreté. Gardant vos forces pour la prière,
mentionnez ci-dessous par une inscription brève votre lieu de
résidence, et veillez à ce que de la frénésie de votre plume ne
résulte pas une dépense inutile de parchemin [4]. Il fut, tant qu'il
vécut, le pilier solide de l'Église [5]. Vive donc son âme, fille de
Jérusalem !

## 15

### Sur l'abbé Noël [1]

L'abbé Noël avait fait agrandir ce sanctuaire et le pape
Urbain consacré la construction récente [2], lorsque Dieu a rap-
pelé à lui ton fils, Nicolas, et lui a fait don du sommeil éternel,
en un deuil solennel. Ci-gisent aujourd'hui les cendres de Noël
(pour ce qui est de la chair) ; ne puisse aucun péché, fruit des
souillures de la chair, lui faire tort !

## 16

### Item unde supra

Abbas Natalis, flos abbatum specialis,
    Signat quid sit homo, factus humus sub humo[1].
Vir capitis cani[2], meriti uir sanctus opimi,
    Huic uiuens late profuit aecclesiae[3].
5  Defunctus uero, sacris hanc ossibus ornat,
    Quae tanquam nutrix confouet iste lapis.
Hic, Nicholae, tibi seruus deuotus adhesit :
    Idcirco serui nunc memor esto tui.
27r        Christo commenda quem mundo Christus ademit,
    10      Huncque patrocinii iure tuere tui.

## 17

### In rotulo Rainaldi Remensis[1]

Si quid defunctos posset mea musa iuuare,
Debueram musam reuera continuare ;
Sed pro defunctis potius duo sunt facienda,
Vsus quae nobis et ius designat agenda :
5  Nam pro defunctis ius et compassio plorat
Et pro saluandis animabus proximus orat.
Ergo, breuem musam ponamus pro monimento
Resque procul nostro sit inutilis a documento.
Flentes Rainaldo Remensi compatiamur,
10  Orantes autem patriarche[2] subueniamus.
Pro te nostra madent, pater optime, fletibus ora[3].
Oramus pro te ; pro nobis, quesumus, ora.
Colligit ultra fas rotularis epistola multa,
Quae, quasi parcentes nugis, transimus inulta.
15  Et fuit exiguae condignum parcere cartae[4].

2 musam *V^{pc}* : -sum *V^{ac}*

## 16

### Sur le même

L'abbé Noël, fleur incomparable des abbés, révèle la vraie nature de l'humain, en devenant le limon [1] où il est enseveli. Cet homme aux cheveux blancs [2], cet homme aux mérites insignes a fait, lorsqu'il vivait, beaucoup de bien à la présente église [3]. Maintenant qu'il est mort, il la décore de ses ossements augustes, blottis sous cette pierre comme auprès d'une mère. Il te fut attaché, ô Nicolas, en serviteur dévot : souviens-toi donc aujourd'hui de ton serviteur. Intercède auprès du Christ pour celui que le Christ a enlevé au monde et use du droit que te donne ton patronage pour lui offrir ta protection.

## 17

### Sur le rouleau mortuaire de Rainaud de Reims [1]

Si ma muse pouvait être de quelque secours aux défunts, je devrais à la vérité lui donner sans fin la parole. Mais, à ce que nous enseignent et l'usage et la loi, il y a deux autres choses qu'il vaut mieux accomplir en faveur des défunts : les larmes qu'une compassion légitime leur accorde et les prières que le prochain consacre au salut de leurs âmes. Érigeons donc en fait de monument un court poème et éloignons de notre témoignage les propos inutiles. Compatissons dans les larmes au sort de Rainaud de Reims et soutenons de nos prières le patriarche [2]. Pour toi, père très bon, nos visages s'inondent de larmes [3]. Nous prions pour toi : nous t'en supplions, prie pour nous.

Ce rouleau encyclique contient beaucoup de choses hors de propos sur lesquelles, par une sorte d'indulgence pour ces sottises, nous passons sans blâmer. Mais il eût été juste d'économiser le peu de parchemin [4].

## 18

### In rotulo Cenomannensi

Singultus duplices rotularis pagina profert :
    Primum nanque Iohel, denique fleuit Hoel[1].
Abbas alter erat, alter fuit ordine presul ;
    Hi Cenomannis sol scilicet extiterant.
5 Hos quoque morte pari modico Deus attigit ambos,
    Vt sint translati sidera magna[2] poli.
Amborum pariter nobis exempla refulgent,
    Ambo nunc nostras irradient tenebras.
Si uero maculas dedit illis quilibet error,
10     Erroris ueniam cunctipotens det eis.
27v   Interea, tantis urbs desolata patronis,
    Pro te funde preces atque memento tui.
Elige quos mauis, tamen elige qui tibi prosint,
    Quorum subiectis proficiat regimen,
15 Quorum sermo duo tibi testamenta propinet,
    Caelebs caelicolis uita coaptet eos.
Haec rescripta tibi transmittunt Burguliani,
    Pro te premissis quas decuit precibus.
Te quoque fraternae pietatis uiscera cogant :
20     Commendes nostros nosque precando Deo.

1 duplices *V^{pc}* : dupplices *V^{ac}* ‖ 2 decessor Hildebertı (*sıc*) *adn. manus saec. XVI uel XVII ın mg.* ‖ 19 cogant *V^{pc}* · tangant *V^{ac}*

## 19

### Epitaphium super Hoelum Cenomannensem

Intempestiuo casu defecit Hoelus,
    Sol Cenomannorum pontificumque decus.

2 decus *V^{pc}* · sidus decus *V^{ac}*

## 18

### Sur le rouleau mortuaire du Mans

Ce rouleau de parchemin émet un double sanglot : il pleure Joël d'abord, et ensuite Hoël [1]. L'un appartenait à l'ordre abbatial, l'autre à l'ordre épiscopal ; ils étaient le soleil des Manceaux. En peu de temps, Dieu les frappa tous deux d'un même trépas pour les élever au rang d'astres immenses dans le ciel [2]. Leur exemple à tous deux brille à nos yeux d'un même éclat, tous deux aujourd'hui illuminent nos ténèbres. Si d'aventure quelque faute les a souillés, que le Tout-Puissant leur accorde le pardon de leur faute.

Et toi, pendant ce temps, ville désertée par de tels protecteurs, prie pour toi-même et souviens-toi de ce que tu es. Élis des hommes de ton choix, mais élis des hommes qui te fassent du bien, dont le gouvernement soit profitable à leurs sujets, dont l'enseignement t'abreuve de la parole des deux Testaments, dont l'existence chaste soit digne de celle des habitants des cieux.

Voilà la réponse que t'adressent les moines de Bourgueil, après avoir formulé en ta faveur les prières de circonstance. Et toi, que les entrailles d'une piété fraternelle te conduisent aussi à recommander à Dieu, dans tes prières, mes frères et moi-même.

## 19

### Épitaphe de Hoël du Mans

Il est tombé sous les coups d'un trépas inattendu, Hoël, le soleil du Mans et la gloire des évêques. De commerce affable [1],

Alloquio dulcis[1], nulli pietate secundus,
    Omnibus exemplar religionis erat.
5  Hunc plangit sua plebs et uicinae regiones,
    Quem uenerabantur iure patrem patriae[2].
Hic igitur positum[3] solemni more reuisunt
    Et coram sancto uota uouent tumulo.

7 positum *V^{pc}*   posolsitum *V^{ac}*

## 20

### Aliud

Ora madent et corda gemunt et corpora marcent,
    Cum tumulo titulus sculptus in hoc legitur.
Iste refert titulus quia morte grauatus[1] Hoelus
    Fecit pupillos morte sua populos.
5  Vrbs Cenomannensis fleuit specialiter ipsum,
    Illis pontificem quem dederat dominus.
Pausat in hoc tumulo sanctus pro corpore presul ;
    Praesulis optineat spiritus astra poli[2].

## 21

### Aliud

Presul Agennensis, uir canus nomine Simon[1],
    In causis Cicero, moribus ipse Cato[2],
Ad natale solum rediens, ad Biturigenses,
    Occidit inque sua subtumulatur humo.
5  Presulis ossa fouet modo sancta Maria Dolensis[3] ;
    Fouerat et puerum terra Dolensis eum.

*Carmen hoc scrips. in mg. inf. alia manus saec. XII.*

d'une piété nonpareille, il était pour tous un modèle de dévotion. Il est pleuré de son peuple et des régions environnantes, qui l'honoraient à juste titre du nom de père de la patrie[2]. Ici même où il gît[3], ils viennent donc le visiter selon le rite et disent leurs prières devant son saint tombeau.

## 20

### Autre épitaphe

Les yeux se mouillent, le cœur gémit, le corps languit, lorsqu'on lit l'inscription sculptée sur ce tombeau. Cette inscription relate qu'écrasé par la mort[1], Hoël a rendu par sa mort les peuples orphelins. Avant toute autre, la ville du Mans l'a pleuré, car le Seigneur le lui avait donné pour pontife. Le corps du saint évêque repose en ce tombeau ; puisse l'esprit de l'évêque avoir en partage les astres de la voûte céleste[2].

## 21

### Autre épitaphe

L'évêque d'Agen, un vieillard nommé Simon[1], un Cicéron dans les procès, par ses mœurs un vrai Caton[2], alors qu'il faisait retour vers son pays natal de Bourges, est mort – il est enseveli dans la terre de ses ancêtres : Sainte-Marie de Déols[3] abrite aujourd'hui ses os, la terre de Déols l'avait abrité dans son enfance.

## 22

### In rotulo pro archiepiscopo Biturigensi

Cum uelut examen rotulorum uenerit ad nos
(Mortem, non uitam, rotulus michi nunciat omnis :
Nuncius ergo ferus, qui semper nunciat illud,
Quod semper lacrimis nos impetit atque dolore),
5 Mortem Remensis rotulus dixit Reginaldi[1] ;
Durandi siquidem pallentes uidimus artus,
Cum nos Aruernis Vrbanus papa uocasset[2] ;
Nos Cenomannensis rotulus commouit Hoelis[3] ;
Aurelianensis superest iam carta Iohannis[4].
10 Si tamen abbates his adnumerare uelimus,
Multos abbates rotularis pagina deflet :
Pictaua Geraldum Cenomannisque Iohelum,
Andegauis uero Natalem[5] deflet obisse.
Multos pretereo, uel quos incuria tollit,
15 Vel quos res alias curanti obliuio demit.
Venit ad extremum rotulus de presule magno,
Quem michi precipui res commendabat amoris.
Is, quia promeruit, duplici fulgebat honore,
Si pondus geminum geminum dicamus honorem.
20 Abbas ipse Dolis, Biturix et episcopus ipse
Sedibus ambabus preerat, non ambitiose,
Ambarum domuun magis utilitate coactus
Et domini papae sancto moderamine uictus.
Hunc Audebertum[6] ualidum iuuenilibus annis
25 Effera mors rapuit, quae nulli parcere nouit.
En michi dat lacrimas rotularis epistola uiuas[7],
Has lacrimas reduces faciet mea questio semper.

---

2 michi *V s.l.*|| nunciat *V^{pc}* . -ciut *V^{ac}* || 4 Quod *V^{pc}* . Qui *V^{ac}* || 7 I.anno 1093 *adn. manus saec. XVI uel XVII in mg.* || 9 Joannes Aurelian. episcopus *adn. eiusdem manus saec. XVI uel XVII in mg.* || 10 adnumerare *V^{pc}* . ann- *V^{ac}* || 15 res alias *V^{pc}* · alires *V^{ac}* || 26 *post* epistola *ras. duarum litterarum V*

## 22

### Sur le rouleau mortuaire de l'archevêque de Bourges

Voici qu'un essaim de rouleaux nous est arrivé – aucun rouleau n'annonce la vie, tous la mort : oh ! cruel messager, messager perpétuel des larmes et de la douleur qui nous assaillent sans trêve. Le rouleau de Reims a signifié la mort de Rainaud[1] ; puis, nous avons vu se raidir les membres de Durand, lorsque le pape Urbain nous avait convoqué en Auvergne[2] ; le rouleau de Hoël du Mans nous a bouleversé[3] ; et voici maintenant, par-dessus le marché, le faire-part de Jean d'Orléans[4]. A ceux-ci, on ajoutera encore les abbés : le rouleau de parchemin porte le deuil d'un grand nombre d'entre eux : Poitiers pleure le trépas de Gérard, Le Mans celui de Joël, Angers celui de Noël[5]. Ne parlons pas de ceux, si nombreux, qui échappent à ma négligence ou que la nécessité de vaquer à d'autres affaires me fait oublier.

Voici pour comble de malheur le rouleau d'un grand évêque, que les témoignages d'un profond amour recommandaient à mes yeux. Pour l'avoir mérité, il resplendissait d'un double honneur, si l'on peut appeler double honneur une charge double. A la fois abbé de Déols et évêque de Bourges, il gouvernait ces deux sièges non par ambition – c'est bien plutôt mû par le souci du bien de ces deux demeures qu'il avait cédé aux instances vénérables de notre seigneur le pape. La mort féroce, qui ne connaît de pitié pour personne, a enlevé Audebert[6] dans la force de son jeune âge. Ah ! Ce rouleau fait monter à mes yeux des pleurs violents[7] et ces pleurs, sans cesse mon chagrin les ravivera. Audebert, ne disparais jamais

28v

Audeberte, meo nec pectore dimouearis
Nec, si quid ualeant, nostris precibus reproberis.
30  Vos igitur, fratres, de uobis substituendo[8]
Procurate uiro, Biturix u*rb*s grexque Dolensis,
Et pro defunctis offerte precamina nostris.
Communemque patrem communi tangite uoto,
Vt det pastori sedem super aethera uestro.

28 Audeberte $V^{pc}$ : -to $V^{ac}$ ‖ 31 Procurate uiro *V in ras.* ‖ urbs *edd.* : ubrs *V*

## 23

### Inuectio in rolligerum[1]

Obsecro iam parcat tam sepe uenire ueredus :
Per nimios usus nimium sua uerba ueremur.
Viuant prelati, pro quorum morte uagatur.
Vultur edax coruusque niger uolitansque ueredus
5  Necnon bubo canens dirum mortalibus omen[2]
Significant mortes presaganturque cadauer :
Sic rotulus semper mortem cuiuslibet affert.
Ergo, sit a nostris penitus conuentibus exul[3],
Qui semper mortem, qui nunciat anxietatem[4] –
10  Nam, si sepe uenit, nummi mercede carebit[5].
En Audebertum dicit michi nuper obisse
Et mundi solem sub nubem delituisse.
Quid facies, Biturix, tanto pastore perempto ?
Quid facies, obito tu grex abbate Dolensis ?
15  Arripe lamentum, suffusus fletibus ora[6].
Ambo patrono caruistis inaequiperando.
Me quoque collegam gemitus superesse uelitis,
Cuius non sapiet uehemens querimonia finem.
Participet lacrimis, qui participauit amori :
20  Consors uiuentis, consors essem morientis !

4 (uolitans)que *V s.l.*

de mon cœur ; et puissent mes prières, si elles ont quelque efficace, t'épargner le sort des réprouvés. Quant à vous, mes frères, citoyens de Bourges et ouailles de Déols, soyez bien attentifs à vous-mêmes lorsque vous nommerez un successeur [1] à cet homme, et faites monter vos prières pour nos défunts. Cherchez à toucher notre Père à tous par une supplication unanime pour qu'il accorde à votre pasteur un trône tout en haut du ciel.

## 23

### Invective contre le porte-rouleau [1]

Pitié ! Qu'il nous épargne ses visites si fréquentes, ce cheval de poste ! Pour y être par trop accoutumés, nous ne redoutons que trop les messages qu'il apporte. Que vivent les prélats, dont la mort le met en chemin. Le vautour rapace, le noir corbeau, et ce cheval ailé, tout comme le hibou, dont le cri est présage funeste pour les mortels [2], sont des signes de mort et prédisent le cadavre. Ainsi, c'est toujours un trépas qu'apportent les rouleaux. Qu'il soit donc à jamais banni de nos couvents [3], le messager perpétuel de la mort, de l'angoisse [4]. D'ailleurs, s'il vient souvent, il ne percevra plus sa gratification [5].

Le voici qui me dit qu'Audebert vient de mourir et que la nuée a offusqué le soleil du monde. Que vas-tu faire, Bourges, après la perte d'un si grand pasteur ? Que vas-tu faire, communauté de Déols, après la mort de ton abbé ? Jetez-vous dans les lamentations, le visage inondé de larmes [6]. Vous voilà toutes deux orphelines d'un protecteur incomparable. Permettez aussi que j'associe aux vôtres mes plaintes, car mon violent chagrin ne connaîtra pas de terme. Qu'il ait sa part de larmes, celui qui eut sa part d'amour. J'étais son frère lorsqu'il vivait, je voudrais l'être dans la mort.

**24**

**Epitaphium**

Pro merito uitae duplici donatus honore (...)[1]

**25**

29r          **Inscriptiones subnotatis defunctis competentes**[1]

Splendidus ex atauis, atauorum splendor et ipse,
     Gente Britannus homo conditur hoc tumulo.
Hic, armis, patria, natis cum matre relictis,
     Dux modo, continuo de duce fit monachus.
5 Metropolitanae sedi, quia uixit honeste,
     Cui Dolus est nomen, presul hic eligitur,
Vt quibus extiterat consul, de consule presul,
     Praesul quam consul consuleret melius[2].
Ad papam uenit ; sacrari poscit ab ipso ;
10     Quod dum differtur, in domino moritur.
Ponitur hic cultor et religionis amator[3],
     Quemque dolent Britones, sancta Sophia[4] fouet.
Si queras nomen, nomen sibi scito Iohannem,
     Sique diem mortis, da decimam decimi[5].

*inscr*. Inscriptiones *V^{pc}* : incriptiones *V^{ac}*

**26**

**Super Guillelmum de Monte Sorelli**[1]

Aggregat absque mora non extricabilis hora[2]
Seruos nobilibus et pueros senibus.

## 24

## Épitaphe

S'étant vu gratifier d'une double distinction en raison des mérites de son existence... (*la suite manque*)[1].

## 25

## Inscriptions relatives aux défunts ci-dessous mentionnés [1]

Issu d'un illustre lignage, illustration lui-même de ce lignage, c'est un Breton qui est enfoui sous ce tombeau. Il laissa ses armes, sa patrie, ses enfants avec leur mère : un jour duc, le voilà le lendemain qui, de duc, se fait moine ; pour la pureté de son existence, il est élu évêque métropolitain de la ville appelée Dol : de comte, il se fait évêque pour compter à ceux dont il était le comte plus de bienfaits encore en qualité d'évêque que comme comte[2]. Il s'en va voir le pape dans l'espoir d'être sacré par lui. La chose traîne en longueur ; il meurt chrétiennement. Ci-gît l'amant dévot de la religion[3] : les Bretons le pleurent, Sainte-Sophie abrite ses restes[4]. Qui veut savoir son nom sache qu'il s'appelait Jean ; le jour de sa mort : le dixième du dixième mois[5].

## 26

## Épitaphe de Guillaume de Montsoreau [1]

Sans traîner, l'heure inéluctable mêle[2] les serfs aux nobles et les enfants aux vieillards. Certes, si la noblesse pouvait

Quodsi nobilitas posset producere uitas,
  Nobilitante domo non moreretur homo.
5 Heu, Willelme, satis fuerat tibi nobilitatis !
  Attamen a superis nobilis abstraheris.
  In modica fossa[3] sunt magni stemmatis ossa,
  Artus ingenuos haec habet urna tuos.
  Si quem lesisti, si quid male promeruisti[4],
10   Christus adesto tamen : pace fruaris. Amen.

*Inscriptionem* de monte Sorelli *manus saec. XVI uel XVII in mg. rep. V*

## 27

### Super domnum Berengarium[1]

Tota Latinorum facundia marcida floret,
29v   Dum Berengario Turoni uiguere magistro ;
  Porro Latinorum facundia florida marcet,
  Inuida sors Turonis ubi tantum lumen ademit.
5 Clauditur in Iano tibi, doctor, ianua uitae,
  Vel magis in Iano patuit tibi ianua uitae[2].
  En tua, magne senex, iacet hoc sub fornice gleba,
  Ad reditum propriae suspirans conditionis.
  Promittatque licet ueniam tibi spes meritorum,
10 Hanc tamen acceleret lector pia uota uouendo.

*Inscriptionem manus saec. XVI uel XVII in mg. rep. V* ‖ 9 (promi)t(tatque) *V s.l.*

## 28

### De Frodone Andegauensi[1]

Quod de quadruuio norat triuioque Latinus,
  Id totum, Frodo, pleniter audieras.
Sollers auditor superaras pene Latinos,
  Cum te morte graui perculit hora breuis.

prolonger l'existence, l'héritier d'une noble maison ne connaîtrait pas la mort. Hélas, Guillaume, tu n'en manquais pas, de noblesse ; et pourtant, malgré ta noblesse, te voici arraché aux hôtes de ce monde. Dans une petite fosse [3] reposent les restes d'une grande famille, l'urne que voici contient ta dépouille, celle d'un homme bien né. Si tu as fait tort à quiconque, si tu as en quoi que ce soit mérité le châtiment [4], que le Christ, malgré tout, t'assiste. Sois en paix. Ainsi soit-il.

## 27

### Épitaphe de dom Béranger [1]

Toute l'éloquence des anciens Romains, fanée, a refleuri, aussi longtemps que les Tourangeaux ont profité des leçons de maître Béranger. Mais l'éloquence en fleur des anciens Romains se fane quand le sort méchant prive Tours d'une si brillante lumière. C'est en janvier, ô grand savant, que la porte de la vie s'est refermée sur toi, ou plutôt en janvier que la porte [2] de la vie s'est ouverte devant toi. Voici que ta poussière, illustre vieillard, repose sous cette voûte et aspire à retourner à la condition qui est vraiment la sienne. Certes, tes mérites t'assurent fermement l'espérance du pardon ; que les lecteurs hâtent cependant sa venue par leurs supplications dévotes.

## 28

### Sur Frodon d'Angers [1]

Tout le savoir scientifique et littéraire des Romains, tu l'avais, Frodon, étudié à fond. Étudiant subtil, tu te préparais à l'emporter sur les Romains, lorsqu'un instant brutal t'a frappé

5   Raptus ab Andegauis tumulisque sepultus in Anglis,
      Anglos Andegauo puluere laetificas.
    Frodonis cineres, Angli, reuerenter habete[2]
    Ac uotis animam laetificate suam.

## 29

### Item de eodem

    Frodo, quid prodest te nosse profunda librorum,
      Nocte dieque tuus tritus Aristoteles ?
    Fabula Nasonis tibi quid tot adhaesit in annis,
      Quid tibi nunc Cicero, Statius atque Maro ?[1]
5   Haec tibi, Frodo, simul spondebant aurea secla[2] ;
    Attamen ista simul abstulit atra dies[3].
    Sacra fames auri[4] te duxit ad Anglica regna :
    Littera multa lucri spes tibi multa fuit.
    Indigetis corpus iubet[5] Anglis flebilis Andus ;
10     Lectores iubeant caelicolis animam.

4 statius *V^{pc}* . stacius *V^{ac}*

## 30

30r            **Item de eodem**

    Frodo, labor magnis te uatibus aequiperarat,
      Quem modo mors umbrae quae fugit aequiperat.
    Exul ab Andegauis peragraras impiger orbem,
      Litterulas rapiens atque uacans studiis[1].
5   Aurea te tandem spes inuitatuit ad Anglos,
      Quo te spemque tuam mors inopina[2] tulit.
    Frodo, te plangant studiis quicunque uacabunt,

d'une mort cruelle. Arraché à l'Anjou, enseveli en Angleterre
– tes cendres d'Angevin font le bonheur des Anglais. Traitez
avec respect, Anglais, les restes[2] de Frodon et faites par vos
prières le bonheur de son âme.

## 29

### Autre épitaphe, du même

Frodon, à quoi te sert d'avoir pénétré les secrets des livres,
et ton cher Aristote, consulté jour et nuit ? En vue de quoi t'es-
tu durant tant d'années passionné pour les fables ovidiennes ?
Qu'as-tu à faire aujourd'hui de Cicéron, de Stace et de
Maron[1] ? Tous ensemble, Frodon, ils te promettaient des
siècles dorés[2] – un jour sombre te les a arrachés[3] tous
ensemble. La faim maudite de l'or[4] t'a conduit au royaume
d'Angleterre : ta culture était grande, ton espérance de gain
aussi. L'Anjou en pleurs confie[5] aux Anglais le corps de
son enfant ; que les lecteurs confient son âme aux habitants du
ciel.

## 30

### Autre épitaphe, du même

Ton labeur, Frodon, avait fait de toi l'égal des grands
poètes ; aujourd'hui, la mort te fait semblable à l'ombre fugace.
Tu t'étais exilé d'Angers pour sillonner le monde sans relâche
afin de récolter des bribes de savoir et de te consacrer à la
science[1]. Au bout du compte, l'espoir du gain te conduisit en
Angleterre, où une mort subite[2] t'emporta avec ton espoir. Que
te pleurent, Frodon, tous ceux qui se consacreront à la science,

Quorum, dum moreris, portio summa ruit.
Mortuus ecce iaces, factus de puluere puluis[3].
10      Quaeso, propicius sit tibi, Frodo, Deus.


## 31

### Super Petrum Dolensem priorem[1]


Petre, prioratus decoratus honore Dolensis,
    Prouidus in factis, ordinis ipse uigor[2],
Postquam pontificem superaras Biturigensem
    Hunc enitentem dilacerare locum,
5  Pace reformata, re fratrum multiplicata,
    Tandem praepropera morte grauatus[3] obis.
Mors peperit lacrimas nobis tua perpetuandas,
    At specialis amor uota sedula rogat.
Iste lapis Petrum fouet, heu, heu, iam cineratum.
10      Christe, lapis uiuus[4], tu foueas animam[5].

8 specialis $V^{pc}$ · spet- $V^{ac}$


## 32

### Item de eodem


Iure priorarat[1] te coetus, Petre, Dolensis :
    Namque sibi probitas te tua praetulerat.
Praedictum Biturix Richardus ouile fatigans
    Succubuit uictus ex probitate tua[2].
5  Emeliorasti[3] subiectos ordine, rebus,
    Pollens consilio, praeditus eloquio.
30v      Ecce lapis nostrum tegit hic pro corpore Petrum :
    Tu uero, foueas, omnipotens, animam.

dont un pan considérable s'effondre avec ta mort. Tu gis mort,
poussière redevenue poussière [3]. Ma prière : que Dieu, Frodon,
te soit compatissant.


## 31

### Épitaphe de Pierre, prieur de Déols [1]


Pierre, ô toi dont l'ornement glorieux fut le titre de prieur
de Déols, tu fus prudent dans ta conduite, mais aussi un moine
énergique entre tous [2] : tu t'étais opposé victorieusement aux
menées de l'archevêque de Bourges qui s'employait à déman-
teler le présent monastère lorsque, une fois la paix revenue et la
richesse des moines accrue, tu péris sous les coups d'une mort [3]
trop prompte. Ta mort a fait couler de nos yeux des larmes
éternelles ; l'amour unique que nous te portons réclame des
prières assidues. La pierre que voici protège désormais –
hélas ! hélas ! – les cendres de Pierre. Ô Christ, pierre vive [4],
protège, toi, son âme !


## 32

### Autre épitaphe du même


Elle avait eu bien raison, ô Pierre, de t'élire prieur [1], la communauté de Déols : ta valeur faisait de toi le meilleur de ses
membres. Les attaques de Richard de Bourges contre ledit
troupeau se sont exténuées, vaincues par ta valeur [2]. Tu as
amélioré la vie [3] monastique et la situation matérielle de ceux
qui t'étaient soumis par l'efficacité de tes conseils, par ton
talent oratoire. La pierre que voici protège le corps de notre
cher Pierre ; protège, ô Tout-Puissant, son âme !

## 33

### Item de eodem

Petre, decanus eras et eras, Petre, iure decanus :
    Namque, ut debueras, omnibus omnis[1] eras.
Te grauiter fratres lugent obiisse Dolenses,
    Quorum res nimio munieras studio.
5 Taliter obstiteras Richardo Biturigensi
    Praesul ut ipse tuo cesserit eloquio.
En, Petre, suffossum tabescens incolis antrum ;
    Spiritus alta petens incolat astra tuus[2].

3 (obi)i(sse) *V s.l.*

## 34

### De canonico sine proprio[1]

Rainaldus, cleri uernans rosa Pictauiensis,
    Facundus, uerax, religionis amans[2],
Qui promulgauit tibi primus, Pictaua tellus,
    Canonicam quae nil proprietatis habet,
5 Tam bene dispositae consumans tempora uitae,
    Exanimis tandem subditur huic tumulo.
Cuius spiritui sis mansio[3], summe sacerdos[4],
    Atque sacerdotis, Christe, mememto tui.

4 l. Ordinem B. Augustini *adn. manus saec. XVI uel XVII ın mg.*

## 33

### Autre épitaphe du même

Tu étais doyen, Pierre, et il était bon, Pierre, que tu fusses doyen. Car, fidèle à ton devoir, tu étais tout à tous [1]. Les moines de Déols pleurent douloureusement ton trépas. Tu avais par ton zèle immense renforcé leur situation, en t'opposant avec une telle énergie à Richard de Bourges que, tout évêque qu'il fût, il avait dû battre en retraite devant ton éloquence. Voici maintenant, Pierre, que tu pourris dans l'antre creux que tu habites – puisse ton esprit, en vol vers le ciel, habiter les astres [2] !

## 34

### Sur un chanoine sans revenus propres [1]

La rose printanière du clergé de Poitiers, Rainaud le disert, le véridique, l'amoureux de la religion [2], qui fut le premier à diffuser sur tes terres, Poitou, la règle des chanoines ne possédant rien en propre, a achevé le cycle d'une existence si bien conduite : il gît, privé de souffle, dans ce tombeau. Sois, ô grand prêtre [4], la prébende [3] de son esprit et souviens-toi, ô Christ, de ton prêtre.

## 35

### De Godefredo Remensi[1]


Iocundus magnae thesaurus philosophiae
    Magnaque musa perit, cum Godefredus obit.
Iste decus cleri, sol alter idoneus orbi.
    Orbi sufficeret, uiueret ipse diu[2].
5  Sed mors effrenis super hunc sua frena grauauit[3]
    Et iubar a superis[4] inuida grande tulit.
Remis habet corpus ; animae sit mansio caelum.
    Diuitibus diues ossibus, urna, uale.

2 (go)de(fredus) *V s.l.*   goffredus *V^{ac}* Godefrede *Hil.*‖ 5 sua frena *V^{pc}*   frena
sua *V^{ac}*


## 36

31r                            **Item super eundem**


Orbi deflendus[1], tamen et specialiter urbi
    Quam Remis dicunt[2], hic, Godefrede, iaces.
Praecipue lacrimis cleri comitatus opimis,
    Hic tandem matris redditus es gremio.
5  Remensis populi clerique lucerna[3] Latini,
    Omnibus extorques, dum moreris, lacrimas.
Gallia te tanto complexabatur amore
    Vt doleat se non occubuisse simul.
Nunc igitur pedibus quibus ire licet gemebunde
10      Te comitatur adhuc planctibus et precibus.


2 (go)de(frede) *V s.l.* ·  goffrede *V^{ac}* ‖ 3 lacrimis cleri *V^{pc}* · cleri lacrimis *V^{ac}*

## 35

### Sur Godefroid de Reims [1]

Un beau trésor de haute sagesse et une muse illustre ont péri avec Godefroid. Lui, l'honneur du clergé, second soleil du monde, il eût comblé le monde, s'il eût vécu longtemps [2]. Mais la mort déchaînée l'a chargé de ses chaînes [3] et, dans sa méchanceté, a emporté sa grandiose lumière loin des gens d'ici-bas [4]. Reims garde son corps ; que son âme habite le ciel. Urne précieuse de ses précieux ossements, salut à toi !

## 36

### Autre épitaphe du même

Pleuré du monde entier [1] et surtout de la ville que l'on nomme Reims [2], c'est ici, Godefroid, que tu reposes. Les flots de larmes du clergé t'ont d'abord fait cortège lorsque tu fus, à la fin, rendu ici au sein de ta mère. Luminaire du peuple rémois et du clergé [3] latin, tu arraches à tous des larmes par ta mort. Si grand était l'amour dont la Gaule te chérissait qu'elle est triste de n'avoir pas péri avec toi. Maintenant encore, au pas dont il est permis d'avancer dans la désolation, elle t'offre le cortège de ses pleurs et de ses prières.

## 37

### Item de eodem

Quem tegit iste lapis[1] non Tullius aequiperaret,
 Si tamen eiusdem temporis ambo forent.
Hunc etenim uatem sapientia tanta replerat
 Vt bene Romuleis antefuisse putes.
5 Denique, tantus erat quantos uulgata per orbem
 Fama uolans[2] fecit quoslibet esse uiros.
Mortis liuor edax[3] hunc, pro dolor, abstulit orbi.
 Heu, scrobe sub modica[4] nunc, Godefrede, iaces.
Diuinos cineres genitrix sua Remis habeto ;
10 Tu quoque, Christe, suae mansio sis animae.

## 38

### Item de eodem

Quae natura potens uix omnia contulit ulli[1],
 Omnia contulerat haec, Godefrede, tibi :
Formam, diuitias, mores, monimenta nepotum,
 Discretum pectus, ingenium locuples,
5 Os par ingenio, studii florentis amorem.
 Nec tamen ista tibi cuncta tulere[2] mori :
31v Egregios artus en paruula continet urna.
 Remis te genuit[3], te quoque Remis habet.
Vrbs, uenerare tuum felici puluere felix ;
10 Ciues conciuem caelicolae foueant.

## 37

### Autre épitaphe du même

Celui que couvre cette dalle [1], Tullius n'en eût pas été l'égal, s'ils eussent tous deux vécu à la même époque. Si grande en effet la sagesse dont était plein cet homme qu'il est juste d'imaginer qu'il aurait surpassé les fils de Romulus. Enfin, il était aussi grand que tous les grands hommes dont la renommée ailée se répand par le monde [2]. La mort, rongeuse blême [3], l'a – malheur ! – enlevé au monde. Hélas, Godefroid, tu gis maintenant dans une fosse étroite [4]. Que Reims, qui l'a vu naître, garde ses cendres divines. Et toi, ô Christ, sois la demeure de son âme.

## 38

### Autre épitaphe du même

Les dons que la nature toute-puissante hésite à accorder tous ensemble à l'homme, elle te les avait tous accordés à la fois, Godefroid : la beauté, la richesse, la renommée parmi les générations futures, un cœur distingué, un esprit fertile, une parole à la mesure de ton esprit, l'amour de la science florissante [1]. Et cependant, rien de tout cela ne t'a empêché [2] de mourir. Maintenant, une petite urne enclôt tes membres admirables. Reims t'a vu naître [3] – Reims te garde. Ô ville fécondée par cette cendre féconde, révère ton enfant. Et vous, les citoyens du ciel, chérissez votre concitoyen.

## 39

### Item de eodem

Hos apices donec oblitteret ipsa uetustas
Aut inimica manus, celebri relegetur honore
Ille Godefredus, quem lucida musa secundum
Nasoni peperit, quem littera multa repleuit.
5  Ecce perennis adhuc Godefredum fama perennat
Atque perennabit, dum fama uolare ualebit[1].
Remis eum genuit et Remis eum sepeliuit.
Terra colit terram[2], sed spiritus incolat astra.

1 (uetu)s(tas) *V s.l.* ‖ 5 perennis *V^{pc}* : perhennıs *V^{ac}*

## 40

### Super Alexandrum Turonensem[1]

Fletus innumeros cum mors ingesserit orbi,
    Fletus maiores ingerit ipsa modo.
Alexander enim, iuuenum specialis honestas[2],
    Intempestiua morte grauatus obit[3].
5  Nondum bis denos adolescens uixerat annos,
    Cum rosa formosa marcuit a quod erat[4].
Canonicus[5] Turonensis erat puer indolis altae ;
    Flos olim roseus nunc cinis est luteus.
Sique sibi maculas speties attraxit et aetas,
10    Tu tamen indulge, rex utriusque dator.

### 39

#### Autre épitaphe du même

Aussi longtemps que la durée ou qu'une main ennemie n'auront pas effacé cette inscription, puisse-t-on souvent y relire avec déférence le nom du grand Godefroid. Une muse brillante a enfanté en lui l'émule de Nason, une vaste culture l'a comblé. Une renommée éternelle éternise encore le nom de Godefroid, et l'éternisera tant que ses ailes la porteront [1]. Reims l'a engendré, Reims l'a enterré. Terre, il habite la terre [2] ; que son esprit demeure dans les astres.

### 40

#### Épitaphe d'Alexandre de Tours [1]

La mort, accoutumée à accabler le monde de chagrins innombrables, l'accable aujourd'hui d'un chagrin plus profond encore. Car Alexandre, l'honneur incomparable [2] de la jeunesse, a péri sous les coups d'une mort prématurée [3]. Adolescent, il n'avait pas encore vécu deux fois dix ans, lorsque cette jolie rose a dépéri et s'est flétrie [4]. Cet enfant de noble caractère était chanoine à Tours [5]. Naguère rose en fleur, il est aujourd'hui cendre et boue. Si sa beauté et sa jeunesse ont été pour lui l'occasion de souillures, prends malgré tout pitié de lui, ô roi qui lui avais accordé l'une et l'autre.

## 41

### Super eundem

Cum titulos multis dederit mea cura sepulchris,
    Nullum flebilius quam dedit hunc titulum.
Alexander enim, luctus generaliter orbi
    Praecipueque suis, flos iuuenum, iacet hic,
5 Cuius plus iuuenum cedebat forma decori
    Quam saliunca rosae, quam citisus uiolae[1].
Tandem defuncti sic marcida colla uideres
    Tanquam stirpitibus lilia trunca suis.
Hunc plorat clerus Turonensis, plorat et omnis
10     Aetati quisquis compatitur tenerae.

32r (to left of line 5)

10 quisquis *edd.* · quiquis *V*

## 42

### Item de eodem

Quicquid maioris potuit natura decoris,
    Illud Alexandro contulerat pariter[1].
Contuleritque licet quaecunque decora putantur,
    Mortuus attamen est ; ecce cinis iacet hic.
5 Supra quindenos uix quatuor attigit annos,
    Illi cum pariter omnia mors rapuit.
En fetet uilis speciosae gloria carnis ;
    At, Deus, indulge quod male promeruit.

## 41

### Épitaphe du même

Moi qui m'applique à composer quantité d'inscriptions funéraires, je n'en ai jamais composé de plus désolante que celle-ci. Alexandre, la fleur de la jeunesse, pleuré par l'univers entier, et plus encore par les siens, repose ici. En grâce et en beauté, il surpassait les autres jeunes gens, plus que la rose la fleur de valériane, que la violette le cytise [1]. Il est mort, et à voir son col flétri, on croit voir le lys arraché à sa racine. Le clergé de Tours le pleure, et tous ceux à qui son âge tendre inspire la pitié.

## 42

### Autre épitaphe du même

Les plus grandes beautés que la nature peut offrir en don [1], Alexandre les avait toutes à la fois reçues. Il pouvait bien recevoir en don toutes les beautés imaginables – il est mort tout autant. Sa cendre repose ici. Il dépassait tout juste de quatre ans les quinze ans, quand la mort lui a tout arraché à la fois. La vile gloire d'une chair splendide n'est plus que puanteur. Quant à toi, mon Dieu, aie pitié de ses péchés.

## 43
### Item de eodem[1]

Qui properus properas[2] praesentis ad atria[3] templi,
    Sta, si nosse cupis quem tegit iste lapis[4].
Hic Alexandri cuiusdam gleba quiescit,
    Quem mundo speties unica pretulerat.
5  Hic, inter iuuenes quasi conspectissima stella[5],
    Gratus erat clero, gratus erat populo.
Hic, cum bis denis uel circiter esset in annis,
    Tactus sole graui flos tener occubuit.
Qui legis hos apices, si compateris cinerato,
10    Dic orans : « tenero parce, Deus, puero ».

1 Qui *V* . Nui *Hil.* ‖ 2 cupis *V^{pc}* . -pit *V^{ac}* ‖ tegit *V^{pc}* : tetigit *V^{ac}* ‖ 5 conspectissima *V^{pc}* : coms- *V^{ac}*

## 44
### Super Guillelmum Engolismensem episcopum[1]

Nobile nobilium specimen, Guilelme, decusque,
    Pro dolor, hic propera cineratus morte quiescis.
32v    Ordine praesul eras, atauorum sanguine consul,
    Prouidus in factis, nulli sermone secundus[2].
5  Engolisma, dole tanto uiduata patrono ;
    Langues ecce tui moderamine presulis orba[3].
Interitum timeas : dempto medicamine, langues ;
    Huic siquidem nullum non nescis aequiperandum.
Vrbs tamen infelix, artus uenerare paternos.
10  Dic quoque : « transcendat Guillelmi spiritus astra ».

10 (gui)l(lelmi) *V s.l.*

## 43

### Autre épitaphe du même [1]

Toi qui te hâtes vivement [2] vers l'atrium [3] de ce sanctuaire, arrête tes pas, si tu veux savoir qui recouvre cette dalle [4]. Ci-gît la poussière d'un nommé Alexandre, dont la beauté unique régnait sur le monde. Comparé aux autres jeunes gens, il semblait la plus brillante des étoiles [5]. Le clergé l'aimait, le peuple l'aimait. Comme il atteignait à peu près les deux fois dix ans, tendre fleur accablée par un soleil écrasant, il a péri. Toi qui lis cette inscription, si tu as pitié de ses cendres, dis cette prière : « Pitié, mon Dieu, pour ce tendre enfant. »

## 44

### Épitaphe de Guillaume, évêque d'Angoulême [1]

Noble image des nobles, honneur de la noblesse, Guillaume, une mort soudaine t'a fait cendres, hélas. Tu reposes ici. Tu étais de rang épiscopal, de lignage comtal, prudent dans ta conduite, éloquent comme personne [2]. Lamente-toi, Angoulême, veuve d'un tel protecteur. Orpheline de la sagesse de ton évêque, tu dépéris [3]. Tu dépéris, privée de cette médecine : crains le trépas. Tu sais bien que nul ne peut lui être égalé. Pourtant, malheureuse ville, vénère les restes de ton père, et dis : puisse l'esprit de Guillaume s'envoler au-delà des étoiles.

## 45

### Super Erilandum[1]

Littera quem diues[2] magnum iubar extulit orbi,
    Orbi deflendus[3], hic, Erilande, iaces.
Magne senex, lingua pariter iocundus et actu,
    Sufficeres orbi, si diuturnus eras.
5  Nec mors nec senium quemquam nocuisset, ut ipse
    Nescisses mortem taliter aut senium[4].
Sed quoniam commune mori est et labitur aetas,
    Parcatur lacrimis sitque locus precibus.
Dum te terra fouet, tua molliter ossa quiescant[5] ;
10    Sit quoque cum Christo pars, Erilande, tibi.

## 46

### Vt supra super Petrum priorem[1]

Mors uelut effrenis[2] ruptis bacchatur habenis :
    Tollit enim iuuenes, tollit et ipsa senes.
Sed, quicquid tulerit, quaecunque nefanda patrarit,
    Est, feriendo Petrum, grandius ausa nefas.
5  Iste quidem Petrus et coenobita Dolensis
    Eiusdemque domus ipse decanus erat,
Qui prudenter agens domui sic praefuit illi
    Defuncto ut uiuas uiuus agat lacrimas[3].
Hic modo, Petre, iaces, si sint Petrus ossa cinisque[4] ;
33r  10    Mansio spiritui[5] sit domus ampla Dei.

7 agens *in mg. adi.* V

## 45
### Épitaphe d'Ériland [1]

Par ton abondante culture[2], tu as élevé sur le monde l'éclat
de ton soleil. Tu gis ici, Ériland, et le monde te pleure [3]. Illustre
vieillard, aimable en paroles comme en actions, tu eusses
comblé le monde, si tu eusses vécu plus longtemps : la mort ni
la vieillesse n'auraient plus affligé personne, quand tu aurais
toi-même été ainsi épargné par la mort ou par la vieillesse [4].
Mais puisque mourir est le lot commun et que le temps
s'écoule, il faut sécher ses larmes et se consacrer à la prière.
Tant que la terre te protège, que tes os reposent à leur aise [5]. Et
qu'une part te soit réservée, Ériland, auprès du Christ.

## 46
### Épitaphe du prieur Pierre, comme ci-dessus [1]

Tel un cheval fou, la mort [2], rênes rompues, mène sa
bacchanale : elle emporte les jeunes, elle emporte aussi les
vieillards. Elle peut emporter ce qu'elle veut, commettre tous
les crimes qu'elle veut – elle a, en frappant Pierre, osé un sacrilège affreux. Ce Pierre était moine à Déols, et aussi le doyen de
cet établissement. Par la sagesse de son action, il l'a gouverné
si bien que les vivants pleurent vivement[3] sa mort. C'est ici
maintenant que tu reposes, Pierre, si Pierre, c'est des os et des
cendres [4]. Que la demeure de ton esprit [5] soit la vaste maison de
Dieu.

## 47

### Super Geraldum Aurelianensem[1]

Egregius doctor magnusque sophista, Geraldus,
Aecclesiae robur, cleri populique columna[2],
Spes pupillorum, uir munificus uiduarum,
Aurelianorum lux et specialis honestas[3],
5  Vir cani capitis[4] morum moderamine pollens,
Cui nichil a sensu tulit antiquata senectus,
Tandem communis contactus imagine mortis[5],
Exuit hoc quod erat : datur hic sua portio terrae.
Spiritus in tenues uiuens elabitur auras[6].
10  Cui tamen e rebus lutulentis si quid inhaesit,
Expiet id totum clemens miseratio Christi.
His precibus, lector, « amen » adiciendo faueto.

2 cleri *V^{pc}*  clerique *V^{ac}*

## 48

### Super Odonem abbatem Engeriacensem[1]

Qui properus transis huius monimenta sepulchri[2],
    Vt relegas titulum, comprime, queso, gradum.
Hic iacet abbatum decus et specialis honestas,
    Pauperibus saties, indigus Odo sibi,
5  Qui pietatis amans, monachorum forma, decenter
    Ingeriacensi profuit aecclesiae.
Tandem pace bona sopitus morte quieuit,
    Aecclesiae robur, ordinis Odo uigor.
Qui legis haec, duo fac : Odoni fac pia uota
10    Deque metu mortis sollicitare tibi[3].

## 47

### Épitaphe de Gérard d'Orléans [1]

Gérard, l'éminent savant et le grand philosophe, le ferme appui de l'Église, le pilier [2] du clergé et du peuple, l'espérance des orphelins, la providence des veuves, la lumière d'Orléans et son honneur incomparable [3], ce vieillard chenu [4] remarquable par l'équilibre de son caractère, dont l'extrême vieillesse n'avait en rien amoindri l'intelligence, saisi enfin par l'ombre de la mort qui nous atteint tous [5], a dépouillé ce qu'il était. Une part de lui-même est ici, confiée à la terre. Mais son esprit, vivant, plane dans les régions limpides de l'air [6]. Si pourtant quelque tache de la boue d'ici-bas colle à lui, puisse la miséricorde du Christ de clémence la laver tout entière. Voilà, lecteur, la prière qu'il faut faire en sa faveur – en ajoutant : « Ainsi soit-il. »

## 48

### Épitaphe d'Eudes, abbé de Saint-Jean d'Angély [1]

Ô toi qui longes en hâte ce monument funéraire [2], ralentis ta marche, s'il te plaît, pour déchiffrer l'inscription. Ci-gît la gloire et l'honneur incomparable des abbés. Provende des pauvres, économe pour lui-même, Eudes, amant de la piété, modèle des moines, a servi comme il le devait l'église d'Angély. Eudes, soutien de l'Église, force de son ordre, s'est enfin endormi dans la paix bienheureuse et repose dans la mort. A toi, lecteur, deux conseils : prie pieusement pour Eudes, et, pour toi-même, songe avec inquiétude à l'effroi de la mort [3].

## 49

### Super Radulfum Pictauiensem archidiaconum[1]

Archidiaconii perfunctus honore decenter,
Consilium plebis, lux cleri Pictauiensis,
Quem satis aegregiae ditarat summa sophiae,
Radulfus iacet hic, factus de puluere puluis[2].

5 Pictauis urbs, luge, tanto uiduata ministro[3],
Tunde dolens pectus, laceros tibi diripe crines,
Dum modo[4] persona careas huic aequiperanda,
Nec tamen in lacrimis unquam tua uota coerce
Spiritus ut ueniam Radulfi promereatur.

10 Id puer idque senex lector quoque poscat idipsum.

33v (in margin at line 4)

3 sophiae *V^{pc}* . philo(sophiae) *erasum* ‖ 8 unquam *V^{pc}*  um- *V^{ac}*

## 50

### Super presulem <Durandum>[1]

Nomine Durandus praesul iacet hic uenerandus,
    Quem commendauit uita benigna Deo.
Exequias celebres, quae forma fuere triumphi,
    Dispensauit ei gratia summa Dei.

5 Vrbanus sinodo generali papa uocata
    Patres bis centum mouit ad obsequium.
Tercia quae decimam lucem praeit ante Decembrem
    Vitae praesentis lumen ademit ei.
Aruernis, sanctos cineres reuerenter habeto[2]

10    Atque patrocinio tutior esto suo.

*inscr* Super presulem Durandum *edd.* : Durandum *non legitur V*

## 49

### Épitaphe de Raoul, archidiacre de Poitiers [1]

S'étant acquitté comme il le devait de la dignité d'archidiacre, sage guide du peuple, lumière du clergé poitevin, riche de trésors immenses d'admirable sagesse, ci-gît Raoul, poussière redevenue poussière [2], Pleure, ô Poitiers, veuve d'un si bon serviteur, [3] frappe-toi la poitrine en gémissant, arrache-toi les cheveux, aussi longtemps que [4] tu n'auras pas retrouvé une personnalité comparable à lui. Mais n'étouffe jamais de larmes tes prières pour que l'esprit de Raoul obtienne le pardon. Que le lecteur, jeune ou vieux, adresse la même supplique.

## 50

### Épitaphe de l'évêque <Durand> [1]

Ci-gît un vénérable évêque nommé Durand, que la bonté de son existence a rendu cher à Dieu. La grâce immense de Dieu lui accorda des obsèques auxquelles l'affluence donne l'aspect d'un triomphe : le pape Urbain, qui avait convoqué un concile général, conduisit un cortège funèbre de deux cents dignitaires. C'est le treizième jour avant décembre que la lumière de cette vie lui fut ôtée. Vénère, Auvergne, ces cendres sacrées [2] et tire confiance de leur protection.

## 51

### Super eundem Durandum

Temporibus luteis uir magnae strenuitatis
    Aurea Durandus secula restituit.
Aruernis praesul dignissima presule fecit,
    Fecit digna Deo religiosus homo.
5  Ipsius exequias dicas similasse triumphum
    Et dispensantis signa fuisse Dei.
Affuit Vrbanus centeno praesule septus ;
    Abbatum uero maior erat numerus.
Tercia cum decima tunc lugubris ante Decembrem,
10    In reditu luctus est modo festa dies.

3 presule $V^{pc}$ . (presule)m *erasum* ‖ 7 Affuit $V^{pc}$ : Eff- $V^{ac}$

## 52

34r            ### Super comitem Pictauiensem [1]

Gloria si mundi pareret monimenta fideli,
    Nulli commodius quam tibi, dux, pareret.
Vir generosus eras, decus orbi, dux Aquitanis,
    Hosti terribilis, ipse pater patriae [2].
5  Sed tibi sit titulus, Guillelme, tuumque sciatur
    Istius aecclesiae, qua sepeliris, opus [3].

## 53

### Super militem iuuenem

Nulli Goffredus genio formaue secundus [1]
Intempestiua sopitus morte quiescit [2].

## 51

### Épitaphe du même Durand

Durand, homme d'une grande énergie, a ramené l'âge d'or dans notre siècle de boue. Évêque en Auvergne, il se conduisit avec toute la dignité d'un évêque ; homme de foi, il eut une conduite digne de Dieu. Ses obsèques, dit-on, furent semblables à un triomphe et manifestèrent la générosité de Dieu. Urbain était présent, entouré de cent évêques ; les abbés étaient plus nombreux encore. Le treizième jour avant décembre fut alors un jour de deuil ; l'anniversaire de ce deuil est désormais un jour de fête.

## 52

### Épitaphe du comte de Poitou [1]

Si la gloire mondaine valait au croyant une renommée durable, personne au monde plus aisément que toi, ô duc, n'en bénéficierait. De naissance illustre, tu étais à la fois l'honneur du monde, le duc des Aquitains, la terreur des ennemis, le père de la patrie [2]. Mais ton titre à la gloire et à la notoriété, que ce soit, Guillaume, la construction de cette église où tu es enseveli [3].

## 53

### Épitaphe d'un jeune chevalier

Geoffroy ne le cédait à personne [1] en intelligence et en beauté. Il s'est assoupi trop tôt dans le sommeil de la mort [2].

Plus animo ualidus quam possent membra tenella
Militis, ante dies assumpsit militis arma.
5 Militis arma gerens neque passus militis arma,
Dormiit in Christo[3] puer altae nobilitatis.
Non quindennis erat, sed erat, quindennis ut esset,
Si ter quinque dies sibi uiuere plus licuisset[4].
In Maio, uernante rosa, rosa marcuit ista[5] :
10 Quinta dies a fine diem sibi clausit et annos.
Hunc commendatum sibi continet hoc monumentum
Goffredusque suis lacrimabile *s*it monimemtum.

3 membra *V^{pc}* . menbra *V^{ac}* ‖ 5 (pa)s(sus) *V s.l.* ‖ 12 sıt *ego*    fit *V edd.*

## 54

### *Super quem iacet (...)*[1]

(...)

ınscr. Super quem ıacet *Abr    V pessıme legitur*

## 55

### Super Elpem comitissam[1]

Non dempsit moetas tibi mortis forma uel aetas
Vel proaui reges, quae sic tibi fata locarant,
Elpes, ut neutrum[2] reginam dedecuisset.

## 56

### Super Burcardum bonum militem[1]

Si centum linguas[2] pro te, Burcharde, mouerem,
Non possem laudes aequiperare tuas :

2 possem *V^{pc}* : posse *V^{ac}*

Son cœur chevaleresque plus vaillant que n'étaient puissants ses membres délicats, il a endossé avant l'heure l'armure du chevalier. Revêtu des armes du chevalier, cet enfant de noble parage s'est endormi dans le Christ [3] sans succomber aux armes d'un chevalier. Il n'avait pas encore quinze ans : pour avoir ses quinze ans, il aurait fallu qu'il lui fût accordé de vivre trois fois cinq jours encore [4]. Quand fleurit la rose de mai, cette rose s'est flétrie [5]. Le cinquième jour avant la fin du mois a vu le terme de ses jours et de ses années. Ce mémorial qui lui est dédié contient ses restes ; puisse la mémoire de Geoffroy être source de pleurs pour ses prochos.

## 54

### *(Épitaphe de qui gît...)* [1]


## 55

### Épitaphe de la comtesse Elpis [1]


Ni ta beauté ni ta jeunesse n'ont aboli pour toi les frontières de la mort (non plus que tes aïeux royaux) : les destins t'en avaient si bien pourvue, Elpis, que ni l'une ni l'autre [2] n'eussent disconvenu à une reine.


## 56

### Épitaphe du bon chevalier Bouchard [1]


Eussé-je, Bouchard, cent langues à agiter en ton honneur [2] que je ne saurais être à la hauteur de ta gloire. Car, si grands

Nam tibi nullius uirtus erit aequiperanda,
    Quantoscunque tamen carmina magnificent.
5 Tu Taurinenses solus sic edomuisti
    Vt te crediderint mille fuisse uiros.
Agnetis uiduae[3] tutor domitorque reorum,
    Corruis uxoris ultor adulterii.
Quod genuit Turonus, hic pausat nobile corpus ;
10     Spiritui uero sit domus in domino.


## 57

### Iterum super eundem

Si quis Achilleos mirando recenseat actus[1],
    Actus Burchardi pluris habens recolat.
Corporis aut animi nulli uirtute secundus[2],
    Viueret ipse diu[3], Iulius alter erat.
5 Dimisit Turonos qui mente subegerat orbem
    <..................................>[4]
35r     Quam labor infestus militiae noceat.

*post uersum quintum octo uersus deleti V*


## 58

### Item de eodem

Quicquid multarum natura potens probitatum
    Diuisit multis constituendo probos,
Id, Burcharde, tibi dederat bene prodiga totum,
    Heroas in te quosque simul replicans.
5 Quicquid sunt alii sortiti particulatim,
    Tu totum solus pleniter assequeris.
Prouidus in uerbis, robustus et acer in armis,
    Causidicus Cicero, belliger Hector eras[1].

que soient les héros illustrés par la poésie, aucun d'entre eux n'est à ta hauteur par la vaillance. A toi seul, tu as subjugué les Turinois, qui s'imaginèrent que tu étais mille guerriers. Tu protèges la veuve Agnès[3], assujettis les coupables ; tu tombes en vengeant l'adultère de ta femme. Ici repose le noble corps qu'a vu naître Tours ; que son esprit trouve une demeure dans le Seigneur.

## 57

### Deuxième épitaphe du même

Quiconque énumère avec émerveillement les hauts faits d'Achille[1] se remémore les hauts faits bien plus valeureux de Bouchard. Il ne le cédait à personne[2] pour la vaillance de son corps ou de son esprit. Eût-il vécu longtemps[3] qu'il aurait été un second César. Il dispersa les Tourangeaux, lui dont l'esprit avait soumis l'univers. (...)[4] plutôt que les travaux cruels de la chevalerie ne lui nuisent.

## 58

### Autre épitaphe du même

Les multiples prouesses que la nature toute-puissante a réparties entre une foule d'hommes pour en faire des preux, elle te les avait, Bouchard, toutes libéralement accordées, faisant de toi le résumé de tous les héros. Tout ce que le sort a attribué aux autres en détail, toi seul, tu l'obtiens en bloc. Sage en paroles, solide et ardent au combat, tu étais au tribunal un Cicéron, à la guerre un Hector[1]. Pendant peu de temps, tu

At dum pro paruo Turonis ducis dominatum,
10     Ad Langobardos fulmineus properas[2] ;
Quam gentem uerbis tibi dum subiungis et armis,
     Gentis et uxoris proditione cadis.
Ecce nichil de te superest nisi puluis et ossa.
     Pax tibi ! bella quidem causa fuere necis.

9 turonis *V^{ac}* *falso corr* V *in* turonus

## 59

### Super Raherium audacissimum[1]

Inscribi tumulis heroum facta solebant,
     Vt quanti fuerant posteritas legeret.
Sed tua deberent speciali facta, Raheri,
     Inscribi calamo – nam specialis eras.
5  Nam natura tibi nullum sic aequiperarat
     Omnibus ut solus praefueris ducibus.
Insidiosa latus tibi lancea fodit utrumque,
     Militibus tutor dum cupis esse tuis.
Felix urna, foue qui uastum terruit orbem,
10     Nec sit ei terror corporis aut animae.

## 60

### Super eundem

Alite fisus equo properus dum fulminat[1] hostes,
35v     Se scutum praebens auxiliare suis,
Raherius cecidit, quo non audacior ullus,
     Hostili telo fixus utrumque latus.
5  Emisit flatum subito cum sanguine mixtum,
     Exemplum factus lugubre militibus.
Militiae grauiter stipendia seua redemit,
     Propter quam corpus contulit atque animam.
Quodsi sponsa Dei sponso pro talibus audet,
10     Et pro Raherio supplicet ipsa Deo[2].

exerces le pouvoir à Tours ; tu fonds alors comme la foudre[2] sur les Lombards. Ce peuple, tu te le soumets par l'éloquence et par les armes. Tu tombes trahi par le peuple et par ta femme. Ici, il ne reste de toi que poussière et ossements. Paix sur toi : la guerre a causé ton trépas.

## 59

### Épitaphe de Rahier, le très courageux [1]

La coutume voulait que l'on inscrivît sur la tombe des héros le récit de leurs exploits, afin que la postérité apprît combien ils étaient grands. Mais tes exploits à toi, Rahier, il faudrait un talent littéraire exceptionnel pour les écrire, car tu fus exceptionnel. La nature t'avait fait à ce point sans pareil que, seul, tu l'emportais sur tous les chefs de guerre. Une lance traîtresse te transperça de part en part, lorsque tu voulais défendre tes soldats. Heureuse urne, protège celui qui fut l'effroi du monde ; que son corps ni son âme ne connaissent l'effroi.

## 60

### Épitaphe du même

Se fiant à la vitesse de son cheval ailé, il foudroyait l'ennemi[1] et s'offrait comme bouclier pour protéger les siens : c'est alors que Rahier, l'homme le plus courageux du monde, est tombé transpercé par un trait ennemi. Aussitôt, il a rendu le dernier souffle dans un flot de sang – leçon funeste pour les chevaliers. Il a durement payé une rançon cruelle à la chevalerie, à laquelle il avait consacré et son corps et son âme. Si l'épouse de Dieu ose pour de tels hommes supplier son époux[2], puisse-t-elle aussi pour Rahier supplier Dieu.

## 61

### Sicut supra

Raherius, miles fortis uelut alter Achilles,
    Dispar in nullo laudibus Hectoreis,
Quem natura potens toto decorarat in orbe
    Militiae titulis et probitate sua[1],
5  Militis unius, heu, mortuus occidit ictu,
    Tam graue mercatus militiae reditus.
Militibus superest pro tanto milite planctus ;
    O utinam lacrimae proficiant animae !
Magnanimum modicae corpus committitur urnae[2] ;
10    Spiritus inueniat quam meruit melius[3].

1 (Ac)h(illes) *V s.l.*

## 62

### Item super eundem

Robustum pectus flauusque per ora[1] capillus
    Et gena pubescens, rarus et annus adhuc
Viuendi leuiter tibi causa fuere, Raheri,
    Viuendique diu spem tibi contulerant.
5  Nulli contulerat potius natura[2] cor audax
    Atque manum ualidam quam tibi contulerat.
Militis unius totum simul abstulit ictus,
    Quippe coegit te morte mori subita.
36r    In modico tandem puluis modo clauderis antro[3] ;
10    Notus namque Deo nunc locus est animae.
Quodsi uota fides audax pro talibus offert,
    Offerat et pro te uota benigna fides[4].

## 61

### Comme ci-dessus

Rahier était un chevalier, fort comme un second Achille, glorieux non moins qu'Hector ; la nature toute-puissante l'avait rendu illustre dans le monde entier par son honneur chevaleresque et sa prouesse individuelle [1] Il est tombé mort – hélas ! – sous le coup d'un seul chevalier : voilà le salaire cruel qu'il a reçu de la chevalerie. Il ne reste aux chevaliers qu'à pleurer un si grand chevalier. Puissent leurs larmes être profitables à son âme ! Une petite urne a reçu son noble corps [2]. Que son esprit connaisse un sort supérieur encore à ses mérites ! [3]

## 62

### Autre épitaphe du même

Ton corps vigoureux, tes cheveux blonds flottants [1], ton visage adolescent et tes ans peu nombreux encore t'octroyèrent, Rahier, une vie facile et te laissaient espérer une vie longue. Nul plus que toi n'avait reçu de nature [2] un cœur plus courageux et un bras plus vaillant. Le coup porté par un seul chevalier réduisit tout cela à néant, car il t'a infligé une mort immédiate. Aujourd'hui, poussière à la fin, tu es emprisonné dans une fosse étroite [3]. Le lieu où est maintenant ton âme, c'est Dieu qui le connaît. Si les croyants ont l'audace de prier pour de tels hommes, que les croyants aient la bonté de prier pour toi [4].

## 63

### Ad scutum eiusdem[1]

A domino uiduata tuo iam, parma, quiesce,
    Cui par Raherio nullus erit dominus.
Viue, dies festos longum uisura per euum,
    Nam metuenda quidem lancea nulla tibi.
5   Nam si Raherius uel par sibi uiueret ullus,
    Non deberentur ocia tanta tibi.
Mors eius requiem, faceret tibi uita laborem,
    Sed labor ille tibi dignus honore foret.
Posterior numquam, prior ires semper in hostem,
10     Cedere nec scires, anxia nec fugeres.
Qui te conspicient, pro tanto milite plorent,
    Tuque diu ualeas, in titulo posita.

## 64

### Super quem euenerit[1]

Qui supra uestros legitis lamenta sepultos
Quique minora premi casu lugere soletis,
Et michi dilapso fletus infundite uestros :
Consul eram magnus, patriae pater, hostibus hostis[2],
5   Nomine Guillelmus[3], uitae status omnibus omnis[4].
At nunc extrema ceu singula sorte potitus,
Occubui non lege mea, sed lege iubentis,
Omnia cuius lex aliud demutat in esse.
Hei michi ! nunc, lector, nil plus de consule restat
10   Quam quod ego feci, tua uota quod emeliorent.
Hoc nunc inclusus sub fornice, lege sepultus
36v     Qua sepelitur homo, communi lege resurgam.

## 63

### Au bouclier du même homme [1]

Veuf enfin de ton maître, tu peux, bouclier, être en paix : tu n'auras plus de maître comme Rahier. Vis, tu verras longtemps se succéder les jours de fête, car tu n'as plus jamais à redouter la lance. Mais si Rahier ou son égal était en vie, tu ne jouirais pas de tels loisirs. Sa mort te vaut le repos, sa vie te vaudrait la peine – une peine toutefois qui te mériterait la gloire. Tu marcherais à l'ennemi toujours au premier rang, jamais au dernier, tu ignorerais la retraite et la fuite angoissée. Que ceux qui te regarderont pleurent un si bon chevalier, et à toi, qui reposes sur ce tombeau, salut !

## 64

### Épitaphe d'un homme qui a accompli son destin [1]

O vous, qui déchiffrez sur les tombeaux de vos proches des paroles d'affliction et qui, d'habitude, vous attristez de voir le malheur écraser de moindres existences, versez vos larmes sur ma disparition aussi. J'étais un comte illustre, le père de la patrie, l'ennemi de mes ennemis [2] ; je m'appelais Guillaume [3] et par mon rang j'étais tout à tous [4]. Ce que je viens de conquérir, c'est le sort ultime de chacun : j'ai péri non de par ma loi, mais de par la loi du Maître, dont la loi est la mutation de chaque être en un autre. Malheur sur moi ! Aujourd'hui, lecteur, il ne reste du comte rien d'autre que mes actions passées (puissent tes prières les faire meilleures !). Enfermé dans ce caveau, enterré comme les hommes sont enterrés, je ressusciterai selon la loi commune.

## 65

### Super Osannam[1]

Lector, quid fuerim, quid s*i*m, si forte requiris,
  Nata puella fui ; sum modo facta cinis.
Coniugio faui tantummodo prolis amore.
  Occubui decimum dum parerem puerum[2].
5 Nec puer antiquo nascendi nascitur usu :
  Caesa matre quidem filius extrahitur.
Causaque nubendi michi causa fuit moriendi.
  Consulis uxor ego, nomen Osanna michi.
Sed quid honor, quid opes, quid prolis copia prodest ?
10  Christe, michi prosis ; tu michi mansio sis.

1 sim *Str*. : sum *V* ‖ 7 (Causa)que *V s.l.*


## 66

### Super Guidonem[1]

Exul ab urbe mea[2], dum me uelut effugientes
  Insequor ipse libros dumque uaco studiis,
Pro dolor, incubuit michi lamentabilis hora,
  Quippe superuenit mors inopina michi.
5 Ecce sub hoc tumulo cineratus corpore pauso ;
  Spiritus obtineat quam meruit melius[3].
Me tamen et fidei tenor et confessio culpae
  Quandoque securum de uenia faciunt.
Quod tamen expecto, poterit michi turba legentum
10  Et uotiua simul praeproperare cohors.
Ciuis eram Turonensis ego de nomine Guido,
  Gentis patriciae. Me modo Remis habet[4].

## 65

### Épitaphe d'Osanna [1]

Peut-être veux-tu savoir, lecteur, ce que je fus, ce que je suis : je suis née femme ; aujourd'hui, je suis cendres. Je n'ai embrassé l'état matrimonial que par désir d'enfant. Je suis morte en donnant le jour à mon dixième [2]. La naissance de cet enfant n'a pas lieu selon l'antique usage, car c'est du corps sans vie de sa mère que l'on fait sortir mon fils. La cause de mon mariage fut celle de mon trépas. J'étais femme de comte, je m'appelais Osanna. Quel bien me font maintenant l'honneur, la richesse, la descendance nombreuse ? O toi, Christ, sois mon bien, sois ma maison.

## 66

### Épitaphe de Gui [1]

Je m'exilai de ma cité à la chasse des livres [2] qui semblaient m'échapper et je m'adonnais à la science lorsque, hélas, l'heure d'affliction s'est abattue sur moi, quand je mourus de mort subite. Mon corps réduit en cendres repose dans ce tombeau ; puisse mon esprit gagner une récompense supérieure à ses mérites ! [3] Mais la constance de ma foi et l'aveu de mes péchés me donnent la certitude d'obtenir un jour le pardon. L'objet de mon espérance, la foule des lecteurs et l'assemblée en prière pourront en hâter la venue. J'étais un citoyen de Tours, de famille patricienne, nommé Gui. Aujourd'hui, c'est Reims qui garde mon corps [4].

## 67

### Super Iohannem

Intempestiua moritur dum morte[1] Iohannes,
    A mortis seuo soluitur imperio :
Nam potius uiuit, qui sic obiisse uidetur ;

37r      Nulla uoluptatis techna[2] cohesit ei.
5  Aetas ipsius uix annum dimidiarat ;
    Ipsa dies lauachri mortis et ipsa fuit.
Profuit ergo sibi tantummodo gratia Christi,
    Quae tamen et iuste praeuenit immeritos.
Ergo, laetandum satis est in morte Iohannis,
10     Qui nullis moriens indiguit precibus.

7 gratıa christi $V^{pc}$ : christi gratia $V^{ac}$ ‖ 10 nullis $V^{pc}$ : nullus $V^{ac}$

## 68

### Super Odonem puerum[1]

Vrna breuis modicusque lapis superadditus urnae
    Signant matheriam quod foueant modicam.
Quod premit iste lapis pueri sunt ossa tenelli,
    Si tamen una satis duruit ossa dies.
5  Pene fuit natus puer hic simul atque renatus[2] ;
    Viuere uix potuit moxque mori meruit[3].
Quod tamen imposuit nomen properantia mortis
    His pateat signis : Otto puer iacet hic.

1 (supera)d(ditus) *V s.l.*

## 67

### Épitaphe de Jean

A l'instant même de sa mort prématurée[1], Jean est délivré de l'empire de la mort. Car c'est bien un vivant, celui que l'on voit périr de la sorte : jamais il ne fut le prisonnier des plaisirs mensongers[2] ; sa vie avait à peine duré la moitié d'une année ; le jour de son baptême fut aussi le jour de sa mort. La seule grâce du Christ – qui, dans sa justice, vient aussi au secours de qui est sans mérites – l'a donc sauvé. Nous devons grandement nous réjouir de la mort de Jean : mourant, il n'a eu besoin des prières de personne.

## 68

### Épitaphe du petit Odon [1]

La petitesse de l'urne, l'étroitesse de la dalle posée sur elle révèlent la petite taille de l'objet qu'elles abritent. Cette dalle repose sur les os d'un tout petit enfant – si du moins des os peuvent en un seul jour prendre assez consistance. A l'instant, ou presque, où cet enfant naissait, il renaissait[2] ; il a eu tout juste la possibilité de vivre et a eu tout soudain le privilège de mourir[3]. Proclame cette inscription le nom que l'approche hâtive de la mort lui a imposé : ci-gît l'enfant Otton.

## 69

### Super Burcardum iterum[1]

Romuleos Turonus licet exuperauerit actus
    Militiae titulis et probitate sua[2],
Tu, Burcharde, tamen Turonenses exuperabas
    Militiae titulis et probitate tua.
5  At Langobardae dum tandem proditioni
    Occurris uindex persequerisque reos,
Hostibus atque reis te prodit adultera coniunx
    Sicque cadis modico uulnere magnus homo.
Corpus magnanimum modo contegit hoc monumentum ;
10     Spiritui uero parce, benigne Deus.

1 turonus $V^{pc}$ -nis $V^{ac}$

## 70

### Super Troilum[1]

Nulla fit immunis aetas a uulnere mortis.
37v       Hic iaceo iuuenis Troilus exanimis.

*post uersum secundum lacunam dubitanter conı. Hil.*

## 71

### Super Rainaldum Remensem archiepiscopum[1]

Remensi populo lumen firmamque columnam[2]
    Rainaldum Christi gratia contulerat.
Hic quoque Martini sublatus ab ede beati
    Remensi multum profuit aecclesiae[3].
5  Hunc mors in tanto florentem pontificatu

## 69

### Encore une épitaphe de Bouchard [1]

Bien que les exploits des Tourangeaux, leur gloire chevale-resque et leur prouesse individuelle [2] surpassent ceux des fils de Romulus, ta gloire chevaleresque, Bouchard, et ta prouesse surpassaient celles des Tourangeaux. Tu cours, vengeur, sus aux traîtres lombards et tu pourchasses les coupables : c'est alors qu'une épouse adultère te livre aux ennemis, aux coupables et, grand homme, que tu succombes aux suites d'une blessure petite. Le monument que voici recouvre ce noble corps. Pitié pour son esprit, Dieu de bonté.

## 70

### Épitaphe de Troilus [1]

Nul âge n'est à l'abri des assauts de la mort. Moi, le jeune Troilus, je gis ici sans vie.

## 71

### Épitaphe de Rainaud, archevêque de Reims [1]

La grâce du Christ avait offert au peuple de Reims une lumière et un appui solide [2] en la personne de Rainaud. Enlevé au sanctuaire du bienheureux Martin, il combla de bienfaits l'église [3] de Reims. C'est au zénith d'un grand pontificat que la

       Attigit et uacuam fecit item cathedram.
       Pupilli ciues pro tanto praesule flentes
         Corpus pontificis hic posuere sui.
       Hic populus glebae dignos dispensat honores ;
10     Dispenset ueniam cunctipotens animae.
       Hunc duodena dies Februi preeundo kalendas
       Destituit mundo substituitque polo.

11 preeundo *V*. -da *Hil.* -de *Abr.*

## 72

### In rotula[1] de Guillelmo abbate[2]

       Guillelmus quoniam uerum properauit ad esse
       (Ad non esse licet sit uisus primitus isse),
       Si tamen et properans properauit tramite recto[3],
       Omnibus aecclesiae gaudendum censet[4] amicis ;
 5   Si uero lesit properantem quilibet error,
       Poscat ei ueniam pia fratrum sollicitudo[5],
       Quae uotiua Deum supplex et sedula pulset.
       Diximùs ergo sibi[6] : « Guillelmo parce, redemptor ».
       Vt nostris itidem concedat, dicite nobis,
10     Vt procul absentes oratio mutua iungat.

6 (P)o(scat) *V s.l.*

## 73

### In rotula de Adam abbate[1]

       Haec desolatis solatia Burguliani :
       Profluit ex Adam quod uester pertulit Adam[2].
       Sed quasi pro nichilo fieret de morte querela,

mort le frappe, laissant vide le trône épiscopal. Ses concitoyens en pleurs, orphelins d'un si grand évêque, ont enterré ici le corps de leur pontife. Ici le peuple accorde à sa poussière les honneurs qu'elle mérite ; puisse le Tout-Puissant accorder à son âme le pardon. Le douzième jour précédant les calendes de février l'a vu céder sa place en ce monde et prendre place au ciel.

## 72

### Sur le rouleau mortuaire [1] de l'abbé Guillaume [2]

Puisque Guillaume s'est hâté de rejoindre l'être véritable – bien que, de prime abord, il paraisse avoir rejoint le non-être –, si, dans sa marche hâtive, il a suivi le droit chemin [3], on est d'avis [4] que tous les amis de l'Église doivent exulter de joie. Mais, si quelque offense a égaré sa marche hâtive, la pieuse affection des moines [5] réclamera pour lui le pardon, en assaillant Dieu de prières suppliantes et obstinées. Nous avons donc demandé en sa faveur [6] : « Pitié pour Guillaume, ô Rédempteur. » Demandez en notre faveur que le même sort soit réservé à nos morts, afin que, loin les uns des autres, nous soyons rapprochés par des prières mutuelles.

## 73

### Sur le rouleau mortuaire de l'abbé Adam [1]

Voici la consolation des moines de Bourgueil à votre désolation : c'est Adam la cause première de ce qu'a subi votre Adam [2]. Mais gémir sur la mort ne devrait servir presque à rien,

38r Praesertim cum sit mors Christi nostra medela :
5 Nec deerit medicus, nisi desit cui medeatur.
O felix morbus, mors Christi cui medicatur !
Vos quoque luxistis, quia patre bono caruistis ;
Nimirum, patri plus quam uobis doluistis,
Nec mirum lacrimas extorsit uiscus amoris.
10 Sed cadat iste dolor : Deus est medicina doloris.
Patri consulite pia pro patre uota uouendo
Necnon et uobis iam de patre substituendo [3].

8 plus quam uobis doluistis *V in ras.* ‖ 9 *V in mg.* ‖ 11 uouendo *V*[pc] : ui- *V*[ac]

## 74

### De magistro suo planctus [1]

Doctorum speculum, doctor amande,
Maiorum titulis aequiperande,
O Huberte [2] tuis uir uenerande,
Immolo perpetuas exequiis lacrimas.
5      Mors tua dura michi !
Ablato michi te, quae michi gaudia ?
Gaudendi subiit deficientia ;
Lugendi datur, heu ! pessima copia
Et perpes querimonia.
10      Ve mea uita michi !
Hubertus, patriae cura paterna,
Magduni cecidit clara lucerna [3] ;
Ex quo mesta michi lux hodierna.
Vix aliquando scio quid faciens facio.
15      Mors tua dura michi !
Vrit nostra dolor corda medullitus,
Vix rarus recreat uiscera spiritus :
Huberti gemitus causa fit exitus,
Hinc est creber anhelitus.
20      Ve mea uita michi !

*Du Méril falso coni. lac. unius strophae post str. primam transposuitque*
*quartam post secundam.*

puisque la mort du Christ est notre médecine. Le médecin ne fera pas défaut, à moins que ne fasse défaut le malade. Bienheureuse maladie, dont la mort du Christ est le remède !

Vous êtes en deuil, parce que vous avez perdu un père plein de bonté. Probablement avez-vous souffert pour votre père plus que pour vous, et c'est normal : l'amour profond arrache des larmes. Mais que cesse ce chagrin : Dieu est le remède au chagrin. Aidez votre père en formulant pour lui des vœux pleins de piété, mais aidez-vous vous-mêmes en délibérant de sa succession [3].

## 74

### Plainte funèbre [1] sur son maître

Miroir des savants, savant tant aimé,
Comparable en gloire aux grands du passé,
Hubert [2], de tes proches héros vénéré,
je donne à tes cendres des larmes sans fin.
    Que ta mort m'est cruelle !
Tu m'es arraché : où trouver la joie ?
La joie en mon cœur s'est voilée.
Le chagrin affreux surabonde, hélas !
Et une plainte sans limites.
    Quel malheur que ma vie !
Sur la patrie il veillait comme un père.
L'illustre flambeau [3] de Meung s'est éteint.
Lors, l'éclat du jour est sombre à mes yeux.
Mes actions, quand j'agis, je les comprends à peine.
    Que ta mort m'est cruelle !
La douleur calcine mon cœur jusqu'aux moelles,
à peine un souffle avare rafraîchit mes entrailles.
La mort d'Hubert est cause de ces cris ;
de là les sanglots incessants.
    Quel malheur que ma vie !

38v    Quo nos alter ego, sed magis idem[4],
Hoc uniuit amor foedere pridem,
Nec sorti modo mors subdit eidem.
Esset obisse michi gloria teque frui.
25    Mors tua dura michi !
Ex quo cum lacrimis plus ego lugeo,
Hinc plus ipse – quod est res noua – gaudeo ;
Quanto displicuit res lacrimarum,
Tanto triste placet pondus earum[5].
30    Displicet atque placet illud : utrumque placet.
Ve mea uita michi !
Singultus peperit carmina lubrica ;
Haut arcent elegos claustra poetica.
Te, doctor, replicat nostra querela :
35    Hunc morbum leuiat nulla medela.
Mors michi te, tibi me compositura placet.
Mors, rogo, sera, ueni.

35 leuiat *V* : leniat *cont. Du Méril* ‖ 36 tibi me *V* · tibimet *Du Méril, consonantiae leoninae causa.*

# 75

## De Gerardo Lausdunis surrepto[1]

Tantum Gerardus Lausduni laudibus auxit –
Quod dignum magnis laudibus Andus habet –,
Quantum doctrinis Ciceroque Maroque latinis :
Nam nobis alter fulsit Aristoteles.
5    Lux et laus cleri, sol qui suffecerit orbi[2],
Orbi quadruuium protulit et triuium.
At fortunatus fuit abbas Burgulianus,
Qui sibi Gerardum uendicat in proprium.
Lausdunis obiit[3], sed uiuit Burgulianis ;

*inscr.* Lausdunis *V^{pc}* : Laudunis *V^{ac}*

Jadis, l'amour nous unit par un pacte,
par quoi tu étais un autre moi-même (ou plutôt le même
                                                    homme) [4].
Et la mort ne me soumet pas au même sort ?
Périr et jouir de toi serait ma gloire.
    Que ta mort m'est cruelle !
Plus je te pleure et me lamente,
plus – chose inouïe ! – j'en tire joie.
Autant est amère la cause des larmes,
autant est doux leur triste flot.
Amertume et douceur, tous les deux sont douceur [5].
    Quel malheur que ma vie !
Les sanglots ont fait naître un chant mélodieux ;
les contraintes du mètre n'empêchent pas la plainte.
Ma lamentation te remémore, ô maître.
A soulager ce mal, il n'y a nul remède.
La mort qui nous appariera l'un à l'autre est bien douce.
    Ô mort, viens ! On t'attend.


## 75

### A propos de Gérard, enlevé au peuple de Loudun [1]


Gérard a autant ajouté à la gloire de Loudun – une ville
bien digne de gloire que possède l'Anjou – que Cicéron et
Maron au savoir des Latins, car il resplendit à nos yeux comme
un second Aristote. Lumière et gloire du clergé, soleil qui eût
suffi à éclairer le monde [2], il révéla au monde les sciences des
nombres et celles des mots. Celui qui a bien de la chance, c'est
l'abbé de Bourgueil, qui revendique Gérard comme son bien. Il
est mort pour les habitants de Loudun [3], mais vivant pour

10      Vtque diu uiuat, iam redimunt precibus.
            Hunc igitur terrae speciali mandet honore,
39r          Quisquis defuncto corpore diues erit.

11 speciali *V^pc* : spet- *V^ac*

# 76

## Item de eodem

Vberibus, Manegaude[1], tuis lactatus abunde[2],
      Tempore posterior, pene legendo[3] prior,
Aque tuis sinibus abstractus uenit ad Andos
      Ardua Gerardus planaque dicta gerens.
5   Laude sua laudes Lausduni[4] multiplicauit,
      Artes exponens commoditate leui.
Hunc quoque Lausdunis inuidit Burguliensis
      Et quibus inuidit blandiloquus rapuit.
Iam nunc Gerardus pauset cum Burguliensi,
10     Donec mandetur alteruter tumulo.
O utinam neque mors neque casus separet ipsos !
      Donec nigrescat primitus albus olor
Et donec pennis coruus niger euolet albis,
      Lausdunum refluus donec eat Ligeris[5]
15  Et donec querulae sileant ualeantque cicadae[6],
      Et noceat senium siue dolor neutrum !

11-12 ipsos, Donec *interp. Hil.* ‖ 13 euolet *V^pc* : -lat *V^ac* ‖ 14-15 Ligeris. Et donec *interp. Hil.*

# 77

## Ad eundem ut monachus fiat[1]

Vt de turbinibus mundanis pauca loquamur,
Afficitur multo languescens turbine mundus[2].
Semen commissum uix culta noualia[3] reddunt,

arbres des fruits [4]. Les saisons sont changées ; on dirait que l'année ne connaît plus leur cycle : l'hiver ignore les frimas, le printemps éprouve les frimas hivernaux, l'été hérite de la douceur et des pluies du printemps, un automne torride brûle les raisins mûrs. Le pêcheur au teint blême s'afflige de trouver les fleuves inféconds, le chasseur parcourt en pure perte l'obscurité des bois – le flair du jeune chien n'a presque plus de piste à suivre...

Jadis, le monde, comblé de toutes ces richesses, était dans sa fleur [5] ; et pourtant, tout comblé et florissant qu'il ait alors été, il fallait mépriser le monde avec ses fleurs. Car ce monde est trompeur, toute fleur fugitive. Or, maintenant que le présent tout entier nous malmène – car la beauté des choses passe plus vite que l'ombre – et maintenant qu'il n'y a plus de fleur, ni même d'apparence de fleur, que notre volonté, se rendant agréable [6], mérite au moins les fruits : abandonnons de plein gré ce que nous ne pouvons garder [7] ; ne possédons rien, mieux, dédaignons de posséder. Oh oui ! abandonnons ces objets qui nous abandonnent et s'enfuient [8], qui excitent nos désirs et nous rejettent après nous avoir excités, qui nous narguent plus que jamais lorsqu'ils s'en vont pour ne pas revenir. De même que l'oiseau, lorsqu'il veut se poser au sol, commence par voleter en faisant mine de souffrir d'une blessure à l'aile, mais, lorsqu'une bande d'enfants court après lui et que chacun croit bientôt l'attraper d'une main avide, s'envole et, d'un coup d'aile vif, s'échappe dans les airs légers [9], ainsi les choses, à première vue [10], commencent-elles par nous sourire, mais semblent disparaître quand nous avons soif d'y goûter [11]. C'est à ce moment qu'elles se refusent de complaire à notre vouloir ; c'est à ce moment qu'elles mettent à bas les cœurs qui languissaient du désir de les posséder. Fuyons donc ces objets auxquels on ne peut se fier ; quand même ils s'offriraient à nous, repoussons-les.

De quoi sert en effet l'honneur ? de quoi la gloire ? de quoi la pourpre royale [12] ? Tout passe [13], richesse, gloire, royauté. Le roi connaît la mort, le riche le besoin, la gloire est versatile. Nul n'acquiert la fortune sans peine ni ne peut la garder sans

40r 40 Nec retinere ualet sine qualibet anxietate.
    Rex sibi non uiuit, quem lingua redarguit omnis,
    Quem comedunt curae, quem sollicitudo perurit,
    Cui somnos adimunt priuata negotia rerum [14].
    Ergo nec diues nec princeps esse labores
45 Quisquis priuatae uis prospectare quieti.
    Sed mea fortassis modulamina negligit aspis,
    Aures obturat incantantique [15] resultat.
    Ambit egenus opes, homo degener ambit honores.
    Ambiat, attingat, tamen imprecor hoc inimicis ;
50 Haec nunquam nostrum uecordia tangat amicum.
    Nam potius coeat res ipsius atque uoluntas ;
    Nil habeat, nil possideat, nil obtet habere,
    Vix habeat uictum, uix inueniat tegumentum [16] ;
    Suggerat ista fides, non praemeditatio sollers [17].
55 Nil laudabilius, nil est securius unquam
    Quam non amplecti quod adeptum perdere possis ;
    Absque graui luctu nulli tolluntur adepta.
    Est tolerabilius nos quaedam non habuisse
    Quam pro possessis, dum sint ablata, dolere.
60 Absque dolore graui carni non demitur unguis [18],
    Nec dens gingiuis, nec os ossi, nec caro carni,
    Si sint ista sua compagine consolidata ;
    Et qui conexis mundo radicibus herent
    Rebus mundanis non absque dolore carebunt.
65 Diuitiae tibi sint sine sollicitudine grandi,
    Quas sibi iamdudum proauorum cura pararit.
    Regum sis heres, notusque ad sidera princeps,
    Ecce labor restat ne perdas iura paterna [19] ;
40v    Dedecus est maius si perdas ius atauorum
70 Quam si perdideris quae prouidus ipse pararis,
    Aut grauior res est te sustinuisse labores
    Te neque posse tuis in pace laboribus uti ?
    Denique uita breuis, hominum properata senectus,
    Morborum cunei nolentibus omnia tollent.

---

42 perurit $V^{lc}$ : peririt $V^{ac}$ ‖ 46 (forta)s(sis) $V$ *s.l.* ‖ 47 resultat $V^{lc}$ : resur- $V^{ac}$ ‖ 49 attingat $V^{lc}$. -guat $V^{ac}$ ‖ 69 interrogando *adn.* $V$ *in mg.* ‖ 70 perdideris $V$ : perdideras *Hil.* ‖ 71 Aut $V$.: At *coni. Sed.* ‖ 73 properata *edd.* : praeroperata *sic* $V$

angoisse. Le roi ne vit pas pour lui-même : toutes les langues le critiquent, les soucis le rongent, l'inquiétude le consume, l'administration de ses affaires personnelles l'empêche de dormir[14]. Ne fais donc pas d'efforts pour être riche ni prince, ô toi, qui que tu sois, qui as pour idéal d'être au calme chez toi.

Mais peut-être l'aspic n'a-t-il cure de mon chant ; il se bouche les oreilles et regimbe devant mes incantations[15]. Le pauvre recherche les richesses, l'infâme recherche les honneurs. Qu'il les recherche, qu'il les obtienne ! Cela, c'est le souhait que je formule pour mes ennemis. Mais que jamais cette folie ne s'empare de mon ami ; que tout au contraire, ses biens et ses désirs aillent de pair : qu'il n'ait rien, ne possède rien, qu'il ne souhaite rien avoir ; qu'il ait à peine de quoi manger, trouve à peine de quoi se vêtir[16] – et que ce soit la foi, non un calcul rusé, qui le lui procure[17]. Jamais nulle conduite n'est plus louable, jamais nulle n'est plus sûre que de ne pas s'emparer de ce dont on peut perdre la jouissance. Personne ne se voit enlever les biens dont il jouit sans un cruel chagrin. Nous supportons mieux de n'avoir pas possédé tels objets que la souffrance causée par la disparition de nos biens. On n'arrache pas sans cruelle souffrance l'ongle à la chair[18], la dent à la gencive, l'os à l'os et la chair à la chair, s'ils sont organiquement soudés entre eux ; de la même façon, ceux qui s'accrochent aux liens qui les enracinent dans ce monde ne se verront pas sans souffrir privés des choses de ce monde. Même si vous possédez sans trop vous tourmenter des richesses que l'effort d'ancêtres lointains vous a depuis longtemps acquises, que vous soyez héritier d'un royaume et prince connu jusque dans les étoiles, reste le souci de ne pas perdre les droits conquis par vos pères[19]. Le déshonneur est-il plus grand de perdre ses droits ancestraux que d'avoir perdu les biens que l'on s'est gagnés à soi-même à force de prévoyance, ou bien n'est-il pas plus cruel encore d'avoir enduré des efforts et de ne pouvoir jouir en paix du fruit de ses efforts ? Quoi qu'il en soit, la vie humaine est courte, et la vieillesse vient vite. Les bataillons des maladies nous enlèveront tout, malgré nous ; si ces ennemis

75    Si desint hostes, mors omnibus inuida praesto est.
       Instabilis mundus stabiles nos non sinit esse[20].
       Qui uero carni concordant illecebrosae,
       Deliciisque uolunt carnalibus exaturari,
       Turpe nefas uideant quam turpis poena sequatur,
80    Nam consummat opus pollutio foetida foedum ;
       Peccatum restat moeta pollutius ipsa.
       Sed quid amant homines ? Fortassis amant mulieres.
       Esto : superficies pulchrae mulieris ametur,
       Interius uero, si uis, introspice quae sit :
85    Pulcher saccus erit, distentus stercore multo[21].
       Ergo cutis niuea, rubicunda, tenella placebit,
       Sed talem subito sulcabit ruga senilis[22],
       Inficiet pallor niueam, teneram, rubicundam.
       Si pariat, pudor est parienti quisquis adheret
90    Et nichil est aliud nisi concuba[23] iure uocetur.
       Nutricem foueat, nutricis lac bibiturus[24]
       Et successiuo pro foetu sollicitandus.
       Idcirco est penitus mulieris amor remouendus.
       Non naturalem forsan tibi iungis amorem[25] :
95    Per multas aedes discurrit adhuc Ganimedes[26],
       Multus homo lasciuus adhuc uult Iuppiter esse.
       Cum Ganimede suo requiescit Iuppiter alter,
41r    Ecce sibi sperat audere licentius ista,
       Haec indulgeri sibi uult commercia carnis[27].
100   Sed michi grande malum scelus hoc si dissimulabo,
       Si non obiurgans rem subprimo flagitiosam.
       Hoc scelus est maius, natura quidem uiolatur,
       Quam si luxuriam peragat cum pelice multa.
       Hic solus pedor, ut credo, sidera tangit[28],
105   Deleuit scelus hoc persepius Omnicreator[29].
       Sed quid in illicito uir delectatur amore ?
       Quid sibi complacuit ut pauset cum Ganimede ?
       A meritrice uacat, faciens hominem meritricem ?
       Sunt inuectiuo feriendi fuste cinedi,
110   Obiurget cinicos[30] turpes inuectio turpis.

---

86 Ergo *V^{pc}* : Ego *V^{ac}* ‖ 91 bibiturus *Hil.* : babiturus *V* habiturus *Abr* ‖ 107 ganimede *V* : gen- *Hil.*

font défaut,la mort, qui nous hait tous, n'est pas loin. Il nous est interdit, dans ce monde mutable, d'être immuables[20].

Quant à ceux qui cèdent aux attraits de la chair et ont la volonté de se rassasier des plaisirs charnels, qu'ils prennent garde au châtiment hideux qui sanctionne leur crime hideux : le couronnement de leur œuvre immonde, c'est une souillure infecte ; demeure le péché, plus infect encore que son objet. De quoi donc les hommes sont-ils amoureux ? Mettons qu'ils soient amoureux des femmes. Bien. Soyez amoureux de la peau d'une belle femme ; mais veuillez, s'il vous plaît, bien regarder ce qu'elle est à l'intérieur : vous verrez un beau sac, tout gonflé d'ordure[21]. Ainsi, un teint de neige, un teint incarnadin, une peau satinée vous plaira ; mais la ride de l'âge ne tardera pas à y creuser son sillon[22], une couleur blafarde recouvrira la neige, le satin l'incarnat. Si la femme a un enfant, honte à qui vit avec une femme qui enfante : il ne s'agit de rien d'autre que ce que l'on appelle en droit prostitution[23]. Qu'il chérisse une femme qui allaite, il boira son lait[24] et attendra avec angoisse l'enfant suivant... Voilà pourquoi il faut absolument rejeter l'amour des femmes.

Admettons que tu aimes d'un amour contre nature[25] : plus d'une maison est, aujourd'hui encore, fréquentée par Ganymède, plus d'un luxurieux a, encore aujourd'hui, le désir d'être Jupiter[26]. Il repose, second Jupiter, à côté de son Ganymède chéri, et voici qu'il espère que cette audace est plus tolérable, il exige qu'on lui pardonne ce genre de commerce charnel[27] ! Non, que je sois maudit, si je passe ce crime sous silence, si je tais mes critiques contre cette infamie ! C'est un crime plus grand encore – car il outrage la nature – que la luxure pratiquée sans relâche avec mainte prostituée. C'est la seule souillure, je pense, qui atteigne aux cieux[28] : le créateur de toutes choses[29] a bien souvent exterminé ce crime. Mais quel plaisir l'homme prend-il à un amour interdit ? Quel agrément éprouve-t-il à coucher près de Ganymède ? Échappe-t-il à la prostitution en prostituant un homme ? Il faut frapper les pédérastes avec le gourdin de l'insulte, poursuivre ces cyniques[30] abjects du blâme d'une insulte abjecte. Ce sont des joues dépourvues de

Implumes malae forsan sibi complacuere ;
Cum malis plumas induxerit annus et annus,
Cum barbatus erit, cum fiet setiger hyrcus,
Vepribus et spinis[31] cutis asperior fruticabit,
115 Tunc miser amissi damnum lugebit amoris[32].
Sed quid aget cum iam defecerit iste iuuencus ?
Mutuat et mutat, quia displicet ursa pilosa.
Sed nec amor bonus est quem sic mutare necesse est.
At quid iumentis superimminet impudibundis ?
120 Caenosus paedor, ignisque et sulphuris ardor[33],
Poena geennalis, nimis horrida, nescia finis.
Ista cani rabido persoluet lucra libido ;
Poena uoluptatis[34] condigna piacula sentit,
Sustinet aeternas poenas aeterna uoluntas.
125 Ergo uir illicito nullus succumbat amori,
Nemo puellarum petat usum uel puerorum[35].

41v       Donec non morimur, dum uiuimus atque mouemur
Estne genus uitae quid possit iure placere ?
Est michi quod placeat, quod caris consulo nostris :
130 Paupertas secura placet castumque cubile[36],
Mundi contemptus[37], disciplinata uoluntas.
Attamen est aliud quod me modo sollicitauit :
Nosse uelim nostros et me secreta librorum[38],
Vt distinguamus sensus ad sobrietatem
135 Plusque michi placeat per me sententia nota,
Lecta[39] uel inuenta quam lingua redempta magistri.
Vendit uenalis uenalia uerba magister[40],
Strenuus auditor dependet ab ore loquentis
Et cohibere parat uolitantia uerba docentis ;
140 At dormitanti si quidlibet excidit auri
Aut retinere nequit simul omnia corde sagaci,
Instat, adulatur, mordens ungues stipulatur ;
Tedia causatur, causatur et improbitatem
Doctor discipuli, durumque hebetemque lacessit.
145 Sicque bis emissum, bis uendit mobile uerbum ;
Euomit et uendit uentum, uentosa cycada.

---

115 damnum *V^{pc}* (dam)p(num) *erasum* ‖ 116 aget *V^{pc}* agit *V^{ac}* ‖ 117 pilosa
*V^{pc}* philosa *V^{ac}* ‖ 121 geennalis *V^{pc}* gehenn- *V^{ac}* ‖ 124 uoluntas *V* uoluptas *Hil.*

duvet qui, peut-être, les ont charmés. Lorsque le temps, année après année, aura vêtu de duvet ces joues, quand l'ami aura de la barbe, qu'il deviendra un bouc hirsute, lorsque sa peau foisonnera de buissons plus durs que les ronces épineuses [31], alors le misérable versera des larmes de deuil sur son amour perdu [32]. Mais que va-t-il donc faire, une fois que le jouvenceau aura bel et bien disparu ? Il l'échange et il change, car il n'aime guère les ourses poilues : ce n'est pas non plus un amour honnête, celui qui est ainsi contraint au changement. Or, qu'est-ce qui attend ces bêtes impudiques ? La fange puante, le feu et la brûlure du soufre, le châtiment de la Géhenne, affreux, sans mesure et sans fin [33]. Tels sont les bénéfices acquittés au chien enragé par sa luxure : rançon elle-même du plaisir [34], elle subit l'expiation qu'elle mérite. Et la volonté de l'Éternel entretient pour l'éternité le châtiment. Ainsi, que nul homme ne succombe à un amour interdit, que nul ne veuille avoir commerce avec les filles ou les garçons [35].

Tant que nous ne sommes pas morts, tant que nous avons la vie et le mouvement, y a-t-il donc un genre de vie que nous puissions aimer en toute honnêteté ? Il y en a un que j'aime, et que je recommande à ceux qui me sont chers : j'aime la pauvreté dans la sécurité, le repos dans la chasteté [36], le mépris du monde [37], la maîtrise de la volonté. Il y en a un autre pourtant qui m'a tenté naguère : j'aurais souhaité, avec mes amis, découvrir les secrets des livres [38], de façon à en distinguer les sens [39] avec pondération et à prendre plus de plaisir à comprendre par moi-même une interprétation pour l'avoir lue et découverte qu'à l'acheter à la langue d'un maître. Le maître, qui est à vendre, vend des paroles qui sont à vendre [40]. Son auditeur, plein de vaillance, se suspend à ses lèvres bavardes et entreprend de capturer ses paroles doctorales, qui volent en tous sens. Et si l'oreille qui s'assoupit laisse échapper quelque détail, s'il n'y a pas moyen de tout retenir et de tout comprendre à la fois, on supplie, on flatte, on promet en se mordant les ongles ; le savant prétexte son ennui, prétexte la médiocrité de l'élève et lui reproche d'être épais et obtus. C'est ainsi que, pour l'avoir deux fois prononcée, il vend deux fois sa parole fugace : il crache et vend du vent, la cigale vantarde !

Ergo quis duros poterit perferre magistros ?
Aurem non replent, donec repleueris arcam.
Iustius est igitur nos iam nescire docentes
150  Grande supercilium⁴¹ quam sustineamus eorum,
Praesertim libri cum possent esse magistri,
Nos nisi detineat feriandi grata uoluptas⁴².
Si quis enim totus cum codice sepe loquetur,
Fiet philosophus, cum codice sepe loquutus.
155  Sedulitate sua cauat ymber ferrea saxa⁴³ ;
42r          Lector hebes fiet persepe legendo magister.
Sed libri desunt fortassis et ocia desunt ?
Ipse locum noui qui floridus ocia gignit,
Libros et cartas et cuncta studentibus apta.
160  Burgulius locus est⁴⁴ et Cambio dicitur amnis,
Flumine perpetuo qui uitreus irrigat ortos ;
Hocque loco locus est, a turbis paene remotus,
Qui tutat fratres a sollicitudine mundi
Et fouet in gremio diuturn*ae* pacis alumn*os*⁴⁵.
165  Prata⁴⁶ uirent iuxta, quibus est contermina silua.
Hunc emat, hunc redimat quisquis probus esse laborat.
Ipse locus meus est ; aliis trado, tibi uendo ;
Ad me si uenias mecumque, Gerarde, quiescas,
Te mihi da precium, nil carius exigo quam te
170  Emistique locum si tradideris precium te.
Littera quam queris uastum dispersa per orbem
Optat te, nostri complens armaria⁴⁷ claustri.
Huc ades⁴⁸, o sanctae complectens ocia uitae,
Huc ades ut uideas, ut tu mediteris, ut ores,
175  Huc ades ut multis sis strenua forma salutis.
Sol sub nube latens, sub mundi fasce Gerardus,
Sub modio lucet uel pallet clara lucerna⁴⁹ ?
Cum quatitur mundi uertigine luna latina⁵⁰,
Praebe discipulis exempla sequenda magister.
180  Sis mecum pauper, immo cum paupere Christo⁵¹,
Cum Christo uiues, cum Christo diuite diues.

149 iam *V in ras.* ‖ 164 diuturnae pacis alumnos *coni. Mabillon 1707 (cf. Baldricus,c.93,33*) : diuturnos pacis alumnae *V* ‖ 169 *primum* Te *Vᵖᶜ* : Ve *Vᵃᶜ*

Qui, dans ces conditions, réussira à supporter la dureté des maîtres ? ils ne vous empliront pas les oreilles que vous n'ayez rempli leur cassette. Il est donc plus raisonnable pour nous de ne plus fréquenter les professeurs, plutôt que d'avoir à subir leurs grands airs sourcilleux [41] – d'autant plus que les livres pourraient nous servir de maîtres, si le doux plaisir [42] de l'oisiveté ne nous occupait pas. Celui qui, en effet, consacre tout son cœur à dialoguer souvent avec un livre deviendra philosophe grâce aux fréquents dialogues avec un livre. Par son obstination, la pluie creuse des rochers durs comme fer [43] : par de fréquentes lectures, un lecteur obtus finira pas devenir un maître.

Mais peut-être manque-t-on de livres et manque-t-on de loisirs ? Moi, je sais un lieu florissant qui procure loisirs, livres et parchemins, et tous les objets nécessaires à l'étude : ce lieu, c'est Bourgueil [44] ; on appelle Changeon la rivière aux eaux cristallines qui, de son flot perpétuel, y baigne les jardins. Et, au cœur de ce lieu, il y a un lieu presque entièrement à l'écart de la foule, qui protège les moines des tourments du monde et abrite en son sein les enfants d'une paix perpétuelle [45]. Aux environs verdoient des prairies [46] que jouxte une forêt. Qu'il achète, qu'il rachète ce domaine, celui qui travaille à être homme de bien. Le domaine m'appartient : aux autres, je le donne ; à toi, Gérard, je le vendrai, si tu viens me voir et goûter la paix à mes côtés. Offre-moi ta personne en paiement ; je ne réclame pas de prix plus élevé que ta personne ; tu auras acheté le domaine lorsque tu auras remis ta personne en paiement. Le savoir dispersé à travers le vaste monde, après quoi tu cours, t'attend : il remplit la bibliothèque [47] de notre cloître. Viens ici [48], ô toi qui veux embrasser les loisirs d'une sainte vie ; viens ici, pour voir, pour réfléchir, pour prier ; viens ici, pour offrir à bien des regards l'image vaillante du salut. Gérard ployant sous le faix du monde, c'est le soleil caché sous les nuages : le flambeau clair brille-t-il ou pâlit-il sous le boisseau [49] ? Lorsque le tournoiement de l'univers fait vaciller la lune du monde latin [50], donne un exemple à suivre à tes disciples, ô toi leur maître. Sois pauvre avec moi, ou plutôt avec le Christ de pauvreté [51] ; tu vivras avec le Christ, riche avec le Christ de richesse.

Non michi « cras » dicas, hodie potes estque malum cras ;
Pagina gentilis, tua pagina cui modo seruis,
Ipsa tibi dicit : « nocuit differre paratis »[1],
42v  185  Ipsa tibi dicit : « nocuit dilatio multis ».
« Nil habeas, sed possideas simul omnia diues »[2],
Dissere cum Paulo : non sunt mea, sed sua uerba.
Cor pectusque tuum transfigant spicula Pauli ;
Subdi<te> mundanis iam dedignare procellis ;
190  Vt tremat, ut timeat te mundus, neglige mundum.
Si michi credideris, et certe credere debes,
Post cras, immo cras, quantocius anticipabis ;
Anticipa portum, fuge, nauis naufraga, pontum.
Andreas dominae praeeat uestigia Maurae[3],
195  Ducat ad aecclesiam. Quid enim ? Praecede, sequetur.
Interea uiduam sustentet, subcomitetur ;
Vt nobis ipsum se reddat, reddat et ipsam,
Ille regat uiduam cum Paulo, cum Timotheo[4],
Ad monachum donec conuersio tollat utrumque.
200  Sic michi responde, michi sic rescribe, Gerarde,
Quatenus obtatum tua dent rescripta saporem.
Nec tibi nec fratri nec amicis ipse deessem
Susciperemque omnes qua conditione iuberes,
Carminibus nostris si facta per ipsa faueres.
205  Vt ualeas ergo, quod mando, quod opto ualeto.

185 (no)c(uit) *V s.l.* || 189 Subdite *ego* : Subdi *V edd.* || 198 Timotheo *V* :
Thim – *Hil.*

# 78

## Prouidentia contra lasciuiam

Veris adest tempus[1], quod amat lasciua iuuentus,
   Quae uiciat teneros temperies animos.
Humida prata uirent, humus albicat, arbuta florent
   Et uernant passim floribus arua suis.
5  Gnauiter ergo[2] meum muniri pectus oportet,
   Ne male pro uernis obruar illecebris.

1 lasciua *Vpc* . lasciuia *Vac*

Ne va pas me dire : « Demain. » Si tu peux aujourd'hui, c'est mal de dire « demain ». La littérature païenne, la littérature que tu aimes, que tu sers aujourd'hui, te dit elle aussi : « Il est nuisible de différer quand on est prêt » [52] ; elle te dit aussi : « Le retard a nui à beaucoup. »

« N'aie rien, mais en même temps possède tout en abondance » [53] ; déclare-le avec saint Paul : ces paroles ne sont pas de moi, mais de lui. Que les aiguillons de saint Paul transpercent ton cœur et ton âme. Toi qui fus soumis aux tempêtes du monde, dédaigne-les enfin ; pour que le monde tremble devant toi, pour qu'il te redoute, méprise-le. Si tu m'en crois, et assurément tu dois m'en croire, tu prendras les devants, après-demain, et même demain, aussi vite que tu peux : gagne le port avant l'heure, fuis, navire brisé, l'océan.

Qu'André précède les pas de dame Maure [54], qu'il la mène à l'église. Eh quoi ? marche devant, il te suivra. En attendant, qu'il protège la veuve, lui fasse compagnie, qu'en se donnant lui-même à nous, il nous la donne elle aussi. Qu'il dirige la veuve en suivant Paul et Timothée [55], jusqu'à ce que la conversion les porte tous deux jusqu'au monastère.

Fais-moi, Gérard, une réponse, fais-moi une lettre qui ait la saveur que j'espère. Je ne saurais manquer ni à toi, ni à ton frère, ni à tes amis et je les recevrais tous aux conditions indiquées par toi, si ta conduite même révélait ton accord avec mon poème.

Bonne santé à toi, donc ! et, pour cela, bon succès à mes recommandations, à mes souhaits !

## 78

### Précaution contre la pétulance

Voici venir le printemps [1], la saison bien-aimée de la jeunesse pétulante, le doux temps qui corrompt les âmes encore tendres. Les prés humides verdoient, le sol blanchit, les buissons fleurissent et les champs se parsèment de fleurs printanières. Il me faut donc [2] énergiquement fortifier mon cœur, de peur que les charmes du printemps ne causent mon malheur et ma chute.

## 79

### Super abbatem Siluae Maioris[1]

43r     Cum pro defunctis soleant orare fideles
       Proque sibi caris perpetuent lacrimas[2],
    Pro patre Geraldo nichil est utriusque necesse,
       Qui caeli ciuis incola uixit humi.
5    Siluam Maiorem monachis dominoque dicauit,
       Exul sponte sua finibus a patriis[3].
    Francia natalis sibi sorduit hancque reliquit,
       Siluestres saltus Burdegalae ueniens.
    Pullulat ecce polo siluestris terra colonos[4],
10     Quae per Geraldum floruit agricolam.
    En felix anima caeli laetatur in aula ;
       Artus hic positi laetificent populos.

2 perpetuent *V^{pc}* : -tuant *V^{ac}*

## 80

### Item de eodem.

    Siluae Maioris iacet hic sanctissimus abbas,
       Abbatum splendor et monachile decus.
    Hic siluas coluit Christoque noualia fecit,
       Vt saliunca rosam, poma salix generet[1].
5    Iste locus, primum siluestris et effera tellus,
       Ipsius exemplis est modo porta poli.
    Vir cani capitis[2], uir perfectae probitatis,
       Caelorum ciuis, dormiit in domino.
    Plebs Aquitana, patris corpus complectere tanti,
10     Qui tibi uiuit adhuc religionis odor[3].
    Gallia, congaude Geraldo, quem genuisti,
       Ac cineres sanctos hic uenerare suos.

4 salix *V^{pc}* : saliu (?) *V^{ac}*

## 79

### Épitaphe de l'abbé de La Sauve-Majeure [1]

D'ordinaire, les fidèles offrent aux défunts leurs prières, et à leurs êtres chers, des larmes éternelles [2] ; mais pour notre père Gérard, il n'est besoin ni des unes ni des autres : habitant de la terre, il a vécu en citoyen du ciel. Exilé volontaire loin de la terre de ses ancêtres [3], il consacra La Sauve-Majeure aux moines et au Seigneur. La France, qui l'avait vu naître, parut laide à ses yeux, et il la quitta pour gagner les landes boisées du Bordelais. Cultivé par Gérard, ce pays boisé a fleuri, et voici qu'il produit abondance de colons pour le ciel [4]. Aujourd'hui, l'âme bienheureuse de Gérard connaît la joie dans le palais des cieux ; puissent ses membres ici ensevelis donner la joie aux peuples.

## 80

### Autre épitaphe du même

Ci-gît l'abbé très saint de La Sauve-Majeure, la lumière des abbés et la gloire des moines. Il mit en culture la forêt et la défricha pour le Christ : ainsi la ronce produit des roses et le saule des fruits [1]. Ce pays, jadis une terre de forêts sauvages, est maintenant grâce aux exemples qu'il donna la porte du paradis. Cet homme à la tête chenue [2], cet homme d'une droiture parfaite, ce citoyen des cieux s'est endormi dans le Seigneur. Peuples d'Aquitaine, chérissez le corps d'un père si vénérable, qui exhale encore parmi vous le parfum de sa piété [3]. Gaule, réjouis-toi avec Gérard que tu as enfanté et viens vénérer ici ses cendres saintes.

## 81

### Item de eodem

Mente columbinus, zeli feruore seuerus,
     Alloquio dulcis[1], moribus egregius,
Pauperibus largus[2], sibi parcus, fronte serenus,
43v      Cuntis compatiens pectore largifluo,
5   Abbas Geraldus iacet hic pro carne sepultus –
     Liber enim caelos spiritus obtinuit.
Gallica plebs genitrix plebi dedit hunc Aquitanae,
     Et siluas ueteres Burdegalae coluit,
Qui tantum terrae, genti quoque profuit illi,
10     Vt modo gens per eum terraque fructificet.
Ossibus hic locus est diues decoratus opimis ;
     Prosit honor populis ossibus exhibitus.

11 Ossibus hic locus est *V*$^{pc}$ · h. l. e. o. *V*$^{ac}$ ‖ 12 (ex)h(ibitus) *V·s.l.*

## 82

### De eodem abbate

Alba columba Dei, maculis rugisque remotis,
     Quem[1] nocuit culpae nulla nigredo suae[2],
Miles ut emeritus ad regis premia raptus[3],
     Spiritus abbatis uendicat astra sibi.
5   At qui de terra cinis est, adiunctus eidem,
     Hac requiescit humo, iure uocatus homo[4].
Hic natale solum, quod erat sibi Francia dulcis[5], ,
     Vltro deseruit pone sequens Abraham.
Siluae Maioris probus hospes et incola primus,
10     Hos tenuit saltus excoluitque Deo.
Nomine Geraldus, uir strenuus alta sitiuit.
     Hic pausat corpus ; spiritus alta tenet[6].

## 81

### Autre épitaphe du même

Il avait l'âme d'une colombe, un zèle austère pour la foi, un abord bienveillant [1], des mœurs admirables ; généreux pour les pauvres [2], économe pour lui, le visage serein, le cœur débordant de compassion pour tous, l'abbé Gérard repose ici dans ce tombeau – du moins sa chair, car son esprit délivré a reçu les cieux en partage. Le peuple de Gaule qui l'avait engendré en fit cadeau à l'Aquitaine, et il cultiva les antiques forêts du Bordelais. Il combla de tant de bienfaits cette terre et ce peuple qu'aujourd'hui terre et peuple sont féconds grâce à lui. L'endroit que voici s'enrichit et s'honore de ses augustes os. Puisse l'hommage rendu à ces os être bienfaisant à ses habitants !

## 82

### A propos du même abbé

Blanche colombe de Dieu, sans souillure ni ride, que [1] jamais la noirceur d'une faute commise [2] n'a infectée, l'esprit de l'abbé, tel un soldat appelé par le roi pour être récompensé au terme de son service [3], obtient en partage les astres. Mais celui qui, de terre, est fait cendre, mêlée à celle-là dans cet humus où il repose, on peut justement l'appeler humain [4]. Il déserta de son plein gré le sol natal – c'était France la douce [5] –, marchant sur les pas d'Abraham. Valeureux hôte et premier habitant de La Sauve-Majeure, il tint en roture ces landes et les exploita pour Dieu. Ce héros vaillant, Gérard de son nom, eut soif des choses d'en haut. Son corps repose ici ; son esprit occupe les hauteurs [6].

## 83

### De eodem abbate

Prudens ut serpens, simplex, Geralde, columba[1],
   Angelicus spetie, gratus olor capite,
Vir leo zelando, supplex agnus patiendo,
   Mitis, mansuetus, religione probus,
5  Hanc ubi diuino domuisti uomere terram[2],
   Ad te collectis fratribus innumeris,
44r    Tandem communis contactus imagine mortis[3],
   Das animam caelo, membra soli gremio.
Ora pro nobis, Geralde, pater reuerende.
10    Non opus est pro te nos aliud petere.

3 agnus $V^{pc}$ : annus $V^{ac}$ ‖ 7 (co)n(tactus) *V s.l.*


## 84

### Ad scriptorem suum

Quem michi precipuum, quem carum, quem specialem,
   Hugo[1], scribendi tua magna peritia fecit,
Te prius inuito, te conuoco teque saluto.
   Hugo, tibi nostri mandantur agenda libelli
5  Vtque mihi scribas prece te precioque[2] redemi.
   Ergo manus operi tibi protinus apposituro
Polliceor pretium, bene si scribas, duplicandum,
   Nec mora longa mihi neque tempus taedia gignet.
Si tamen id studeas, et cures ut bene scribas,
10    Altera de minio capitalis littera fiat,
   Altera de uiridi glaucoue nigroue colore[3],
Vt uersus semper uarietur origo decenter.

3 inuito $V^{pc}$ : (inui)t(to) *erasum* ‖ 10 (Al)tera *V in ras.*

## 83

### A propos du même abbé

Prudent comme le serpent, candide comme la colombe [1], rayonnant comme un ange, par tes cheveux comme un cygne charmant, héroïque comme un lion, patient comme un agneau plaintif, lorsque tu eus, Gérard, domestiqué cette terre avec la charrue [2] de Dieu et rassemblé auprès de toi des moines innombrables, tu fus enfin touché par l'ombre de la mort [3] qui est notre lot à tous, rendant ton âme au ciel, tes membres au sein de la terre. Prie pour nous, ô Gérard, ô père vénérable. Nous n'avons pas besoin d'adresser d'autre supplique pour toi.

## 84

### A son scribe

Toi que ton grand talent de scribe a rendu à mes yeux admirable, précieux, unique, Hugues [1], je commence par t'inviter, te mander et te saluer. Je te confie la fabrication de mon petit livre : c'est afin que tu me le copies que je t'ai acheté à grand prix et par mes prières [2]. A toi donc qui t'apprêtes à mettre sans tarder la main à l'ouvrage, je te promets double salaire, si tu copies comme il faut et ne m'infliges pas l'ennui d'un long délai et de l'attente. Mais si tu es attentif à cela et que tu as soin de copier comme il faut, fais une majuscule sur deux en rouge, l'autre en vert, bleu ou noir [3], de façon que les débuts de vers respectent toujours cette alternance harmonieuse. Moi, je

> Ipse tuum nomen in saecula perpetuabo,
> Si ualeant aliquem mea carmina perpetuare.
> 15 Versibus in nostris, Hugo, te pono priorem,
> Quem posui primum specimen sub pectore nostro.
> Praeterea munus quoddam speciale reseruo :
> Caseus[4] est unus quod tibi spondeo munus ;
> Sumptibus ipse meis uolo te <nunc> ducere Romam[5],
> 20 Vt leuies nostrum per mutua uerba laborem.
> Tunc tibi non anceps signum redolebit amoris,
> Cum iocundabor uerborum melle[6] tuorum.
> Interea seruire uelis ut id omne lucreris.

17 (quo)d(dam) *V s.l.* ‖ 19 te nunc ducere *conı. Str. metrı causa* : te ducere *V* te deducere *Hil.*

## 85

44v         **Qua intentione scripserit**[1]

> Qui ioculare[2] cupis ludentis carmen adire,
> Tanquam nugarum proprio pellectus amore,
> Id primum quaeso : simplex conuiua uenito[3],
> Pro dapibus magnis neque sollicitatior ito.
> 5 Mensula parua satis, sed erunt tibi fercula crebra,
> Crebra quidem fiet mutatio materiei ;
> Fercula nec multo mea sunt condita sapore :
> Reuera sensus dictanti defuit iste,
> Nec melius potui quam dixi dicere quiduis.
> 10 Me reprehendendum testantur opuscula nostra,
> Quandoquidem lubricas insector et audeo nugas.
> Carmen enim nostrum decet alti ponderis esse
> Nec recitare senex[4] pueriles debeo mimos ;
> Maturos sensus matura professio uellet.
> 15 Ipse recognosco quia iure quidem reprehendor,
> Sed ueniamque peto ueniamque petendo merebor,
> Excusanti me si credulus ipse fauebis.
> Dicere quid poteram[5] ? Temptando probare uolebam.

8 dictandi *V*. - anti *Hil.*

perpétuerai ton nom dans les siècles futurs, si mes poèmes réussissent à assurer à quelqu'un la perpétuité. Hugues, je te donne la première place dans mes vers, comme je t'ai donné dans mon cœur une place unique et exemplaire. En plus de cela, je te réserve une récompense particulière : c'est un fromage [4] que je te promets en récompense. Je veux aussi t'emmener à Rome [5] à mes frais, afin que nos conversations allègent mes tracas. Tu respireras alors le parfum d'une amitié sans équivoque, lorsque je me délecterai du miel de tes paroles [6]. En attendant, soumets-toi à mes ordres, s'il te plaît, pour gagner tous ces bénéfices.

## 85

### Dans quel dessein il a écrit [1]

Toi qui as envie d'aller voir les jongleries [2] d'un poète fantaisiste, alléché, si l'on veut, par un amour particulier des bagatelles, je t'adresse d'emblée cette requête : viens à ma table [3] en toute simplicité et n'arrive pas trop excité par la perspective d'un grand festin. Ma table est bien petite, mais on t'y servira des plats nombreux et l'on passera de nombreux services. Ma cuisine n'est pas non plus assaisonnée de façon très relevée : vraiment, ce n'est pas là ma conception de la composition littéraire, et j'eusse été incapable de dire quoi que ce soit mieux que je ne l'ai fait.

Mes œuvrettes attestent que je suis à blâmer, puisque j'ose m'atteler avec acharnement à des frivolités fugaces. Il conviendrait que ma poésie fût d'une gravité profonde et je ne devrais pas, dans mon grand âge [4], débiter des bouffonneries puériles ; ma condition et mon expérience exigeraient des pensées riches d'expérience. Je reconnais moi-même que l'on a raison de me blâmer, mais je demande grâce, et en demandant grâce, je la mériterai, si l'on écoute ma défense avec confiance et bienveillance. Qu'étais-je capable de dire [5] ? Je voulais, pour le montrer, en faire l'essai. Pourquoi me suis-je ainsi complu à

Ergo cur isto libuit discurrere campo ?
20    Cur auriga suas meus huc deflexit habenas ?
Praestiterat reges cecinisse uel abdita rerum[6],
Vel michi materies esset gens antipodarum,
Phebei currus uel menstrua motio lunae
Vel rabies Scillae uel saeua uorago Caribdis.
25    Haec uere nostras superabant omnia uires,
Is quoque congressus foret importabile pondus[7],
Aut etiam nemo, sub tanto fasce grauandus[8],
Haec legeret, subito cum taedia progenerare
Lectio difficilis soleat peregrinaque uerba.
45r    30    Et cur scribatur nisi scriptum forte legatur ?
Ergo quod pueros demulceat atque puellas
Scripsimus, ut pueris id consonet atque puellis[9],
Sicque meum relegatur opus uolitetque per orbem,
Illud dum relegent pueri relegentque puellae.
35    Quod uero tanquam de certis scriptito rebus
Et quod personis impono uocabula multis
Et modo gaudentem, modo me describo dolentem
Aut, puerile loquens, uel amo uel quidlibet odi[10] –
Crede michi, non uera loquor, magis omnia fingo.
40    Nullus amor foedus michi quidlibet associauit,
Sed modus iste michi dictandi plus inoleuit.
Sicque figuraui quod multis competat in me,
Nec plus inde michi nisi semen materiei
Et michi quod genus hoc iocundius esse putaui.
45    Quocirca, sodes, mea sit sententia uerbi[11],
Et sua, non mea, sit intentio materiei.
Sermones nostros intellige pectore fido
Laetenturque mei uersus interprete digno.
Non sis uerborum scurrilis leno meorum,
50    Perlege quicquid erit sine suspitione sinistra.

---

31 demulceat atque *V^{pc}* : demulceatque *V^{ac}* ‖ 38 (qui)d(libet) *V s.l.*

parcourir cette carrière ? Pourquoi l'aurige qui est en moi a-t-il tiré dans cette direction les rênes ? Il eût mieux valu chanter les rois ou les secrets de l'univers [6] ; j'aurais pu encore choisir pour matière le peuple des Antipodes, le char de Phébus ou le cours mensuel de la lune, la rage de Scylla ou le gouffre féroce de Charybde. Mais, à la vérité, tout cela était au-dessus de mes forces : le poids d'un tel amas était impossible à soulever [7] ; peut-être même personne n'aurait-il lu cela au risque d'être écrasé par l'énorme fardeau [8] – communément, un exposé aride et des mots étrangers ne tardent pas à engendrer l'ennui. Or, pourquoi écrivait-on si ce que l'on écrit ne devait pas être lu ? J'ai donc écrit des choses propres à charmer les garçons et les filles, afin de répondre à l'attente des garçons et des filles [9], afin qu'ainsi, lue et relue, mon œuvre s'envole à travers le monde tant que la reliront les garçons, tant que la reliront les filles.

Et si je parle dans mes écrits de choses qui paraissent réelles, si je mets en scène, sous des noms inventés, de nombreux personnages, si je trace de moi-même un portrait tantôt joyeux, tantôt triste ou si, sur le ton d'un jeune homme, je déclare mon amour ou ma haine pour tel ou tel objet [10], crois-moi, je ne dis pas la vérité ; au contraire, j'invente tout. Jamais une passion infâme ne m'a uni à quelque objet que ce soit, mais ce type de poésie est plus que tout autre inné en moi. Ainsi, j'ai représenté en ma personne ce qui pourrait se rapporter à bien des gens ; ne mets rien de plus à mon compte que l'origine du sujet et le fait que j'ai estimé ce genre bien plaisant. Par conséquent, si tu veux bien, que le sens des mots soit attribué à ma responsabilité et que les intentions exprimées par la matière lui reviennent, non à moi [11]. Comprends mes propos d'un cœur loyal et que mes vers aient la joie de trouver l'interprète qu'ils méritent. Ne prostitue pas mes mots en vil bouffon ; lis bien tout ce qu'il y aura à lire sans funeste soupçon.

## 86

### Marbodo poetarum optimo[1]

Me tibi teque michi[2] quoniam, diuine poeta,
Mutuus affectus et mutua fabula iungit
Verborumque frequens nos alternatio pascit,
Noluimus calamos ad se colludere[3] nostros
5   Et nobis nostras non alternauimus odas.
Aut tanquam fessi nostro parcendo labori,
Aut uelut alterno sic prospectando timor*e*,
Extitimus tales hucusque silentia passi
Et, quasi consuimus os, carmina nulla loquuti ;
10   Sed, quia nos ingens dictandi submouet ardor,
Carminibus nostris modo iocundabimur ad nos,
Quem, sine lite, iocum reuerentia nostra sequetur,
Vt procul abiecto liuore camena loquatur,
Quatenus alterius scriptis arrideat alter
15   Et percontanti respondeat ore sereno.
Ergo, primus ego nimio confisus amore
Quem michi precipuo sum complexatus honore,
Marbodum, quem me specialem[4] testor habere,
Carminibus nostris in primis mando ualere.
20   Mi Marbode, precor ut nostra poemata cernas
Nec quod amica manus scripsit quasi uilia spernas.
Tu decus esto mei castigatorque libelli,
Gibbosamque struem lima compesce fideli ;
Tu tempestiua rimas infunde litura[5]
25   Et studio toto mutilum suffire[6] memento.
Insignitus enim te presule tutior ibit ;
Tu superincumbens nutans opus exhilarabis,
Teque regente librum timor euacuabitur omnis.
Si bene quid dixi, lauda moderamine iusto[7],
30   Ne mercede sua careat uigilantia nostra,
Quatenus ad studium uehementior inciter ipse

45v   (margin, left of line 8)

---

7 timore *ego* : timori *V edd.* ‖ 20 marbode *edd.* : marborde *V* ‖ 21 Nec *V^{pc}* : Ne
*V^{ac}* ‖ 22 (castigator)que *V s.l.* ‖ 25 suffire *V* : supplere *con.* Sed.

## 86

### A Marbode, le prince des poètes [1]

Puisque, divin poète, une affection partagée et des propos échangés nous unissent, moi à toi, toi à moi [2], et que nous sommes rassasiés de fréquents entretiens, nous n'avons pas voulu laisser nos plumes jouer entre elles [3] et ne nous sommes point échangé nos odes. Soit que, sous couvert de fatigue, nous épargnions notre peine, soit que, sous le prétexte d'une crainte réciproque, nous restions ainsi dans l'expectative, nous sommes ainsi restés jusqu'alors silencieux et, la bouche cousue, ne nous sommes pas dit nos poèmes. Mais puisque une immense ardeur à composer des vers nous anime, nous goûterons bientôt le plaisir des poèmes envoyés – ce jeu plaisant que, sans litige, escortera le respect mutuel : rejetons au loin toute envie lorsque la Muse parlera ; que chacun accueille les écrits de l'autre avec le sourire et réponde à ses questions d'un ton serein. C'est moi, donc, le premier, confiant en l'extrême amour que je m'honore hautement d'avoir conçu, qui adresse en mes vers des vœux de bonne santé à Marbode, pour qui je professe une amitié unique [4].

Mon cher Marbode, je t'en prie, jette les yeux sur mon poème et ne dédaigne pas comme chose de peu de prix ce que la main d'un ami a écrit. Sois la gloire et le correcteur de mon petit livre : dégauchis, d'une lime sûre, ses aspérités difformes ; colmate ses fissures d'un enduit [5] appliqué où il faut et prends bien garde à soigner [6] l'infirme de toute ton ardeur. Illustrée par tes conseils, mon œuvre marchera d'un pas plus assuré ; penche-toi sur elle quand elle chancelle, et tu feras son bonheur ; sous ta conduite, mon livre abandonnera toute crainte.

Si j'ai eu quelque formule heureuse, loue-la avec juste mesure [7], pour ne pas priver mon zèle de la récompense qu'il mérite, pour m'inciter à être plus ardent encore à l'étude

Et cupidus laudis in carmina totus anhelem.
Allicit ambitio plures laudisque cupido
Et tamquam rapidis calcaria uatibus addunt[8].
35  Laudeque pro merita pedibus talaria figunt.
Nec tamen id laudes quod iure queat reprehendi ;
46r      Erratus nostros ut clemens corrige censor[9]
Et sensus rectos ut amicus perlege lector.
Si faueas etenim michi, liuor et ipse fauebit.
40   Quicquid censueris tecum de codice nostro,
Carmine rescribas ut mecum carmine ludas.
Vita iocosa michi placet, ergo musa iocosa[10].


## 87

### Audeberto Cenomannensi archidiacono[1]


Casus iocundas nuper michi contulit odas,
Audeberte, tuo de nomine pretitulatas,
Quas ego furatas studiosius ecce reuoluo.
In quibus ipse satis splendes, michi notificatus
5  Non oculis carnis, sed cordi cognitus intus.
Quocirca mecum speciali uiuis honore,
Quem michi praecipuo carmen deuinxit amore.
Censeo famosis te uatibus aequiperandum,
Quamuis praeniteas re, fama, uatibus ipsis
10  Nec tu dissideas a commoditate[2] Maronis.
Quod sic in nugis etiam constare uidetur,
Quas ego multiplices ex te michi lectito pro te,
In quibus excellis studiosos temporis huius –
Quin etiam, ueteres tunc temporis exuperasses –,
15  Doctiloquus Naso non nunc urbanior esset,
Nec nunc, ut spero, sua musa citatior iret[3].
De Berengario Turonensi pauca loquutus[4],
Es nobis uisus, nisi fallor, magnus Omerus.


10 (Ne)c *V s.l.*

et pour qu'avide de louange je me consacre corps et âme à la poésie. L'ambition séduit plus d'un homme, et le désir de gloire ; ils éperonnent, si je puis dire, les poètes fougueux et attachent des ailes à leurs chevilles [8], quand ils ont mérité la louange.

Ne va pas pour autant louer ce qui mérite d'être critiqué. Corrige mes erreurs en censeur bienveillant [9] et examine en ami mes bonheurs d'expression. Car si tu m'accordes ton suffrage, l'envie elle-même me donnera aussi le sien. Tout ce qui t'aura convenu dans mon livre, écris-le-moi dans le poème par lequel tu me répondras pour participer avec moi au jeu de la poésie. La vie joyeuse me plaît ; par conséquent, la muse joyeuse [10].

## 87

## A Audebert, archidiacre du Mans [1]

Le hasard a récemment fait tomber entre mes mains de jolies odes, Audebert, qui portaient ton nom en épigraphe. Les ayant subtilisées, je les médite avec passion. En elles, qui suffisent à t'illustrer, je t'ai découvert non pas avec les yeux de la chair, mais j'ai appris à te connaître du fond du cœur. Aussi occupes-tu dans mon âme un rang particulièrement honorable, toi que la poésie a uni à moi par le lien d'un amour exceptionnel.

Je crois qu'il faut t'égaler aux poètes fameux, encore que ton éclat, dans la réalité, dans sa célébrité, l'emporte sur celui de ces mêmes poètes et que tu n'aies rien à envier à Maron pour l'aisance du style [2]. Même en ce qui semble se réduire à des bagatelles – ces nombreux textes de toi que je relis sans cesse en t'approuvant, et où tu triomphes des talents de notre temps (d'ailleurs, tu aurais aussi surpassé les anciens en leur temps) –, le savant et disert Ovide ne serait pas à présent plus élégant et sa muse, je crois, n'irait pas d'un pied plus léger [3]. Ayant prononcé quelques mots sur Béranger de Tours [4] tu nous es apparu, si je ne me trompe pas, semblable au grand Homère.

Denuo dixisti quoniam tria moribus obsint,
20 Quae tria, si superent, ducunt in perditionem :
Femina, census, honos, ferales moribus hostes⁵ ;
Quod tam diserte, tam pleniter enucleasti
46v Vt mox sufficiant sic enucleata legenti.
In quibus expositis sic ipsum te superasti
25 Vt te crediderim uel Apollinis ore loquutum,
Aut inter superos si quis sit Apolline maior,
Maiestate Iouis pro religione remota⁶.
Ergo nolo mei sis amodo carminis expers,
Vt sub amore tuo sic me digneris habere
30 Carminibusque tuis facias me participare.
Sique michi poteris aliquando contiguari,
Ipse tibi potero per memet gratificari.
Estque diu quod te uotiuus imagino semper
Et praesentandum nostris obtutibus oro,
35 Et uelut astantem coram me sepe figuro.
Tuque satisfacies, si respondebis idipsum,
Vt me praesentem uotiuus scilicet ores.

33 quod *Vᵖᶜ* : quot *Vᵃᶜ* ‖ 37 Vt *Vᵖᶜ* : Et *Vᵃᶜ*

## 88

### Ad Simeonem¹ qui cum episcopo morabatur

Cartula, praeproperas uultum Simeonis adire,
Littera quem diues² specialem praetulit orbi,
Maiori siquidem semper uacat ipse sophiae.
Sis obtusa licet, nimiae quoque rusticitatis ;
5 Si uelit ergo tuas extimplo refellere³ nugas,
Cuius es edicas, et cur te miserit illuc ;
Taliter hunc subito reddes tibi commodiorem.
Ergo salutatum⁴ duces in parte sequestra⁵

1 (praep)r(operas) *V s.l.* ‖ 7 hunc *Vᵖᶜ* : hanc *Vᵃᶜ* ‖ 8 nostra *scrips. manus saec. XVI uel XVII ın mg. V*

Ailleurs, tu as dit qu'il y a trois adversaires de la moralité qui, s'ils l'emportent, mènent à la perdition : la femme, l'argent, les honneurs, ennemis mortels de la morale [5]. Tu as analysé cela avec tant de discernement et d'exhaustivité que dorénavant une telle analyse suffit au lecteur. Dans cet exposé, tu t'es à ce point surpassé que j'ai eu l'impression que tu parlais avec l'éloquence d'Apollon ou d'un dieu, s'il en est, supérieur à Apollon (laissons de côté par piété la majesté de Jupiter [6]).

Je veux donc que tu n'ignores plus désormais ma poésie, pour que tu daignes ainsi m'accueillir dans ton amour et me fasses une place dans ta poésie. Et si tu peux un jour te rappro cher de moi, je pourrai, pour ma part, me rendre agréable à tes yeux. Il y a bien longtemps que, dans mes prières, je t'imagine sans cesse, que je souhaite te voir apparaître à mes regards et que je ressens l'impression que tu es ici à mes côtés. Quant à toi, tu me contenteras pleinement si tu m'adresses en réponse les mêmes paroles ; je veux dire : que dans tes prières, tu souhaites ma présence.

## 88

### A Siméon [1] qui demeurait chez un évêque

Hâte-toi, ô ma lettre, de tomber sous les yeux de Siméon, à qui la richesse de sa culture [2] a valu une place éminente et exceptionnelle dans le monde : car il consacre tout son temps à la sagesse la plus haute. Que tu aies l'air abruti et des manières bien rustaudes, c'est possible ; c'est pourquoi, s'il veut sur-le-champ réfuter [3] les sottises que tu contiens, dis-lui qui est ton auteur, et pourquoi il t'a envoyée là : ainsi, tu te le rendras aussitôt plus aimable. Donc, une fois prononcée la formule de salutation [4], tu l'amèneras à ce qui vient après [5] et lui souffleras

Assensusque meos eius stillabis in aure[6].
10   Dic[7] : « Simeon, si te fastidit praesulis aula
Turbaque turbata, nec ager tibi semina reddit
Visque quiete frui responsiuaque[8] quiete,
Ad me diuertas, si praesulis arua refutas.
47r     Arridebit enim tibi tellus nostra serenti ;
15   Plenus ego mercedis ero, si ueneris ad me,
Et replebo manum, michi si repleueris aurem.
Optatiua fames me cogit amorque legendi,
Ad nostros ut te rogitem transire Penates.
Multiplices curae non me paterentur in urbe
20   Esse diu tecum ; sed si tu ueneris ad me,
Ipse parabo michi tempusque locumque[9] uacandi.
Nos ad id alliciet etiam sua copia nostri[10].
Sic michi rescribas rescriptum ut facta sequantur,
At nil rescribas nisi cartam facta sequantur[11]. »

9 aure *V* . aurem *com. Str. fortasse recte (cf. Juv. 3, 122) Hil.* ‖ 12 (Vis)que *V s.l.* ‖ 15 ego *V^{pc}* : ero *V^{ac}* ‖ 18 *post* transire *ras. ferme quatuor litterarum* ‖ Penates *V^{pc}* : -tas *V^{ac}* ‖ 23 Sic *V^{pc}* : Si *V^{ac} Hil.*

## 89

### Ad eum cuius colloquium expetebat[1]

O si colloquium nos nobis contiguaret !
Prospera colloquii me commoditas recrearet,
Pigricie somno sopitum me euigilares,
Aurem pulsando dum tanquam me stimulares.
5   Ingenii ipse mei laudasti carmine uenam
Aptastique[2] tuam sic me laudando camenam.
Ingenii sed uena mei quasi languida marcet[3],
Hanc dum cura frequens, labor improbus angit et arcet.
In uarias rapiunt diuersa negocia partes,
10   Quem procul abducunt a me tot funditus artes.

*inscr.* expetebat *V^{pc}* : expectebat *V^{ac}*

à l'oreille [6] mon point de vue. Dis [7] : « Siméon, si la cour de l'évêque t'ennuie, et la tourbe qui y tourbillonne, si ton champ ne te rend pas ce que tu y as semé et que tu veuilles connaître le repos, un repos plein de productivité [8], dirige tes pas vers moi. Car si tu abandonnes les terres de l'évêque, ma glèbe sourira à tes semailles. Moi j'abonderai en bienfaits, si tu viens près de moi, et je comblerai tes mains, si tu combles mes oreilles. Le désir affamé et la passion d'étudier m'obligent à te supplier de gagner mes pénates. Mes occupations nombreuses ne m'autoriseraient pas à passer beaucoup de temps en ville avec toi ; mais si tu viens chez moi, je me ménagerai un moment et un endroit [9] de liberté. A quoi nous incitera aussi la pleine faculté que nous aurons d'être l'un avec l'autre [10]. Réponds-moi de telle manière que tes actes suivent ta réponse. Mais ne réponds rien, si tes actes ne suivent pas ta lettre [11]. »

## 89

### A celui avec qui il désirait vivement s'entretenir [1]

Si seulement un entretien nous réunissait l'un à l'autre, cet heureux entretien aurait pour bénéfice de me faire revivre. Tu me tirerais du sommeil paresseux où je m'engourdis, lorsque ta voix, en frappant mon oreille, viendrait comme m'aiguillonner. Tu as loué, dans un poème, la veine de mon talent et as montré, en me louant ainsi, les capacités [2] de ta muse. Mais la veine de mon talent dépérit et s'étiole, quand des soucis nombreux, des peines obstinées l'étranglent et l'emprisonnent [3]. Des tâches opposées m'entraînent çà et là ; tant de travaux m'éloignent complètement de moi-même. Chose plus étonnante, le zèle

Vtque magis stupeas : sollers michi sollicitudo
Ad quaecunque uelim fit precipitans ebitudo ;
Partim dimensus minor est per singula census
Et minor est in se partiti copia sensus[4].

15  Da michi, queso, Deus, tam dira negocia desint
Daque bonis studiis bona iugiter ocia presint ;
Da michi, queso, mei sim saltim quandoque compos,

47v  Ipse mei compos qui sum modo pauper et impos ;
Da michi librorum ualeam gluttire medullas
20  Nec patiar nugas mundani turbinis ullas.
Si fierem liber, per lucida signa pateret
Ingenii nostri si quid mea uena ualeret.
Nunc michi nequaquam merito laus competit ulla,
Excepto quod me commendat sancta cuculla.
25  Ergo liquet quia me laudasti sicut amicus :
Non inuidisti sicut delator iniquus,
Non es adulantis uestigia blesa[5] secutus,
Sed satis apta tenens es amici more loquutus.
Ergo, tibi grates quas postulat usus agendo,
30  Quod michi te redimat[6], Guillelme, ualeto rependo.
Vt uenias ad me neque musae dicta recusa,
Nostra sub extremo dicit tibi margine musa.

17 compos *edd.* : campos *V* || 19 gluttire *V$^{pc}$* : glutare *V$^{ac}$* || 23 com(petit) *V s.l.*


# 90

## Ad Stephanum monachum suum[1]


Si citus acceleras tibi grata negocia, laetor :
    Vtque citus redeas, fac citus acceleres ;
Accelera reditum, si rem tamen accelerasti.
    Quod si poscit adhuc res, habeat spacium :
5  Tempus habeto rei tamen illud quod rogitasti,
    Quod tamen abbreuia si breuiare potes.

6 potes *V$^{pc}$* . potest *V$^{ac}$*

intelligent que j'appliquais à tout ce dont j'avais envie décline
en abrutissement. C'est une part du cens qui diminue
graduellement et la part du bon sens que j'y investissais qui
s'appauvrit [4]. Fais, je t'en prie, mon Dieu, que je sois délivré de
tâches si funestes, fais que d'heureux loisirs président à jamais
à d'heureuses études, fais, s'il te plaît, qu'au moins je sois un
jour mon propre maître – mon propre maître, moi qui suis
aujourd'hui nécessiteux et dépendant –, fais que j'aie le
pouvoir de déguster la moelle des livres et ne me laisse pas en
butte aux tourbillons futiles de ce monde. Si j'obtenais la
liberté, on verrait par des signes éclatants si la veine de mon
talent a quelque qualité. Aujourd'hui, aucune louange ne m'est
décernée à bon droit, abstraction faite du mérite que me
confère la sainte bure. Il est donc manifeste que tu m'as loué
par amitié. Tu n'as pas eu la malveillance du détracteur plein
d'injustice ; tu n'as pas suivi le chemin du flatteur à la langue
épaisse [5] ; mais, sur le ton qui convenait, tu as parlé comme un
ami. Aussi, te rendant grâces, comme le veut l'usage, je
t'adresse en retour, Guillaume, mon salut – puisse-t-il acquitter
le prix de ta présence auprès de moi [6] ! Viens me voir, n'oppose
pas un refus à la prière de la muse : c'est ce dont te prie la
mienne, tout en bas de la page.

## 90

### A son ami, le moine Étienne [1]

Si tu te dépêches d'accomplir bientôt les travaux chers à ton
cœur, je m'en réjouis ; et, afin de revenir bientôt, dépêche-toi
donc de les accomplir bientôt. Dépêche-toi de revenir, si toutefois tu as dépêché l'affaire : car si elle requiert encore un délai,
on le lui accorde. Obtiens pour cette affaire tout le temps que tu
as demandé, mais si tu peux l'abréger, fais-le.

Quod nos a nobis fortuna coegit abesse,
  Conqueror et doleo, credo quod ipse doles.
Nam si non dolor est quod carni demitur unguis[2],
10     Porro quod alter abest iam quoque non dolor est.
Non fuit alterius nisi dimidiata uoluntas
  Si de uelle parum defuit alterius[3].
Dum loquimur, persepe fuit quod cogitat alter
48r     Alterius sermo quatenus anticipet[4].
15 Credo deesse michi, dum desis, dimidium me[5] ;
  Ergo age, tolle moras[6] ut subito redeas.
Tu mea formabas in forma uerba meumque
  Carmen sepe tuo supposui studio.
Si quandoque michi maiora negocia deerant,
20     Ocia pascebas carmine nostra tuo.
O quam iocundo tunc carmine sum recreatus,
  Cum michi de talpa[7] Naso nouus recitas ;
Nec tamen inuideo, sed sic tua carmina laudo
  De talpae quae iam laudibus edideras.
25 Ergo salutat te praesentis epistola cartae
  Et monet ut redeas : Stephane, tolle moras.
Fac, precor, ut redeas, ut mutuo nos uideamus
  Nosque reconcilient altera colloquia.
O michi quam laetam reddet fortuna dietam
30     Te tempestiuum si michi reddiderit.
Sola dies sine te mecum decernitur annus[8],
  Mille dies tecum parua breuisque dies.
Talpa quidem ualeat, specialius ipse ualeto.
  De talpa uersus hosque remitte michi.

15 dimidium me *V* : demidium me (mi *coni. Sed.*) *Abr.* de medium me *siue* medium de me *coni. Str.* ‖ 18 *post* supposui *ras. ferme trium litterarum*‖ 19 (quando)que *V s.l.*

La Fortune nous a contraints à nous trouver loin l'un de l'autre ; je m'en plains et j'en souffre. Je pense que tu en souffres aussi. Car si ce n'est une souffrance que de sentir son ongle arraché à la chair [2], ce n'est pas non plus, sans doute, une souffrance, de savoir son ami absent. La volonté de l'un n'est guère qu'une demi-volonté, si un tout petit peu du vouloir de l'autre fait défaut [3]. Lors de nos conversations, il arrive bien souvent que l'un dise ce que l'autre a en tête avant qu'il n'ait le temps de l'exprimer [4]. J'ai l'impression, quand je te perds, de perdre la moitié de mon être [5]. Allons donc, plus de retard [6], reviens tout de suite.

C'était toi qui donnais un tour harmonieux à mes phrases : souvent, j'ai soumis un poème à ton attention. Lorsque des occupations plus sérieuses me laissaient en repos, tu rassasiais mes loisirs de ta poésie. Quel délassement j'ai alors tiré du joli poème « La Taupe », lorsque, nouveau Nason, tu l'as déclamé devant moi [7] ! Aucune jalousie de ma part ; je tiens plutôt ici à louer le poème que tu avais composé à la gloire de la taupe.

Ainsi, le parchemin que voici, cette lettre t'adresse mon salut et t'enjoint de revenir, Étienne. Ne tarde plus. Reviens donc, s'il te plaît ; qu'ainsi nous nous voyions et que de nouveaux entretiens nous réaccoutument l'un à l'autre. Quel bonheur la Fortune ramènera dans ma vie de tous les jours, si elle te ramène à moi plus tôt que prévu ! Un seul jour sans toi me paraît une année [8], mille jours en ta compagnie, une courte et brève journée.

Tous mes vœux à la taupe. Mes vœux plus sincères encore pour toi. Et renvoie-moi ces vers sur la taupe...

## 91

### Inuitatio ut quidam se monacharet

Ramnulfum saluere suum suus imperat[1] abbas
    Et sua dicit ei cartula : « frater, aue ».
Filius abbati[2], Vasatensis[3] Burguliensi
    Rescribat salue quod prior emeruit.
5  Carmina nostra tibi iam bis, Ramnulfe, rogasti,
    Tanquam si caelum carminibus teneas.
Nemo poetarum tenuit per carmina caelum,
48v      Dux tamen ad caelum littera saepe fuit[4].
Si uis ergo uiam, Ramnulfe, incedere rectam
10     Atque fidem nostris addere colloquiis,
Cures colloquium neque cures carmina multum ;
    Tempus colloquio, si petis, ipse dabo.
Nos quoque carminibus aliquando iocando uacamus,
    Sed neque carminibus otia multa damus.
15  Cum uolumus siquidem nostrum leuiare laborem,
    Quod magis aedificet scribimus aut legimus.
Dormit gentilis nobiscum pagina[5] uilis,
    Namque libros gentis illius exuimus.
Ad nos ergo ueni, quod uis edissere nobis :
20     Non uult ambages seruitium domini.
Emendare tuam, si uis, Ramnulfe, iuuentam,
    In quibus ipse uelis, auxiliator ero.
Respondebo tibi quo debeo, quo decet ore ;
    Ipse pusillanimes quandoque sustineo.
25  Ne timeas igitur, angustis callibus itur,
    Non dilatatis, sepius ad dominum[6].
Me rogo Ramnulfus sua per rescripta salutet
    Et michi quicquid erit perlegat et recitet ;
Explicet umbrosos sensus obscuraque uerba,
30     A me se donec nouerit implicitum[7].
At ne sustineas pro paupertate pudorem :
    Pauper ego, pauper Christus et ipse fuit[8].

## 91

### Invitation à se faire moine

Son ami l'abbé adresse ses salutations[1] à son ami Renouf et
sa lettre lui dit : «Bonjour, ô mon frère. » Que le fils à l'abbé[2],
l'habitant de Bazas[3] à celui de Bourgueil retourne le salut qu'il
a mérité de recevoir le premier

Tu m'as déjà par deux fois, Renouf, réclamé des poèmes,
comme si la poésie te permettait de gagner le ciel. Jamais les
poètes n'ont gagné le ciel grâce à leur poésie, même si, bien
souvent, la littérature a été un guide vers le ciel[4]. Si tu as donc
envie, Renouf, de marcher dans le droit chemin et d'ajouter foi
à mes entretiens, sois attentif aux entretiens et point trop aux
poèmes. Je consacrerai, si tu le demandes, un moment à un
entretien.

Il m'arrive à moi aussi de m'adonner à l'aimable passe-
temps de la poésie, mais je ne consacre pas à la poésie beaucoup de mes loisirs. Car, lorsque j'ai envie de me décharger de
mon travail, j'écris ou je lis des choses plus édifiantes. La littérature[5] sans valeur des gentils est en sommeil chez nous ;
d'ailleurs, je me suis débarrassé des livres de ces gens.

Viens donc me voir ; explique-moi clairement ce dont tu as
envie : le service du Seigneur n'a que faire des circonlocutions.
Si tu souhaites, Renouf, corriger ta jeunesse, je te viendrai en
aide sur les points que tu voudras. Je te répondrai selon mon
devoir, avec pertinence : j'ai l'habitude de soutenir les âmes
faibles. N'aie donc pas peur : c'est plus souvent par des sen-
tiers étroits que par de larges routes que l'on va vers le Seigneur[6].

Que Renouf, je le lui demande, m'adresse en réponse son
salut ; qu'il lise en entier et rumine tout ce qui lui viendra de
moi ; qu'il dénoue la confusion des idées et l'obscurité des
mots jusqu'à ce qu'il ait compris que c'est moi qui l'ai ligoté[7].
Pour le reste, n'aie pas honte de la pauvreté : je suis pauvre, le
Christ lui-même le fut aussi[8].

## 92

### De graphio fracto grauis dolor[1]

Pro dolor ! heu, casus grauis, infortunia seua !
    Heu, fortuna nocens, heu, miserum facinus !
Me stilus iste meus, decimum comitatus in annum,

49r        In partes fractus dissiluit geminas.

5  Nec geminae partes nec iam stilus altera pars est[2] :
    Ergo stilus meus hic desiit esse stilus.
De ferro grafium ferrarius effigiauit ;
    Effigiale perit, materiale manet[3].
Quod manet est ferrum, stilus, id quod perdidit esse,

10    Esse quod artificis extudit ingenium.
Attamen artificis potius michi cura placebat
    Quam res ipsius materiae placuit[4].
Hoc humana manus decus addit materiebus,
    Res ut ab arte sibi traiciant precium.

15  Artes innumerae, labor exquisitus abusque
    Confecere meum, quem modo plango, stilum.
Telluris rimando sinus patefecit abissum,
    Dum latitans ferrum querit anhelus homo.
Tandem, flammiuoma triduo fornace recoctum[5]

20    Educit ferrum de liquido solidum.
At necdum stilus est per tot molimina ferrum :
    Instat ut id faciat cura sagax[6] hominis.
Marculus atque tenax[7], follesque parantur et incus
    Et focus, ut ferrum cuncta doment pariter.

25  Indefessus item ceptis ferrarius instat
    Et ferrum ferro uincit et igne simul.
Lassus anhelat homo, gemit incus, duplicat ictus
    Alte sustollens brachia nigra faber[8].
Per uarios nisus tandem stilus effigiatur :

30    Quippe stilum tantae condere molis erat[9] !
Rursus inest operi ; limas parat ad poliendum ;

10 extudit *V* : excudit *con. Sed.*

## 92

### Plainte amère sur un style brisé [1]

Hélas ! Malheur ! Affreux accident, infortune cruelle ! Ah, fortune méchante ! Ah, male aventure ! Le style que voici, mon compagnon de neuf années, s'est fendu et brisé en deux. Ni les deux morceaux ni l'un ou l'autre d'entre eux ne sont plus un style. Donc, mon style a cessé d'être un style [2]. A partir d'un morceau de fer, un ferronnier a façonné ce poinçon. La cause efficiente est anéantie, la cause matérielle demeure [3]. Ce qui demeure, c'est le fer ; le style, c'est ce qui a perdu l'être, cet être qu'a forgé le génie d'un artisan. Mais j'avais plus de goût pour le travail de l'artisan que je n'en eus pour la matière brute. C'est la technique qu'on y applique qui fait la valeur des objets : telle est la dignité que la main de l'homme confère aux matériaux [4].

Des techniques sans nombre, un travail raffiné ont fabriqué à partir de là le style que je pleure aujourd'hui. Un abîme s'est ouvert dans le sein crevassé de la terre : c'est alors que l'homme s'essouffle à y rechercher le minerai caché. Enfin, après l'avoir recuit trois jours dans un four [5] qui vomit des flammes, il tire le fer dur du métal en fusion. Mais tant d'opérations énormes ne suffisent pas à transformer le fer en style : il reste encore à l'industrie et à l'habileté [6] d'un homme à obtenir ce résultat. On prépare marteau et tenaille [7], soufflet et enclume, on allume un foyer afin que, tous ensemble, ils aient raison du fer. Courageusement, le ferronnier s'attelle à l'entreprise et vainc le fer par le fer, et aussi par le feu. L'homme s'essouffle de fatigue, l'enclume gémit ; l'ouvrier lève bien haut ses bras noircis et redouble de coups [8]. Grâce à ces multiples efforts, le style enfin est façonné – car c'était une immense entreprise que de fonder un style [9] ! On se remet à l'ouvrage. On prépare les polissoirs : on polit ce côté, on

Hic polit, hic acuit, hic quoque quadrat homo.
49v        Quemque tot et tanti graphium peperere labores
      Et tantum tempus, abstulit una dies[10].
35  Lamentum quam grande, dies infesta, dedisti,
      Cum perimis graphii nomen et officium !
An frustrabor ego graphii solamine letus,
      Orbe decemnali quem socium didici ?
Heu graue discidium, fractura quod edidit una !
40      Ecce meae manui, mi stile, subtraheris !
Quo perarabo[11] meas tam digno pectine ceras
      Tamque meis tabulis qui stilus aptus erit ?
Si quouis precio posset tua plaga iuuari,
      Indiga nostra manus non fuerat precii ;
45  Sed quoniam lacrimas michi censeo nil ualituras,
      Hoc michi solamen ipsemet accipio :
Quas michi reliquias de te fortuna reliquit,
      In bene seruandas computo diuitias
Et, si quid possunt mea carmina posteritatis,
50      Te commendo meis carminibus titulis[12].
Vos, o praesentes successurique poetae,
      Hos legitote meos de graphio modulos.
Conqueror, o uates, quoniam qui carmina mecum
      Mille stilus cecinit, discidit et periit.
55  Sic uestros fortuna stilos tueatur, ut ipsi
      Plang*a*tis graphium diriguisse meum.

40 subtraher*ıs V^pc* : subst- *V^ac* ‖ 44 Indiga *V^pc* : (Indig)u(a) *erasum* ‖ 56 Plangatis *Str* : -getis *V Hil.*

# 93

## Ad comitis Stephani fratrem[1]

Lampadis os, Philippe[2], uale, puer indolis alte,
      Lux olim cleri clara futurus[3], aue.
Me tibi quem praefert gradus et prouectior aetas
      Ad te compellit scribere solus amor.

aiguise celui-là, là encore, on équerre. Et le poinçon que tant d'immenses travaux et tant de temps ont enfanté, un seul jour l'a anéanti [10].

Quel grand sujet de plainte, jour maudit, tu m'as donné, en faisant disparaître le nom du poinçon et son office ! Devrai-je donc me réjouir de me voir dépouillé du secours du poinçon à la compagnie duquel je m'était habitué pendant le cycle d'une décennie ? Affreuse séparation, qu'une cassure unique a provoquée ! Te voilà, mon cher style, arraché à ma main. Quel poinçon saura aussi correctement tracer son sillon [11] dans la cire ? Quel style conviendra aussi bien à mes tablettes ? S'il était possible, à n'importe quel prix, de porter remède à ta blessure, ma main ne regarderait pas à la dépense. Mais puisque j'ai bien conscience que mes larmes seront complètement inutiles, je m'adresse à moi-même la consolation que voici : les reliques de toi que la fortune m'a laissées, je les considère comme un trésor à conserver précieusement, et si mes poèmes ont quelques capacité à me survivre, je confie ton sort à mes épigrammes [12]. Ô vous, les poètes d'aujourd'hui et de demain, veuillez lire les chants que j'ai faits sur mon style. Ô poètes, je pleure parce que le style qui a chanté mille poèmes avec moi s'est cassé et a péri. Puisse la fortune épargner vos styles, afin qu'à votre tour vous composiez des plaintes funèbres sur mon style, raidi dans la mort.

## 93

### Au frère du comte Étienne [1]

Philippe, « face de flambeau » [2], salut, enfant de nobles mœurs ! Lumière qui brillera un jour sur le clergé [3], bonjour ! Si je t'écris, moi à qui mon rang et mon âge avancé donnent préséance sur toi, c'est que l'amour seul m'y a contraint. Ce

50r   5   Scribo quod puero surgenti profore possit
         Quodque dies nostros quodque gradum deceat.
      Tu, quod cudit amor, quod amici more paciscor,
         Sicut amicus habe, solus habendo lege.
      In triuiis siquidem nolo mea dicta uagentur[4],
    10     Nemo nisi infelix inuidia caruit[5].
      Sicut nobilitat te linea sanguinis alti[6],
         Sic quoque te morum linea nobilitet.
      Subditus esto libens uirge manibusque magistri[7] ;
         Dum uacat, assiduus disce, reuolue libros[8].
    15   Tempus erit subito cum te tua prouehet etas,
         Cum te nobilitas auocet a studiis.
      Nam si nescieris tunc respondere rogatus,
         Si presul fias, mutus asellus eris[9].
      In condiscipulos nimium seuire caueto,
    20     Immo magis recolas te fore discipulum.
      Quod tecum gessit nec cuilibet improperabis
         Nec tibi quod soli dixit amicus homo[10].
      Si sis iratus, nulli tamen obice crimen,
         Paccatus siquidem forsitan alter eris.
    25   Nobilitas et lingua procax[11] moresque proterui
         Nec sibi concordant, nec bene conueniunt[12].
      Nobilibus siquidem proauis Odonibus[13] ortus,
         Ortus es Odones ut ueteres renoues,
      Qui sic uixerunt, fuerint ut Iulius armis,
    30     Augustus pace, diuitiis Salomon.
      Addidit Octodorum sibi scilicet unus eorum
         Augustamque suis uiribus optinuit[14].
      Isque Theobaldum generauit pacis alumnum[15],
50v         Quo, Philippe, uenis principe progenitus.
    35   Ergo, quem decorant antiquae nobilitatis
         Tot proauique duces et comites ataui,
      Da condigna tuae praesagia nobilitati,
         Moribus ipse tuis praeniteas atauis.
      An sim iocundo, Philippe, locutus amore,
    40     In serie sensus ipse notare potes.

---

6 Quodque (dies) $V^{pc}$ : Quotque $V^{ac}$ || 7 quod (cudit) $V^{pc}$ : quot $V^{ac}$ || 38 (p)r(aeniteas) *V s.l.*

que j'écris ? des choses qui puissent profiter à un jeune garçon qui grandit ; des choses qui conviennent à mon âge et à mon rang. Et toi, ces mots qu'a façonnés l'amour, ce pacte que je t'offre en ami, reçois-les en ami ; reçois-les et lis-les tout seul : je n'ai pas envie en effet que mes propos traînent aux carrefours [4]. Nul, sinon le malheureux, n'est à l'abri de la jalousie [5].

De même que le sang d'un illustre lignage t'anoblit [6], que de la même façon ta ligne de conduite t'ennoblisse elle aussi. Soumets-toi sans regimber à la férule et aux coups du maître [7] ; dans tes moments de loisir, apprends assidûment, compulse les livres [8]. Il viendra très vite, le moment où tu seras en âge d'avoir une promotion, où ta noblesse t'arrachera à l'étude. Alors en vérité, si tu ne sais répondre aux questions une fois devenu évêque, tu seras un âne muet [9]. Prends garde d'être trop dur envers tes condisciples, mais souviens-toi plutôt que tu es l'un d'entre eux. Tu ne reprocheras à personne la conduite qu'il aura eue envers toi ou les mots qu'un ami t'aura dits en particulier [10]. Si tu es en colère, n'incrimine personne, car peut-être, une fois calmé, seras-tu autre. La noblesse ne s'entend pas plus qu'elle ne s'accorde avec une langue effrontée [11] et des mœurs insolentes [12].

Issu de la noblesse ancestrale des Eudes [13], tu es né pour faire revivre les Eudes d'autrefois, qui vécurent en étant des César au combat, des Auguste en temps de paix, des Salomon par la richesse. Ainsi, l'un d'entre eux ajouta à ses domaines Martigny et conquit de vive force Aoste [14]. Il engendra Thibaud, enfant chéri de la paix [15], ce prince dont, Philippe, tu te trouves être le fils. Toi, donc, qu'illustrent tant de ducs – tes aïeux –, tant de comtes – leurs pères – d'une antique noblesse, tu dois présenter des auspices conformes à ta noblesse, tu dois l'emporter en éclat sur tes ancêtres par tes mœurs.

Que c'est un doux amour qui m'a dicté ces propos, tu peux, Philippe, le constater toi-même en observant l'enchaînement

Quod si dicta sonant incomptam rusticitatem,
    Crede michi : melius dicere non potui.
Est ignorantis uicium, non culpa uolentis
    Si bene non dixi dicere quod uolui.
45 Denique quod sentis quod gestit nostra uoluntas,
    Ac si protulerint carmina nostra puta[1].
Dicta meis uotis industria uestra coaptet
    Dictaque uotorum uis magis apprecitet.
Apprecitet cartam, quod cartam misit amicus,
50     Dilige quod praefert nomen amicitiae.
Iam memor esto mei, memoris memorabor et ipse
    Nec nos a nobis mors etiam dirimat[2].

---

43 (ignora)n(tis) *V s.l.* ‖ 47 coaptet *V^{pc}* : -tat *V^{ac}* ‖ 49 (misi)t *V s.l.*

## 94

### Ad iuuenem qui heremita fieri cupiebat[1]

Rem quam disponis nec laudo nec reprehendo[2] :
    Non laudo quoniam deficias timeo,
Non reprehendo quidem quia res est religiosa,
    Si poteris uotum continuare tuum.
5 Scilicet incipias, peragas incepta nec usquam
    A bene proposito dimoueare tuo.
Sed, quia praecipiti sub mobilitate iuuentus[3]
    Praecipitata ruit, ipse tibi timeo.
Incipit ecce tua primum florere iuuenta[4],
51r 10     Floribus in primis carpere mala cupis ;
Fructus maturos producant desine[5] flores
    Nec moetas properus temporis anticipes.
Ipse tibi timeas, ut, dum te corriget aestas,
    Huius propositi te quoque poeniteat.
15 Aestus adhuc carnis in te sua castra ciebit

---

6 dimoueare *V^{pc}* : diuo- (uel dino-) *V^{ac}* ‖ 11 desine *V* (*cf. Verg., ecl. 5, 19*) : tu sine *coni. Sed.* ‖ 13 aestas *V* : aetas *Abr.*

des idées. Quant aux mots, s'ils ont un accent de rusticité grossière, c'est, crois-moi, parce que je n'ai pas été capable de mieux dire. C'est le tort de mon ignorance, non la faute de ma volonté, si je n'ai pas bien exprimé ce que j'ai voulu exprimer. Quoi qu'il en soit, considère mon poème comme s'il énonçait ce que – tu l'as bien compris – désire ardemment ma volonté [16]. Que ton application mette les mots en harmonie avec mes vœux et que l'énergie de mes vœux donne à mes mots plus de valeur. Que donne plus de valeur à cette lettre le fait qu'elle t'est adressée par un ami. Aime ce qui porte en exergue le nom de l'amitié. Souviens-toi de moi dans l'avenir ; pour ma part, je me souviendrai de qui se souvient de moi. Et que la mort même ne nous arrache l'un à l'autre [17].

## 94

### A un jeune homme qui désirait se faire ermite [1]

La résolution que tu prends, je ne la loue ni ne la blâme [2]. Je ne la loue pas, parce que je crains que tu ne faiblisses ; je ne la blâme certes pas, car c'est une pieuse résolution, si tu peux persévérer dans ton vœu. En tous cas, si tu l'entreprends, mène à terme ton entreprise et ne te laisse aucunement détourner de ton beau projet. Mais si j'ai peur pour toi, c'est parce que la jeunesse, dans sa précipitation, choit au fond du précipice de son inconstance [3] ; or, ta jeunesse a tout juste commencé de fleurir [4] et tu souhaites cueillir les fruits au temps des premières fleurs ; en attendant que les fleurs produisent des fruits mûrs, arrête-toi [5] et ne te hâte pas de franchir avant l'heure les bornes fixées par le temps. Crains, de ton côté, pour toi-même, d'avoir à te repentir de ce projet lorsque l'été t'en punira : à ce moment, le feu de la chair établira son campement en ton cœur

Et tunc conflictus experiere nouos[6].
Tunc in te solo diro quatiere duello,
    Tanquam sis solus unus et alter[7] homo.
Quis superare potest, dum uixerit, omnia carnis
20    Incentiua suae quae tribulant[8] hominem ?
Seditio grauis est si femina uirque repugnet,
    Plus grauis est in se quando repugnat[9] homo.
Esto, frigescas, esto, puerilia uincas,
    Naturae uictor, uictor et ipse tui,
25  Vincas quod dudum didicisti uel docuisti,
    Est aliud quod te temptet adhuc grauiter.
Instat ut id peragas : ieiunia longa[10] ; frequentes
    Impatiens mensas anticipare soles :
Ergo satur uenter quando ieiunia discet ?
30    An tolerare famem pulmo[11] tener poterit ?
Instat ut[12] ipse cibis utaris uilibus atque
    Vino postposito parcus aquam sapias.
Olim pigmentis[13] nutrito et mollibus escis
    Quando sufficiet panis et unda tibi ?
35  Tectus tam tenui quam texit aranea tela[14],
    Deliciosus adhuc membra tenella foues :
Ergo quando pilos poteris tolerare caprinos ?
    Quando tela tibi stuppea conueniet ?
51v    Quando seuerus erit uiuens hucusque iocosus ?
40    An tacet ad tempus garrulus atque locax ?
Mollia membra situ praemolli quando rigescent ?
    Dediscetne cito balnea pulpa caro[15] ?
Alta calore caro brumaque geluque[16] peribit ?
    An tibi lectus erit astula siue cinis ?
45  Res specialis adhuc est ieiunantibus ira[17] ;
    Sepe cibo parcens subiacet huic uicio.
Ergo contra iram uelut irascaris oportet,
    Vt uelut iratus hoc uicium perimas.
Quis procul unquam a se disterminet ambitionem ?
50    Cuiue fuit uitae laus odiosa suae[18] ?

---

26 quod *V^{pc}* : quot *V^{ac}* ‖ 40 atque *V^{pc}* : absque *V^{ac}* ‖ 43 *post* Alta *ras. ferme quatuor litterarum* ‖ 44 astula *V^{pc}* : astulta *V^{ac}* ‖ 50 Cuiue *V^{pc} Abr.* : Cui *V^{ac}* Cuiue *sic Hil.*

et tu subiras l'épreuve de luttes inconnues auparavant[6]. Alors, tu vacilleras sous les coups d'un duel affreux dont, tout seul, tu seras le siège – comme si, à toi tout seul, tu étais deux hommes à la fois[7]. Est-il quelqu'un qui puisse dominer pendant sa vie entière tous les aiguillons de la chair qui torturent[8] l'être humain ? C'est une dissension pénible que la lutte d'une femme et d'un homme ; c'en est une plus pénible encore que la lutte d'un homme contre lui-même[9].

D'accord, tu peux refroidir tes ardeurs ; d'accord, tu peux vaincre ta jeunesse, vainqueur de la nature et vainqueur de toi-même ; tu peux vaincre ce que depuis longtemps tu as appris ou enseigné à vaincre. Il y a encore une tentation pénible qui te guette alors. Ce qui te guette, c'est d'avoir à respecter de longs jeûnes[10] ; tu es habitué, impatient, à arriver avant l'heure à tes nombreux repas. Quand donc un ventre bien rempli apprendra-t-il le jeûne ? Est-ce que des entrailles[11] fragiles sauront supporter la faim ? Ce qui te guette[12], c'est d'avoir à manger des nourritures grossières et, renonçant au vin, de goûter à l'eau avec parcimonie. Naguère rassasié d'épices[13] et de mets délicats, te contenteras-tu un jour du pain et de l'eau ? Vêtu d'une toile aussi fine que celle que tisse l'araignée[14], tu dorlotes aujourd'hui encore avec volupté ton petit corps fragile. Pourras-tu donc un jour supporter un habit en peau de chèvre ? Est-ce que la toile de chanvre te conviendra un jour ? Sera-t-il un jour austère, celui qui, jusqu'alors, a vécu dans les ris et les jeux ? Saura-t-il se taire quand il faut, le bavard, le phraseur ? Se durciront-ils un jour, ces membres amollis par une couche molle ? Désapprendra-t-elle de sitôt les bains, cette chair pulpeuse[15] ? Imprégnée comme elle l'est de chaleur, traversera-t-elle le gel hivernal[16] ? Te feras-tu un lit de copeaux et de cendre ?

Il y a encore un danger particulier qui menace les jeûneurs : c'est la colère ; celui qui est économe de sa nourriture est souvent sujet à ce vice[17]. Tu dois donc en quelque sorte te mettre en colère contre la colère pour anéantir ce vice avec une sorte de colère. Qui tiendra jamais l'ambition à bonne distance de soi-même ? Qui a jamais eu en horreur l'éloge que l'on fait de sa vie[18] ? Quiconque suscite contre lui tant d'ennemis si forts,

Ergo tot et tantos sibi conflans quilibet hostes
　　Plurima seu totidem praeparet arma sibi.
Tu quoque, qui temptas heremitica bella subire,
　　Ad sortem nunquam tutus eas dubiam.
55　Nam caue ne titubes, ne te malus obruat hospes[19],
　　Quippe duo perdes saecula[20] si titubes.
Et michi si credes, uel ab hac leuita*r*e recedes,
　　Siue mori obtabis quam citius poteris.
Bellum intestinum, diuturna famesque sitisque
60　　Continuusque labor quid nisi mors grauis est ?
Vita quidem grauis est et morte malignior omni,
　　Quam timor associat poenaque continuat.
Ergo ne credas puerili mobilitati :
　　Quod modo uis, noles ; tempus adhuc ueniet.
65　Explora mores, et uitae dirige cursum ;
　　Incipe quam possis edificare domum.
Suscipe quod tibi sit non importabile pondus[21],
52r　　Assuetus miles proelia dura gerat.
Expugnes urbes, expugnes oppida, turres,
70　　Scilicet haec uincas, est graue, te superes.
Et si quid nequeas ad finem ducere, tangas
　　Ridiculum : ueluti Marsia uictus eris[22].
Vt fatear uerum, mentem mutabis et actum ;
　　Est puer instabilis ut rota uertibilis[23].
75　Si remanes, laudo ; si uadis, non reprehendo ;
　　Tunc reprehenderis cum uomitum biberis[24].
Ergo domi remanere uelis et credere patri
　　Quam`te fluctiuago conitias pelago.
Si sapias, annum transibis praemeditando,
80　　Vt sic decernas quid pocius uoueas.
Praemeditatus enim si quid iam uoueris ultra,
　　Digna uoueto Deo dignaque redde sibi.
Sunt duo quae facias, aut uades aut remanebis ;
　　Aut hoc aut illud gnauiter efficias.
85　Altera res tuta est, res altera religiosa ;

---

57 leuitate *corr. Str.* : leuitare *V* ‖ 59 (siti)s(que) *V s.l* ‖ 60 quid *Vᵖᶜ* : quod *Vᵃᶜ*
‖ 65 dirige cursum *Vᵖᶜ* : cursum dirige *Vᵃᶜ* ‖ 78 Quam te *corr. Str.* : Quante *Vᵃᶜ*
Quãnte *Vᵖᶜ* ‖ 79 transibis *Vᵖᶜ* : transibilis (*uel* -tis) *Vᵃᶜ* ‖ 82 uoueto *Vᵖᶜ* · -ta *Vᵃᶜ*

qu'il s'équipe donc d'armes aussi nombreuses, voire plus nombreuses que les leurs. Et toi, qui te disposes à affronter la guerre érémitique, ne te crois jamais en sûreté quand tu marches vers un but incertain. Prends garde en effet de trébucher, de te laisser abattre par l'hôte [19] maléfique ; car, si tu trébuches, tu perdras deux fois la vie [20]. Si tu m'en crois, ou bien tu reviendras de ton irréflexion, ou bien tu auras envie de mourir aussitôt que possible. La guerre contre toi-même, la faim et la soif insistantes, la souffrance qui n'en finit pas, qu'est-ce donc, sinon une mort pénible ? Oh oui, elle est pénible, et plus cruelle que toute mort, la vie qu'accompagne la crainte et que le tourment éternise. Ne te fie donc pas à l'inconstance de ton enfance : ce dont tu as envie aujourd'hui, un jour viendra où tu n'en auras plus envie. Évalue tes possibilités morales et oriente le cours de ta vie ; commence à bâtir la maison que tu sois capable d'édifier ; charge-toi d'un fardeau que tu ne sois pas hors d'état de soulever [21] ; laisse au soldat aguerri le soin de livrer de durs combats. Tu dois prendre d'assaut des villes, prendre d'assaut des citadelles, des tours, je veux dire emporter cette victoire : triompher de toi-même (et c'est pénible). Car si tu n'arrivais pas à venir à bonne fin d'un projet, tu te ridiculiserais : tu auras connu la défaite de Marsyas [22].

Pour confesser la vérité, tu changeras d'idée et de comportement : l'enfant est versatile comme la roue qui tourne [23]. Si tu persistes, je te loue ; si tu abandonnes, je ne te blâme pas. Tu ne seras à blâmer que si tu bois ton vomissement [24]. Reste donc chez toi et fais confiance à ton père, plutôt que de te lancer sur la vaste mer aux flots mouvants. Si tu es sage, tu laisseras passer une année, pendant laquelle tu réfléchiras : tu pourras ainsi comprendre vers quoi te portent tes aspirations. Si, après cette réflexion, tu conçois encore des aspirations, conçois des aspirations dignes de Dieu, fais-Lui un don digne de Lui. Il y a deux choses que tu peux faire : ou renoncer, ou persister. Fais l'une ou l'autre à fond. Le premier parti est celui de la sécurité, l'autre celui de la piété. Vis ta vie d'ici-bas dans la sécurité, tu seras bienheureux.

Tutus in hac uita uiue, beatus eris.
Si quoque scire cupis quae sit mea dictio, dicam :
« Nauiget in portu qui freta seua timet ;
Tam fragilem cimbam Boreae committere noli[25],
90   Res equidem fragilis est lutulentus homo.
Malo tot et tantis me non exponere uentis
Quam timeam uentos quoslibet expositus.
Apricasque domos, apricaque diligo claustra,
Ipse fugabo Deum, si Deus inde fugit ».
95   Sermones pauci repetuntur sepius, ut sic
Amoueam qui te nunc furor exagitat[26].
52v   Nam si desipiat, superest cohibendus amicus,
Donec ab inceptis hunc dirimas stolidis.
Tuque puer libripens[27] hoc uiso carmine pensa
100   Vel tibi quid sit onus, uel tibi quid sit opus.

92 expositus $V^{pc}$ : -tis $V^{ac}$ || 97 *ras. ferme trium litterarum inter* super *et* est

## 95

### Archiepiscopo Pisano[1]

Si tibi complaceant aliquorum carmina uatum,
Et mea complaceant tibi, gloria pontificalis,
Quamuis a tanto mea carmina presule distent,
Cum sis pontificum uere specialis honestas[2]
5   Nec me nobilibus mea fistula uatibus addat
Et peregrinus ego[3] peregrino pectine scribam.
Sed tua me bonitas aliquid temptare coegit,
Nam semel inspecto tibi mox ego totus inhesi.
Ergo more meo, lux, te, Pisana, saluto
10   Inque tuas laudes reuera totus anhelo.
Totus anhelabo dum uixero dumque ualebo,
Sed me non patitur modo plurima scribere tempus.
Ergo loquar breuiter nec tedia progenerabo[4],
At michi largifluis faueat tua copia factis.

7 temptare *edd.* : teptare $V$ || 11 ualebo *corr. Str.* : uelabo $V$

Si en outre tu désires connaître mon point de vue, je te dirai : « Que navigue dans le port celui qui redoute les fureurs de la haute mer. Ne confie pas à Borée une barque si fragile[25]. Et il est chose assurément fragile, l'homme fait de boue. Je préfère pour ma part ne pas m'exposer à tant de vents si violents plutôt que d'avoir, si je m'y expose, à redouter tous les vents. J'aime ma demeure ensoleillée, et j'aime mon cloître ensoleillé. Si Dieu s'enfuit d'ici, c'est que moi, je l'en aurai fait fuir. » Ces quelques mots, je les répète à maintes reprises, afin de dissiper la folie qui te tourmente aujourd'hui[26]. Car, s'il déraisonne, il faut encore et encore reprendre l'ami, jusqu'à ce qu'on l'arrache à son entreprise insensée. Et toi, mon enfant, pèse le pour et le contre[27] en voyant ce poème, de façon à déterminer ce qui t'est onéreux ou ce qui t'est avantageux.

## 95

## A l'archevêque de Pise [1]

Si tu aimes les vers des poètes, puissent les miens te plaire aussi, gloire des pontifes, bien qu'il y ait un abîme entrè mes vers et un si grand évêque, car tu es en vérité l'ornement admirable[2] du pontificat, tandis que mon humble pipeau ne me met pas au rang des poètes célèbres et que, de pays étranger[3], je chante au son d'une lyre étrangère. Mais ta bonté m'a poussé à faire une tentative car, pour t'avoir vu une seule fois, je me suis sur-le-champ de tout mon cœur attaché à toi. Voilà pourquoi, lumière de Pise, je te salue à ma façon et j'aspire vraiment de tout mon cœur à te louer. J'y aspirerai de tout mon cœur tant que je serai en vie et en bonne santé. Mais le temps ne me permet pas d'en écrire plus à présent. Je serai donc bref et ne t'ennuierai pas[4]. Mais que ton opulence me favorise de

15  Pro me proque meis supplex orator adesto,
    Vt nos commendes pape conamine toto[5]
    Ostendasque tuum tali modulamine nobis.
    Non ingrat*us* ero tibi si michi gratificeris.

18 ingratus *edd.* : -tis *V*

## 96

### Ad eum qui sibi nullos uersus reddebat[1]

Carmina sepe meo misi duo uel tria Gallo,
Carmina nulla meus curauit reddere Gallus.
Innuit ut sileam taciturni fistula Galli :
Non mea suscipiet nisi det sua carmina Gallus.

1 gallo *V^{pc}* : galllo *sic V^{ac}*

## 97

53r

### Florus Ouidio[1]

Fletibus irriguam mitto tibi, Naso, salutem,
    Qua tamen omnino, dum careas, careo[2].
Ipse salute cares in Ponti finibus exul ;
    Romae sum lugens, ergo salute carens.
5  Quis procul a patria[3] patriae non semper anhelet
    Ad natale solum[4] nec cupiat reditum ?
Nullus pauperibus locus est, habitatio nulla,
    Nulla sibi propriae mentio fit patriae ;
At qui ciuis eras Romanae nobilitatis,
10     Ipsis non impar sanguine Caesaribus,
Pulsus ad extremos, Parthus quos excolit, agros,
    Immerito meritis iungeris exulibus[5].
Vt reus, iniustam fers duri Caesaris iram[6] :
    Inde nec iniustas ipse fero lacrimas.

4 (car)ens *in ras.*

largesses. Pour moi-même et pour les miens, sois un avocat suppliant, en nous recommandant au pape de tout ton zèle[5] et en nous le démontrant dans un tel chant. Je ne serai pas ingrat envers toi si tu es généreux envers moi.

## 96

### A celui qui ne lui envoyait jamais de vers[1]

Je lui ai souvent envoyé deux ou trois poèmes, à mon ami Gallus.

Il ne s'est jamais soucié de m'adresser en retour des poèmes, mon ami Gallus.

Il m'incite à me taire, le silence de la flûte de Gallus.

Il ne recevra pas mes poèmes, s'il ne me donne les siens, Gallus.

## 97

### Florus à Ovide[1]

Je t'adresse, Nason, un salut tout mouillé de larmes, un salut dont je suis pourtant tout à fait privé, tant que toi-même en es privé[2]. Pas de salut pour toi, exilé dans la région du Pont ; moi, je gémis à Rome : alors, pas de salut pour moi ! Qui pourrait, loin de sa patrie[3], ne pas soupirer sans cesse après elle et ne pas désirer revenir sur le sol natal[4] ? Les pauvres n'ont ni lieu ni feu ; ils n'ont, à ce qu'on dit, pas de patrie à eux. Mai toi, tu étais un citoyen romain, de la noblesse, d'un sang aussi pur que celui des Césars eux-mêmes. Chassé jusqu'aux extrémités des terres que laboure le Parthe, te voici injustement confondu avec les exilés qui subissent un châtiment juste[5]. Tel un coupable, tu essuies la colère illégitime d'un César[6] cruel : aussi les larmes que je verse sont-elles bien légitimes.

15 Ecce cares Roma ; gelidum remoueris ad Histrum[7],
       Annum dimidiat qua glatialis hiems.
     Orbis Roma caput, qua totus conuenit orbis[8],
       Orbis imago, tibi deliciosa domus.
     Nota teathra tibi, tibi cognita porticus omnis[9],
20        Omnis et ipsius nota platea tibi ;
     Quo populi coeunt, quo fundunt uota puellae,
       Et loca nota tibi. Tu quoque notus eras :
     Fallere te numquam potuit uenatus amorum,
       Retia forte tibi tendere si libuit[10] ;
25 Femina nulla tuis fuit impenitranda[11] sagittis,
       Cedebat iaculis femina cuncta tuis.
     Suspectusque uiris nec eis tamen inuidiosus,
       Affectare[12] ipsos ipse tibi poteras.
     Nulli odiosus eras, sed eras gratissimus omni,
53v 30        Excepto quod te non bene Caesar habet.
     Quippe grauis rumor pulsauit Caesaris aures :
       De te deque sua coniuge rumor erat[13].
     Nullus amicorum sedauit Caesaris iram,
       Nil tua profecit musa uel eloquium.
35 Caesar enim numquam magis implacabilis[14] ulli
       Quam tibi tantilla pro leuitate fuit.
     Nulla uiro est tanti res quam de coniuge fama,
       Nulla ingrata sui fama pudica thori est[15].
     Nec tamen ad sanctum sunt haec delata senatum[16] ;
40        Communi famae carmen amoris obest,
     Communi famae res liuida dissimulatur :     .
       Quod noceat, dicit esse poema tuum[17].
     Nec tamen exilio te dignum musa peregit,
       Sed tibi plus musa Caesaris ira nocet[18].
45 Sexus uterque diu sine carmine nouit amare ;
       Quod tenuere prius secula, tu recitas.
     Non tu secla doces, sed secula te docuerunt[19] :
       Argus decipitur uersibus absque tuis[20],
     Versibus absque tuis delentur moenia Troiae,
50        Nouit amare Venus uersibus absque tuis.

---

15 h(istrum) *V s.l.* ‖ 25 impenitranda *V^{pc}* : -penetranda *V^{ac}* ‖ 38 Nulla *V* : Nulli *conı.
Sed.* ‖ (t)h(ori) *V s.l.* ‖ 45 sexus *V^{pc}* : (sex)t(us) *erasum* ‖ 48 decipitur *V^{pc}* : decep- *V^{ac}*

Et voici que l'on t'enlève Rome – tu es relégué sur les bords glacés de l'Ister[7], au pays où l'hiver gelé occupe la moitié de l'année... Rome, capitale du monde, vers quoi le monde entier converge[8], Rome, image du monde, demeure de tes plaisirs : tu y connaissais les théâtres, tu en savais tous les portiques[9], toutes ses places étaient connues de toi ; les lieux où la foule se rassemble, ceux où les jeunes filles vont prononcer des serments, tu les connaissais encore. Et toi, tu y étais connu : jamais tu n'es rentré bredouille de la chasse à l'amour si d'aventure il te plaisait de tendre tes filets[10] ; il n'y a pas de femme que tes flèches n'aient pu transpercer[11] ; chacune cédait à tes traits. Suspect aux hommes sans pour autant leur être odieux, tu savais te gagner leur affection[12]. Nul ne te haïssait, tous étaient entièrement sous ton charme – à l'exception de César, qui ne te veut pas de bien. C'est qu'une rumeur fâcheuse a frappé les oreilles de César, une rumeur à propos de toi et de son épouse[13]... Aucun de tes amis n'est parvenu à calmer la colère de César ; ta muse et ton éloquence n'ont eu aucun succès : en effet, César ne fut jamais plus intraitable[14] à l'égard de quiconque qu'il ne l'est envers toi pour une peccadille si bénigne. Rien n'importe plus à un homme que la réputation de son épouse ; il ne regarde jamais d'un mauvais œil que sa couche soit réputée chaste[15].

Au demeurant, cette affaire n'a pas été soumise à l'examen de la sainte assemblée du sénat[16]. Pour l'opinion publique, c'est un poème d'amour qui est la cause de ton malheur[17]. La jalousie au teint blême, on la cache à l'opinion publique ; elle prétend que c'est ton poème qui a pu te nuire. Et pourtant, ce n'est pas la muse qui a prononcé contre toi une sentence d'exil ; plus que la muse, la colère de César te nuit[18]. Il y a beau temps que les deux sexes ont appris à faire l'amour, et sans poème[19] ; toi, tu proclames en public un savoir que les siècles antérieurs ont conservé : ce n'est pas toi qui instruis les siècles, ce sont les siècles qui t'ont instruit. On n'a pas besoin de tes vers[20] pour abuser Argus, on n'a pas besoin de tes vers pour abattre les murailles de Troie. Vénus n'a pas eu besoin de tes vers pour apprendre à faire l'amour.

Naturam nostram plenam deus²¹ egit amoris ;
        Nos natura docet quod deus hanc docuit.
Si culpatur amor, actor²² culpetur amoris :
        Actor amoris enim criminis actor erit.
55    Quod sumus est crimen, si crimen sit quod amamus ;
        Qui dedit esse deus prestat amare michi.
Nec deus ipse odium fecit, qui fecit amorem :
        Namque quod est odium nascitur ex uicio²³.

54r    Tu recitator eras nec eras inuentor amoris²⁴,
60        Nulla magisterio flamma reperta tuo est.
Scriptor comedus pereat pereatque tragedus²⁵,
        Si leuis aura tuae paginulae pereat.
Denique, quod pulsus patria, quod factus es exul,
        Id Caesar potuit, non calamus meruit²⁶.
65    Ecce michi reduces facit hec querimonia fletus
        Et nunquam ueteres en renouat lacrimas.
En renouat lacrimas Nasonis casus acerbus.
        Ha ! nimium doleo, quod tibi nil ualeo.
Nil ualeo et doleo, quia sis michi causa dolendi²⁷ ;
70        Quod tamen et doleo, hoc uehementer amo.
Participare tuis, quantum licet, opto querelis,
        Causa querelarum nec tamen ipse fores.
In lacrimis saltim si nobis participemus,
        Non nos a nobis arbitror esse procul.
75    Corpore sum Romae, sed uotis exulo tecum,
        Nam nulli potius quam michi carus eras²⁸.
Roma michi locus est, tibi Pontus : uel michi Roma
        Sit Pontus, Pontus uel tibi Roma foret !
Heu, nos a nobis omen graue cogit abesse ;
80        Attamen, absentes spiritus unus alit²⁹.
Irrequietus ego terras metibor et aequor,
        Vt saltim tecum demorer exul ego.
Sim Nasonis ego, Naso sit Caesaris exul,
        Naso potestatis, exul amoris ego.
85    Debeat inscribi nostro res ista sepulchro :
        « Exul Nasonis sponte sua iacet hic ».
Tunc laetabor ego, tunc molliter ossa quiescent³⁰,

52 (natur)a *in ras.* || 53 culpetur *ego* : culpatur *V edd.*

Dieu[21] a créé notre nature pleine d'amour. La nature nous enseigne ce que Dieu lui a enseigné. Si l'amour est mis en accusation, que soit mis en accusation l'auteur[22] de l'amour, car l'auteur de l'amour sera l'auteur du crime. Ce que nous sommes est crime, si est criminelle notre capacité à aimer : Dieu, en me donnant l'être, m'accorde aussi d'aimer. Et Dieu qui a créé l'amour, n'a pas créé la haine, car la haine est fille du péché[23]. Toi, tu étais le héraut, et non l'inventeur de l'amour[24] : nul n'a appris à s'enflammer sous ton magistère. Mort à l'auteur comique et mort au tragédien, si le souffle léger de tes charmantes pages doit mourir[25] ! Enfin, si tu as été chassé de la patrie, envoyé en exil, c'est l'effet de la puissance de César, non pas un châtiment infligé par ta plume[26].

Voici que cette plainte me ramène les larmes aux yeux et ravive des pleurs qui n'ont jamais le temps de vieillir. Voici que le sort cruel de Nason ravive mes pleurs. Ah ! je souffre trop de ne rien pouvoir pour toi. Je ne puis rien et je souffre que tu sois la cause de ma souffrance[27] ; et ce qui me fait souffrir, je l'aime malgré tout avec passion. Je souhaite, autant qu'il est possible, communier à tes chagrins – ah ! si seulement tu n'étais pas toi-même la cause de ces chagrins ! Du moins ai-je l'impression que, si nous communions ensemble dans les larmes, nous ne sommes pas loin l'un de l'autre : mon corps est à Rome, ma volonté en exil avec toi. Car nul ne te chérissait plus que moi[28]. Je réside à Rome, et toi dans le Pont : puisse Rome être pour moi le Pont, le Pont être Rome pour toi ! Une malédiction terrible nous contraint, hélas, à être à distance l'un de l'autre ; et pourtant, malgré la distance, un souffle unique nous fait vivre[29].

Sans relâche, j'arpenterai les terres et le vaste océan, pour, à tout le moins, partager la demeure de ton exil. Puissé-je être exilé par Nason, comme Nason l'est par César – Nason placé en exil par le despotisme, moi placé en exil par l'amour. Oh ! que l'on doive un jour inscrire ces mots sur ma tombe : « Ci-gît un exilé volontaire, l'exilé de Nason. » Alors, je serai dans la joie, alors, mes os reposeront en paix[30], si une telle épitaphe est

54v          Si superaddatur hic tumulo titulus.
             Reges edomiti uim Caesaris experiantur,
      90          Experiar liber foedus amoris[31] ego.
             En alii timeant sibi uerba tonantia regum ;
                  Fretus praeualido pectore nil timeo.
             Nil aliud timeo, nisi claudat ut aequora Caesar
                  Abdicatque michi protinus orbis iter.
      95     Ecce malum duplex, heu, si me segreget a te,
                  Si nos a nobis separet impietas.
             Immo, nos unus capiat quicunque locellus,
                  Ambo uiuamus, uiuere dum liceat.
             Alter si moritur, subito moriatur et alter,
      100         Nos ambos unus suscipiat tumulus[32].
             Aurae uitales a semet non dirimentur,
                  Carnibus expositae[33] : spiritus unus erunt.
             Tu quoque, tu, Caesar, tunc non dominabere nostri :
                  Lurida sub te sunt corpora, non animae.
      105    Quid moror in uerbis ? Promissa est soluere tempus ;
                  Dum quoque Caesar abest, acceleranda uia est.
             Nunc etenim Morinos[34] et fines fulminat orbis,
                  Sed iam praeproperat fama redire uirum.
             Vadam nec ueteri posthac fraudabor amico
      110         Nec nos a nobis mors etiam dirimet[35].
             Attamen anticipet praenuntia cartula nostrum
                  Aduentum dicens : « en tuus ille uenit ».
             A lacrimis ergo, dum uenerit, ipse uacato,
                  Ne nimis expensis tunc careas lacrimis.
      115    Nulli signa uiae per te sint cognita nostrae :
                  Explorator enim Caesar ubique sedet.
55r          Nomine quod nostro mutilatur epistola nostra[36]
                  Optinuit Caesar, quem nimis ipsa timet.
             Ipsa timet ne, uisa semel, non[37] sentiat ignes
      120         Siue manus lacerae discidio pereat.
             Nec tamen a solito fraudabitur ipsa ualeto ;
                  Immo, refert audax : « Naso meus, ualeas ».

---

91 timeant $V^{pc}$ · timeunt $V^{ac}$ || 94 (Abdicat)que $V$ *s.l.* || 107 (Nun)c $V$ *s.l.* || 113 (e)r(go) $V$ *s.l.* || 122 ualeas $V^{pc}$ : ualeat $V^{ac}$

gravée sur mon tombeau. Que César fasse éprouver sa puissance aux rois qu'il subjugue ; c'est la loi de l'amour[31] que, moi, j'éprouverai en toute liberté. Laissons à d'autres redouter les édits fulminants des rois ; fort de la vaillance de mon cœur, pour moi, je ne redoute rien. La seule chose que je redoute, c'est que César ne barre la route de la mer et ne m'interdise aussitôt de pérégriner par le monde. Redoublement d'infortune, hélas, s'il me coupait de toi, si son implacabilité nous séparait l'un de l'autre. Non, qu'un même lopin de terre, n'importe où, nous accueille. Vivons tous deux ensemble, tant qu'il est permis de vivre. Si l'un vient à mourir, que l'autre aussi meure bientôt, et qu'un même tombeau recueille nos deux corps[32]. Les souffles vitaux, une fois qu'ils auront abandonné[33] la chair, resteront unis l'un à l'autre ; ils formeront un même esprit. Et toi, ô toi, César, tu ne seras plus alors notre maître : ce sont les corps qui blêmissent sous ton joug, non les âmes.

Pourquoi m'étendre ? Il est temps d'acquitter ma promesse. De plus, il me faut hâter mon voyage tant que César est absent : en ce moment, en effet, il abat sa foudre sur les Morins, au bout du monde[34], mais déjà le bruit court du retour du héros. Je m'en irai et ne manquerai pas désormais à mon vieil ami ; la mort même ne saura nous arracher l'un à l'autre[35].

Cependant, que ma lettre, partie en avant-garde, précède ma venue et te dise ces mots : voici ton ami qui arrive. Toi, épargne tes larmes en attendant cette arrivée, de peur d'en être alors dépourvu pour les avoir trop gaspillées. Ne donne à personne d'informations sur mon voyage : car César est présent partout, qui espionne. Si ma lettre est amputée de mon nom[36], c'est la faute à César, qui lui fait bien trop peur. Elle a peur, si on l'aperçoit, de subir[37] aussitôt l'épreuve du feu, ou de périr déchirée par une main qui la met en pièces. Elle ne se laissera toutefois pas dépouiller de la formule rituelle de salut ; bien au contraire, elle te déclare avec audace : mon cher Nason, tous mes vœux de bonne santé.

## 98

### Ouidius Floro suo[1]

Quam michi non habeo, mitto tibi, Flore, salutem[2],
    Exul ab urbe mea, Naso, poeta tuus –
Exul ab urbe mea, toto magis exul ab orbe,
    Orbis barbaries[3] cui proprius locus est.
5  Hic intemperies caelorum conglomeratur,
    Hic locus est alter, alter et ipse polus,
Hic situs est alter glaciemque niuemque perennans,
    Hic riget antiquo putrida gleba gelu.
Hic me reuera semouit Caesaris ira :
10     Viuo quod exul ego Caesaris ira potest.
Nec tamen emerui[4] quod Roma refutat alumnum :
    Ciuis Romanus exulat immerito.
Si Caesar mitis michi iudicium pateretur,
    Caesaris ipse libens iudicium paterer.
15  Non me iudicium damnat[5], sed dura uoluntas :
    Nam quod uult Caesar Caesaris est ratio[6].
Sed tempta si forte tui deferbuit ira
    Caesaris, huncque tuum taliter experiar.
Quodsi feruet adhuc nec me uelit ipse reduci,
20     Ex his me saltim gentibus amoueat.
Leniet exilium, si me remouebit ab Histro ;
    Si mutabo locum[7], iam quasi liber ero.
55v     Ad me uenturum te carmine significasti,
    Sed te uenturum non mea causa rogat.
25  At rogat ut maneas, ut pulses Caesaris aures :
    Quandoque proficiet res iterata michi.
Ipse uidere potes quia saxum perforat imber[8]
    Non ui, sed quadam sedulitate ruens.
Nolo fatigeris : poteras ueniendo perire –
30     Multa uiatores mortis imago[9] tenet :
Obsunt praecipites porrecti in sidera montes,

---

29 poteras *V* : poteris *corr. Str. Hil.*

## 98

### Ovide à son ami Florus [1]

Je t'adresse, ô Florus, le salut que je ne possède pas moi-même [2], moi, Nason, ton ami le poète, exilé hors de ma ville. Exilé hors de ma ville, ou plutôt exilé hors du monde entier : ma demeure dans le monde, c'est le pays barbare [3]. C'est là que se concentre l'inclémence des cieux ; là, le pays est autre ; là, le ciel même est autre ; là, le décor de neiges et de glaces éternelles est autre ; là, un gel séculaire fige le sol pourri. C'est là, en vérité, que m'a relégué la colère de César ; la colère de César peut faire que je vive dans cet exil.

Et pourtant, ce n'est pas ma faute [4], si Rome a chassé son enfant : un citoyen romain subit un exil injuste. Si César, dans sa mansuétude, acceptait de me voir jugé, j'accepterais de grand cœur le jugement de César. Ma condamnation n'est pas prononcée par un jugement [5], mais par une volonté cruelle : car ce que veut César est pour César raison suffisante [6]. Fais une tentative : si par hasard César, qui t'aime, a cessé de bouillir de rage, fait que j'éprouve ainsi son amitié pour toi. S'il bout toujours et refuse de me voir revenir, que du moins il m'éloigne de cette nation. Il adoucira mon exil, s'il m'envoie loin de l'Ister ; si je dois changer de pays, je me sentirai presque libre [7].

Tu m'as, en ton poème, annoncé ta prochaine venue auprès de moi. Mais ma cause n'exige pas que tu viennes ; elle exige au contraire que tu restes là-bas, que tu assailles sans relâche les oreilles de César : un beau jour, à force d'insistance, la chose tournera à mon avantage. Tu peux constater toi-même que la pluie parvient à creuser la pierre [8], non en l'attaquant violemment, mais à force d'opiniâtreté. Je ne veux pas que tu aies à souffrir : tu pourrais périr en chemin. La mort, sous bien des formes [9], menace le voyageur : l'à-pic des montagnes dressées jusqu'aux étoiles fait obstacle à sa route, ainsi que des

Plurima uallis obest ipsum Acheronta petens [10].
Ingeminare meos quid uis, periture, dolores [11] ?
O utinam peream, si ueniendo peris.
35 Nunc doleo de me ; de te nunc ipse dolerem :
    Portio tu uitae dimidiata meae es [12].
Nerui, iuncturae tabescunt, ossa, medulle ;
    Se solum nostri uiscus amoris [13] alit.
Nos antiquus amor nobis inuiscerat estque
40     Expertum nobis foedus amicitiae [14].
De te non dubito ; de me quoque non dubitabis :
    Non est ambiguus noster habendus amor.
Ergo, crede michi : maneas cum Cesare Romae,
    Te michi, te, queso, Roma meum foueat.
45 Contemplare igitur tibi post conuiuia tempus [15],
    Tempore quo reges incaluere mero ;
Contemplare sui monimenta recensa triumphi,
    Rumores laetos laetaque colloquia.
Tunc aliquid caute ludens intersere de me ;
50     Nil intemptatum [16], quaeso, relinque tibi.
Compella socios, compella quod ualituros
56r     Praenosces, et agas rem prece uel precio [17].
Si potes, ipsius tantummodo uerba coerce,
    Pro qua quem nosti me reueretur adhuc.
55 Attamen iniuste de coniuge me reueretur [18],
    Quem natura facit coniugis inmemorem [19].
Nostra puellares exponunt carmina mentes
    Nosque puellarum non quatit ullus amor.
Quodsi uiuat amor aliquis uiuatque uoluntas,
60     Horum iam neutrum subcomitatur [20] opus.
Garrula lingua michi moresque fuere pudici [21] ;
    Ex utero cecidi [22] castus et inpos [23] ego.
Sed me uirginibus mea pagina gratificauit,
    Quippe docet quid amans sexus uterque uelit.
65 Id Cesar noxae reputauit nec reputauit
    Quod docet haec eadem qualiter absit amor [24].

---

38 Se *ego* · Te *V Hil.* Me *conı. Sed.* ‖ amoris *V^{pc}* : amolis *V^{ac}* ‖ 56 ınmemorem
*V^{pc}* : -merorem *V^{ac}* ‖ 59 aliquis *V^{pc}* · aliquı *V^{ac} Hil.* ‖ 65 (no)x(ae) *ın ras.* ‖ 66
docet *V s.l.* . nocet *V*

vallées sans nombre qui courent jusqu'à l'Achéron [10]. Pourquoi veux-tu, en périssant, redoubler mes souffrances [11] ? O puissé-je périr, si tu péris en chemin ! A présent, je pleure sur moi-même ; alors, je pleurerais sur toi : tu es la moitié de ma vie [12]. Nerfs, articulations, os, moelles, tout cela se délite ; seules les entrailles de mon amour [13] trouvent un aliment. Un amour de longue date nous cheville l'un à l'autre et nous connaissons bien, pour l'avoir éprouvée, la loi d'amitié [14]. Je ne doute pas de toi ; ne doute pas non plus de moi : il ne faut pas que notre amour apparaisse incertain.

Aussi, crois-moi : reste à Rome auprès de César. Je le veux : que Rome t'abrite avec tes tentatives en ma faveur. Guette le moment [15] où, vers la fin du banquet, les rois sont échauffés par le vin ; guette le moment où ils racontent leurs souvenirs de victoire, guette les joyeuses nouvelles et les conversations joyeuses. A ce moment-là, glisse, sur le ton de la plaisanterie, un mot en ma faveur ; ne néglige, s'il te plaît, aucune tentative [16]. Entreprends tes camarades, entreprends ceux dont tu devines qu'ils ont quelque pouvoir, mène l'opération sans regarder ni aux prières ni au prix [17]. Si tu le peux, fais au moins taire celle en raison de qui celui que tu sais me redoute encore. Pourtant [18], il a bien tort de me redouter à propos de son épouse, moi que la nature fait indifférent au mariage [19]. Mes poèmes décrivent à quoi rêvent les jeunes filles, mais jamais l'amour des jeunes filles ne me trouble. Et si quelque amour il y avait, et puis quelque désir, nul d'entre eux n'est le compagnon secret [20] de mon œuvre. Ma langue fut babillarde, mais mes mœurs pudiques [21] : je suis sorti du ventre de ma mère [22] chaste et impuissant [23]. Mais mon livre m'a valu la faveur des jeunes femmes, parce qu'il enseigne ce que désirent les deux sexes en amour. Cela, César l'a considéré comme un crime, et il n'a pas considéré que le même livre enseigne comment se passer de l'amour [24]. Je n'ai pas appris

Nec docui iuuenes ut amarent, sed magis illud :
     Si quid amare libet, qualiter aut quid ament,
Curans ut ciuis ciuiliter omnis amaret,
70      Vrbis seducta rusticitate meae.
Fac igitur semper ut sis cum Cesare noster ;
     Noster cras esto, sicut heri fueras.
Noster sis, ut te spondet tua pagina nostrum,
     Sis bonus et melior quam michi promerui.
75 Aut michi sis talis qualem tibi me uoluisses,
     Si sortis nostrae te tetigisset onus,
Aut michi sis talis, tibi qualis et ipse fuissem,
     Si ueniat casus alter in alterius.
Ecce tibi fortuna fauet faueatque[25] precamur ;
80      Me quoque transuerso respicit intuitu.
56v Sint mea fata michi, tua uero diuide nobis ;
     Attamen ipse michi iam mea dimidias.
Tu comes et socius[26], tu nobis fidus amicus
     Assumis lacrimas participando meas.
85 Sed, rogo, lamentis modicum te subtrahe nostris,
     Sed neque te nostris subtrahe subsidiis.
Ingere Cesareis te totis nisibus alis[27],
     Ingere te mensis, ingere te thalamis ;
Ingere colloquiis de me que digna uidebis :
90      Multi uicerunt improbitate sua[28].
Sed de me taceat uelut inuida Cesaris uxor
     Nec quicquam de me suggerat ipsa uiro ;
Attamen ips*a* uiri poterit tibi pandere uerba :
     Haec tibi uerba uiri, tu sua pande michi.
95 Si quid decernet Cesar quasi mitius in me,
     Mox sua iussa tuus nuncius anticipet.
Nam nichil esse potest quod possit durius in me :
     Si placet, occidat ; nam michi mors leuior.
Sunt tria quae uellem, quoniam leuiora uidentur :
100      Solui, transferri, siue necando mori.
Haec tria quaeso michi, faciat michi de tribus unum :
     Praeter quod fecit, nil faciet grauius.
Aggrauet ipse manum, semper leuiabitur ipsa,

77 tibi *V s.l.* ‖ 88 thalamis *V*^pc : -mus *V*^ac ‖ 93 ipsa *corr. Str. metrɩ causa* . ipsi *V*

aux jeunes gens à aimer, mais bien plutôt comment ou quoi aimer, s'il leur prend fantaisie d'aimer – mon souci, c'était de rendre civiles les mœurs amoureuses de tous mes concitoyens, en débarrassant ma ville de ses habitudes rustiques.

Emploie-toi donc sans trêve à être auprès de César mon partisan ; sois demain mon partisan, comme tu l'étais hier, sois mon partisan, comme le promet ta lettre ; sois bon, sois meilleur même que je ne l'ai mérité. Sois tel que tu souhaiterais que je fusse pour toi, si c'était toi qu'accablait le sort que je connais ; ou bien sois tel que je l'eusse été moi-même à ton égard, si l'un d'entre nous tombait dans le malheur que connaît l'autre. Aujourd'hui, la fortune te sourit, et je prie pour qu'elle te sourie [25] moi, elle me regarde de travers. Mon destin, je veux bien me le garder, mais partage le tien entre nous ; d'ailleurs, tu me soulages de la moitié du mien : ô toi, mon compagnon, ô toi, mon camarade [26], toi, mon ami fidèle, tu récoltes une part de mon chagrin en le prenant à ton compte. Pourtant, je t'en prie, renonce un instant à me plaindre, mais ne renonce pas à m'aider. Consacre tous tes efforts à t'introduire dans le palais [27] de César, à t'introduire à sa table, à t'introduire dans sa chambre, à introduire dans la conversation les mots à mon sujet que tu jugeras convenables. Souvent, on finit par l'emporter à force d'importunité [28]. Mais que la femme de César ne dise pas un mot de moi, qu'elle fasse mine de me haïr, qu'elle ne glisse à son mari aucun sous-entendu me concernant. Du moins pourra-t-elle te révéler les propos de son mari... Qu'elle te les révèle, et toi, révèle-les-moi. Si César prend une décision tant soit peu clémente à mon égard, qu'aussitôt un messager de toi prévienne ses ordres. Car il ne peut rien faire de plus cruel contre moi. S'il lui plaît, qu'il me tue : la mort me serait plus légère. Les choses que je désirerais, parce qu'elles me semblent un allégement de mon sort, sont au nombre de trois : être délivré, être déporté ailleurs, ou être exécuté. Voilà les trois destins que j'appelle de mes vœux ; qu'il me soumette à l'un des trois : après ce qu'il a fait, il ne fera rien de plus terrible. Il peut bien appesantir sa main sur moi, elle sera toujours plus

Quippe grauare nequit, sed leuiare potest.
105  Forsan ut infidum me mendacemque ueretur ;
        Attamen istorum me fateor neutrum.
Ecce fidem de me sacramentumque paciscor
        Tuque paciscentis proximus obses eris.
Si sibi sint odio mea carmina, carmina uito :
57r 110    Exilium peperit improba musa michi[29].
Si quoque Cesareos iubear narrare triumphos[30],
        Sidera contingam pectine doctiloquo[31].
Grandia dico satis, sed grandia dicere debet,
        Vt sic euadat, quem premit exilium.
115  Nec tamen ultra me sum Naso poeta loquutus :
        Omnibus ingenii cognita uena mei est.
Ingenium diues me regum duxit ad aures,
        Me plus quam uolui sustulit ingenium[32].
O utinam ingenium hoc latuisset[33] Cesaris aures !
120    Ingenium exilii fit michi causa mei.
Ingenio didici formas inducere formis[34]
        Et quicquid uolui dicere musa fuit[35].
Forsitan haec olim tibi me dixisse iuuabit[36],
        Haec aliis itidem dicere cum poteris.
125  Simpliciter nostram si dicas utilitatem,
        Forsitan eiusdem Cesar amator erit.
Nullorum musae uatum sibi sunt odiosae,
        Excepto nostrum quod male carmen habet.
Sed de me maior michi quam de carmine nostro
130    Est labor et cura sollicitusque dolor.
O me diligeret nec amaret carmina Cesar –
        Haec me cura mei non sinit immemorem[37].
Heu, me reuera comedunt incommoda dura,
        Heu, grauibus morbis afficior lateris[38] !
135  Gentis barbaries et lingua profana Latinis[39]
        Terraque uere carens[40] me nimis afficiunt.
O quantum uitae perdit, qui floribus agri,
        Qui uolucrum dulci garrulitate caret[41] !
57v    Hic auium uox nulla sonat, flos nullus habetur ;

---

112 contingam $V^{pc}$ : -guam $V^{ac}$ ‖ 122 musa fuit $V^{pc}$ · musa mei fuit $V^{ac}$ ‖ 133 comedunt *corr. Str.* : comedint $V$

légère, car il n'a pas la possibilité de l'appesantir – seulement de l'alléger.

Peut-être redoute-t-il en moi un déloyal et un menteur : je proclame que je ne suis ni l'un ni l'autre. Alors, je prends sur moi d'engager mon serment et ma foi – et toi, tu seras le garant le plus sûr de cet engagement ; si ma poésie lui fait horreur, je renonce à la poésie ; c'est la muse traîtresse qui m'a valu l'exil [29]. Que si je reçois l'ordre de narrer les triomphes de César [30], les accents de ma lyre diserte et savante [31] toucheront les étoiles. Je dis de bien grands mots, mais il doit dire de grands mots pour échapper à son sort, celui que l'exil oppresse. D'ailleurs, je ne me vante pas : mon génie inspiré, celui du poète Nason, est bien connu de tous. Grâce à ce génie florissant, j'ai eu l'oreille des rois ; mon génie m'a élevé plus haut que je n'eusse voulu [32] : si seulement les oreilles de César étaient restées fermées à ce génie [33] – ce génie qui devint cause de mon exil ! Ce génie m'enseigna à faire entrer les formes dans les formes [34] et tout ce que j'eus envie de dire était poésie [35]. Peut-être te sera-t-il un jour de quelque utilité d'avoir entendu ces mots de moi [36], quand tu pourras les répéter à d'autres. Si tu expliques en toute simplicité à quoi je puis servir, peut-être César l'appréciera-t-il. Il n'a de répugnance pour la muse d'aucun poète, à l'exception de cette œuvre de moi, qu'il traite mal. Mais c'est pour moi, plus que pour mon poème, que j'ai peine, et souci, et tourment douloureux. Si seulement César m'aimait sans apprécier mes poèmes ! Tel est le souci qui m'interdit de ne pas penser à moi-même [37].

En vérité, hélas, de cruels ennuis me dévorent ; de terribles douleurs au côté me font, hélas, souffrir [38]. La barbarie de cette nation, sa langue odieuse aux latins [39], ce pays sans printemps [40] mettent un comble à ma souffrance. Qu'est-ce qu'il manque de la vie, celui qui ignore les fleurs des champs et le doux babil des oiseaux ! Ici, pas un chant d'oiseau [41] ne retentit, pas une

140     Albicat omnis ager sedulitate niuis.
        O uita infelix, morte infelicior omni,
            Cui diuturnus inest continuusque dolor !
        Tot michi sunt mortes quot sunt michi tempora uitae :
            Donec uiuo miser, semper ego morior.
145   Pro dolor, in poenis hominem durare dolendum est,
            Morte quidem penas anticipare leue est[42].
        Intempestiuis algoribus ecce rigesco ;
            Ve michi, Naso tuus, frigore depereo.
        Nec quenquam timeo nec quenquam carta timebit :
150         Idcirco nomen sepe frequento meum.
        Id sapiat Cesar, id non abscondere possum :
            Esse nimis cuperem liber ab exilio.
        O mea Roma, tuis si reddar moenibus unquam[43],
            O si forte tuis uberibus recreer,
155   O michi si sanctum detur spectare senatum,
            Si reliquos patres sique tuam[44] faciem,
        Proruerem supplex in quelibet oscula patrum,
            In tua, Flore, magis oscula proruerem.
        En nunc effundo quos tunc effundere fletus[45]
160         Debueram – tantus me dolor exagitat !
        Obseruant nullum mea iam suspiria tempus :
            Tempus enim totum substitit in lacrimis.
        Sed rogo te, rogo te, mi Flore, mei miserere
            Atque memento mei, cum tibi tempus erit.
165   Tu solus spes una[46] michi, res ipse salutis ;
            In te singultus colloco, Flore, meos.
        Verterer in truncum potius uelut altera Fillix[47]
58r         Quam mala sentirem que facit exilium.
        Inuenere dei meliores Laodamiam,
170         Piramus et Tisbe numen habent melius.
        Passeris extincti[48] non paruula defleo damna,
            Me deflent oculi non sine rore mei[49].
        Iam quoque deficio[50] ne uersus uersibus addam
            Extremumque uale uix ago, Flore, tibi.

---

143 sunt (mortes) *V^{pc}* : sum *V^{ac}* ‖ 145 Pro *V^{pc}* : Proh *V^{ac}* ‖ 160 tantus *V^{pc}* :
tantis *V^{ac}* ‖ 167 (Ve)r(terer) *V s.l.* ‖ Infelix qui pauca sapit spernitque doceri
*scripsit alia manus saec. XII in mg. inf. V* ‖ 171 Passeris *V^{pc}* : -res *V^{ac}*

seule fleur n'apparaît, la neige obstinément répand sur toutes terres sa blancheur. Ô vie d'infortune, plus infortunée que la mort, que la douleur habite sans trêve ni repos. Autant d'instants de vie, autant de morts pour moi. En vivant dans cette misère, je meurs à tout instant. Hélas ! qu'il est pitoyable, l'homme qui vit interminablement son châtiment ! Mourir pour devancer le châtiment est chose douce [42]. Ah ! je me raidis sous l'effet des frimas importuns. Moi, Nason ton ami, – misère ! – je meurs de froid.

Ni ma lettre ni moi n'avons ni n'aurons peur de personne : voilà pourquoi je répète si souvent mon nom. Que César sache ceci, je ne puis le cacher : j'aurais par trop envie d'être délivré de l'exil. Ô Rome, mon amour, si je venais un jour à être rendu à tes murailles [43], si le lait de ton sein venait à refaire mes forces ! Ô, s'il m'était donné de contempler la sainte assemblée du sénat, de voir ton visage parmi les sénateurs [44], je me précipiterais en pleurant dans les bras de chacun d'entre eux, mais surtout dans les tiens, mon Florus. Voici que je verse les larmes qu'il me faudrait attendre ce moment pour verser [45], si forte est la souffrance qui me point. Mes soupirs ne sont plus capables de venir en leur temps, car le temps, désormais immobile, est tout entier fait de larmes.

Mais je te supplie, oh, je te supplie, mon cher Florus, d'avoir pitié et mémoire de moi, quand tu en auras le temps. Toi seul est mon unique espoir [46], tu es mon vrai salut. A toi, ô Florus, je confie mes sanglots. Puissé-je, seconde Phyllis, être changé en arbre [47] plutôt que d'éprouver les maux engendrés par l'exil. Les dieux furent moins méchants envers Laodamie ; la puissance divine est plus bénigne pour Pyrame et Thisbé. Je n'ai plus de larmes pour pleurer l'humble chagrin qu'est la mort d'un moineau [48] : c'est moi que mes yeux pleurent [49], à grosses gouttes. Ça y est, je n'en puis plus [50] ; je n'ajouterai pas les vers aux vers. J'ai tout juste la force de t'adresser, Florus, un ultime salut.

## 99

### Ad Godefredum Remensem[1]

Carmine te nostro, mi Godefrede, saluto,
    Si tamen et nostrum carmen habes placitum.
Sique salutantis uis nomen nosse locumque,
    Burgulius locus est, nomen id insinuet[2].
5  Te scio magnatum pastum modulamine uatum,
    Te quoque Pierias incoluisse domos[3].
Nouimus auctorum quia uiuat spiritus in te :
    Virgilii grauitas, Ouidii leuitas[4].
Nam quocunque stilo causas edicere temptes,
10    Ipse stilus causam, non polit ipsa stilum.
Sic tamen exornat causam stilus ipse modeste
    Vt causam atque stilum temperies foueat.
In te praeterea uiget excellentia quaedam,
    Cunctis qui recitant qua superemineas[5].
15  Quicquid enim recitas, recitas ita uoce sonora
    Vt, quicquid dicas, omnibus id placeat ;
Nam sic uerba sonis uerbisque sonos moderaris
    Quatenus a neutro dissideat neutrum.
Ore tuo prolata, decet sic littera dura
20    Iure suo ut mollis littera dicta decet.
Denique quod dictas, sed et illud quod semel audis,
    Viuaci semper ore referre potes.
Musica, condenso quondam fuscata ueterno,
    Defuscata[6] tuo clara nitet studio.
25  Ergo quem decorant tot condimenta sophiae,
    Quem tot amicorum copia multa premit,
Quem tot nobilium, quem tot responsa[7] potentum
    Assidue pulsant continuantque preces,
Me, saltim modicum, non asperneris amicum,
30    Versibus immo libens ipse uacato meis.
Ipse dabis pro uelle tuo maioribus annum,
    At michi da saltem nostra legendo diem.

58v (margin, line 22)

---

8 leuitas *edd.* : laeuitas *V* ‖ 17 (si)c *V s.l.*

## 99

## A Godefroid de Reims [1]

Ce poème de moi t'apporte mon salut, ô mon cher Godefroid, si toutefois mon poème t'a plu. Veux-tu savoir le nom et
le pays de ton correspondant ? Le pays, c'est Bourgueil ; cela
te fera deviner le nom [2].

Je te sais nourri du chant des princes des poètes et habitant
de la demeure des Piérides [3]. J'ai compris que s'incarnait en toi
l'esprit des grands classiques, la majesté de Virgile, la légèreté
d'Ovide [4]. Car, si tu entreprends de développer un motif, quel
que soit le style employé, c'est le style qui embellit le motif,
non le motif le style. Ou mieux : le style pare le motif
d'ornements choisis avec tant de justesse que leur harmonie
parfaite fait valoir et le motif et le style. Tu possèdes en outre à
un point éminent une qualité par quoi tu l'emportes sur tous
ceux qui lisent en public [5] : quand tu déclames un texte,
n'importe lequel, ta voix l'accentue de telle façon que les mots
que tu prononces, tous autant qu'ils sont, charment toutes les
oreilles. En effet, tu sais si bien marier les mots à la mélodie et
la mélodie aux mots qu'il n'y a entre eux pas la moindre
dissonance. Prononcée par ta bouche, une sonorité dure est
aussi belle qu'une sonorité douce prononcée selon la règle
normale. Enfin, ce que tu composes, mais aussi ce que tu
entends pour la première fois, tu es toujours capable de le
répéter en y mettant le ton. La musique, naguère engourdie
dans d'épaisses ténèbres, en émerge [6] grâce à ton talent pour
briller de tout son éclat.

Or toi, que la sagesse pare de tant d'agréments, que tant
d'amis en foule compacte harcèlent, que tant de nobles, tant de
puissants assaillent de leurs promesses [7] et implorent sans répit,
ne méprise pas l'ami, certes modeste, que je suis ; consens
même à accorder un instant à mes vers. Tu pourras, à ton bon
vouloir, consacrer une année entière à des sujets plus importants ; consacre au moins une journée à la lecture de mes vers.

Ipse uides ut parua decent intersita magnis [8]
Deque sua serie magna minora iuuant [9].
35 In uolucrum pennis maior sibi penna minorem
Assuit et seriem penna minor sequitur :
At sunt plus modicae leuitatis in alite penne.
Nam constant multis omnia particulis :
Arbor habet ramos, habet arbor brachia magna [10],
40 Arbor habet fructus, arbor habet folia.
Nusquam tota domus consistit partibus aequis :
Ista columna minor, altera maior erit.
Omne quidem magnum partes peperere minores :
Innumerae guttae flumina conficiunt [11].
45 Tu quoque, maiores tibi quamuis associentur,
Contigua pedibus carmina nostra tuis.
Nil tamen inuenies, ut dicitur, ore rotundo [12]
Prolatum ; nobis spiritus iste deest.
Inuenies ieiuna nimis modulamina [13] nostra
50 Quae, compacta tuis, tunc minus eniteant.

59r

Vt rutilat fuluum satis aere micantius aurum
Sic tua iuncta meis carmina carminibus [14].
Sic etiam uirgo quae nunc speciosa uidetur,
Iuncta magis placitae, deperit a specie ;
55 Vt formosa quidem formosior esse uidetur,
Iuncta minus placitae, sic tua iuncta meis.
Sicut segnis equus quasi segnior esse putatur
Alite quem cursu praeuolat alter equus,
Et uelox ut equus uelocior esse putatur
60 Anteuolans alios, sic ego tuque sumus.
Anser uti raucus est aequiperandus olori [15],
Sic tibi sum raucus aequiperandus ego.
Inter caelicolas deus esses alter Apollo,
Si te fecissent fata benigna deum.
65 Inter praecipuos cantores temporis huius,
Venisti nobis Orpheus aut melior.
Si te Roma suum quondam meruisset alumnum [16],
Altior esset adhuc carmine Roma tuo.
Ipse Iouem e celo deducere carmine posses

50 tanc *V* : nunc *Hil.* ‖ 62 (Si)c *V s.l.*

Tu constates toi-même que l'entremêlement de grandes et de petites choses a son harmonie propre [8] et qu'au sein d'un même ensemble, les grandes choses ont besoin des petites [9] : le plumage de l'oiseau est fait de plumes grandes et petites cousues les unes aux autres ; la plume petite est le complément de l'ensemble, mais l'oiseau a en plus grand nombre des plumes légères : car toute chose est composée d'éléments petits et multiples. L'arbre a ses rameaux, l'arbre a ses branches maîtresses [10], l'arbre a ses fruits, l'arbre a ses feuilles. Jamais une maison n'est tout entière constituée d'éléments de taille semblable : telle colonne sera plus petite, et telle autre plus grande. Tout objet imposant naît de parties minimes : les fleuves sont constitués de gouttes innombrables [11]. Et toi, qui es pourtant à l'égal des plus grands, rapproche mes vers de tes mètres. Bien sûr, tu n'y trouveras rien qui soit exprimé « d'une voix pleine », comme dit la formule [12] : je n'ai pas le souffle qu'il faut pour cela. Tu trouveras mes harmonies par trop pauvres [13] et leurs accords bien ternes par rapport aux accords des tiennes. Comme l'or blond resplendit avec beaucoup plus d'éclat que le bronze, ainsi tes poèmes comparés à mes poèmes [14]. De même encore une jeune fille, qui tantôt semble belle, perd de sa beauté quand on la compare à une plus jolie ; comme une fille charmante semble encore plus charmante par comparaison avec une moins jolie, ainsi tes œuvres comparées aux miennes. De même qu'un cheval lent paraît encore plus lent, lorsque la course ailée d'un autre cheval le laisse loin en arrière, et comme un cheval rapide paraît encore plus rapide quand le vol de sa course laisse les autres derrière, tels sommes-nous, moi et toi. La voix rauque de l'oie par rapport au chant du cygne [15], c'est ma voix rauque par rapport à ton chant. Entre les habitants du ciel, tu serais un second Apollon, si les destins bienveillants t'avaient fait dieu. Entre les musiciens de notre temps, te voici parmi nous, égal ou supérieur à Orphée. Si jadis Rome avait mérité que tu fusses son enfant [16], aujourd'hui Rome serait plus illustre grâce à ton chant. Tu pourrais encore par ton chant amener Jupiter à descendre du

70 Et faceres animam Cesaris esse Iouis[17].
  O utinam per te meruissem perpetuari[18]
   Meque perennaret musa canendo tua ;
  Me uelles utinam super astra locare beatum :
   Si uelles, inter astra locarer ego.
75 Si translatus ero, si uis quoque transferar ipse,
   Vt michi reuera transferar ipse tibi.
  Sim licet in sceptris[19], nostri memorabor amoris
   Nec sceptrum nostram ledet amicitiam ;
  Cum donatiuis[20] ad amici tecta redibo

59v 80  Vt, de translato me, tibi sit melius.
  Te memorem nostri facerem quotcunque diebus
   Et deseruiret uestra camena michi.
  Tunc morerer letus, morerer cum non moriturus,
   Cum me non sineret postera fama mori.
85 O ter felicem celebrat quem fama superstes[21],
   Atque superstes erit quem tua musa canit.
  Nobilis urbs Remis, Remis uelut altera Roma,
   Quam miles Remi constituit profugus,
  Vires Romuleas ueritus post funera Remi
90  (Si famae uolumus credere, fama refert)[22],
  Nobilis urbs, Romae soror, inquam, et Roma secunda,
   Te genuit, peperit, promeruitque sibi.
  Haec te doctrinae totius nectare fultum
   Asciuit studiis preposuitque suis.
95 Gallia tunc etiam studiis florebat opimis
   Florebatque tuo Gallia plus studio.
  Ad te currebant examina discipulorum
   Et refouebantur melle parentis apis[23].
  Et tunc Remis erat, Remis quoque Bruno[24] studebat,
100  Bruno Latinorum tunc studii speculum.
  Ipsis temporibus studuitque senex Erimannus[25]
   Et mundo stud*i*i clara lucerna[26] fuit.
  Tu fueras iuuenis, fueras et acutior illis,
   Tertius ergo uenis, iam quoque primus eras.
105 Geruasio[27] princeps, prin*ce*ps tuus, ille Manasses[28],
   Successit, qui te promouet ad studium.

---

73 su(per) *V s.l.* ‖ 102 studii *edd.* : studui *V* ‖ 105 princeps *edd.* : princes *V*

ciel et faire que l'âme de César fût celle de Jupiter [17]. Si seulement, j'avais mérité d'être immortalisé par toi [18], si le chant de ta muse perpétuait mon nom, si tu voulais, pour mon bonheur, me placer au-dessus des astres ! Si je suis exalté, si tu veux, toi, que je sois exalté, cette exaltation te profitera en vérité autant qu'à moi : obtiendrais-je le sceptre [19] que je me souviendrai de notre amour et que la dignité royale ne nuira pas à notre amitié ; je reviendrai dans la maison de mon ami avec des présents dignes de ceux d'un roi [20], afin que ton sort soit meilleur du fait de mon exaltation. Je me rappellerais chaque jour à ton souvenir et placerais ta muse à mon service. Alors, je mourrais content, je mourrais dans l'espoir de ne jamais mourir, puisque la renommée dans les siècles futurs ferait que je ne meure pas. Ô trois fois bienheureux, l'homme que la renommée célèbre au long des siècles ! et il vivra au long des siècles [21], l'homme que ta muse chante.

La glorieuse ville de Reims, Reims, l'égale de Rome, fondée par les soldats de Rémus lorsque, celui-ci mort, ils fuirent effrayés l'armée de Romulus (c'est ce que colporte la renommée, si on veut bien y croire [22]), cette glorieuse ville, la sœur de Rome, dis-je, et la seconde Rome, t'a engendré, t'a enfanté et a mérité de t'avoir pour fils. Imbu du nectar d'une science universelle, tu fus appelé par elle à gouverner ses écoles. En Gaule florissaient alors des écoles splendides, la tienne fit florir la Gaule plus encore. Vers toi accouraient des essaims de disciples et, en roi de la ruche, tu les nourrissais de ton miel [23]. Bruno était alors à Reims, et il y enseignait ; Bruno, le miroir en ce temps de l'étude des lettres latines [24]. A la même époque enseignait encore le vieil Herman [25], qui éclaira le monde du flambeau de son savoir [26]. Toi, tu étais jeune, mais encore plus subtil : arrivé le troisième, tu étais déjà le premier. A Gervais [27] succéda le seigneur Manassé, ton seigneur [28], qui te met à la

Ipsius calamus, ipsius musa fuisti,
  Hic ut cantares prodigus obtinuit.
60r Carmine, dum uixit[29], sua nomina nobilitasti
110   Et per te Remis nobilitata fuit.
Ipsum carminibus, ipsam quoque perpetuasti
  Et quicquid captas carmine perpetuas.
Te quoque quandoquidem potes aeternare tuosque,
  Aeterna, quaeso, nomen in astra meum[30].
115 Scribe michi de me, de me michi carmina mitte ;
  Vt quoque rescribas, quae mea sunt relege.
Que mea nec linguae falerata[31] decentia munit,
  Nec sensus feriens, nec positura decens ;
Sed sibi uester amor nomen facit atque saporem[32] :
120   Hoc condimento pagina tuta mea est.
Irritamentum michi si iocundius esset,
  Quod magis alliceret appositurus eram.
Id nunc apposui, sed mox industria nostra
  Intermiscebit fercula quae placeant ;
125 Irritamentum mox copia plena sequetur,
  Larga manus[33] reliquam mitiget esuriem.
Vnicus es nobis, tibi nec minus unicus essem[34].
  Aut inter uestros inueniar decimus ;
Inueniar decimus uel quilibet inter amicos,
130   Nostros inter, ego sim prior, alter eris.
Sis inter nostros noster specialis amicus,
  Vt sit in ore meo : « huc ades, alter ego ! »[35]
Denique quantus amor mea uiscera mouerit in te,
  Hic aditus nostri proloquitur calami.
135 Namque tuos uultus non presumpsisset adire,
  Ni processisset tutus amore tuo.
Ergo alternus amor me scribere pauca coegit
60v   Vt sic te cogam scribere multa michi.
Hoc etiam spectat tenor inconuulsus amoris
140   Ne nostrum carmen compita circumeat[36].
Namque meum carmen, si cedat garrulitati,
  Ex nimia uictum garrulitate ruet.
Arbor titillat moriens radice perempta

---

108 Hic *V·* Sic *Hill.* ‖ obtinuit *V^{pc}* obstinuit *V^{ac}* ‖ 140 Ne *V^{pc}* Nec *V^{ac}* ‖
143 (titilla)t *V s.l.*

tête de l'école. Tu fus sa plume, tu fus sa muse ; il obtint de toi des chants à foison. Tant qu'il a vécu [29], ta poésie a illustré son nom ; Reims elle aussi fut illustrée par toi. Tu les as immortalisés, lui et elle, comme tu immortalises tout ce dont s'empare ton inspiration. Puisque tu peux éterniser et ta personne et tes amis, éternise mon nom, je t'en prie, et porte-le aux nues [30]. Écris-moi, envoie-moi un poème sur moi ; pour me répondre, relis celui qui vient de moi. Ce ne sont pas des mots cuirassés d'élégance qui défendent ce mien poème, ni des idées qui font mouche, non plus que la capacité de camper le sujet comme il faut [31] ; non, c'est ton affection qui lui donne renom et saveur [32] : elle est le sel qui sauve mes écrits. SI j'avais de quoi te mettre en appétit de façon plus plaisante, de quoi mieux t'allécher, je te le servirais. Aujourd'hui, c'est ce texte que je t'ai servi ; mais demain, mon application y joindra des mets agréables ; demain, un repas copieux fera suite à cette mise en bouche : ma main apaisera généreusement [33] la faim que tu éprouves encore.

Tu es mon unique. Plût au ciel que je fusse, tout autant, ton unique ! Puissé-je au moins occuper le dixième rang, ou un rang quelconque [34], entré tes amis ! Entre les miens, si je suis le premier, tu seras le second. Sois, entre mes amis, mon ami intime. Que je puisse te dire : « Te voici, ô second moi-même [35] ! » D'ailleurs, la profondeur de l'amour qui a poussé mon cœur vers toi est attestée par la visite que te rend aujourd'hui mon poème. Car il n'aurait pas eu l'audace de venir affronter tes regards, si la confiance qu'il a en ton amour n'avait soutenu sa marche. Ainsi, un amour partagé m'a contraint de t'écrire quelques vers, pour ainsi te contraindre de m'en écrire beaucoup.

J'attends ceci encore de la constance inébranlable de cet amour : que mon poème n'aille pas vagabonder aux carrefours [36]. Car si mon poème est la proie des bavardages, il s'effondrera sous les coups des bavardages immodérés. L'arbre chancelle au moment de mourir, quand sa racine est arrachée ;

Et, pede sublato, machina quaeque ruit ;
145 Atque suo musa quae non est pondere[37] fixa,
    Vt nostra, a multis dilaceranda foret.
Ergo uide passim ne nostra errata patescant,
    Ne derodar ego calliditate mala.
Me dictare aliquid pinguis uenter reprehendit,
150     Qui tamen et sensum non generat tenuem.
Turba quidem socors post uentrem dedita somno
    Improperauit idem terque quaterque[38] michi.
Sed malo libris incumbere carminibusque
    Quam, par iumentis, ducere tempus iners[39].
155 Si tamen et nequeo multum prodesse studendo,
    Saltem diffugio tedia dum studeo.
Expelles clauum clauo[40], curam quoque cura,
    Ne peior subito cura iecur comedat[41].
Si nichil est quod ago nec habent mea carmina pondus,
160     Sunt nichil et mecum, sed faciunt aliquid.
Barbaries siquidem uitiorum mox inolescit,
    Ocia si proprium possideant hominem.
Tunc qui pestiferos uis euitare tumultus,
    Si potes, arripias ut facias ali*qui*d :
165 Aut inhia libris, aut ocia nobiliora,
    Vt dictes aliquid, protinus ingredere.
61r    Sic a peiori cura reuocabere cura˙
    Seruabisque tuum ne ruat ingenium.
Quin etiam, reddet res assiduata magistrum[42] ;
170     Quo mentem intendis, huc ualet ingenium.
Scilicet utaris, multos suus adiuuat usus,
    Absque mora et lima nemo poeta bonus[43].
Versibus in centum si uersus fulserit unus[44],
    Irritus ex toto non erit iste labor.
175 Si uero nostri uersus poterunt decimari,
    Ecce meus sudor prosilit uberior[45].
Nam dictare acuit ebetatum mentis acumen ;
    Dictando siquidem sepe reuoluo libros[46].

---

149 Me dictare *V^{pc}* (c *s.l.*) : Meditare *V^{ac} Abr.* || 157 (Expelle)s *V.s.l.* || 164
aliquid *dubit. conieci* : aliud *V edd.* || 165 (in)h(ia) *V s.l.* || 166 (di)c(tes) *V s.l.* ||
168 ne *V^{pc}* : nec *V^{ac}*

toute construction privée de sa base s'effondre : de la même façon, un poème qui n'a pas l'assiette solide que confère l'autorité[37], comme c'est le cas du mien, s'expose à être mis en pièces par bien des gens. Fais donc très attention à ce que mes erreurs ne soient pas divulguées à tout vent, à ce que la malveillance des habiles ne me déchire pas à belles dents. Les ventres gras, incapables pourtant de concevoir même l'idée la plus mince, me blâment de composer des vers ; la foule imbécile, qui se voue au sommeil après s'être rempli le ventre, m'a adressé trois fois et quatre fois[38] le même reproche. Mais j'aime mieux me pencher sur livres et poèmes que de passer le temps à ne rien faire[39], à l'instar des bêtes brutes. Même si mon travail ne peut être d'une grande utilité, du moins me permet-il d'échapper à l'ennui. Qu'un clou chasse l'autre[40], un souci l'autre, pour éviter qu'un souci pire ne vienne vous ronger le foie[41]. S'il est vrai que ce que je fais est nul et que mes poèmes n'ont aucune autorité, je reconnais moi aussi qu'ils sont nuls ; mais ils ont un effet : la troupe barbare des vices ne tarde pas à grossir, quand l'oisiveté prend possession d'un homme. Toi qui veux alors échapper aux désordres calamiteux, jette-toi, si tu le peux, sur une autre occupation : passionne-toi pour la lecture, ou plonge-toi sans tarder dans un passe-temps plus noble encore, en composant quelque poème. De cette manière, un souci te divertira d'un souci pire encore, et tu préserveras ton talent de la ruine. Bien mieux, c'est une pratique assidue qui fait les maîtres[42] : le talent manifeste toute sa force dans le domaine auquel il applique son attention. Autrement dit, exerce-toi : l'exercice de ses facultés est généralement d'un grand profit. Sans le travail lent de la lime, pas de bon poète[43] ! Si, parmi cent vers, un seul étincelle[44], on n'aura pas peiné totalement en vain. En tous cas si, parmi mes vers, on peut en retenir un sur dix, alors les fleuves de sueur qu'ils me coûtent sont féconds[45]. Composer des poèmes aiguise en effet le fil émoussé de l'intelligence, car, lorsque je compose, je n'arrête pas de compulser des livres[46].

Ecce tibi dixi, mi Godefrede, quid hoc sit
180     Quod studeo, licet hoc nil ualeat studium.
Carmina confiteor nil in se nostra ualere,
     Sed ualet id quod me deuocat a uiciis.
Obiciunt⁴⁷ etiam iuuenum cur more loquutus
     Virginibus scripsi nec minus et pueris.
185 Nam scripsi quaedam quae complectuntur amorem
     Carminibusque meis sexus uterque⁴⁸ placet.
Dicere quid possem potius temptare uolebam
     Quam quod amauissem uersibus exciperem.
Nam si quid uellem, si quid uehementer amarem,
190     Esset amoris tunc nescia carta mei.
Non promulgetur confessio carmine nostra,
     Solus *cum* solo crimina confitear.
Non est in triuiis alicuius amor recitandus ;
     Quisquis amat, cautus celet amoris opus.
195 Et michi nullus amor, nulla incentiua fuerunt,
61v     Exercere meum sic placet ingenium.
Musa iocosa fuit moresque fuere pudici⁴⁹ ;
     Pectine cantatur lucidiore iocus.
Me quemcunque uelit uulgaris opinio semper,
200     Sum quod sum neque me carmina praecipitant.
Non mores nostros infecit carminis usus
     Nec nostros actus, ut reor, inficiet.
Denique, si curae non sunt mea carmina cuique⁵⁰,
     Qui uult reiciat, cui placet ipsa legat.
205 Si nulli noceo, si non exaspero quenquam,
     Si nullus quatitur improbitate mea
Dumque laboro studens, mecum quoque nemo laborat,
     Cur in me nequam quilibet inuehitur ?
Denique, quicquid agam, non pretermittere possum
210     Quin studeam quod agam ; dum uacat, ipse legam ;
Ipse legam quod agam, faciamque legatur amicis.
     Carmen amicorum non minus ipse legam.
Tu magis alter ego, non ut communis amicus,
     Sed specialis, aue ; missaque nostra lege.

---

192 cum solo *edd.* : consolo *V* ‖ 193 (alicu)i(us) *V s.l.* ‖ 198 cantatur *V^{pc}* :
-tantur *V^{ac}* ‖ 205 noceo *V^{pc}* : nocea *V^{ac}*

Voilà, je t'ai dit, mon cher Godefroid, pourquoi je travaille, même si ce travail ne vaut rien. J'avoue que mes poèmes n'ont aucune valeur en eux-mêmes, mais a de la valeur ce qui me détourne du vice. On me demande aussi, d'un ton de reproche [47], pourquoi, sur le ton d'un jeune homme, j'ai écrit à des jeunes filles non moins qu'à des jeunes garçons. En effet, quelques-uns de mes écrits renferment des sentiments amoureux et ma poésie a du goût pour l'un et l'autre sexe [48]. Je voulais essayer de voir ce que j'étais capable d'exprimer, et non faire une place dans mes vers à un amour que j'aurais réellement éprouvé. Car si j'éprouvais du désir, si j'éprouvais un amour passionné, alors le parchemin ne serait pas le confident de mon amour. Ce n'est pas à la poésie de me servir de confession publique ; mes péchés, je les confesse seul à seul avec moi-même. Nul ne doit clamer aux carrefours l'amour qu'il ressent : tout amoureux a le devoir de dissimuler avec précaution l'œuvre de l'amour. Je n'ai jamais été amoureux, je n'ai jamais senti l'aiguillon du désir – il me plaît d'exercer ainsi mon talent. Ma muse est frivole et mes mœurs pudiques [49]. La lyre a plus d'éclat quand elle chante des airs frivoles. Quel que soit le personnage que l'opinion publique veut voir en moi, je reste ce que je suis et la poésie ne m'est pas une occasion de chute. La pratique de la poésie n'a pas sali mes mœurs et, je pense, ne salira pas mes actions. Enfin, si mes poèmes ne causent de tourment à personne [50], que celui qui veut les rejeter les rejette, que celui qui les aime les lise. Si je ne fais de mal à personne, si je ne suis cruel pour personne, si je ne suis, par méchanceté, cause de trouble pour personne, si, lorsque je peine à l'étude, personne ne peine avec moi, pourquoi quelque vaurien s'acharne-t-il contre moi ? En somme, quoi que je compose, je ne puis m'empêcher d'employer toute mon ardeur à le composer ; aux moments de loisir, je ferai la lecture. Je lirai mes compositions et les ferai lire à mes amis ; de mon côté, je lirai aussi la poésie de mes amis.

Toi, ou plutôt mon second moi-même, reçois mon salut non comme un ami ordinaire, mais comme un ami intime. Et lis ce que je t'ai envoyé.

## 100

### Ad eundem Godefredum

Annus abit[1], quia iam nos alter suscipit annus,
Ex quo, suscepto lecto quoque carmine nostro,
Te tua iurasti missurum carmina nobis :
Quam male iurasti ! misisti carmina nulla.
5  Aut es periurus, aut te tua carmina purgent.
Et ualeant odae tibi, si poterunt, Godefrede !

4 missurum *V^{pc}* : -ram *V^{ac}*

## 101

### Ad diem in qua letatus est

Haec michi festa dies[1] festis coeunda diebus,
Qua michi prouenit pariter mea tota uoluntas.
Ista dies numeranda michi meliore lapillo[2]
Quam fuit annorum numeranda dieta[3] meorum ;
5  Istius una quidem michi contulit hora diei
Quod michi collatum uix credas mille diebus.
Ausus non fueram sperare quod intulit ultro
Fatum uel fato melior fortuna[4] secunda.
Ista dies igitur michi felix et ueneranda,
10  Quae me felicem felici sorte beauit.
Matutinus ego tabulas grafiumque pararam,
Inuitaturus nostras ex more camenas.
Ergo solus eram solusque uacare solebam,
Cum michi Letaudum puer intulit unus adesse.
15  Gratulor ad nomen, michi nominis auspicor omen[5],
Vocibus alludo (soleoque eludere uoces),
Aio : « laetandum tribuet mihi strenuus hospes[6],

62r

## 100

### Au même Godefroid

Une année s'en est allée [1] – l'année qui suit nous accueille à présent –, depuis que tu as accueilli mon poème et l'as lu, en faisant le serment de m'adresser tes vers. Faux serment ! Tu n'as pas envoyé un vers. Ou tu es un parjure ou tes vers te disculperont. Tous mes vœux de santé, si possible, à tes odes, Godefroid !

## 101

### Pour un jour de joie

Il faut le compter au nombre des jours festifs, ce jour de fête [1] où tous mes désirs se sont accomplis à la fois. Il faut que je le marque d'une pierre plus blanche [2] que tous mes jours [3] et toutes mes années. En une heure, une seule, ce que ce jour-là m'a acquis, on aurait grand-peine à songer que mille jours eussent pu me l'acquérir. Je n'aurais osé espérer ce que m'a offert de lui-même le destin, ou la chance amie, plus bonne que n'est le destin [4]. Ainsi me faut-il vénérer ce jour béni, qui m'a comblé de la bénédiction d'un sort béni.

Au matin, j'avais préparé mon style et mes tablettes, pour accueillir, comme de coutume, mes muses. J'étais donc seul et je m'occupais seul, selon mon habitude, lorsqu'un enfant vient m'apporter la nouvelle de la présence de Létaud. Je me réjouis en entendant ce nom, j'examine ce qu'il augure, je joue sur ses sonorités (c'est mon habitude d'expliquer les mots en jouant sur leurs sons [5]). Je me dis : « Un hôte valeureux [6] va me

Nam quid Laetaudus[7] nisi letos est pariturus ?
Hospitium sibi nos, se nobis praebeat ipse.
20 Clericus optimus est, ipsum monachum faciemus ».
Intrat, consedit, loquimur quod utrumque deceret ;
Tunc, non ambagum multis anfractibus usus,
Absque labore graui sermone meo monachaui[8],
Nec prece, nec precio[9], neque me cruciando redemi[10].
25 Ista dies ergo semper michi festa diescat[11]
Et semper felix et semper prospera crescat.


## 102

### Amico quem antea non u*i*derat


Carminibus nostris ad nos hucusque loquuti,
    Contigui nobis ore loquamur ad os.
Primum laetemur, quia possumus esse sumusque
    Tuque mei compos, compos et ipse tui.
62v  5 Iam stilus et tabulae, iam nuncius omnis abesto :
    Nos simus nobis ista quod esse solent.

*inscr.* uiderat *edd.* : uederat *V* ‖ 1 ad *V^{pc}* : at *V^{ac}*


## 103

### Ad amicum post reditum suum[1]


Debitor a multo rescribo tempore reddens
    Carminibus multis carmina pauca tuis.
Scis quia detinuit me longi cura laboris
    Meque procellosum sollicitauit iter.

3 detinuit *V^{pc}* : -timuit *V^{ac}* ‖ 4 procellosum *V^{pc}* : procellos sum *V^{ac}* ‖ (solli)ci(tauit) *V s.l.*

donner de quoi être en liesse, car que peut engendrer Létaud, sinon la liesse [7] ? Offrons-lui l'hospitalité ; lui, qu'il nous offre sa personne. C'est un clerc excellent ; je vais le faire moine. » Il entre, s'assied, nous échangeons tous deux les propos adaptés à notre dignité. Alors, sans avoir eu recours à de longues circonlocutions, sans me donner un mal trop dur, je l'ai, par mes seuls mots, fait moine [8]. Sans prier, sans payer [9] et sans monter en croix, je l'ai racheté [10]. Que ce jour, chaque fois qu'il luira [11], soit pour moi jour de fête ; que croissent à jamais ses bénédictions et ses prospérités.

## 102

### A un ami qu'il n'avait encore jamais vu

Nous avions jusqu'alors conversé en poèmes ; réunis l'un à l'autre, conversons maintenant face à face. Réjouissons-nous avant toutes choses de pouvoir être, et d'être en fait, toi en mon pouvoir, et moi en ton pouvoir. Vous, styles et tablettes, et vous les messagers, disparaissez tous maintenant ! Soyons l'un pour l'autre ce qu'ils sont d'ordinaire pour nous.

## 103

### A un ami, après son retour [1]

J'acquitte une dette ancienne en répondant par quelques vers à tes nombreux vers. Tu sais bien que j'ai été retenu par les tracas d'une longue tâche et que j'ai subi les tourments d'un voyage tempétueux. Le voyage m'a tourmenté au point de

5   Sollicitauit iter me ne rescribere possem,
      Nec tamen esse tui compulit immemorem.
    Semper eras nostri sociusque comesque[2] laboris,
      Et puto te nostrae participasse uiae.
    Nunquam nostra tui fuit immemor, aut in eundo,
10     Aut in curando res alias, anima.
    Si plus non poteram, michi te uigil effigiabam
      Teque figurabant somnia multa michi.
    Causidicis aderam nec eram longinquior a te
      (In tantum michi te conciliarat amor)
15  Quam si nos nobis aut res bona contiguasset,
      Aut recrearet me gratia colloquii[3].
    Intererat curis curae pondus grauioris,
      Quae, quamuis grauior, esset amabilior.
    Obtabam reditum, reditum meditabar anhelus,
20     Si quando ualeas tu michi restitui.
    Ecce reuersus ego te per mea scripta reuiso
      Teque salutato, gaudeo si ualeas.
    Si ualeas ualeo, manda michi quod tibi mando,
      Vt quoque me recrees, fac cito me uideas.
25  O utinam tandem nos nobis restituamur,
      Vt saltem pauset cartula fessa diu !

26 saltem $V^{pc}$ : saltim $V^{ac}$

## 104

63r        **Ad eum qui sepe sibi mentitus fuerat**

    Vt uenias, uenias[1], ego mando et sepe remando.
    Quod uenies, uenies, mandas et sepe remandas.
    Verborum satis est, fidei nichil ; aut tua uerba
    Committam uentis[2], aut uerba fides tueatur.

4 (Commi)t(tam) *V s.l.*

m'interdire de répondre, mais il n'a pu m'obliger à perdre le souvenir de toi. Toujours tu me secondais et m'accompagnais dans ma tâche [2] et j'ai l'impression que tu as fait route avec moi. Jamais mon âme n'a perdu le souvenir de toi, que ce soit pendant le trajet ou lorsque je vaquais là-bas à mes occupations. A défaut de pouvoir faire plus, je m'imaginais ton visage au cours de mes veilles et mes songes bien souvent te représentaient devant moi. J'allais voir les avocats et je n'étais pas plus loin de toi, tant l'amour t'a uni à moi, que si une occasion heureuse nous avait rapprochés ou que si le charme d'un entretien [3] m'avait réconforté. Au milieu de mes soucis pesait le poids d'un souci plus lourd, mais qui, bien que plus lourd, était plus aimable : je rêvais au retour, je me préparais au retour, haletant à l'idée que tu pouvais m'être rendu un jour. Me voici maintenant rentré, et je reviens te visiter par l'entremise de cette lettre ; après t'avoir adressé mon salut, je me réjouis si tu vas bien. Si tu vas bien, je vais bien : donne-moi cette nouvelle que je te donne et, pour me réconforter, arrange-toi pour venir vite me voir. Ô puissions-nous enfin être rendus l'un à l'autre, pour qu'au moins ce petit parchemin, épuisé du long voyage, puisse se reposer !

## 104

### A celui qui lui avait souvent menti

Viens, viens [1], je te le demande et le redemande sans cesse. « Je vais venir, je vais venir », déclares-tu et redéclares-tu sans cesse. Beaucoup de propos, aucune parole ! Il faut donc ou que j'abandonne au vent tes propos [2], ou que ta parole les en préserve.

## 105

### Ad eum qui tabulas ei promiserat[1]

Rumores de te frater michi rettulit unus,
  Quos ego complector colloquiumque precor.
Rettulit ipse mei[2] quoniam non immemor esses
  Meque salutando, mox tua uerba dedit.
5 Rettulit ipse michi quia me uehementer amares
  Meque semel uisum pectore congereres.
Rettulit ipse michi quia, si tibi fidus adesset
  Portitor, ipse michi dirigeres tabulas.
Suscepi gaudens quicquid michi rettulit ex te
10   Iamque rependo tibi fedus amicitiae[3].
Ecce salutantem me uerbo te resaluto ;
  Si tamen alludas[4] uersibus ipse meis,
Verbaque carminibus, uerbis quoque carmina iunxi,
  Vt saltem placeam quolibet ipse modo ;
15 Et precor ut detur locus alter colloquiorum,
  Vt sic te nostris contigues oculis.
Ergo per hunc nostrum michi dirige, queso, tabellas,
  Dirige quae deceant ut michi plus placeant.
Si uero queras proprie cui dirigo carmen,
20   Clausula signat in hoc quod gerit : « Odo, uale ».

14 saltem *V^{pc}* : saltim *V^{ac}* ‖ 16 (si)c *V s.l.*

## 106

### De equo postulato et non dato

Vt mittamus equum, ratio non postulat aequum[1].
Sed tibi conducti sim spes et causa uel empti[2].

## 105

### A celui qui lui avait promis des tablettes [1]

Un moine m'a rapporté des nouvelles de toi. Je m'empare aussitôt de l'information et lui réclame un entretien. Il m'a rapporté [2] que tu ne perdais pas le souvenir de moi et, tout en me saluant, il m'a répété tes paroles. Il m'a rapporté que tu m'aimais avec passion et que, pour m'avoir vu une fois seulement, tu me portais au fond de ton cœur. Il m'a rapporté que, si tu avais un messager sûr à ta disposition, tu me ferais adresser des tablettes. J'ai accueilli avec joie tout ce qu'il m'a rapporté de ta part et je t'offre dès maintenant en échange un serment d'amitié [3]. A toi qui me fais saluer oralement, je te rends ton salut. Mais si tu souhaitais jouer avec moi au jeu de la poésie [4], j'ai joint à mes vers un message, des vers à un message oral, pour t'être agréable de toutes les manières. Je prie en outre qu'une nouvelle occasion d'avoir un entretien nous soit accordée, afin de t'avoir ainsi à portée de mes regards. Fais-moi donc parvenir, s'il te plaît, les tablettes par l'intermédiaire de mon messager que voici ; fais m'en parvenir qui soient bien belles, pour qu'elles me plaisent mieux.

Si l'on cherche à savoir à qui précisément j'adresse ce poème, c'est indiqué tout à la fin, là où il contient les mots : « Eudes, tous mes vœux de santé. »

## 106

### A propos d'un cheval réclamé et refusé

Pour que je t'envoie un cheval, il n'y a pas de raison qui vaille [1]. Je dois incarner à tes yeux l'espérance d'en emprunter un ou l'occasion d'en acheter un [2].

## 107

**Ad eum qui sibi inimicabatur**[1]

Quandoquidem nequeo, quod me grauat[2], unicus esse –
    Immo nemo potest unicus esse tibi[3] –,
Sim saltem decimus uel quilibet inter amicos,
    Sim cui digneris : « huc ades ! » innuere.
5 Quem tu pluris habes, habeamus pluris et ipsi :
    Talpa tibi pluris, pluris et ipse michi.
Vt tibi gratificet, me Talpae gratificabor[4],
    Quippe tuo Talpae nulla negare potes.
Nulla negare potes cui iam tua cuncta dedisti.
10    Talpa satis faciet te michi propicium.

3 saltem *V^{pc}* : saltim *V^{ac}* ‖ 5 h(abes) *V s.l.* ‖ 10 satis faciet *ego* : satisfaciet *V Hil.*

## 108

### Ad amicum cui cartam mittebat

O utinam legatus ego meus iste fuissem[1],
    Vel quam palparet cartula uestra manus,
Et michi qui nunc est tunc idem sensus inesset –
    Sed neque me nosses donec ego cuperem !
5 Tunc explorarem uultumque animumque legentis,
    Si tamen et possem me cohibere diu.
Caetera propiciis diis fortunaeque daremus
    Nam Deus ad ueniam promptior est homine[2].

## 107

### A celui qui s'était brouillé avec lui [1]

Puisque je ne puis, ce qui m'accable [2], être unique à tes yeux – d'ailleurs, personne ne peut être unique à tes yeux –, puissé-je du moins occuper le dixième rang, ou un rang quelconque, entre tes amis ; puissé-je être de ceux à qui tu daignes t'adresser en ces termes : « Te voici ! » [3]. Celui dont tu fais si grand cas, faisons-en nous aussi grand cas : La Taupe compte beaucoup pour toi, qu'il compte aussi beaucoup pour moi. Pour qu'il me concilie tes faveurs, je me concilierai les faveurs de La Taupe [4], car tu ne peux rien refuser à ton ami La Taupe. Tu ne peux rien refuser à celui à qui tu as déjà tout donné de toi. La Taupe saura bien te rendre bienveillant envers moi.

## 108

### A un ami à qui il adressait une lettre

Si seulement j'eusse été à moi-même mon propre messager, ou le petit bout de parchemin que va toucher ta main [1] ! et si, à ce moment-là, j'étais aussi conscient que je le suis maintenant, si de ton côté, tu ne te rendais pas compte de ma présence avant que je ne le voulusse... alors, j'inspecterais ton visage et ton âme, ô mon lecteur, si du moins j'avais la force de me contenir assez longtemps. Tout le reste, nous l'abandonnerions à la bienveillance des dieux et de la fortune – car Dieu est plus prompt au pardon que l'homme [2].

## 109

### Amicis qui ab eo recesserant

Vt quondam fauit, michi si modo musa faueret,
    Vos etiam solitis uersibus alloquerer.
Sed mens a solito paulatim deperit usu[1],
    Deperit affectus, cum labor est sine re.
5   Olim cantor eram, sed eram sine nomine cantor,
    Cum uos ad patriam detulit hora meam :
Aut enim deerat nobis auditor amicus,
    Aut magis auditor inuidus omnis erat.
64r    Excitur studii per uos uigilantia nostri
10      Meque coegistis amplificare[2] stilum.
Carmina uester amor me scribere multa coegit
    Atque coegit me scribere laudis amor.
Vos uice condigna recitastis carmina nostra
    Et dilatastis nomen ubique meum.
15   Pro dolor, a nobis uos infortunia seua
    Vobiscumque iocos[3] eripuere meos.
En uix obliquo me musa reuisit ocello
    Et ructare duo carmina[4] uix ualeo.
Credite, uobiscum fugiens mea musa recessit,
20      Carmina uobiscum delituere mea.
Extunc incedo reptans sermone pedestri[5] :
    Ergo pedes uadam, cum michi desit equus[6].

16 uobiscumque *V^{pc}* : -cunque *V^{ac}* ‖ 18 (ru)c(tare) *V s.l.*

## 110

### Ad eum qui ab eo recedere uolebat

Ipse paras reditum patriosque reuisere fines,
    Visurusque tuos ipse paras reditum.

### 109

**Aux amis qui s'en étaient allés loin de lui**


Si à présent la muse me souriait comme elle m'a souri
naguère, je vous adresserais encore les vers auxquels vous êtes
habitués. Mais l'intelligence s'éteint peu à peu, lorsqu'elle perd
l'habitude de s'exercer [1], l'enthousiasme s'éteint, lorsqu'il
peine sans résultat.

Jadis, lorsque l'occasion vous a conduits dans ma patrie,
j'étais aède, mais aède sans renom, soit que les auditeurs bienveillants fissent défaut, soit, plus exactement, que tout auditeur
fût malveillant. Mon zèle ensommeillé est réveillé par vous,
quand vous m'avez forcé d'amplifier [2] mon chant. Votre amour
me força à écrire bien des poèmes, tout comme m'y força
l'amour de la louange. Vous, de votre côté – digne retour des
choses ! –, vous avez chanté mes poèmes et répandu en tous
lieux mon renom. Une infortune cruelle vous a – hélas ! –
arrachés à moi, et avec vous m'a arraché mes jeux [3]. Les rares
fois où, désormais, la muse revient me visiter, elle le fait en
détournant les yeux : c'est tout juste si j'ai la force d'éructer [4]
deux poèmes. Croyez-moi, lorsque vous vous en êtes allés, ma
Muse s'est enfuie avec vous ; avec vous, ma poésie s'est éva-
nouie. Depuis lors, mon langage terre à terre [5] se traîne au ras
du sol : il faut donc bien que j'aille à pied, puisque je n'ai plus
de cheval [6].


### 110

**A celui qui voulait s'en aller loin de lui**


Tu t'apprêtes à repartir et à retourner voir le pays de tes
pères ; pour aller voir les tiens, tu t'apprêtes à repartir. Tu

Ipse paras reditum¹ quia res expostulat illud –
Quod tamen auertant dii meliore uia².
5 Aut nos o utinam res una reduceret ambos
Aut quod me retinet te retineret opus !
Nunc tantum lacrymas michi discedendo relinques
Tuque flues lacrymis conditione pari³.
Nos tamen id pascat quod pascere debet amicos :
10 Tristi succedet, nec mora, laeta dies.
Semper speremus, sperantes id replicemus :
Tempora propicii⁴ dii meliora dabunt.

7 (ta)n(tum) *V s.l.* ‖ 10 Tristi *V^{pc}* : (Tristi)s *erasum*

## 111

### Ad eum qui ab eo Ouidium extorsit¹

Ad me fallendum fallax uenit simulachrum
64v Vtque sibi praestem supplicat Ouidium.
Pendulus a collo pedibusque cubando uolutus,
In quascunque uelis uertitur effigies².
5 Abnuo, sed fallor : nam quem non fallat Vlixes³ ?
Optinet ad tempus reddat ut ipse meum
Et puto quod magica me tandem eluserit arte⁴ :
Importuna meis auribus insonuit.
Hunc tamen et fidei nimium reor esse paternae⁵
10 Mentirique potest uerba fidemque suam.
Cautus adulator, uestigia nostra tenebat,
Affigens plantis oscula⁶ multa meis.
O utinam uerum iurauerit, ut michi reddat
Quem male decepto sustulit Ouidium !

5 nam quem *V^{pc}* : namque *V^{ac}* ‖ 6 Optinet *V^{pc}* : Obtinet *V^{ac}* ‖ 12 Affigens *V^{pc}* : Affligens *V^{ac}*

t'apprêtes à repartir[1], parce qu'une affaire l'exige – puissent pourtant les dieux trouver une solution meilleure[2] pour empêcher ce départ ! Qu'ils fassent qu'une affaire nous concernant tous deux nous ramène tous deux là-bas, ou que la tâche qui me retient ici t'y retienne également. Mais, en réalité, tu ne me laisseras en partant que des larmes et toi, tout comme moi[3], tu verras ruisseler tes larmes. Nourrissons-nous pourtant de cette pensée, dont les amis doivent se nourrir : « Le jour de joie viendra bien vite après le jour de la tristesse. » Espérons sans cesse, et dans notre espoir ajoutons ces mots : « La faveur des dieux[4] nous donnera des jours meilleurs. »

## 111

### A celui qui lui a soutiré un Ovide [1]

Un comédien trompeur est venu me tromper : me suppliant de lui prêter un Ovide, il se pend à mon cou, se roule dans la poussière à mes pieds, change son apparence en tout ce qu'on voudra[2]. Je refuse, mais je me laisse attraper : qui Ulysse n'attraperait-il pas[3] ? Il a gain de cause, sous réserve de me restituer mon bien au jour dit. Je pense aussi qu'il m'a ensorcelé[4] : il a accablé mes oreilles de conjurations. D'ailleurs, je compte par trop sur sa loyauté à l'antique[5] : il peut trahir sa parole et sa foi. Flatteur plein de cautèle, il me suivait partout en couvrant de baisers la trace de mes pas[6]. Puisse-t-il avoir prononcé un serment véridique, lorsqu'il promet qu'il me rendra l'Ovide qu'il m'a subtilisé à force de ruses perverses !

## 112

### Ad Theobaldum pedagogum[1]

Fecisti caute, sed nolo dicere : laute,
    Sitque licet laute, dicere nolo tamen.
Consilium non laudo tuum : michi displicet illud,
    Vtpote sollicito de pueri solido.
5  Caute fecisti, quia Greculus ille rediuit,
    Totus adulantis ore loquens Sinonis[2].
Quem non decipiat fraus patris, fraus genuina ?
    Iam tamen iste puer fraude patri superest.
Hic ad me uenit, me per sua uerba fefellit
10    Emunxitque meo me sibi denario[3].
Queso, ne redeat ; semper, Theobaude, tuus sit ;
    Non michi dimidies ; immo, habeas proprium.
Nam puer iste tuus sic seruit, taliter instat
    Vt cui seruierit nemo refellat eum.
15  Hinc est quod quidam uocat ipsum more parentis
65r    Falso « belle nepos »[4], sanguinis alterius.
Iam tibi pro puero labor est subeundus eundi,
    Vt dominum facias hunc remanere domi.
Non hunc pro solidis facias ubicunque uagari ;
20    Ipsius debes ipse subire uices.
Sed te nescio quid Choridona[5] nouum simulauit
    Ingratumque facit te tua rusticitas.
Sic quoque te labens induruit annus et annus,
    Vt sulcet faciem plurima ruga[6] tuam.
25  Ergo, quam dixi melius sapis, Ouidiane[7] :
    Iactas qui numquam fallitur accipitrem.
Fac igitur quod agis ; bene rem, Theobaude, notasti :
    Exeat in campum uincere qui poterit.
Qui seruire potest scit se quoque gratificare :
30    Seruiat et uideat ne uacuus redeat[8].

---

6 (loquen)s *V.s.l.* ‖ *post* loquens *ras. ferme trium litterarum* ‖ sinonis *ego* .
simonis *V edd.* ‖ 24 ruga $V^{pc}$ : riga $V^{ac}$

## 112

### Au pédagogue Thibaud [1]

Tu as agi en fin matois, je ne veux pas dire : en vrai courtois ; même si courtoisie il y a, je refuse de dire le mot. Je n'approuve pas ta conduite ; elle ne me plaît pas, car je suis bien fâché à propos du sou donné au garçon. Tu as agi en fin matois : ce petit Grec est revenu, la bouche toute pleine de flatteries dignes de Sinon [2]. Qui ne se laisserait abuser par la ruse de son père, cette ruse atavique ? Et pourtant, cet enfant l'emporte déjà en ruse sur son père. Il est venu me voir, il m'a circonvenu par ses discours... et il m'a soulagé d'un denier à son profit [3] ! Qu'il ne revienne pas, je t'en prie, Thibaud ; qu'il reste toujours avec toi. Ne le partage pas entre nous deux ; non, garde-le-toi tout entier. Car ce garçon, ton élève, est si obséquieux, tellement insistant, qu'à son obséquiosité, personne jamais ne sait dire non. Il s'ensuit que tel ou tel le nomme, sur un ton paternel, « beau neveu » [4] – à tort, puisqu'il est d'un autre sang.

C'est à toi maintenant qu'incombe la tâche de sortir en lieu et place du garçon ; lui, laisse-le garder la maison. Ne le laisse pas vagabonder dans tous les coins à la recherche de sous : c'est toi qui dois remplir son rôle. Mais un je ne sais quoi te fait ressembler à un nouveau Corydon [5] et ta rustauderie te rend peu avenant. Année après année, le temps qui passe t'a durci le cuir, au point que de multiples rides labourent [6] désormais ton visage. En fait, tu es plus malin que je ne l'ai dit, fils d'Ovide [7] : tu lâches un faucon qui ne manque jamais sa proie. Fais donc ce que tu fais ; tu as bien compris la situation, Thibaud : se lance sur le champ de bataille qui sera capable de vaincre. Celui qui est capable d'être obéissant sait aussi se rendre agréable : qu'il obéisse et qu'il prenne bien soin de ne pas revenir les mains vides [8]. Qu'il obéisse et qu'il prenne soin

> Seruiat et uideat qui munera digna rependat,
>     Cuius larga manus digna coaptet ei[9].
> Cum tamen exierit, hunc obiurgando coerce
>     Ne nimis excedat transiliatque modum[10].
> 35 Non eat ultra fas animosior hostis in hostem,
>     Fortunam timeat ut sibi non faueat.
> Vadat more ferae crudelis miles in arma ;
>     Hunc timor est ut mors obruat anticipans.
> Iste nimis properus sibi uult adquirere nomen,
> 40     Monstrari digito[11] promptus in arma cupit.
> Acer et indomitus nimis efferus est cohibendus :
>     Aetas et tempus nomen ei facient.
> Ergo, suis parcat teneris paucisque diebus,
>     Ne puer in primis obruat auspiciis.

65v 45 Sed tu, cui rediens stipendia cuncta rependit,
>     Non curas quid agat, sed loculos repleat.
> Sic ego non laudo, sed, si uis credere nobis,
>     Parcius et propius uadat in arma puer ;
> Sic eat ut ualeas custos suus esse comesque[12],
> 50     Vt super hunc uigilet sollicitudo tua.
> Semper enim timeas ut eum pedagogus omittas,
>     Quo sine non poteris uiuere – siue mori[13]...

44 in primis $V^{pc}$ : imprimis $V^{ac}$

## 113

### Ad puerum mirandi ingenii

> Plurima fama refert quibus ut credamus oportet,
>     Et procul a uero plurima fama refert.
> Fama quidem nostra, Petre, te celebrauit in aure[1],
>     O utinam sic te res faciat celebrem !
> 5 O utinam de te nil rumor dixerit anceps,
>     Sis talis qualem te michi fama refert.

de voir qui peut lui accorder une rémunération convenable, qui est assez généreux pour lui donner un salaire en rapport avec ses mérites [9]. Mais, lorsqu'il partira, exige de lui, par tes remontrances, qu'il n'en fasse pas trop et ne dépasse pas la mesure [10]. Il ne doit pas, contre toute convenance, se précipiter plein d'ardeur comme un ennemi sur son ennemi : il aurait à redouter que la fortune ne lui sourie pas. Si, en soldat farouche, il se rue au combat comme une bête sauvage, il y a lieu de redouter pour lui la catastrophe d'un trépas prématuré. Il est trop pressé de se conquérir une réputation : s'il se hâte au combat, c'est par désir d'être montré du doigt [11]. Il faut contenir l'ardeur excessive de ce jeune homme violent et indompté : l'âge et la durée lui feront une réputation. Qu'il soit donc ménager de ses tendres et rares années, de peur que, tout enfant, il ne périsse à l'heure des premiers commencements.

Mais toi, à qui il reverse tous ses gains lorsqu'il rentre, tu as cure, non de ce qu'il fait, mais de le voir remplir ta cassette. C'est ce que je n'approuve pas. Non, si tu veux m'en croire, il faut que le garçon parte au combat moins souvent et moins loin. Il faut, lorsqu'il s'en va, que tu aies les moyens d'être son protecteur et son compagnon [12], que tu veilles sur lui avec sollicitude. Crains en effet toujours, toi qui es pédagogue, de perdre celui sans qui tu ne pourras vivre – mais bien plutôt mourir [13].

## 113

### A un jeune garçon d'une intelligence admirable

La renommée colporte quantité de rumeurs auxquelles on doit ajouter foi ; quantité de rumeurs éloignées de la vérité sont colportées aussi par la renommée. Or, la renommée, Pierre, a célébré ta louange à mon oreille [1] ; puissent les faits eux-mêmes te valoir la même célébrité ! Puissent les bruits qui courent n'avoir rien affirmé de douteux quant à toi, puisses-tu être tel que la renommée le colporte jusqu'à moi !

Non natura tibi, sed nature moderator[2],
   Quod sit mirandum prestitit ingenium.
Effugit illa tuum tantummodo littera pectus
10    Quam non doctorum spiritus exposuit[3].
Quod stilus ipsorum scrutari non dubitauit
   Tu quoque scrutaris peruigili studio.
Quod legis aut audis memori sic mente retractas
   Vt recitantem te nil queat effugere.
15 Si placeat metricis alludere cuilibet odis[4],
   Odis alludis cuilibet egregiis.
Sicut et audiui, iamiam facundia tantum
   Vt uiuas Cicero &lt;nunc&gt;[5] tibi suppeditat[6].
Miror, et est mirum, quod in his sic enituisti,
20    Rursus et in multis que locus hic reticet,
66r     Immo quod aetatem teneram sic exuperasti
   Vt iuuenis canos iam doceas homines[7].
Hos aetas aditus si centenaria posset
   Impetrare sibi, grande quidem fuerat.
25 Vel modicum citra, uel iam quindennis, adeptus
   Es bona tot pariter, Petrule, dante Deo.
Quippe tuis meritis non debes id reputare,
   Sed sua qui gratis dat, dedit atque dabit.
Ipse nec inuideo nec iniqui garrio more,
30    Sed grates gratas immolo, reddo Deo.
Laetor et exulto, congaudeo suscipienti
   Et dico : « Danti gloria summa Deo ! »
Tu quoque cui uel quem cantat mea pagina praesens,
   Assenti mecum dicque Deo quod ego.
35 Extolli noli[8] neque praestes laudibus aurem,
   Quatenus ipsa tuis attribuas meritis.
Suscipe dona Dei gratanter gratificando
   Ipsum te gratis qui dedit ista tibi.
Sic etenim faciens non spernes simpliciores,
40    Tu quoque prouectu supplice proficies.

---

13 aut *V*· et *Hil.* ‖ 18 Vt uiuas cicero nunc *conieci metri causa* : Vt uiuas ciceronem *V* Vt uincas ciceronem *con. Hil.* ‖ 25 citra *V^{pc}* · cithra *V^{ac}*

L'Ordonnateur de la nature – non pas la nature elle-même[2] – t'a fait don d'une intelligence que l'on dit admirable. Seule échappe à ta réflexion la littérature que l'inspiration des savants n'a pas commentée[3]. Les questions que leurs écrits n'ont pas hésité à examiner, tu les examines à ton tour avec ardeur et grande attention. Ce que tu lis et entends, tu le répètes avec une mémoire si fidèle que pas un mot ne peut manquer à ta récitation. S'il te plaît de jouer à adresser à qui tu voudras des odes selon la métrique, tu lui adresses en jouant des odes merveilleuses[4]. A ce que j'ai encore entendu, tu es d'ores et déjà pourvu en abondance d'une éloquence telle[6] que tu es l'incarnation vivante[5] de Cicéron. Je m'émerveille, et il y a de quoi s'émerveiller, que tu brilles d'un tel éclat dans ces domaines, et dans beaucoup d'autres encore que l'on passe ici sous silence – bien mieux : que tu sois assez en avance sur ton âge tendre pour, jeune comme tu l'es, instruire déjà des vieillards chenus[7]. Si de tels commencements pouvaient préluder à une existence de cent ans, ce serait vraiment sublime ; c'est à quinze ans, voire un peu moins, que tu as obtenu, mon petit Pierre, tous ces biens à la fois, qui sont un don de Dieu. Car tu ne dois pas mettre ce talent au compte de tes mérites propres, mais l'attribuer à Celui qui dispense, a dispensé et dispensera Ses bienfaits gratuitement. Ne vois pas là, de ma part, jalousie ou creux babil d'un méchant ; non, j'offre et je rends à Dieu des grâces pleines de gratitude. Je jubile et j'exulte, je partage la joie du récipiendaire de ces biens, et je déclare : « Gloire au plus haut des cieux à Dieu le donateur ! » Et toi, qui es le destinataire ou la matière du chant que chante la présente page, partage mon avis, parle à Dieu comme je le fais. N'accepte pas d'être glorifié[8] et ne prête pas l'oreille aux louanges qui te feraient attribuer ces qualités à tes mérites. Reçois les dons de Dieu avec gratitude, en offrant ta propre personne en action de grâces à Celui qui te les a accordés gratuitement. Car, en agissant ainsi, tu éviteras de mépriser les moins doués ; en outre, tu tireras profit à progresser dans l'humilité.

## 114

### Ad Bernerium monachum

Berneri noster quem fama benigna perornat,
    Nostrum suscipias ipse benignus aue.
Ipse benignus aue rescribas, quaeso, roganti ;
    Quaeso, rescribas, attamen ipse ueni[1].
5  Si quod rescribes nostra recitabis in aure,
    Versibus inde tuis gratia maior erit.
Colloquium de te, de te desidero carmen :
    Vt neutrum desit, illud et illud agas.
66v      Olim de nostro quod scripsi flendo nepote[2]
10     Tempus abit quod habes ; ergo remitte michi.
Illud enim tantae fore iudico simplicitatis
    Vt nichil hoc habeat cur relegatur opus.

## 115

### Propter eum qui non redibat

Miror nec ualeo mirari sufficienter
Quare non properus rediit meus ille Iohannes[1],
Qui se continuo iurans pepigit rediturum.
Vel puer egrotat, mihi uel subducitur amens :
5  Amens, si puero suberunt obliuia nostri[2],
Ac si tres[3] biberit Lethei fluminis haustus.
Inconstans puer est, inconstans quaeque iuuentus[4].
Hoc michi scire licet : sine causa non pigritatur.
Nusquam tutus homo, nusquam satis acceleratur,
10  Si quicquam tamen acceleres animo cupienti.
Id saltem faciam : superexpectabo[5] Iohannem
Spectantique michi superassociabo timorem.

## 114

### Au moine Bernier

Bernier, mon ami, toi qu'auréole une réputation de bonté, accueille avec bonté mon salut. Dans ta bonté, réponds, s'il te plaît, par un salut à qui le demande. Réponds, s'il te plaît – ou plutôt, viens en personne [1]. Si tu déclames à mes oreilles le texte de ta réponse, le charme de tes vers n'en sera que plus grand. Je désire que tu m'accordes un entretien, que tu m'accordes un poème : pour qu'il n'y ait pas de lacune, pourvois à l'un et à l'autre.

Ce que j'ai écrit jadis de mon regretté neveu [2], il y a bien longtemps que tu l'as ; rends-le-moi donc. Je considère en effet que cette œuvre est d'une telle facilité qu'elle ne mérite aucunement d'être relue.

## 115

### Inspiré par l'absence prolongée d'un ami

Je m'étonne, et je ne saurais assez m'étonner, que mon cher ami Jean [1] ne soit pas revenu en hâte, lui qui s'est engagé par serment à revenir au plus vite. Ou bien l'enfant est malade, ou bien c'est la folie qui le soustrait à ma présence – la folie, ce serait que l'oubli de moi [2] s'insinue dans le cœur de l'enfant, comme s'il avait bu trois [3] gorgées de l'eau du Léthé. Enfance inconstante, comme est toute jeunesse [4] ! Ce que je puis savoir, c'est qu'il ne s'attarde pas sans motif. Jamais on n'est en sécurité, jamais on ne se dépêche assez, pour peu du moins qu'on ait le désir ardent de dépêcher ses affaires. Je vais, faute de mieux, faire ceci : je continuerai encore [5] à attendre Jean et, à mon attente, je continuerai encore d'associer l'inquiétude.

## 116

### Ad quemlibet

Quod uolo facturus, uenias quod uis habiturus ;
    Nil mihi praecipuum ni tibi complaceat.
Nam tibi si placeat quod habet mea tota facultas [1],
    Id michi tunc demum feceris egregium.

3 facultas *V^{pc}* : -tat *V^{ac}*

## 117

### Ad Maiolum [1]

Tu quoque partem habeas in carmine, Maiole, nostro.
    Ergo tibi dicat pagina nostra uale,
Te, si quid ualeat, mecum mea musa perennet [2],
    Te quoque perpetuis perpetuet titulis.
5  Laetetur de te referens insignia codex,
    Tu decor atque decus [3] codicis esto mei.

67r     Olim te uidi, uidi uoluique uidere
    Ipseque te uiso plus mihi complacui.
Plurima conicimus de nobis pauca loquuti,
10     Multa uenustauit littera colloquia.
Enituit morum subito dulcedo tuorum
    Moxque mihi mores complacuere tui ;
Et, puto, nobilitas altissima sanguinis alti [4]
    Depingit mores nobilitatque tuos.
15  Ipse salutatus tandem te triste recessi,
    Teque salutato tristis ego redeo.

8 Ipseque *V^{pc}* : Ipse teque *V^{ac}*

## 116

### A qui on voudra

Toi qui es prêt à faire ce que je veux, viens et prépare-toi à obtenir ce que tu veux ; rien n'est précieux pour moi s'il n'est plaisant pour toi. Car c'est seulement si tous les biens que j'ai en ma possession [1] l'agréent qu'ils auront alors revêtu un grand prix à mes yeux.

## 117

### A Maïeul [1]

Et toi aussi, Maïeul, obtiens une place dans ma poésie. Que ma page t'adresse donc tous mes vœux de santé ; que ma muse, si elle vaut quelque chose, t'éternise en même temps que moi, immortalise ta mémoire en disant ta gloire immortelle [2]. Que mon livre jubile de redire tes hauts faits ; et toi, sois l'ornement et l'honneur [3] de mon livre.

Naguère, je t'ai vu ; je t'ai vu et j'ai souhaité de te voir ; et, après t'avoir vu, je t'ai encore plus aimé. Sans avoir échangé beaucoup de mots, nous devinons beaucoup de choses l'un de l'autre ; nous goûtâmes le charme d'un long entretien littéraire. La douceur de ton caractère a resplendi dès l'abord, et tout de suite ton caractère m'a plu ; c'est, je pense, la très haute noblesse de ton haut lignage qui déteint sur ton caractère pour l'ennoblir [4]. A la fin, tu m'as salué et je t'ai quitté tristement ; moi, je t'ai salué et je rentre tout triste chez moi. Incapable

Ex tunc ipse tui non immemor[5] ortor et opto
    Et precor exoptes altera colloquia.
Interea, quod uis nostra de parte iubeto ;
20    Indigus esse tibi, Maiole, non potero.
Si prior insistat metricis alludere ludis[6],
    Alloquar hunc ludis, si iubeas, metricis.
Si quoque dignetur sibi carmina nostra Chotardus,
    Si iubeas, metricis hunc onerabo modis.
25 Propterea taceo nostro de fratre Blaino :
    Omnia nam sua sunt carmina quae mea sunt.
Ergo, salutatis Hugone, priore[7], Blaino
    Fratribus et reliquis, amplius ipse uale ;
Immo magis ualeat quem plus amo, uerius et qui
30    De uobis poterit dicere : « plus amo te ».


## 118

### Allegorice de quolibet[1]


Quartus[2] adest nostris internumerandus amicis
Teucer, quem quartum preposterus inserit ordo.
Ordine quintus erat, sed dum res anticipatur,
Fit subito quartus qui quintus debuit esse.
5 Perdidit ergo locum, quia lentus distulit horam,
Ergo quintus erit, quem quartum praenumeraram.
Sic fortuna potens hominum praeposterat actus :
Non sumus in nostris, miserandus homuncio, uotis,
Quippe quod optamus numquam stabilire ualemus.
10 Aut fatum nostras res, aut fortuna ministrat.
Fortunam ergo bonam, felicia fata precabor[3] ;
Non erit infelix horum cui presidet alter.
Horum, quaeso, michi sit praesul uterque uel alter[4].
Ista secundabunt pia numina uota precantum[5],
15 Compatientur enim causis clementer egentum.
Ante deos omnes istos michi conciliabo.

67v

9 ualemus $V^{pc}$ · ualeamus $V^{ac}$

depuis lors de te chasser de ma mémoire [5], je t'exhorte, t'implore et te prie de souhaiter un second entretien. En attendant, ce que tu désires de ma part, exige-le : je ne pourrai, Maïeul, être parcimonieux envers toi. Si le prieur se passionne pour les jeux de la versification, je lui adresserai, sur ton ordre, mes jeux métriques [6]. Si Chotard lui aussi trouve mes vers dignes de lui, je l'accablerai, sur ton ordre, de mélodies écrites en mètres. Je ne parle pas à ce propos du frère Blain, mon cher ami : tous les poèmes qui sont de moi sont à lui. Salue donc le prieur, Hugues [7], Blain et tous les autres moines ; à toi surtout, mes bons vœux de santé. Ou plus exactement, meilleurs vœux de santé à celui d'entre vous que j'aime le plus et qui pourra dire avec le plus de sincérité : « C'est toi que j'aime le plus. »

## 118

### A propos de qui on voudra, sur le mode de l'allégorie [1]

Voici qu'il me faut le compter comme le quatrième [2] d'entre mes amis, Teucer : une interversion dans le classement lui confère la quatrième place. Il y occupait le cinquième rang, mais, pour être arrivé en avance, il devient aussitôt quatrième, alors qu'il aurait dû être cinquième. Il a donc perdu sa place, parce que, dans sa lenteur, il a laissé passer l'heure, et par conséquent se retrouvera cinquième, celui qu'auparavant je plaçais en numéro quatre.

C'est ainsi que la Fortune toute-puissante soumet à mutation les actions humaines. Misérables homoncules, nous ne sommes pas maîtres de nos désirs, car, ce que nous souhaitons, nous ne sommes jamais en état de l'asseoir fermement. C'est le destin, ou bien la Fortune, qui administre nos affaires. Je prierai donc la Fortune aimable, le destin bienveillant [3] : il ne sera pas malheureux, celui que protège l'un d'entre eux. Que l'un ou l'autre [4], ou tous les deux, je le veux, soit mon maître. Ces pieuses déités seconderont les vœux de qui les prie [5] ; dans leur clémence, elles prendront en pitié le sort des malheureux. Avant tous les dieux, voilà ceux que je me rendrai bienveillants.

## 119

### De quo supra

Carmen heri cecini quod me cantare coegit
Spes mea, plus uelox uelox[1] quam debuit esse.
Nam cecini factum quod uellem posse futurum,
Sperans fortunam pro uelle meo moderandam,
5 Quippe quod optabam contingere posse putabam.
Sic etiam multos spes optatiua fefellit,
Cum properi sperant contingere posse quod optant :
Tales anticipant frustra sine tempore tempus
Praecipitesque ruunt[2] optati turbine uoti.
10 Vt ruit in preceps a montibus eruta rupes[3]
Quam procul abducunt decliuia longa ruentem,
Non scopuli cohibent, obstacula nulla coercent,
Sic mea sic praeceps nec tempestiua uoluntas
Spem uotumque meum ueluti promouit in actum
15 Quo desiderii uotiui spes inhiabat,
Me quoque supra me transuexit inanis in altum,
Quod res ipsa magis calamo commissa probabit.
Carmen heri nostrum nostris ingessit amicis
Teucrum, quem nostrum spe colloquioque dicaram.
20 Nil michi de Teucro praeter spem colloquiumque
Tempus adhuc dederat ; tantum sperare licebat ;
Spesque fuit tanti quanti res ipsa fuisset.
Qua spe tutus ego, tuti quoque more loquutus,
Mox Teucrum nostris specialibus adnumeraui.
25 Attribuitque gradum mea protinus optio quartum
Et qui quartus erat dilatus in ordine quinto est,
Quartum quippe gradum sibimet sperauerat alter.
Teucrum colloquio placuit temptare secundo.
Durus ebesque fuit, sua dicta incongrua nostris.
30 Obstupui, fateor[4], idem uir cum fuit alter :

68r (left margin, at line 18)

---

10 preceps *corr. Str.* : preces *V* ‖ rupes *V^{pc}* : -pis *V^{ac}* ‖ 21 licebat *V^{pc}* : lucebat *V^{ac}*

## 119

### A propos du même que ci-dessus

Hier, j'ai chanté un chant, un chant que m'a dicté mon espérance vive, plus vive [1] qu'elle n'aurait dû être : j'ai chanté l'accomplissement d'un fait que je voulais voir advenir, dans l'espoir de contraindre la Fortune à se modeler sur mon bon vouloir. Car je m'imaginais que mon désir pouvait se réaliser. C'est ainsi que bien des gens se laissent abuser par espoir et désir, lorsqu'ils espèrent trop tôt que peuvent se réaliser leurs désirs. De tels hommes, c'est pour rien qu'ils se hâtent de disposer du temps à contretemps et qu'ils précipitent leur course [2] portée par l'ouragan du désir, de l'espoir. De même que court au précipice la pierre arrachée au flanc de la montagne [3], lorsque de longues pentes entraînent au loin sa course, lorsque nul rocher ne l'arrête, nul obstacle ne la retient, de la même façon ma volonté intempestive, dans sa précipitation, a, si je puis dire, élevé au rang de réalité mon espérance et mon souhait en se ruant à perdre haleine vers où la conduisaient le désir et l'espoir. Toute vaine qu'elle fût, elle m'a fait outrepasser par le haut mes propres limites – comme le prouvent bien assez les mots que j'ai confiés à la plume.

Mon chant d'hier plaça Teucer au rang de mes amis, consécration que lui valaient mon espérance et un entretien. Le temps ne m'avait encore accordé de Teucer que cet espoir et que cet entretien : j'avais le droit d'espérer, mais pas plus ; or, j'ai attribué à l'espérance autant de valeur que s'il se fût agi d'une réalité substantielle. Confiant en cet espoir, j'ai tout aussitôt, sur un ton plein de confiance, compté Teucer au nombre de mes amis intimes ; une décision hâtive lui accorda le quatrième rang et celui qui était quatrième fut rétrogradé à la cinquième place, puisqu'un autre attendait pour lui-même ce numéro quatre. Je décidai de soumettre Teucer à l'expérience d'un second entretien : il a été désagréable et obtus, ses opinions contredisaient les miennes. J'ai été stupéfait, je l'avoue [4],

Alter erat uerbis, habitu quoque corporis idem.
Id quod dixi*t*[5] heri nescit, negat, abnuit, odit.
Displicuit facilis grauis inconstantia Teucri
Et michi me cepi uehementius improperare,
35  Incircumspecta qui faui cuilibet aure.
Nunc igitur Teuchrum de pectore deleo nostro :
Quem sibi contuleram tollatur ab ordine quarto.
Nec posthac nostris superapponetur amicis,
Sub nulloque mei monimento uiuat amoris.
40  Non ultra facilem prebebo cuilibet aurem,
Nec cuiquam subito de quauis plebe fauebo
Edoctusque per hunc michi cautius iuuigilabo.

32 dixıt *corr. Sed.* : dixi *V* ‖ 38 (post)hac *V s.l.* ‖ 40 prebebo *V^{pc}* : prebeo *V^{ac}*

## 120

### Iterum de eodem

En iterandus adest iterato carmine Teucer
    Dissimilem sibimet quem bis ego cecini.
Est sibi dissimilis qui mentem mutat in horas,
68v          Vt, quicquid modo uult, mox quoque nolit idem[1].
5  Iste fuit nostris adiectus nuper amicis,
    Debuit et quartum qu*in*tus[2] habere gradum.
De Teucro cecini carmen tunc anticipatum :
    Quod cecini, tantum spes michi contulerat.
Meque frui Teucro speciali rebar amico
10      Et factum dixi quod poterat fieri.
Talis erat Teucer, sed Teucer mox fuit alter
    Et de corde meo destituendus erat.
Spem michi mutauit quia se mutauerat ipse
    Et transgressus erat foedus amicitiae[3].
15  Inuehor in Teucrum solitis circumdatus armis :
    Armatura michi nostra camena fuit.

6 quintus *ego* : quartus *V edd.* ‖ 15 Inuehor *V^{pc}* . Inueor *V^{ac} Hil.*

de voir le même homme être un autre homme : ses discours étaient ceux d'un autre homme, alors qu'il était le même homme par son aspect physique. Ce qu'il a dit hier [5], il l'ignore, le nie, le contredit, le hait. Cette lourde inconséquence du léger Teucer m'a déplu et j'ai commencé à me faire des reproches violents pour avoir prêté sans réfléchir une oreille favorable au premier venu.

En conséquence, j'efface Teucer de mon cœur : qu'on lui ôte ce quatrième rang que je lui avais accordé et qu'on ne le compte plus dorénavant au nombre de mes amis ; que tout souvenir de mon amour disparaisse de son existence. Désormais, je ne prêterai plus une oreille complaisante au premier venu, je ne témoignerai plus de sympathie soudaine à un homme sorti d'on ne sait où et, instruit par l'exemple de ce personnage, je prendrai garde à moi avec plus d'attention.

## 120

### A propos du même, encore une fois

Voici qu'il me faut de nouveau prendre pour matière d'un nouveau poème Teucer, dont j'ai chanté à deux reprises la dissemblance d'avec lui-même. Il est dissemblable à lui-même, celui qui change d'avis d'heure en heure : ce qu'il veut aujourd'hui, demain, il ne le veut plus [1]. Cet homme, je l'adjoignis naguère au nombre de mes amis ; de cinquième [2] qu'il était, il fallut même le promouvoir au quatrième rang. J'ai chanté sur Teucer un chant qui était alors prématuré : ce que je chantai, c'est l'espérance, et rien de plus, qui me l'avait inspiré. J'escomptais goûter avec Teucer le plaisir d'une amitié intime et j'ai proclamé advenu un événement qui pouvait advenir...

Voilà ce qu'était Teucer ; mais Teucer, bientôt, fut un autre homme : il me fallait le chasser de mon cœur. Il a trahi mon espérance, parce qu'il s'était trahi lui-même et qu'il avait violé le pacte d'amitié [3]. Je me lance à l'assaut de Teucer harnaché de mes armes habituelles : mon armure, ce fut la muse. Et

      Et mox, alterius genus intrans materiei,
        Ipse priora citus carmina dececini[4].
      Ilico castra mouens[5] contra puerilia facta,
20     Inspico nostros in puerum cuneos.
      Expes[6] de Teucro, Teucri quoque federis expers,
        Diuerti nostrum mox alias animum.
      Intentusque aliis, Teucrique incurius[7] ipse,
        Nusquam de Teucro sollicitabar ego.
25  Contigit ut Teucer rediens accederet ad me
        Et michi seruitium[8] protulit ultro suum.
      Quis sanae mentis oblata cupita recuset ?
        Nec fuit indignum supplicis obsequium.
      Ergo, correctum se factis testificatus,
30     Continuo Teucer promeruit ueniam.
      Quis se testanti culpam ueniamque petenti
        Pectoris humani duruit ad ueniam ?
69r    Et uenialis erat, quia momentaneus error
        Atque iuuentutis propria mobilitas[9].
35  En de conuerso laetamur deque reuerso[10]
        Et Teucro quartum reddimus ecce gradum.

21 Expes (*scil.* Exspes) *V* : Expers *edd.* ‖ 31 se testanti *V*    detestanti *coni. Sed.*


# 121

## Ad musam per yroniam[1]


      Musa[2], reuise tuum post longa silentia uatem !
      Quod sileo, pudor est ; pudor est, si uixero mutus !
      Suggere, si quid habes : si suggeris, ilico dicam
      Nec, si forte uelim, me iam cohibere ualebo.
  5  Vt loquar ipsa facis ; si desinis, ipse silebo.
      Dum libet atque uacat, satiras scribamus et odas[3]
      Atque diem laeti studio praestemus utrique.
      Sed quia solaris iam centrum transmeat axis[4]
      Et sol occiduas properat sitibundus ad undas
 10  Quadriiugesque sui pennas recreare praeoptant,

bientôt, entreprenant de donner forme à cette nouvelle matière, je me hâtai de défaire par un chant [4] le chant d'auparavant. Vite, j'entame la bataille [5] contre ses enfantillages et je déploie mes escadrons contre l'enfant.

Ayant perdu tout espoir [6] en Teucer et rompu tout accord avec lui, je ne tardai pas à diriger mon esprit vers d'autres objets. Attentif à d'autres objets, sans souci [7] de Teucer, je n'éprouvai plus le moindre tourment à son sujet. Et un beau jour, le voici qui revient et s'approche de moi en m'offrant spontanément son hommage [8]. Un homme sain d'esprit peut-il repousser ce qu'il a désiré, quand on lui en fait cadeau ? Et son attitude docile ne démentit pas sa prière. En prouvant par sa conduite qu'il s'était amendé, Teucer a donc incontinent mérité le pardon. Quel cœur humain est endurci au pardon, quand la faute est reconnue et l'absolution demandée ? Et elle était vénielle, son erreur, parce que passagère, et son inconstance celle-là même de la jeunesse [9]. Ah ! Je me réjouis de le voir converti, de le voir revenu [10] et je rends à Teucer son quatrième rang.

## 121

### A la Muse, sur le mode de l'ironie [1]

Reviens, ô Muse [2], visiter ton poète après ces longs silences. Mon silence est chose honteuse, une honte, ma mutité. Inspire-moi, si tu as quelque idée ; ce que tu m'inspireras, je l'exprime-rai aussitôt, et, pour peu que j'en aie l'envie, je ne saurai plus m'arrêter. C'est toi qui me fais éloquent ; si tu cesses, je me tairai. Tant que nous en avons le désir et le loisir, écrivons des satires et des odes [3] et consacrons avec joie la journée à ces deux exercices. Mais puisque le char du soleil a déjà dépassé son midi [4], que l'astre assoiffé hâte sa course vers les ondes occidentales et que son quadruple attelage aspire à reposer ses ailes, épargnons notre peine et confions nos membres au

Parcamus nobis et demus membra sopori[5] :
Nam cras, exhausti satie somnoque refecti,
Ad studium prompti cantabimus uberiores.
Interea, calamos puer apparet atque tabellas[6],
15 Ne cras impediat scripturos mucida cera.

## 122

### Confessio poenitentialis[1]

Cogor ad externas male prouidus ire tenebras[2] ;
Sensus ebet, sanguis alget, precordia frigent,
Deficit ingenium, cutis aret, mens ebetatur[3] :
Mortem signa solent haec diuinare propinquam.
5 Infelix, quid agam[4], qui iam considero mortem
Et necdum morti sum respondere paratus ?
En exactores aderunt post funera duri ;
Quod male commisi referet sua cautio[5] totum.
69v Pauper et impos ego, tot debita quomodo soluam ?
10 Extremum siquidem constringar adusque quadrantem[6].
Illud ego faciam quod fecịt rex Ezechias[7] :
Effundam fletum cordis conuersus ad ipsum
Quem paries luteus – nostrae susceptio carnis[8] –
Nobis praesentat[9], formam deitatis obumbrans.
15 Disponam domui[10], donec disponere possum :
Nam domus est animae corpus, quod et incolit ipsa
Viuificatque simul, donec dirimatur ab ipso ;
Cui male disposui, donec sub crimine uixi.
Pulsabitque meum querimonia sedula Ihesum,
20 Hunc quoque placabo labiorum thure meorum :
Est placare Deum precibus, uitulis labiorum[11].
Prostratusque solo, uestigia sancta tenebo,
Flendo rigabo pedes et tergam crine rigatos[12].
Adiciam unguentum : miserebor enim miserorum.
25 Ille pedes unguit Ihesu, qui scit misereri[13] ;
Nemo Deum propius tangit quam qui miseretur.

sommeil[5]. Car demain, recrus de satiété et régénérés par le repos, pleins de cœur à l'ouvrage, nous chanterons à profusion. En attendant, qu'un enfant apprête les styles et les tablettes[6], de peur que la cire gâtée ne nous interdise d'écrire... demain.

## 122

### Aveu et repentir [1]

Sous la contrainte, je m'en vais dans les ténèbres extérieures[2] sans m'y être bien préparé. Mes sens s'émoussent, mon sang se fige, mes entrailles se glacent, mon intelligence défaille, ma peau se flétrit, mon esprit s'engourdit[3] : de tels signes sont d'ordinaire les présages d'une mort prochaine. Que dois-je faire, malheureux[4], qui vois déjà la mort en face et ne suis pas encore prêt à affronter la mort de face ? Dès mon trépas se présenteront des créanciers impitoyables : toutes mes mauvaises actions seront consignées dans leurs rôles[5]. Dans ma pauvreté et mon dénuement, comment pourrais-je acquitter toutes ces dettes ? Je serai astreint, c'est certain, jusqu'à mon dernier quart de sou[6].

Je ferai ce que fit le roi Ézéchias[7] : je verserai un flot de larmes, tourné vers Celui que le mur de boue – notre chair qu'il a revêtue[8] – figure à nos yeux, offusquant l'apparence de sa divinité[9]. Je mettrai ordre à ma maison[10], pendant qu'il est temps d'y mettre ordre : car le corps est la maison de l'âme, qui l'habite et le vivifie tout ensemble, jusqu'à ce qu'elle soit arrachée à lui. J'y ai mis du désordre, dans cette maison, tant que j'ai vécu sous la loi du péché. Ma plainte assidue assaillira mon Jésus et je l'apaiserai par l'encens de mes lèvres : c'est aux prières, sacrifices immolés par les lèvres[11], qu'il revient d'apaiser Dieu. Étendu au sol, je m'attacherai à ses saintes traces, j'inonderai ses pieds de mes larmes et je les essuierai de mes cheveux[12] ; je les oindrai de parfum, car je ferai miséricorde aux miséreux. Il oint les pieds du Christ, celui qui sait être miséricordieux[13]. Nul n'approche Dieu de plus près que le miséricordieux.

Quod, referente Deo, patuit de Samaritano [14],
Qui de Iherusalem descendentem peregrinum
In Iericho, grauiter plagatum, despoliatum,
30   Iumento imposuit, clementer uulnera fouit,
In stabulum duxit, impensas largas adauxit,
Quem leuita uidens spreuit pariterque sacerdos.
Quare laudatur prae cunctis Samaritanus
Et, quia laudatur, simile ad paradigma uocamur.
35   Quod sequar exemplum : miserebor enim miserorum [15].
Sed, miserandus homo, nunquidnam Samaritano
Non magis indigeo quam me commetiar illi,

70r     Vulnera quem multa profligant inueterata [16],
Qui penitus sordet, ulcus quem putre remordet,
40   Quem desperatis fert antiquata cicatrix,
Quem magis ad mortem trahit innumerabile crimen,
Cuius plaga tumens saniem uirusque refundit,
Cui, nisi subuenias, mors immedicabilis instat ?
•   Sed michi, queso, Deus, bonus esto Samaritanus,
45   Vulneribus medicare meis, medicina salutis [17],
Vina superfundas, miserans oleum superaddas [18].
Ad cuius nutum stillauit flumina saxum,
Ipse meis oculis fontem tribuas lacrimarum :
Bis Moyses silicem [19], tu cor semel incute nostrum.
50   Coram te iaceo, tibi cum singultibus asto ;
Id tantum dico : « miserere mei, miserator »,
Et non deficiam uelut altera flendo Maria,
Donec saluator responderit ore sereno :
« Multa remittuntur peccata tibi, quia multum
55   Me dilexisti. Surgens in pace recede » [20].
Extorquebo michi ueniam ueniamque merebor :
Vim patitur caelum, uiolentia uendicat illud [21].
Et cui peccatur est indulgere paratus ;
Querit cui dicat : « peccasti ; parco, quiesce ».
60   Ergo a peccato, domino praeeunte, quiesco
Et quod promerui lacrimis precibusque piabo.

---

30 clementer $V^{pc}$ : clemente $V^{ac}$ ‖ 42 saniem $V^{pc}$ : saniemque $V^{ac}$ ‖ 49 silicem $V^{pc}$ : (s)c(ilicem) (?) *erasum*

Cela est mis en évidence par l'histoire du Samaritain [14], que Dieu même raconte : comme un voyageur avait été grièvement blessé et complètement dépouillé alors qu'il descendait de Jérusalem à Jéricho, il le chargea sur sa monture, pansa ses plaies avec douceur, le conduisit jusqu'à l'auberge, paya largement les dépenses – à la vue de ce voyageur, un lévite, et aussi un prêtre, étaient passés d'un air hautain. Voilà pourquoi le Samaritain est, plus que tous, digne de louange et pourquoi, parce qu'il est louable, nous sommes appelés à imiter son exemple. Je suivrai ce modèle : je serai miséricordieux envers les miséreux [15]. Mais, pauvre misérable, avant de me mesurer au Samaritain, est-ce que je n'ai pas plutôt besoin de son aide – moi qui suis terrassé par quantité de vieilles blessures [16], moi qui suis souillé jusqu'au fond de mon être, moi que ronge un ulcère pourrissant, moi qu'une ancienne cicatrice met au nombre des incurables, ou plutôt moi que mes péchés innombrables entraînent vers la mort, moi dont la plaie gonflée exsude un pus empoisonné, moi qu'un trépas sans remède menace si tu ne me viens pas en aide ? Sois pour moi, je t'en prie, mon Dieu, le bon Samaritain ; porte remède à mes blessures, ô médecine du salut [17] ! Dans ta miséricorde, verse sur elles du vin, et aussi de l'huile [18]. Toi dont un simple signe fit jaillir un fleuve des pierres, accorde à mes yeux d'être une fontaine de larmes. Deux fois Moïse frappa le rocher [19] ; toi, frappe mon cœur une seule fois.

Je suis prosterné devant toi, je me tiens devant ta face en sanglotant ; les seules paroles que je prononce, c'est : « Pitié pour moi, Dieu de pitié ! », et, seconde Marie, je ne cesserai pas de pleurer avant que le Sauveur ne m'ait répondu d'une voix douce : « Tes nombreux péchés te sont remis, parce que tu m'as beaucoup aimé ; lève-toi et pars en paix [20]. » En l'arrachant de vive force, je mériterai mon pardon : le ciel souffre violence, les violents s'en emparent [21]. Et Celui contre qui l'on pèche est prompt à l'indulgence ; il cherche l'homme à qui il pourra adresser ces paroles : « Tu as péché, je pardonne ; sois en paix. » Ainsi, me détournant du péché avec le Seigneur pour guide, je suis en paix ; le destin que j'ai mérité, je le conjurerai

Quae peccata tegant michi uestimenta capessam :
Cuius enim tegitur peccatum, quisque beatus.
Delens delebo quod iniquus scripserat hostis
65 Et quod scire putat faciam nescire malignum.
Quam pudibundus erit, quando librum[22] reserabit
70v Atque ignorabit quod scribens sepe relegit !
Sic modicus fletus libros oblitterat eius
Et quam non tangam possum delere lituram[23].
70 Ergo, peccato peccator quisquis adheres,
Quem iuuat obsceni stercus pedorque grabati,
Exue peccatum, foetens postpone grabatum.
Dedecus et pudor est foedos patiaris odores,
Praesertim facile cum possis hos remouere
75 Nectareoque Dei deceat pascaris odore,
Omnia cuius odor opobalsama uincit et ornat[24].
Quid male sanus ago ? certe presumo uidenti
Per diuerticulum cecus prebere ducatum[25].
Me modo plangebam, plangendus et ipse dolebam :
80 Hinc est exortum quod scribo lugubre carmen.
Nec correctus ego, sed foetens corrigo quemquam ;
Ex oculo fratris festucam educere conor
Inque meo non grande trabis considero robur[26].
Qui nimis excessi, conitor ad orsa reuerti :
85 Me sapiat quicunque meis profluxerit humor
Ex oculis, quicunque meus me sermo loquatur.
Excedunt peccata modum, michi quae dominantur :
Nam quid non egi, malus et uaricosus aruspex[27] ?
Totum flagicii, miserandus homuntio[28], feci :
90 Sum latro, sàcrilegus, periurus, fur, homicida[29],
In quantum potui, nec falsa loquar, deicida,
Mendax, pomposus, sodomita, cinedus, adulter,
Ebrietatis amans, exosor sobrietatis,
Prodigus et parcus, simulator, luxuriosus,
95 Ad bona sum lentus, mala semper ad omnia promptus,
71r Fallax, falsiloquus, uerborum leno meorum,
Inuidus, obscenus, impurus, perfidus, atrox,

69 lituram $V^{pc}$ : -turum $V^{ac}$ || 79 Me *V* : Ne *Abr.* Nec *Str. Hil.* || (pla)n(gebam)
*V s.l.* || 84 co(nitor) *V in ras.*

par le sacrifice de mes larmes et de mes prières. J'endosserai des vêtements propres à couvrir de leur voile mes péchés, car celui dont le péché est recouvert d'un voile, celui-là est bienheureux. Abolissant mon péché, j'abolirai ce qui avait été écrit par l'inique ennemi et je ferai que le Malin désapprenne ce qu'il croyait avoir appris. Oh ! comme il aura honte, lorsqu'il ouvrira son livre [22] et qu'il ne reconnaîtra pas ce qu'il y a écrit, et ceci bien souvent ! C'est ainsi que de simples larmes effacent les livres qu'il tient et que je puis sans les toucher anéantir leurs griffonnages [23]. Toi donc, pécheur, qui que tu sois, qui restes accroché au péché, qui te complais dans l'ordure et la puanteur d'un infâme grabat, dépouille le péché, laisse là le grabat infect. Il est ignoble, il est honteux de supporter la puanteur, surtout quand on peut aisément la chasser et qu'on doit se rassasier du parfum du nectar divin, qui dépasse en suavité celui de tous les baumes [24].

Que se passe-t-il ? Suis-je fou ? Moi, l'aveugle, on dirait bien que j'ai la prétention de servir de guide aux voyants sur des chemins de traverse [25] ! C'est sur moi-même, tout à l'heure, que je me lamentais, c'est sur ma lamentable personne que je pleurais : voilà quel fut le point de départ du chant d'affliction que je suis en train de composer. Et voici maintenant que, loin de s'être corrigé, l'être répugnant que je suis corrige les autres ! J'entreprends d'ôter une paille de l'œil de mon frère et je ne prends pas garde à l'énormité de la poutre qui est dans le mien [26] ! J'ai été bien trop loin ; je dois à toutes forces revenir à mon point de départ. L'odeur que j'exhale, qu'elle monte de toute cette eau qui coule de mes yeux, de tous ces discours que je me tiens à moi-même. Les péchés dont je suis l'esclave dépassent toute mesure : qu'est-ce que je n'ai pas accompli en méchant haruspice variqueux [27] ? Triste misérable [28], j'ai commis tout ce qui existe en fait de turpitudes : je suis un brigand, un sacrilège, un parjure, un voleur [29], un homicide, un déicide – sans mentir, pour autant que j'ai pu –, un menteur, un vaniteux, un sodomite, un débauché, un adultère ; j'aime l'ivrognerie, j'abhorre la sobriété ; à la fois prodigue et avare, hypocrite, luxurieux, je suis lent au bien, toujours prêt au mal, trompeur, menteur, proxénète de mes paroles, envieux, obscène, impur,

Scurra, uafer, nequam, fratrum uiolator amoris[30] :
Omnia quae maculant miseros contagia feci.
100   Vt quoque peccarem, causas peccator emebam,
Nanque facultatem peccandi prodigus emi
Atque ut peccarent renuentes sepe coegi.
Sic mea culpa modum transit et intumet ultra.
Sed tu, qui modus est, cohibe peccata potenter :
105   De Saulo Paulum multa uirtute patrasti.
Da michi ne detur peccandi seua facultas,
Da michi ne possim, da nolim, da cor amarum,
Da michi peccati transacti poeniteat me ;
Has michi da lacrimas, quarum est extinguere flammas.
110   Libamen gratum tibi sit cor contribulatum[31] :
Contribulatus ego tibi me, Deus, immolo totum.
Quod tibi sit placitum, michi uelle et posse ministra :
Quae uis, ipse uelim, quae non uis, omnia nolim.
Ne me despicias : ego sum tibi filius ille[32],
115   Qui paui porcos in longinqua regione.
Tota paternarum michi reddita portio rerum,
Quam, te dante, pater, et me poscente, recepi,
In meritricales periit dispersa tabernas.
Ecce, pater, redeo nec debeo filius esse,
120   Qui quod contuleras deformiter omne uoraui.
Fac me seruorum conseruum[33], queso, tuorum.
Vestra, pater, bonitas et munificentia larga
Ad te me reuocant exemplaque multa tuorum :
Nemo redit uacuus[34], qui te deuotus adiuit.
71v 125   Nam uideo Petrum, Cananeam, centurionem,
Caecum importunum, nec praetermitto Iairum
Nec quam profluuium bis ter tribus impulit annis[35],
Innumerosque alios bonitate tua cumulatos.
Nemo redit uacuus, nisi poscere qui pigritatur.
130   Diues es atque potens : potes accelerare quod opto.
Et tua me bonitas quare pateretur inanem ?
Ecce petam, queram, pulsabo, donec ad aures
Ascendant mea uota tuas faueasque petenti.
Vt loquar audenter[36] : miserere michi, quia debes,

---

109 lacrimas *V^{pc}* : -mis *V^{ac}* ‖ 118 meritricales *V^{pc}* : mere- *V^{ac}*

déloyal, cruel, un voyou, un vaurien, un vandale : je viole l'amour de mes frères ; toutes les tares qui souillent les misérables, je les porte en moi [30]. Pécheur, j'allais jusqu'à acheter des prétextes à pécher : j'ai dépensé sans compter pour acheter la faculté de pécher et souvent j'ai contraint au péché ceux qui s'y refusaient. Ainsi, ma faute excède toute limite et s'enfle sans mesure.

Mais Toi, qui es la mesure même, dans ta puissance, retiens-moi de pécher. De Saul, ta force immense a fait Paul. Accorde-moi de ne pas me voir accorder la funeste faculté de pécher ; accorde-moi de ne pas pouvoir, accorde-moi de ne pas vouloir ; accorde-moi l'amertume du cœur ; accorde-moi de me repentir de mon péché passé ; accorde-moi ces larmes, à qui il revient d'éteindre les flammes. Puisse un cœur broyé être une offrande douce à tes yeux. Le cœur broyé, mon Dieu, je t'offre tout mon être en sacrifice [31]. Donne-moi le pouvoir et le vouloir de faire ce qui est agréable à tes yeux. Puissé-je vouloir tout ce qui est ta volonté, ne rien vouloir de ce qui n'est pas elle. Ne me dédaigne pas : je suis ce fils, le tien, qui fit paître les porcs dans un pays lointain [32]. Toute la part de l'héritage paternel qui me revenait, après l'avoir reçue en don de toi et pour te l'avoir réclamée, je la dilapidai à la taverne avec les filles. Me voici de retour, ô mon père, et je n'ai plus le droit d'être ton fils, car j'ai honteusement dévoré tout le bien que tu m'avais offert. Fais de moi, je t'en prie, un esclave parmi tes esclaves [33]. Ta bonté, ô mon père, et ta généreuse largesse me ramènent à toi – mais aussi les exemples innombrables de tes amis : nul ne s'en retourne les mains vides [34], qui est allé vers toi en t'implorant. Ainsi, je vois que Pierre, la Cananéenne, le centurion, l'aveugle importun, sans oublier Jaïre ni la femme qu'un flux de sang affligea pendant six fois trois ans [35], et tant d'autres innombrables furent comblés par ta bonté. Nul ne s'en retourne les mains vides, sinon celui qui, par paresse, néglige de demander. Tu es riche et puissant, tu peux hâter la venue de ce que je désire. Pourquoi ta bonté tolérerait-elle de me voir démuni ? Alors, je vais réclamer, solliciter, frapper à la porte jusqu'à ce que ma prière atteigne là-haut ton oreille et que tu accueilles ma requête.

Je vais parler avec hardiesse [36] : prends-moi en pitié, parce que tu en as le devoir. Ô toi, tu es ce père, le mien, que

135 Tu, pater ille meus, quem praecinit[37] ille iuuencus,
     Ille saginatus diua pinguedine plenus,
     Nati pro reditu iussu patris iugulatus :
     Eius misterii[38] tu res, tu uictima uera.
     Me fac ergo tui conuiuam corporis esse
140 Proque meo reditu uultu letare paterno.
     Redde stolam primam : castam des integritatem,
     Quatenus ipse tuos merear sociare togatos[39].
     Anulus in digito sponsalia signa profatur :
     Hunc michi redde, precor, huius da foederis arras[40].
145 Munimenta pedum ueterum sunt facta priorum,
     Quo sequar et pergam, michi qui preeundo loquuntur[41].
     Carne soluti[42] sunt animalia decoriata :
     Hi michi dantes spem faciunt sperare timentem.
     Ergo, pater, miserere mei, miserere, redemptor,
150 Et tua plus bonitas michi prosit quam meus obsit
     Pristinus error ; ouis que desipit est repetenda[43].
     Quod potes et debes et quod peto, fac michi totum.
     Simphoniam atque chorum[44] celebret tuus ille senatus
72r   Et colletetur tua curia pro rediuiuo,
155 Vt de conuerso leteris deque reuerso[45].

150 prosit *V*$^{pc}$ : prodsit *V*$^{ac}$

## 123

### Pro gratiarum actione[1]

Qui michi das lapidem multo sudore politum,
     Praemia iam recipe quae labor emeruit.
Est altare Deo lapis iste repente dicandus,
     Quem super aptetur hostia uiua Deus.
5 His sacramentis te participare rogabo ;
     Vt quoque participes, ecce tibi faueo.
Si meliora uelis ex me tibi munera, certe
     Quae meliora uelis munera non habeo.

6 ecce *V*$^{pc}$ : esse *V*$^{ac}$

symbolise[37] ce jeune taureau, le veau gras aux flancs pleins, d'un divin embonpoint, égorgé sur l'ordre du père en l'honneur du retour de son fils : toi, ô victime vraie, tu es la réalité qui s'incarne dans cette allégorie[38]. Aussi, fais-moi participer au banquet de ton corps et accueille mon retour avec le regard joyeux d'un père. Rends-moi ma robe d'autrefois : donne-moi pureté et chasteté, pour qu'ainsi mon mérite me fasse compagnon de ceux qui portent ta livrée[39] ; l'anneau au doigt symbolise les épousailles : rends-le-moi, je t'en prie, donne-moi ce gage d'alliance[40] ; les chaussures aux pieds, ce sont les hauts faits des anciens, qui m'indiquent, en marchant devant, où je dois les suivre, où me rendre[41] ; les bestiaux ἐοορσηές, ce sont les hommes délivrés de la chair[42] : ce sont eux qui, me donnant l'espoir, me permettent d'espérer, au milieu de ma terreur.

Ainsi, ô mon père, aie pitié de moi ; rédempteur, aie pitié de moi ; que ta bonté me soit plus profitable que mon erreur ancienne ne me fut dommageable. La brebis qui s'égare, il faut aller la rechercher[43]. Accorde-moi la totalité de ce qui est en ton pouvoir, de ce qui est de ton devoir, de ce qui est l'objet de ma requête. Que ton auguste sénat se rassemble dans la musique et dans les danses[44] et que ta cour tout entière exulte en l'honneur de celui est revenu à la vie, comme tu exultes toi-même de sa conversion et de son retour[45] !

## 123

### En action de grâces[1]

Toi qui me donnes une pierre que tu as polie à la sueur de ton front, reçois dès à présent la récompense qu'a méritée ta peine. On va sur-le-champ consacrer à Dieu cette pierre : elle sera l'autel sur quoi reposera l'hostie du Dieu vivant. Je demanderai dans ma prière que tu aies ta part de ces saints mystères ; la part qui t'y sera faite, voilà la faveur que je t'accorde. Peut-être souhaitais-tu de moi un plus beau cadeau : je t'assure qu'il n'y a pas en ma possession de plus beau cadeau que tu puisses souhaiter.

## 124

### Circa lapidem altaris sui

Hunc tipicum lapidem lapidi simulamus eidem
Quem tipice uiuo Iacob perfudit oliuo[1].

## 125

### Circa crucifixum[1]

Nec Deus est nec homo, praesens quam cernis imago,
Sed Deus est et homo, quem sacra figurat imago.

*Codices : London, British Library, Royal 10 A VII, saec. XIII, f. 199 (Lo);
Lambeth 363, saec. XIII, f. 98v (L); Vatican, Vat. lat. 793, saec. XIV, f. 96 (X);
Reg. lat. 1578, saec. XII-XIII, f. 46 (R); Wien, Oesterreichische Nationa-
lbibliothek, lat. 274, saec. XIII, f. 37 (W); et complures alii.*
1 Nec deus est nec *V* : Non deus est uel *Lo* ‖ praesens quam *V* : picta quam *X*
quam praesens *R* ‖ cernis imago *V* : cerno imago *W* cerno figura *L* ‖ 2 quem
sacra figurat imago *V* : praesens quem signat imago *W Lo* quem signat sacra
figura *L*

## 126

### De sufficientia uotorum suorum[1]

Si michi fauisset uultu fortuna secundo,
    Auxisset uitae commoda pauca meae.
Ipsa dedit quaedam, quae non ingrata repenso –
    Ad modicum poterant haec satis esse michi.
5  Nam de litterulis esset michi copia maior
    Dictandique foret musa benigna michi,
Qualis Marbodo uel qualis inest Godefredo,

## 124

### A propos de sa pierre d'autel

La pierre que voici est pour nous symbole et semblance de la pierre où, symboliquement, Jacob versa l'huile de vie [1].

## 125

### A propos d'un crucifix [1]

Elle n'est ni Dieu ni homme, cette image que tu regardes.
Mais il est Dieu et homme, Celui que figure l'image.

## 126

### Sur ce qui suffit à ses vœux [1]

Si la fortune m'avait regardé d'un œil souriant, elle aurait accru les rares plaisirs de mon existence. Elle m'en a accordé quelques-uns, que je ne juge pas sans charme : peu s'en faudrait qu'il ne suffisent à mon bonheur. Si seulement mon talent littéraire était plus abondant, si la muse de poésie était bienveillante pour moi, comme est celle de Marbode, celle de Godefroid,

1      *Q*ualis pontifici copia Biturico².
       Et quae dictassem nossem mandare lituris³,
10     Et michi sufficerent et stilus et tabulae,
       Et michi cantanti uox dulcis et alta fuisset
       Atque manus lentis apta foret fidibus⁴.
72v    At socios hilares felix fortuna dedisset
       Secretasque domos a nimio strepitu.
15 Sim formosus ego nec sit formosior alter
       Nec me zelantum fascinet obloquium.
       Attamen inueniam michi qui respondeat apte,
       Qui michi rescribat, scribere si placeat.
       Sit procurator puer ad mea uota paratus,
20     Qui properus tabulas praeparet et calamos⁵,
       Qui domui praesit, ne nobis ocia desint,
       Atque supellex sit, quae michi sufficiat.
       Nolo nimis sterilem, nolo quoque rem nimis amplam ;
       Priuatus, nec inops⁶, esse nimis cuperem.
25 Atque situ proprio domus ipsa suos recrearet
       Et statio dominis esset amoena suis :
       Vitreus ut nostro fons⁷ ebulliret in orto,
       Quem michi pampinea porticus obtegeret,
       Allueretque meum refluis anfractibus⁸ ortum,
30     Humectaret humum riuulus aurifluam ;
       Vnda michi somnos exciret murmure rauco
       Nec furtiua nimis, nec nimis obstreperet⁹.
       Arboreos foetus pareret michi terra quotannis,
       Quaelibet ut possem carpere mala manu.
35 Sepibus in nostris pernox Filomela maneret,
       Antiquos fletus et querulos replicans¹⁰.
       Nec michi fur esset rebusue meis metuendus ;
       Nocte dieque forent omnia tuta michi.
       Gramina praeterea quaterent pede grata petulco
40     Agni bis septem cum totidem capreis¹¹ ;
       Hi michi ludentes coitu sua proelia temptent
73r    Frontis adhuc leuis¹² et pedis instabilis
       Oblectentque meas gratis balatibus aures¹³,

---

8 *V in mg.* ‖ 9 mandare *V edd.* : mendare (*uel* emendare) *dubit. conieci* ‖ 19 procurator *Vᵖᶜ* : proculator *Vᵃᶜ*

celle, si bien dotée, de l'évêque de Bourges [2]. Les poèmes que je composerais, je saurais les soumettre à la rature [3] et je n'aurais besoin que d'un style et que de tablettes. Lorsque je chanterais, ma voix serait mélodieuse et forte, et ma main saurait tirer des sons caressants de la lyre [4]. La fortune bénie m'aurait fait don de compagnons joyeux et d'une demeure à l'écart des tumultes exagérés.

Puissé-je être, plus qu'aucun autre, beau, sans succomber aux maléfices de la jalousie médisante ! Puissé-je plutôt rencontrer celui qui serait mon juste pendant, qui répondrait à mes écrits, s'il avait le goût d'écrire ! J'aurais un jeune intendant, prêt à parer à mes désirs, qui apprêterait avec diligence tablettes et styles [5] ; il gouvernerait la maison pour me laisser maître de mon temps. Quant au mobilier, il serait suffisant pour mes besoins. Je ne voudrais pas d'un bien trop médiocre ni d'un bien trop vaste. Le comble de mes désirs, ce serait d'être un individu ordinaire, et non un indigent [6].

Par son site à lui seul, la maison procurerait du délassement à ses patrons, et le séjour leur y serait bien doux. Une source cristalline [7], abritée sous une tonnelle chargée de pampres, jaillirait à gros bouillons dans notre jardin, qu'un petit ruisseau arroserait des méandres de son cours [8], en imprégnant l'humus de scintillements d'or. Le murmure assourdi [9] de l'onde, ni trop discret ni trop tapageur, me tirerait du sommeil. Tous les ans, les arbres porteraient pour moi les produits de la terre, et ainsi je pourrais cueillir de ma main tous les fruits que l'on veut. Philomèle, au long de la nuit, demeurerait dans mon enclos, pour redire d'un ton plaintif ses antiques chagrins [10]. Ni mes biens ni moi-même n'aurions à craindre les voleurs ; je jouirais de nuit comme de jour d'une sécurité parfaite. Ceci encore : deux fois sept agneaux, et autant de cabris, frapperaient le joli gazon de leurs sabots fougueux [11] ; sous mes yeux, ils joueraient à se battre en heurtant leurs fronts encore tendres [12] et leurs pattes encore flageolantes ; leurs charmants bêlements réjouiraient mes oreilles [13], quand les uns et les autres

Cum totidem matres utraque gens reuocet.
45 Atque bis ad multram ueniant ex gramine sponte
   Distentae matres ubera lacte graui[14].
Et tegeti nostrae non desint quinque iuuencae,
   Caseus unde michi, lac quoque sufficiat.
Sint iuga pauca boum : satis est, si quatuor olim
50 Exossata boues arua[15] michi dirimant.
At si bruma rigens[16] niuibus superinduet arua,
   Dante manu nostra pabula suscipiant ;
Ad potum mane salis irritabo sapore,
   Vtque bibant melius nocte dabo paleas[17].
55 Prataque sint iuxta[18], quae purior abluat unda,
   Herbas et flores quae michi progenerent.
Vnus in ede mea gallus bis quinque maritet
   Vxores, noctis excubias celebrans.
A Laribus nostris procul importuna recedat
60 Muscarum turba nec minus et pulicum ;
Sitque procul serpens, buffo, mus atque lacertus[19],
   Et nil possit apes mestificare meas.
Obtaboque lacum, cuius fluat unda salubris,
   Tendam ubi rete meum, tendere si libeat[20].
65 Nec lacui desit stagnatilis utraque praeda,
   Nec reti desit praeda uel accipitri[21].
Absit rana loquax et longo pallida morbo[22]
   Nec somnos adimat nocte dieue michi.
Edibus a nostris absistat aranea pregnans,
70 Nec foris egra palus gressibus officiat.
73v Nec michi librorum nec desit copia carte
   Excerpamque legens carta quod excipiat.
Tempora temporibus curasque eludere curis
   Sic attemptarem, tedia ne paterer.
75 Castaneas det iems, autumnus coctana glauca –
   Sed quae lanugo primitus exuerit –,
Mitia poma[23] simul, quae possint feruida cenam
   Reddere maiorem et frigora decipere.
Vinum nox nobis yemalis misceat[24] album,

---

44 gens *V^{pc}* : grns *sic V^{ac}* || 53 Ad *V Abr.* : At *Hil.* || 69 (p)r(egnans) *V s.l.* || 70
Nec foris egra palus *V^{pc}* : N. p. e. f. *V^{ac}* || 73 eludere *V^{pc}* : edudere *V^{ac}*

appelleraient leurs mères respectives ; les mamelles gonflées et alourdies de lait, celles-ci s'en reviendraient seules du pâturage pour les deux traites quotidiennes [14]. Mon étable non plus ne serait pas vide : cinq jeunes vaches fourniraient fromage et lait en suffisance. Peu de paires de bœufs : c'est bien assez si quatre bœufs ouvrent la terre de mes champs épierrés [15] ; et quand l'hiver figerait [16] les champs sous son manteau de neige, ils recevraient de ma main leur fourrage ; en leur donnant du sel au matin, j'exciterai leur envie de se désaltérer et, la nuit, je leur fournirai de la paille afin de les faire mieux boire [17].

Aux environs seraient des prairies [18], irriguées d'une onde bien pure, où herbes et fleurs croîtraient pour mon plaisir. Dans ma maison, un coq, un seul, avec ses deux fois cinq épouses, monterait la garde de nuit. Que se tienne à l'écart, bien loin de mon foyer, la foule importune des mouches, tout comme celle des pucerons. Au loin, serpent, crapaud, le rat et le lézard, et tout être susceptible de gêner mes abeilles [19] ! Je voudrai bien un lac où ondoie une eau saine pour tendre mes filets, s'il me plaît de les tendre [20]. Ce lac serait peuplé des deux races de proies – proies pour le filet et proies pour le faucon – qui fréquentent les eaux dormantes [21]. Que s'en tienne éloignée la grenouille bavarde, au teint blême de malade chronique [22] : qu'elle ne m'ôte le sommeil ni la nuit ni le jour. Hors de ma maison, l'araignée ventrue, et qu'à l'extérieur, un marais malsain ne gêne pas les promenades !

J'aurais en abondance livres et parchemins où je copierais les extraits dont je ferais choix en lisant. C'est ainsi que je m'emploierais à trouver dans le temps une diversion au temps, dans ce souci la distraction de cet autre souci, pour ne souffrir jamais l'ennui. L'hiver donnerait ses châtaignes, l'automne ses figues vert pâle – de celles qu'un fin duvet vient juste de recouvrir –, ainsi que les fruits sucrés [23] que l'on cuit pour faire meilleure chère et se jouer du froid. Pendant les nuits d'hiver, on irait tirer le vin blanc pour le préparer [24] dans des coupes,

80      Haustum productas quod breuiet tenebras ;
     Argenti puri crater michi misceat haustum,
         Vt, quando bibero, conspiciar dominus.
     Plumaque sit mollis, quae fessos recreet artus,
         Lodix et uestes uer michi continuent.
85   Sitque michi solus, qui ligna ministret, asellus ;
         Isque bis a silua, quae prope sit, redeat.
     Quercus onusta sues foueat michi, fraxinus ignes
         Vel fagus ligni nescia fumiferi.
     Callidus in dictis, in factis prouidus[25] essem
90      Nec me concuteret amplior ambitio ;
     Nullus felici posset michi casus obesse
         Nec michi quod nollem quidlibet ingrueret,
     Vt quouis oculo spectarem res aliorum
         Democriti socius uel comes Heraclii,
95   Quorum Democritus ridebat res miserorum
         Heracliusque oculis semper erat madidis[26].
     A studiis uero nil posset me reuocare,
         Ni uellem lassus cedere laetitiae.
     Sintque mei mores concordes et sociorum,
74r 100     Ne lateat nostra meror in edicula.
     Et fortunatis sit in edibus unus et alter[27]
         Qui me comportet quandoque mitis equus ;
     Solus enim leporesue sequi dammasue fugare
         Non possem : quare praesto sit alter equus.
105  Sitque soror mulier carum paritura nepotem[28],
         Qui michi post annum sit iocus et cithara[29] ;
     Praeludat uacua michi paruus Iulus in aula[30],
         Quem soror atque meus uillicus ediderint.
     Sit michi casta domus, mens casta, cubile[31] pudicum,
110     Deturpet thalamum nulla libido meum.
     Haec quoque uel melius michi si, fortuna, dedisses,
         Haec satis ad praesens esse michi poterant.
     Nunc michi maiorem tempus commisit honorem[32] ;
         Spero tamen totum uelle deesse michi.
115  In turba quid honor, nisi tantum nomen honoris ?

---

83 (Pluma)que *V s.l.* ‖ *ras. unius litterae inter* plu *et* ma ‖ 93 oculo *V^{pc}* · oculi
*V^{ac}* ‖ 94 heraclii (*scil.* Heracliti) *edd.* : herachii *V*

afin de raccourcir les longues ténèbres ; la coupe où l'on me préparerait le vin tiré du fût serait de fin argent, afin que l'on voie bien, quand je boirai, qui est le maître. J'aurais un moelleux édredon pour reposer mes membres las, couvertures et tapis me feraient un perpétuel printemps. J'aurais un petit âne pour aller chercher du bois : par deux fois, il en rapporterait de la forêt voisine. Le chêne lourd de glands nourrirait mes cochons ; nourriraient mon feu le frêne et le hêtre, dont le bois ne dégage pas de fumée.

Avisé en paroles, je serais prudent en actions [25] et ne me laisserais pas troubler par l'ambition d'en avoir plus. Aucun coup du sort ne pourrait nuire à mon bonheur ; rien ne m'arriverait que je ne l'eusse souhaité : aussi pourrais-je contempler le sort d'autrui d'un œil indifférent, en accord avec Démocrite ou à l'unisson d'Héraclite – l'un d'entre eux, Démocrite, riait du sort des malheureux et Héraclite avait toujours la larme à l'œil [26]. Mais rien ne me pourrait détourner de l'étude, à moins que la fatigue ne m'inspire la volonté de me laisser aller à la réjouissance. Mon caractère et celui de mes amis seraient en harmonie : c'est pourquoi le chagrin ne saurait s'insinuer dans mon humble demeure. Dans cette demeure fortunée, il y aurait encore deux [27] chevaux bien tranquilles, que je monterais à l'occasion : car tout seul, je serais incapable de poursuivre les lièvres et de chasser les daims – c'est pourquoi il y aurait un second cheval disponible. Une femme, ma sœur, enfanterait un neveu chéri [28], qui, à un an, serait pour moi jeu et musique [29]. Il jouerait devant moi dans la salle vide, ce petit Iule [30], né de ma sœur et de mon intendant. Ma maison serait pure, mon cœur pur, ma couche pure [31] ; aucun désir sensuel ne déshonorerait mon lit.

Si seulement, Fortune, tu m'avais accordé ces biens ou un sort encore meilleur, je serais aujourd'hui comblé. En fait, les circonstances m'ont doté d'un destin plus honorifique [32] ; cependant j'appréhende de me voir ôter tout vouloir. Qu'est-ce que l'honneur, au milieu de la foule, sinon un simple mot ?

Velle tuum periit, si sub honore iaces.
Perde uoluntatem, quisquis conscendis honorem :
    Nam caue ne facias amodo quod cupias ;
Perdere qui te uis, merito deberis honori :
120    Ne sis ipse tuus, hoc tibi tollit honor.
Esse meus pauper et sic michi uiuere mallem[33]
    Quam michi non uiuam diues ego alterius.
Quid prodest etenim, si totus sit meus orbis[34],
    Quodque michi placeat edere non liceat ?
125    Sic astringor ego : non audeo quod uolo uelle ;
    De facto siquidem mentio nulla michi[35].
Monstrarer digito[36] tanquam sine nomine monstrum,
    Si quicquam turbae displicitum facerem.
74v    Mille subibo cruces, si quid praesumpsero plus quam
130    Asseculae nostri praecipiunt lateris.
Affigor cunctis speculum uelut edita turris
    Abscondique uolens multociens[37] uideor.
Ortus aurorae rumor nouus anticipabit,
    Si quid secreti cuilibet exposui.
135    Hac igitur cupias, homo, paupertate beari,
    Vt tuus esse queas nec nimis indigeas,
Quam[38] situs in sceptris, spectabilis undique cunctis,
    Diues opum uiuas indigeasque tui.
Vere paupertas mediocris[39] uita beata,
140    Cum domus est domino pacificata suo.
Hanc michi, queso, Deus, magno pro munere presta
    Et longum uiuam nec senium patiar.

117 quisquis $V^{pc}$ : quisouis $V^{ac}$ || 121 mallem $V^{pc}$ : uellem $V^{ac}$ || 136 indigeas $V^{pc}$ : inde- $V^{ac}$

## 127

### De eo qui sabbato carnem recusauit[1]

Sabbata custodis tanquam Iudeus Apella[2],
    Cum tamen alterius legis iter teneas.

L'honneur est le tombeau de la volonté propre. Ô toi, qui que tu sois, qui t'élèves jusqu'aux honneurs, perds ta faculté de vouloir : prends garde en effet de ne plus jamais pouvoir faire ce que te dictent tes désirs. Toi qui souhaites te perdre, c'est à bien juste titre que tu es voué à l'honneur : l'honneur t'interdit de t'appartenir à toi-même. J'aimerais mieux être mon maître et vivre dans la pauvreté, mais ne vivre que pour moi-même [33], plutôt que de ne plus vivre pour moi et, malgré ma richesse, être le bien d'autrui. A quoi me sert en effet de posséder le monde entier [34], si je ne puis pas accomplir ce qu'il me plairait d'accomplir ?

Voilà comme je suis lié : je n'ose vouloir ce que je veux ; quant à le réaliser, ce n'est pas la peine d'en parler [35]. Je serais montré du doigt [36] comme un monstre innommable, à la moindre action susceptible de déplaire à la foule. Je serai crucifié mille fois, si je prends sur moi de passer outre aux injonctions de mes conseillers. Miroir pour tous, je suis planté là comme une haute tour : je veux vivre caché et tous les regards convergent sur moi [37]. Que je révèle un secret à quelqu'un, et la rumeur inédite s'en répandra avant le lever de l'aurore. Souhaite donc, ô humain, jouir d'une pauvreté qui te permette d'être à toi-même sans avoir à trop te priver, plutôt que de [38] tenir le sceptre, exposé à tous les regards, et de vivre dans l'opulence en étant privé de toi-même. Oh, oui ! une honnête médiocrité [39], c'est vraiment cela, la vie heureuse, quand la demeure est un havre de paix pour son maître. Voilà, mon Dieu, le grand bienfait que je sollicite de ta part ; donne-moi aussi de vivre longtemps et épargne-moi les souffrances de l'âge.

## 127

### A propos de celui qui refusa de faire gras le samedi [1]

Tu respectes le sabbat tout comme le juif Apella [2], alors même que tu suis la voie tracée par la seconde loi. Notre

Obseruare dies non est et tempora nostrum –
    Iudeus curet pallidus hos apices[3].
5 Nil est inmundum, nil est commune[4] penes nos,
    Dumtaxat totum quod uolumus facimus.
Tu uero refugis per sabbata tangere carnes ;
    Nobis est licitum tangere quas uolumus.
Ergo, si nostrae uis legis participare,
10     Amodo Iudaicum pone supercilium[5].
Senti nobiscum, promittas id faciendum
    Quod faciunt fratres, fratribus ipse fauens.
Aut igitur ueteris sectae praecepta sequaris,
    Aut carnes aliquas tangere non renuas.

9 legis *V* : legi *coni. Mabillon 1713*

## 128

**De eo qui amicitiam interruperat**

Pacem rupisti, foedus pactumque scidisti
    Et modo diuidimur, qui fueramus idem.
Te quoque, te lesi ledunt contagia[1] pacti ;
    Quam bene conseruo polluis ipse fidem.
5 In patulo res est, quae res te separat a me :
    Iam nimis alta sapis ; haec michi causa nocet.
Tu michi solus eras, neque soli sufficiebam,
    Quippe mei senuit uena magisterii.
Aut quos erudias aut a quibus erudiaris
10     Nunc tibi quere. Meum pene refrixit opus[2].

5 separat *V^{pc}* : saparat *V^{ac}* ‖ 9 a *V s.l.*

observance n'est pas celle des jours et des saisons ; laissons le
Juif blême se soucier de ces prescriptions littérales[3]. Chez
nous, rien n'est impur, rien imposé à tous[4] : la seule règle est
de faire tout ce que nous voulons. Or toi, tu évites de prendre
de la viande le samedi ; à nous, il est permis de prendre celle
que nous voulons. Si tu veux donc participer de notre loi, laisse
tomber dorénavant ce judaïsme sourcilleux[5]. Partage notre
sentiment, promets de faire ce que font les frères, en marquant
ton accord avec eux. Par conséquent, de deux choses l'une : ou
bien tu obéis aux préceptes de l'ancienne loi, ou tu ne refuses
pas de prendre un peu de viande.

## 128

### A propos de celui qui avait rompu l'amitié

Tu as brisé la paix, tu as déchiré le traité d'alliance et nous
voilà divisés, nous qui avions été un seul homme. C'est à toi,
oui, à toi que fait violence, en t'atteignant, la violation du
traité[1] ; la foi que j'ai conservée droitement, c'est toi qui la
déshonores. Elle est parfaitement claire, la raison qui t'éloigne
de moi : désormais, tu possèdes un savoir trop profond ; voilà
ce qui me nuit. Tu étais à mes yeux le seul, et je n'étais pas
suffisant pour toi seul, car la substance de mon enseignement a
bien vieilli. Cherche-toi maintenant des gens à instruire, ou par
qui être instruit : mon ardeur au travail est presque refroidie[2].

## 129

### Ad Auitum ut ad eum ueniret[1]

Res monet ad nostrum quaedam scribamus Auitum,
Nostrum quem mores eius peperere benigni.
Ergo salutato mando sibi[2] : « Noster Auite,
Huc uenias ad me, uenias mecumque moreris
5 Nos ut nostrorum dulcedine colloquiorum
Condelectemur, laetum quoque tempus agamus ».
Est locus[3], est ortus herbis consertus odoris,
Quem rosa, quem uiola, cithisusque timusque
                       crocusque,
Lilia, narcissus, serpillus, rosque marinus,
10 Caltaque luteola, casiae flos, flos et aneti[4]
Et flores alii per successiua uenustant
Tempora, ne semper desit michi perpetuum uer[5],
Cum quasi succedit flori renouatio floris.
Riuulus est et lene fluens et lene susurrans,
15 Viuae uiuus aquae qui frigidus irrigat ortum ;
Vitrea marmoreos interluit unda lapillos,
Humectans medias refluis anfractibus[6] herbas.
75v     Arbore fructifera seriatim consitus ortus
Sole sub ardenti feruentes reicit aestus
20 Et refouet grata fessos et contegit umbra ;
Quem siler et laurus, quem mirtus, oliua pirusque,
Cum ceraso pinus, cum pinu malus opacat.
Huc agit antiquam pernox Philomela querelam
Et replicat ueteres lubricata uoce dolores[7].
25 Huc ades ergo, puer[8], ut iocundemur in orto
Iocundoque situ recreentur pectora nostra.
Vel tua cantabis uel ego mea carmina cantem
Et fidibus lentis aptabimus organa nostra[9].

---

2 (pepere)re *V s.l.* ‖ 3 (salu)t(ato) *V s.l.* ‖ sibi *V*   tibi *corr* *Str. Hil.* ‖ 7 est ortus *V^{pc}*   est orbis ortus *V^{ac}* ‖ 17 anfractibus *V^{pc}* : anfratibus *V^{ac}* ‖ 23 Huc *V* · Hic *coni. Str.*

## 129

### A Avit [1], pour qu'il vienne le voir

Les circonstances me commandent d'écrire quelques lignes
à mon cher ami Avitus, qui doit mon amitié à la bonté native de
son caractère. Après la formule de salutation, je lui [2] adresse
donc cette demande : « Mon cher Avitus, viens me voir ici,
viens demeurer auprès de moi, afin de goûter avec moi les
délices de doux entretiens, afin de passer avec moi du bon
temps. »

Il est un lieu [3], il est un jardin tapissé d'herbes parfumées,
que la rose et la violette, le cytise, le thym et le safran, que lys,
narcisse, serpolet et romarin, le jaune souci, le sainbois et
l'aneth [4], ainsi que d'autres fleurs, embellissent au fil des saisons, ce qui me permet de jouir d'un printemps perpétuel [5], car
à une fleur succède presque aussitôt l'éclosion d'une autre
fleur. Il y a un petit ruisseau au cours paisible, au murmure
paisible ; la vive fraîcheur de son eau vive arrose le jardin ; son
flot cristallin coule entre des cailloux blancs comme marbre et
baigne à mi-hauteur les herbes qui couvrent ses rives
sinueuses [6]. Planté de rangées d'arbres fruitiers, le jardin, à
l'abri des chaleurs torrides d'un soleil brûlant, procure délassement et refuge aux hommes fatigués : fusain et laurier, myrte,
olivier et poirier, le pin comme le cerisier, le pommier tout
comme le pin y étendent leurs ombrages. C'est là que, tout au
long de la nuit, Philomèle module son ancienne lamentation et
que ses trilles rappellent une fois encore ses peines de jadis [7].

Viens donc ici, mon enfant [8] ; viens goûter avec moi le
charme du jardin et puiser pour ton cœur et le mien un réconfort dans ce charmant décor. Tu chanteras tes poèmes ou je
pourrais chanter les miens et nous accorderons nos voix au son
caressant de la lyre [9]. Pour en avoir beaucoup composé, j'ai

Multaque composui, sunt et michi carmina multa,
30 Multa reseruo tibi que tu recitabis Alexi[10] :
Sepius ipse tibi recitanti primus adhesit
Vrbanumque loquens urbane dicta probauit.
Cantabo, si uis, uersus ab origine mundi[11].
Versibus informem, si uis, formabo Chimeram[12]
35 Si uis, in iuuenum quaedam nugabimur odis[13].
Si uis, Anglorum regis tibi proelia dicam,
Guillelmi illius quem praecinit ille cometes
Qui plus igne micans totum perterruit orbem ;
Rexit rex Anglos, Normannos rexque comesque[14].
40 Si uis, in thalamos illius te comitissae[15]
Inducam uerbis quae toti praeminet orbi ;
Cuius ab antiquo nomen demittitur euo,
Vt, si uerba notes, uelut Adela fiat ab Adam[16].
Caesaris illius Guillelmi filia, coniunx
45 Illius Stephani, ueterum qui germen Odonum[17]
Ipsis praefertur armatus[18] siue togatus.

76 r  Has tibi delitias, si uis ita deliciari,
Dimidiabo tibi, tibi conseruantur, Auite.
Ergo rumpe moras[19], partas ne despice mensas[20] ;
50 Conuiuis onus est lentus conuiua pigerque :
Ergo ueni subito, fastidia tolle morarum.
Ne nimium lentus ledas perimasue uocantem.
Qualis pix manibus, nix lippis, fumus ocellis[21],
Qualis amatori piger est et lentus amatus,
55 Qualis mittenti, si mutuat ocia, missus,
Optanti talis, dum tardas sepe uocatus.
Tu michi pix, michi nix, michi fumus et omne nociuum
Ni uenias subito, nisi preproperes ueniendo.
Ergo preproperes ut conuiuemur ouantes.

37 ille *V^{pc}* : illa *V^{ac}* || 38 Qui plus igne *V^{pc} s.l.* : Quae rubicunda *V^{ac}* || 59 conuiuemur *V^{pc}* : cuiuiuemur *V^{ac}*

à ma disposition beaucoup de poèmes et j'en garde beaucoup en réserve pour toi : tu les déclameras devant Alexis [10] ; il a souvent été le premier à applaudir à ton talent de déclamateur et à approuver, d'un mot élégant, l'élégance de ta diction. Je chanterai, si tu souhaites, des vers sur la création du monde [11] ; si tu le souhaites, mes vers donneront forme à la Chimère difforme [12] ; sur le mode du badinage, nous entonnerons, si tu le souhaites, quelques chansons pour la jeunesse [13] ; si tu le souhaites, je te dirai les batailles du roi d'Angleterre, l'illustre Guillaume, dont cette fameuse comète plus brillante que le feu, terreur du monde entier, annonça la victoire : il fut roi des Anglais, roi et comte de Normandie [14]. Si tu le souhaites, je t'introduirai dans la chambre de la noble comtesse qui règne sur le monde entier [15] ; son nom lui vient d'une haute antiquité puisque, si l'on prend garde aux mots, il semble bien qu'« Adèle » dérive d'« Adam » [16] ; elle est fille de Guillaume, ce César, épouse du valeureux Étienne qui, fruit de l'antique race des Odons [17], leur est supérieur dans la conduite de la guerre [18] comme dans celle de la paix.

Voilà les délices, si tu souhaites goûter de telles délices, que je partagerai avec toi : c'est pour toi que je les garde en réserve, Avit. Coupe donc court à tes atermoiements [19], ne dédaigne pas la table déjà dressée [20] ; un convive lambin et traînard est un fléau pour ses compagnons de banquet. Viens donc tout de suite, mets un terme à tes retards intolérables, de crainte d'outrager ou de désespérer par tes lenteurs exagérées celui qui te convoque. Ce qu'est la poix pour le toucher, la neige pour les ophtalmies, la fumée pour les yeux [21], ce qu'est pour l'amoureux un ami traînard et lambin, ce qu'est pour celui qui l'envoie un messager qui s'octroie des loisirs, voilà ce que tu es pour moi, qui désire ta venue, lorsque tu tardes à répondre à mes nombreuses convocations. Tu es pour moi poix, neige, fumée et toute chose nuisible, si tu ne viens pas tout de suite, si tu ne te dépêches pas de venir. Dépêche-toi donc de venir partager ma table dans l'allégresse.

## 130

### Ad supradictum Auitum

Nomen habes ab auo[1] ; format tibi littera mores.
　　Moribus es qualis clericus esse solet,
　Scilicet urbanus, alacer, iocundus, amicus ;
　　Praeterea, quicquid largius esse potest[2].
5　Largius esse potest si te diuiseris ipsum[3]
　　Quam si rem propriam cuilibet attribuas.
　Et, quamuis aliis et rem diuiseris et cor,
　　Nec michi rem neque cor diuidis ; immo uetas.
　Si cupis ergo michi – cupias et queso – placere,
10　　Corrige te michi dans et quod es et quod habes.

## 131

### De Talpa[1] se reprehendendo

Ve michi, namque mei factus peregrinus et expers,
Oblitus sum pene mei, temulentus ut alter.
Nam pretermisi praeponi quod decuisset[2],
Si mens, ut quondam, michi circumspecta fuisset.
76v　5　Debueram siquidem uel de Talpa cecinisse
Carminibusque meis hunc in titulum posuisse,
Vel, tanquam mutus, omnino conticuisse.
Hic siquidem noster specialis amicus, et ultra :
Summus amicorum maioris et utilitatis,
10　Applaudit nostris omni conamine uotis.
Talpa comes nostri fuit hic aliquando laboris,
Portio Talpa mei mea carmina sepe probauit[3]

---

1 (exp)ers *V^{pc} in mg.* : experrs *V^{ac}* ‖ 3 pretermisi *corr. Str.* : -missi *V* ‖ 4 Si
mens *V* : Timeus *Abr.* Timens *Str. Hil.*

## 130

### Au susdit Avit

Tu tires ton nom du mot « avus » [1] ; tes qualités sont le fruit d'une éducation littéraire ; tu as les qualités habituelles d'un clerc, à savoir la finesse, l'entrain, le charme, l'amabilité ; de plus, tu es tout ce qu'il y a de plus généreux [2]. Tu peux être plus généreux encore si tu donnes une part de toi-même que si tu distribues ta fortune à qui tu veux [3]. Or, bien que tu partages avec d'autres et ta fortune et ton cœur, tu ne me donnes part ni à l'une ni à l'autre. Bien au contraire, tu t'y refuses. Si donc tu souhaites me faire plaisir – et, je t'en prie, souhaite-le –, amende-toi en me donnant et ce que tu es et ce que tu as.

## 131

### Reproches à soi-même à propos de La Taupe [1]

Malédiction sur moi ! me voici devenu étranger à moi-même, exclu de mon propre être, presque aussi oublieux de ce que je suis qu'un ivrogne ! C'est que j'ai omis d'accorder la prééminence à ce qui l'aurait mérité [2], si mon esprit, comme naguère, avait été bien avisé. J'aurais dû, c'est bien évident, soit chanter La Taupe et le mettre en exergue à mes poèmes, soit, tout comme un muet, ne pas dire un seul mot. Car cet ami, mon intime – et bien plus : le plus grand des amis et le plus précieux – favorise mes vœux de toute son ardeur. La Taupe fut ici un jour le compagnon de mon labeur ; La Taupe – une part de mon être – a souvent loué mes poèmes [3] et son avis a

Et sua complacuit sententia iudicialis[4].
Hic ergo primas in codicis ordine nostri
15  Splendeat, in nostro recitandus sepe libello.
Et Talpam replicet, Talpam mea carta frequentet
Vt, quicquid socors mens defraudarat amicum,
Foenore cum triplici iam nunc componat amico.

14 primas *V* : primus *Str. Hil.*

## 132

### Ad Guillelmum Sanctonensem [1]

Factus es ecce mei socius, Guillelme, laboris,
    Factus es ecce mee duxque comesque[2] uie.
Ecce recessurus a nobis suscipe grates,
    Quas tua magnifice promeruit probitas.
5   Ad presens ergo pro munere carmina dono ;
    Adiciet tempus munera carminibus[3].
Ad se iam nostrum post oscula quisque recedat,
    Alter et alterius sit memor ulterius.

## 133

### In mensa itineraria [1]

Quem mensae species inuitat et allicit huius,
Si conuiua uenis, adhibe tibi sobrietatem :
Sobria uerba decent et sobria mensa fidelem.
Sobrius ergo cibus tibi sit, sint sobria uerba[2].
5   Christus edet tecum, si Christum uiuis edendo.

5 uiuis *V^{pc}* : (uiu)u(s) *erasum.*

fait jurisprudence [4]. Qu'il ait donc la préséance tout au long de mon livre où son éclat resplendira, car mon petit ouvrage doit souvent proclamer son nom. Que ma poésie redise le nom de La Taupe, qu'elle y revienne sans cesse, afin que tout ce dont ma négligence a frustré mon ami, elle le restitue dorénavant à mon ami avec intérêt triple.

## 132

### A Guillaume de Saintes [1]

Te voici devenu, Guillaume, l'associé de mon labeur ; te voici devenu mon guide et mon compagnon [2] sur la route. Près de t'en aller loin de moi, accepte les remerciements que ta valeur a somptueusement mérités. Aujourd'hui je te donne un poème en guise de cadeau ; le temps ajoutera des cadeaux au poème [3]. Que chacun de nous maintenant, après les embrassades, s'en retourne chez lui ; et que chacun garde mémoire de l'autre jusque dans le futur.

## 133

### A propos d'un autel de voyage [1]

Toi que le bel apprêt de cette table attire et allèche, si tu viens y manger, fais-le avec sobriété. Un verbe sobre, un appétit sobre : c'est ce qui convient au croyant. Fais donc sobre chère, sois sobre en paroles [2]. Le Christ mangera à ta table, si toi, tu te nourris du Christ.

# NOTES

## 1. *Contra obtrectatores consolatur librum suum*

1. Un thème traditionnel, au Moyen Age, de la topique de l'exorde : cf. (entre autres) Mathieu de Vendôme, *Ars versificatoria, Prologus* (éd. Munari, Rome, 1988, p. 39-43), Jean de Salisbury, *Metalogicon, Prologus* et chap. 1, 1 (éd. Hall-Keats-Rohan, Turnhout, 1991, p. 9-14).

2. Le premier poème de recueil revêt donc la forme classique du « congé à son livre » (cf. M. Citroni, « Le raccomandazioni del poeta : apostrofe al libro e contatto col destinatario », *Maia*, 38, 1986, p. 111-146). Les modèles classiques de Baudri sont ici Horace, *epist.* 1, 20 et surtout Ovide, *Trist.* 1, 1, qui s'ouvre sur les mêmes mots que le présent poème (*... sine me, liber... / Vade...*) et développe, *mutatis mutandis*, la même thématique.

3. *consule* : *consul* à entendre, semble-t-il, au sens « étymologique » de *consiliarius*, signalé par Du Cange, mais sur la base d'exemples tardifs. Cf. aussi Baudri, *c.* 149, v. 5 : *Tu michi sis consul, tu secretarius esto.*

4. *fratrum* : *fratres* a généralement chez Baudri le sens précis de « moines » (cf. Abr., p. 400). Ici, il sied cependant de conserver une certaine ambiguïté, les « lecteurs amis » de notre poète n'appartenant pas nécessairement à l'ordre monastique (Abr., p. LII-LX ; G. A. Bond, « Iocus amoris : The Poetry of Baudry of Bourgueil and the Formation of the Ovidian Subculture », *Traditio*, 42, 1986, p. 143-193 [dorénavant cité : Bond, *Iocus*], ici p. 186-190).

5. La correction des éditeurs Abr. et Hil. (mais non Raz.) de *quod* (v. 8) et *qui* (v. 9) en *quid* nous paraît abusive : on est ici en présence, non d'interrogatives indirectes, mais de relatives à sens consécutif, dont les antécédents sont respectivement les mots *nomen* (sous-

entendu) et *titulum* – ce dernier jouant sur le double sens de titre (de l'ouvrage) et titre (de gloire).

6. *Burgulianum* : sur cette façon oblique pour l'auteur de signer son œuvre, cf. E.R. Curtius, *La littérature européenne et le Moyen Age latin* (trad. fr.), Paris, 1986² [désormais cité : Curtius, *LEMAL*] t. 2, p. 351-356 (excursus 17 : « Indication du nom de l'auteur ») et P. Klopsch, « Anonymität und Selbstnennung mittellateinischer Autoren », *Mittellateinisches Jahrbuch*, 4, 1967, p. 9-25.

7. Vers 11-16 : à entendre dans un sens très précis. Le mot *collectus* renvoie à l'organisation des pièces éparses en recueil, les nombreux « incipits » et « desinits » sont ceux des poèmes généralement courts qui le composent.

8. Vers 20 : on retrouve la même formule dans le poème 153 *Emme ut suum opus perlegat*, qui clôt le « recueil originel » (cf. notre introduction, p. XLVI), v. 14-15 : ... *librum*... *meum / Cui mea dumtaxat mors « explicit » appositura est*.

9. *Commoditas* au sens stylistique (= juste adaptation du discours à son objet, d'après *Rhet. Her.* 1, 1) est un des termes clés de la poétique de Baudri (cf. *cc.* 87, 10 ; 201, 32) et de son ami Marbode (*Lib. decem capit.* 7, 9 : *dicendi commoditate*). La métaphore militaire (*accinctus*) est amplement développée en contexte semblable dans le *c.* 99, 117-118.

10. Cf. Baudri, *Vita sancti Hugonis Rotomagensis episcopi*, Prologue : (*ego*) *quem nullus color Tullianus associat* (*PL* 166, 1164 b).

11. *dictandi* : cf. J. Ernout, « Dictare, dicter, Dichten », *Revue des études latines*, 29, 1951, p. 155-161.

12. Le vers 26 est un peu énigmatique. Est-ce une façon elliptique de dire : « si seulement j'avais vécu au temps de Virgile ! » – inverse de l'éloge topique souvent adressé par Baudri à ses correspondants : « si tu avais vécu au temps de Virgile, tu aurais été meilleur poète que lui » ?

13. *Musa iocosa* : le thème central de la poétique de Baudri. Des développements analogues à celui des v. 29-34 se trouvent dans les *cc.* 85, *Qua intentione scripserit*, 98, *Ovidius Floro suo*, 99, *Ad Godefredum Remensem*, 193 *Ad Galonem* et 200, *Ad dominam Constantiam*. Commentaire détaillé de ces passages dans Bond, *Iocus*, et dans J.-Y. Tilliette, « Savants et poètes du Moyen Age face à Ovide : les débuts de l'*aetas ovidiana* (v. 1050-v. 1200) », *in* M. Picone-B. Zimmermann (éd.)., *Ovidius redivivus. Von Ovid zu Dante*, Stuttgart, 1994, p. 63-104 [désormais cité : Tilliette, *Aetas ovidiana*].

14. *Crede michi* : cette attaque d'hexamètre typiquement ovidienne (cf. *LHL* 1, p. 489-490) – la solennité de l'attestation en dénonce l'ironie – revient d'innombrables fois sous la plume de Baudri.

15. *Grande supercilium* : d'après Juv. 6, 169. Même expression dans les *cc*. 77, 150 et 191, 58.

16. Allusion à la fable 6 d'Avien *De rana* : le renard refuse de confier le soin de sa santé à la grenouille, dont le teint plombé démontre qu'elle n'a pas le savoir médical dont elle se vante. Le décryptage de cette référence implicite nous permet de restituer sans risque d'erreur le vers précédent, partiellement détruit dans *V*. L'expression « *Medice, cura teipsum* » est d'ailleurs proverbiale depuis l'Antiquité grecque (cf. H. Walther, *Proverbia sententiaeque latinitatis medii aevi*, Göttingen, 1963-69 [désormais cité : Walther, *Proverbia*], n° 14562 d).

17. *fecant* : le mot est pratiquement absent des dictionnaires par nous consultés. Le *ThLL* ne signale qu'une référence à *Gloss*. II, 279, 12.

18. Cf. Walther, *Proverbia* 8270 et 17632a ; ps.-Marbode, *c*. 2, 45 (*PL* 171, 1736 a) : *Ex igne ut fumus sic fama ex crimine surgit*.

19. Cf. Prudence, *Psych*., 791-792 : *lupus... / mentitus ovem sub vellere molli*, d'après Mt 7, 15 : (*falsi prophetae*)... *veniunt ad vos in vestimentis ovium, intrinsecus autem sunt lupi rapaces*.

20. *Curios simulant* : Juv. 2, 3. M'. Curius Dentatus, consul en 290 et 275 av. J.-C., est le type même de l'austérité « vieille romaine ». Cf. Baudri, *c*. 200, 152.

21. Vers 56 et 62 : un autre topos de l'exorde ; cf. Curtius, *LEMAL*, t. 1, p. 162 et t. 2, p. 289-291 (excursus 10 : « La poésie considérée comme passe-temps »). Cf. Baudri, *c*. 99, 154.

22. Ailleurs (*c*. 200, v. 164-166), Baudri fait allusion à une épopée biblique (sur le modèle de Dracontius ou d'Avitus ?) qu'il aurait commencé à composer. On n'a pas retrouvé ce texte. La grande épopée biblique du Moyen Age, l'*Aurora* de Pierre Riga, est plus tardive d'un siècle.

23. Les vies de saints composées par Baudri (cf. introduction, p. XIII-XV) l'ont été au cours de son épiscopat. Si, à l'instar de Marbode et d'Hildebert, il a composé des vies de saints en vers, ce que semble suggérer le verbe *cecinit*, on ne les a pas conservées.

24. Les sermons de Baudri sont également perdus. Sur l'expression *sermo pedester*, cf. Hor., *Ars* 95.

25. Le vers est partiellement illisible ; le contexte étrange ne permet pas ici de restituer les 4, 5 ou 6 syllabes manquantes.

26. *uenantur apros* : cf. Verg., *Ecl*. 10, 56 (*uenabor apros*) et 3, 75 (*tu sectaris apros, ego retia seruo*).

27. « avoir rendu solennellement justice » : traduction conjecturale d'une expression imprécise (cf. cependant Du Cange, s. v. *causae regales*).

28. Sur le sens technique du mot *ioci*, voir E. Faral, *Les jongleurs en France au Moyen Age*, Paris, 1910, p. 12 n. 1. On trouve vers la même époque le mot *iocator*, « jongleur », sous la plume de Sextus Amarcius (*Sermones* 1, 402).

29. La clausule *et alget* est empruntée à Juvénal (1, 74).

30. Sur l'âpreté au gain de Baudri devenu archevêque, A. Le Moyne de La Borderie, dans son *Histoire de Bretagne* (t. 3, Rennes, 1902, p. 251), rapporte une anecdote amusante, mais sujette à caution.

31. Mt 7, 3-5 ; Lc 6, 41-42 : cf. Baudri, *c.* 122, v. 82-83.

32. Vers 83 : noter le polyptote.

33. *Liber... liber* : le jeu sur les homonymes fait écho à une étymologie bien répandue au Moyen Age (*e.g.* Bernard d'Utrecht, *Comm. in Theodolum*, éd. Huygens, Leyde, 1970, p. 58, l. 5-6).

34. Vers 89-92 : le même désir est exprimé par Baudri en des termes voisins dans les *cc.* 89, 8-10 et 126, 113-122. Mais c'est ici seulement qu'il attribue de façon explicite à sa charge abbatiale cette dépossession de soi-même dont il déplore d'être la victime.

35. v. 94-104 : ici, la thématique développée dans l'élégie 1, 1 des *Tristes* (cf. *supra*, n. 2) est inversée : le livre d'Ovide doit se signaler par son apparence matérielle misérable (v. 7 : *Nec titulus minio... notetur*) pour attirer la pitié, celui de Baudri par l'élégance de son aspect pour susciter l'intérêt, ou l'indulgence, des lecteurs.

36. *aere* : il ne s'agit pas ici de bronze, mais, par une sorte de synecdoque de contiguïté, d'or (cf. v. 97). La correction *auro*, suggérée par Sedgwick, est irrecevable pour des raisons de correction métrique.

37. Sur « l'or arabe » comme cliché littéraire (mais en relation avec une réalité économique concrète), voir J. Duplessy, « La circulation des monnaies arabes en Europe occidentale du VIIIe au XIIIe siècle », *Revue de numismatique*, 16, 1956, p. 101-164, ici p. 145 *sq.*

38. C'est exactement ainsi – initiale de chaque poème dorée, initiales de chaque vers alternativement rouges et vertes (ou bleues) – que se présentent les folios 5 à 108 du manuscrit *V*. Voir notre « Note sur le manuscrit des poèmes de Baudri de Bourgueil », *Scriptorium*, 37, 1983, p. 241-245 (p. 244).

39. *sententia plena* : cf. *cc.* 137, 33 ; 134, 1231.

40. Le destinataire du *c.* 9, *Ad Girardum scriptorem suum*.

41. *Cambio* : le Changeon, modeste cours d'eau dont la réunion avec la Lane constitue l'Authion, qui se jette dans la Loire en aval des Ponts-de-Cé (Maine-et-Loire). Baudri l'évoque souvent avec émotion.

42. En termes moins poétiques, ce qui est décrit ici est un phénomène de perte, au sens hydrographique du terme (première hypothèse), ou le fait que les eaux du Changeon alimentent la nappe

phréatique, constituant une sorte de réservoir naturel (seconde hypothèse). Avant sa canalisation au XIX⁰ siècle, le cours inférieur de l'Authion se divisait en nombreux bras divaguants. C'est peut-être à cette réalité, poétisée par le souvenir de la légende d'Alphée et Aréthuse (Ov., *Met.* 5, 639-641), que Baudri fait référence ici.

43. Après son combat avec l'ange (Gn 32, 31 : *ipse vero claudicabat pede*).

44. Beseleel, l'un des constructeurs de l'Arche d'Alliance (Ex 35, 30-36, 2), est pour le Moyen Age le modèle même du bon artisan. C'était d'ailleurs le surnom d'Éginhard, architecte du palais d'Aix-la-Chapelle, au sein du petit groupe de lettrés réunis autour de Charlemagne (cf. Théodulphe, *c.* 27, 45 ; Walahfrid Strabon, *c.* 23, 222, etc.).

45. *liuor edax* : *junctura* assez banale, d'après Ov., *Rem.* 389 (cf. *LHL* 3, 216), qui revient fréquemment sous la plume de Baudri.

46. *Citus ut redeas citus ito* : même hémistiche, *c.* 255, 1.

47. *foedus amicitiae* : là encore, une clausule empruntée à Ovide (*Trist.* 3, 6, 1 – cf. *LHL* 2, 321), mais que notre auteur affectionne tout particulièrement (cf. *cc.* 98, 40 ; 105, 10 ; 120, 14 ; 134, 544 ; 142, 44, etc.). Sur l'amitié comme pacte, comme contrat, à l'époque féodale, cf. J. Leclercq, « L'amitié dans les lettres au Moyen Age », *Revue du Moyen Age latin*, 1, 1945, p. 391-410 et notre mémoire de maîtrise dactyl., *Le thème des amitiés littéraires dans l'œuvre de Baudri de Bourgueil* (Paris-IV, 1975).

## 2. *Somnium et expositio somnii*

1. Ce rêve pittoresque et énigmatique est bien difficile d'interprétation. Il n'entre en effet dans aucune des catégories typologiques définies par les spécialistes du songe médiéval (cf. en dernier lieu les articles réunis par T. Gregory dans *I sogni nel Medioevo*, Rome, 1985). K. Forstner (« Das Traumgedicht Baudris von Bourgueil », *Mittellateinisches Jahrbuch* 6, 1972, p. 45-57) propose de le lire à la lumière des difficultés que rencontra Baudri sur la fin de sa vie, lorsqu'il était archevêque de Dol : deux des symboles évoqués par le poète, le lion (v. 62) et la colonne (v. 80-115) renverraient à la figure biblique de Samson, assimilé à saint Samson, fondateur de la métropole de Petite-Bretagne et premier évêque de Dol, dont Baudri a écrit la *Vita*. Cette explication, pour ingénieuse qu'elle soit, ne nous paraît pas recevable, d'abord et surtout parce que le poème a été écrit avant le départ de Baudri pour Dol, ensuite parce que l'identification des deux Samson est pour le moins problématique, enfin parce que des

signifiants aussi banals qu'un lion et une colonne peuvent renvoyer à maint autre signifié. En revanche, nous nous accordons volontiers avec Forstner lorsqu'il rapproche l'état d'extrême trouble moral et physique qui accable Baudri au moment où survient son rêve (v. 1-31) de celui où se trouve saint Jérôme avant de faire le célèbre songe relaté dans la lettre à Eustochium (*ep.* 22, 30). Suivant cette piste, on pourrait voir dans ce *c.* 2 une sorte de contrepoint allégorique au poème précédent : ce qui terrorise Baudri, à la fois « Ciceronianus » et « christianus », c'est les critiques malveillantes (*fremebunda garrulitas,* v. 125) des censeurs austères (*sublimes minae,* v. 126) à l'encontre de sa *musa iocosa.* Cela nous aide évidemment pas à déchiffrer les signes innombrables qui fourmillent dans ce poème. Et s'il s'agissait d'un rêve réellement rêvé ? La précision quasi maniaque des descriptions semble bien relever des catégories de la logique onirique...

2. *Nox erat* : prélude au récit d'un songe dans Verg., *Aen.* 3, 147 ; 8, 26 ; Ov., *Am.* 3, 5, 1.

3. *flamma medullas* : cf. *LHL* 2, 292.

4. Interprétation conjecturale d'un vers difficile à comprendre (cf. Forstner, *loc. cit.,* p. 49-50). Nous faisons du verbe *anticipare,* comme cela arrive parfois chez Baudri (cf. *c.* 77, 193) un synonyme d'*occupare,* qui n'entre pas dans l'hexamètre (le préfixe *anti-* étant alors perçu ici comme adversatif [= *ob*] et non comme temporel).

5. *minus gratantior* : alliance de comparatifs audacieuse de point de vue de la syntaxe (on n'en trouve pas d'autre exemple chez Baudri), mais très expressive.

6. *inde* ne peut se comprendre ici que comme le second terme d'un balancement de type *hinc... inde...* dont le premier terme est sous-entendu.

7. *Lucifer* : Vénus, l'étoile du matin (cf. *c.* 134, 707) ; l'emploi du mot connote peut-être également le caractère maléfique, sinon diabolique, du jour qui commence.

8. *limin(a) Phebi* est une clausule virgilienne (*Aen.* 3, 371 ; 8, 720).

9. *corporis arcem* : la partie supérieure du corps (au-dessus de la ceinture) ou la tête, chez Lactance (*Inst.* 6, 4, 1), Chalcidius (*Comm.* 231, 213) Ambroise (*Noe* 7, 17).

10. *Sessor (mulae)* : mot rare dans ce sens. Un emploi analogue dans Sedulius, *Carmen paschale,* 1, 160-161.

11. On sait que les « gués périlleux » et autres « ponts de l'épée » appartiennent au mobilier féerique de la « matière de Bretagne » comme symboles du passage dans un autre monde.

12. *Subsequitur... fides* : cf. Ov., *Met.* 8, 711 : *vota fides sequitur.*

13. *Gurges... uastus* : cf. Verg., *Aen.* 1, 118 : *in gurgite uasto.*

14. *Nar albus... sulphure mixto* : d'après Verg., *Aen.* 7, 517 : *sulpurea Nar albus aqua*. Il s'agit de la Nera, affluent du Tibre.

15. Le lion est un symbole trop polymorphe pour qu'on puisse lui attribuer ici une signification précise. On sait que, dans l'iconographie médiévale, il est d'abord l'emblème de la résurrection du Christ– d'où peut-être l'épithète *uiuus* (cf. O. Beigdeber, *Lexique des symboles*, coll. « Zodiaque », La Pierre-qui-Vire, 1969, p. 280-298).

16. *flumina rauca* : cf. Verg., *Aen.* 6, 327 : *rauca fluenta* (le Styx).

17. *Simplegae* : les Symplégades, îlots rocheux flottant sur les eaux du Bosphore et qui, selon la tradition, prenaient en tenaille les navires pour les écraser (cf. Ov., *Met.* 15, 337-338).

18. *Circum... fluitantes* : unique exemple de tmèse chez Baudri. C'est un ornement assez prisé des poètes latins du Moyen Age.

19. La leçon du manuscrit *V* peut se comprendre et construire, si l'on fait de *magnam* une épithète de *ruinam*. Cependant, il n'est guère dans les habitudes syntaxiques de Baudri de séparer à ce point un substantif de son déterminant. D'où notre correction.

20. *Fluctibus in mediis* : Ov., *Trist.* 5, 6, 7 (cf. Baudri, *c.* 154, 1160 et 1183).

21. *quadros laterauit in octo* = *fecit in octo latera quadrata* ; le verbe *laterare*, rarissime, n'est attesté que chez les grammairiens (Prisc., *Gramm.* II, 247, 14). L'idée ainsi laborieusement exprimée est que la colonne est de section octogonale et comporte donc 8 faces rectangulaires.

22. *uelocior alite quauis* : *c.* 8, 342.

23. *balistas* : sans doute l'une des plus anciennes attestations de ce mot dans le sens d'« arbalète ». Cette arme, d'invention récente, a fait la preuve de son efficacité au cours de la bataille d'Hastings (cf. *c.* 134, 409). Voir C. Gaier, « Quand l'arbalète était une nouveauté. Réflexions sur son rôle militaire du Xe au XIIIe siècle », *Le Moyen Age*, 99, 1993, p. 201-229.

24. *ales arundo* : clausule empruntée à Prud., *Psych.* 323.

25. *obice saxi* : Verg., *Georg.* 4, 422.

26. *uisio* : il ne semble pas que le mot soit à interpréter ici à la lumière de la fameuse typologie de Macrobe (*Comm. in Somn. Scip.* 1, 3), suivant laquelle *visio*, représentation onirique d'un événement qui adviendra réellement, et *somnium*, représentation – toujours en rêve – d'un sens que seule l'interprétation peut faire apparaître, sont distincts. Ici, comme le prouvent les vers suivants, on reste bien dans le cadre du *somnium* macrobien. Le mot *visio* se charge toutefois au Moyen Age de connotations indubitablement positives : c'est un rêve suggéré par Dieu, par opposition au *phantasma*, d'inspiration diabolique (cf. J.-C. Schmitt, « Rêver au XIIe siècle », in *I sogni nel Medioevo*, cit., p. 301).

27. Vers 122 : cf. *c.* 1, 85. La quasi-similitude des deux vers, garantissant l'identité de signification entre les *cc.* 1 et 2, conforte notre hypothèse de lecture contre celle de Forstner.

28. *ceruicosos* : mot appartenant au latin biblique, guère attesté dans la langue classique, qui désigne les orgueilleux « à la nuque raide » (cf. Sir 16, 11).

29. *propicietur* : également un terme du vocabulaire biblique, dans cet emploi au passif (cf. Ps 24, 11 ; 64, 4 ; 102, 3 ; etc.).

### 3. *Ad iuuenem nimis elatum*

1. Le même thème est développé par Marbode, dans son *c.* 2, 4 (*Satyra in amatorem puelli sub assumpta persona*, *PL* 171, 1717-1718) en des termes très voisins et selon exactement le même plan (1. beauté du jeune homme ; 2. sa froideur à l'égard de ses amoureux ; 3. qu'il prenne garde à la fuite du temps qui lui ôtera ses charmes). Le thème développé ici, comme dans mainte autre *epistula ad iuuenem* (*e.g. cc.* 4, 5, 93, 94, 113, 145, 197), est donc sans équivoque un thème moral, ainsi que l'a bien vu C. S. Jaeger, qui commente le présent poème aux pages 315-316 de son ouvrage *The Envy of Angels. Cathedral Schools and Social Ideals in Medieval Europe, 950-1200,* Philadelphie, 1994. Le réduire à la *descriptio pueri* des vers 7-19 (une convention littéraire avec laquelle joue ici notre auteur) pour en faire un témoignage de la « culture gay » (!) à laquelle J. Boswell annexe Baudri (*Christianisme, tolérance sociale et homosexualité. Les homosexuels dans l'Europe occidentale des débuts de l'ère chrétienne au XIVᵉ siècle* (trad. fr.), Paris, 1985, p. 309-313) conduit donc inévitablement au contresens. Le point de vue de notre auteur sur l'homosexualité s'exprime, en termes non « culturels », mais brutalement physiologiques, dans les *cc.* 7, 119-146 et 77, 94-124.

2. Vers 1-6 : bel exemple de la figure de rhétorique d'*expolitio*, telle que la définit la *Rhet. Her.* 4, 54.

3. Baudri invoque aussi la pertinence du jugement de ce mystérieux Alexis dans le *c.* 129, v. 30-32 (p. 139). La traductrice italienne G. Gardenal fait d'*Alexis* un vocatif, à tort selon nous.

4. *Orpheus alter er(is)* : Baudri, *cc.* 194, 41 ; 195, 16 (même contexte qu'ici) ; 206, 24.

5. *uestitur... lanugine prima* : nombreux exemples de formules semblables ou analogues dans la poésie classique (cf. *LHL* 3, 163-164).

6. Cette description est très proche de celle qu'Ovide donne de Narcisse (*Met.* 3, 420-423) – ce qui ne surprendra pas, vu le contexte.

7. Vers 19 : à rapprocher du *Carmen Buranum* 116, 2a, 1-3 : *Ubera cum animadverterem / optari* manus *ut involverem, / simplicibus mammis ut* alluderem. Le sens du verbe *alludit* n'est pas très clair ; on sait que, dès l'Antiquité, *ludus* et ses composés sont volontiers chargés de connotations érotiques.

8. Vers 21-22 : *lasciua iuuentus* est une clausule assez commune dans la poésie d'inspiration ascétique (*LHL* 3, 187 ; cf. aussi Baudri, *c.* 78, 1) ; *compositura*, « la belle proportion », « l'harmonie » (v. 22), terme clé de l'esthétique de Baudri, dénote la beauté physique dans les *cc.* 7, 179 *(diuina compositura)* et 201, 51.

9. *mando* : Baudri emploie indifféremment ce terme dans le sens classique de « faire savoir », « confier » (*e. g. cc.* 75, 11 ; 86, 19) et dans le sens médiéval de « faire venir », « convoquer », d'où, comme ici, « demander », « exiger ».

10. Sur Ganymède, figure topique de l'amour pédérastique dans les années 1050-1150, voir J. Boswell, *loc. cit supra.*

11. Ébauche, ici de ce qui sera, à partir de la seconde moitié du XIIe siècle, la lecture « morale » d'Ovide : cf. par exemple Arnoul d'Orléans, *Allegoriae super Ovidii Metamorphosin* 3, 6 : *Re vera per Narcissum arroganciam accipere possumus... mutatus est in florem... quia cito evanuit ad modum floris* (éd. F. Ghisalberti, « Arnolfo d'Orléans, un cultore di Ovidio nel secolo XII », *Memorie del Reale Istituto Lombardo...*, 24, 1932, p. 209).

12. *Ligustra* : terme classique de comparaison pour désigner la blancheur superlative du teint de l'être aimé (*e. g.* Ov., *Met.* 13, 789).

13. *Tumes... supinus* : alliance des mêmes mots chez Sedulius, *Carmen paschale* 3, 330, dans un contexte analogue (Jésus et les petits enfants).

14. *Decus atque decor: junctura* fréquente chez Baudri (cf. *cc.* 117, 6 ; 134, 32 ; 139, 1 ; 195, 10), mais que l'on rencontre déjà dans la poésie d'Alcuin (*c.* 61, 12).

15. Description brutale et réaliste de la vieillesse, qui préfigure les « transis » du Moyen Age tardif. On trouve le même type de formulaire, *i. e.* une série de termes d'anatomie sujets associés à des verbes précis et expressifs juxtaposés en asyndète, dans le *c.* 122, v. 2-3, *infra* et, à plusieurs reprises, chez Marbode (*c.* 2, 4 cit. *supra* n. 1 et *Dissuasio intempestiui amoris sub assumpta persona*, éd. W. Bulst, « Liebesbriefgedichte Marbods », *Liber Floridus* [mél. P. Lehmann], St. Ottilien, 1950, p. 297).

16. Cette allusion au lecteur met en lumière la vraie nature de la fiction poétique : sous couvert de s'adresser à un individu donné, la « lettre de direction » a pour objet le divertissement et l'édification d'un large public (cf. *c.* 143, 28-30).

#### 4. *Auito pro Alexandro*

1. Le fin mot de la plaisanterie développée par ce poème « satirique » (v. 20), dans l'ignorance où nous sommes de son contexte d'énonciation, tend à nous échapper. On est même fondé à se demander s'il est question ici de deux personnages distincts, Avit et Alexandre, liés par une amitié excessive, comme pourraient à la rigueur le laisser entendre les vers 13 et suivants, ou si – hypothèse hautement plus probable – il n'est question ici que d'un jeune prétentieux nommé Avit, mais qui aime à se parer du surnom pompeux d'Alexandre. D'où notre traduction, peu littérale mais prudente, du *pro* figurant dans le titre.

2. La *repetitio* de l'hémistiche *Nomen Alexandri* en tête des quatre premier distiques produit un effet d'emphase comique.

3. *carni unguis* comme image de l'attachement viscéral : cf. *cc.* 77, 60 ; 90, 9 (cf. A. Otto, *Die Sprichwörter der Römer*, Leipzig, 1890 [désormais cité : Otto, *Sprichwörter*], p. 153).

4. *hirudo cuti* : cf. Hor., *Ars* 476 (dans un contexte satirique).

5. v. 3-4 : cf. Verg., *Ecl.* 10, 73-74 : *Gallo, cuius amor tantum mihi crescit in horas / Quantum uere nouo se subicit alnus* : à la comparaison « noble » de Virgile, Baudri a substitué une comparaison burlesque. Cf. aussi Hildebert, *c.* 18 (*In Berengarii obitum*) v. 15 : *vir sacer et sapiens, cui nomen crescit in horas* (éd. Scott, Leipzig, 1969, p. 8).

6. *stillet in aurem* : Juv. 3, 122.

7. C'est-à-dire : « tu trembles d'excitation (*trepidas*), mais non de peur (*intrepidus*) »... tant le grand nom d'Alexandre est synonyme de vaillance.

8. Vers 18 : l'auteur sacrifie ici la correction grammaticale au jeu de mots *habæ / abit*. On peut comprendre, littéralement : « l'un (sujet sous-entendu, à tirer de *iunior*) a en sa possession d'être le plus jeune, l'autre s'éloigne d'être le plus jeune (*iunior esse* en facteur commun) ». Certes, la construction *abeo* + inf. n'est guère attestée. Mais le sens est obvie.

9. *altera barba* : cf. Mart. 7, 83, 1-2 : ... *tonsor dum... expingit... genas, / altera barba subit...* (à propos d'un barbier particulièrement lent). La « seconde barbe », celle qui revient tous les jours, est implicitement opposée au premier duvet, cette *prima lanugo* qu'il est inutile de raser et qui caractérise, chez Baudri, le charme adolescent (cf. *supra, c.* 3, 14, et *infra, c.* 77, 111-117).

10. *Tu quoque* : *quoque* faisant suite, en début de vers, à un pronom sujet a en général chez Baudri la simple valeur d'une coordination un peu appuyée (cf. *c.* 5, v. 25). On pourrait à la rigueur

comprendre : « Toi, ... tu as *aussi* (*i. e.* outre le prénom postiche d'Alexandre) un nom qui dérive... »

11. Cf. *c.* 130 (adressé également à un Avit, peut-être le même), v. 1 : *Nomen habes ab auo*. Il est banal au Moyen Age de doter les noms propres d'étymologies plus ou moins fantaisistes (cf. par ex., *cc.* 93, v. 1, 101, v. 16-17 ou 129, v. 43 et, parmi une riche bibliographie, Curtius, *LEMAL*, t. 2, p. 317-326, excursus 14 : « L'étymologie considérée comme forme de pensée »). C'est pourquoi la .supposition de M. T. Razzoli (p. 49) selon qui le destinataire du poème aurait hérité son nom de son grand-père, lequel ne serait autre que le « vieil Alexandre » évoqué aux vers 21-22, nous paraît hardie.

### 5. *Auito diuiti*

1. Il est impossible de dire si le destinataire de ce poème est le même que celui de la pièce précédente. Tous deux, quoi qu'il en soit, ont en commun la jeunesse (*cc.* 4, 20 ; 5, 5).

2. On sait que « largesse » est la vertu cardinale de l'éthique chevaleresque.

3. *crepundia* ici au sens étymologique, comme déverbal de *crepo*.

4. *fabricae* : au sens tardif d'« objet (en bois) artistement confectionné », employé ici métonymiquement.

5. Proverbiale dès l'Antiquité (cf. Otto, *Sprichwörter*, p. 99).

6. Ici, l'intertexte nous échappe complètement. L'allusion néanmoins est claire : Hugues et Rahier sont deux escrocs, ou deux voleurs, Amaury l'avare, leur victime. Mais s'agit-il de personnages réels, connus de Baudri et de son correspondant ? ou de figures emblématiques empruntées au folklore, à la farce ou à l'*exemplum* ? Après Plaute, les « comédies élégiaques » composées dans le val de Loire vers le milieu du XIIᵉ siècle mettront volontiers en scène ce genre de situation. Mais les personnages n'y portent pas les noms cités par Baudri.

7. *Viuat Amalricus* : dans la langue de Baudri, *uiuere* est souvent un simple équivalent du verbe être et se construit avec attribut (cf. par ex. *c.* 3, 33). Cependant, face à cette tournure déjà romane, et plus guère latine, l'auteur ou son scribe témoigne d'une réelle hésitation quant au cas auquel mettre l'attribut. A côté d'une majorité de nominatifs, on trouve ainsi : *uiuas Ciceronem* (*c.* 113, 18 et n. 5), *uiue Dianam* (*c.* 200, v. 115). .La conjecture de Strecker, que nous adoptons, relève donc peut-être de l'hypercorrection.

8. *nimium qui congregat aurum* : cf. Prud., *c.* Symm. 2, 151 : *nimium ne congerat aurum*.

9. *sibi pauper habet* : cf. ps. Cato, *Dist.* 4, 16 : *semper pauper abundes*.

10. *afficitur mille miser crucibus* : cf. Marbode, *c.* 2, 39 (*Quomodo decipitur qui nummo servit*) : (l'avare qui se prive pour amasser et qui a peur des voleurs) *geminae mortis poenis cruciatur* (*PL* 171, 1728 b).

11. Une façon alambiquée d'évoquer le vol ou la spoliation dont l'avare finit toujours par être victime et cette « double mort » qui, selon Marbode (cf. note précédente) ne manque pas de l'affliger.

12. Vers 29-32 : ce passage, et notamment le vers 32, ne peut se comprendre qu'en référence à la légende de Midas (cf. Ov., *Met.* 11, 119-135). Baudri menace son correspondant du même sort que le roi de Phrygie – à cette différence près qu'il ne trouvera pas, lui, de dieu bienveillant pour le délivrer du dangereux privilège de transformer tout ce qu'il touche en or.

13. *Dapsilis esto tuis* : cf. ps. Cato, *Dist.* 1, 40 : *Dapsilis... notis et largus amicis / cum fueris...*

14. *usos* : sur cette forme d'accusatif pluriel, voir A. Blaise, *A Handbook of Christian Latin...*, Washington, 1994, p. 40.

## 6. Cuidam Guauterio

1. Selon M. Delbouille (« Un mystérieux ami de Marbode : le "redoutable poète" Gautier », *Le Moyen Age*, 57, 1951, p. 205-240), ce Gautier pourrait être à identifier avec le scribe de Baudri dont il est question au *c.* 1 (v. 105-108) et avec un correspondant de Marbode. Cette identification ne nous paraît pas reposer sur des preuves décisives.

2. *te collegi sub amore meo* : en latin classique, *colligere* a notamment le sens de « lever des troupes ». C'est bien à ce registre métaphorique que Baudri semble faire appel ici, puisqu'il est question un peu plus bas (v. 11) de *statio*, la garde que l'on monte – une image traditionnelle, dans la littérature ascétique, pour désigner l'existence monastique (cf. par ex. Cassien, *Inst.* 5, 20).

3. « Tu es la moitié de moi-même » : un topos classique de l'amitié (cf. AAVV., *Nachtrage zu A. Otto, Sprichwörter...*, Hildesheim, 1968, p. 133-134), souvent utilisé par Baudri (par ex. *cc.* 90, 11-15 ; 98, 36).

4. *felicia fata precabor* : *c.* 118, v. 11. Nous verrons bien souvent Baudri invoquer *fata*, *fortuna* ou *natura*, ce qui a troublé certains commentateurs (*e. g.* Abr., p. 25-26). Contentons-nous d'y lire, dans le contexte des poèmes, qui n'est pas de réflexion philosophique, des emprunts rituels au formulaire classique.

5. *mutua colloquia* : le *colloquium*, entretien littéraire et/ou spirituel, est pour Baudri le couronnement de l'amitié, « the culminating
act of *amor* », selon G. Bond (*locus*, p. 174). Nous ne dénombrons pas
moins d'une trentaine d'occurrences du mot dans ses poèmes (cf.
Tilliette, *Aetas ovidiana*, n. 133-134).

6. Cf. *cc.* 77, *Ad (Gerardum Lausduni) ut monachus fiat*, 91,
*Invitatio ut quidam se monacharet*, 101, *Ad diem in qua laetatus est*.
Sur le lien, au XIIᵉ s., entre *otium monasticum*, goût de la littérature et
amitié, voir, entre autres, J. Leclercq, *L'amour des lettres et le désir
de Dieu. Initiation aux auteurs monastiques du Moyen Age*, Paris,
1954, p. 175 et A. Fiske, « Paradisus homo amicus », *Speculum*, 40,
1965, p. 436-459.

7. C'est, au Moyen Age, l'un des sens du terme. La consonne *l* a
été géminée afin de permettre au mot d'entrer dans l'hexamètre
(phénomène attesté dès l'Antiquité tardive).

8. *nocuit differe paratis* : Lucan. 1, 281. La formule est depuis
longtemps devenue proverbiale (cf. Baudri, *c.* 77, 184).

## 7. Paris Helene

1. Ce poème et le suivant constituent d'habiles *retractationes* des
*Héroïdes* 16 et 17 d'Ovide. Plusieurs études leur ont été consacrées :
P. Lehmann les édite et les commente brièvement dans *Pseudo-Antike
Literatur des Mittelalters*, Leipzig-Berlin 1927, p. 65-87 (voir notre
Introduction, p. LII) ; H. Dörrie les évoque dans son étude synthétique
sur le genre littéraire de la lettre héroïde (*Der heroische Brief.
Bestandsaufnahme, Geschichte, Kritik einer humanistisch-barocken
Literaturgattung*, Berlin, 1968, p. 22-25 et 340-341). Le point de vue
normatif du latiniste classique à leur sujet est énoncé par M. von
Albrecht dans « La correspondance de Pâris et d'Hélène : Ovide et
Baudri de Bourgueil », in R. Chevallier (éd.) *Colloque Présence
d'Ovide*, Paris, 1982, p. 189-193 ; des approches plus compréhensives
et donc moins anachroniques sont fournies par G. Bond (« Composing
yourself : Ovid's *Heroides*, Baudri of Bourgueil and the problem of
persona », *Mediaevalia* 13, 1987 [paru 1989], p. 83-117),
C. Ratkowitsch (« Die keusche Helena : Ovids Heroids 16/17 in der
mittelalterlichen Neudichtung des Baudri von Bourgueil », *Wiener
Studien* 104, 1991, p. 209-236) et J.-Y. Tilliette (« Savants et poètes
du Moyen Age face à Ovide : Les débuts de l'*aetas ovidiana* (v. 1050-
v. 1200) », dans M. Picone-B. Zimmermann (Hrsgb.) *Ovidius redivivus. Von Ovid zu Dante*, Stuttgart, 1994, p. 63-104 [désormais cité :
Tilliette, *Aetas ovidiana*]). Si nous nous accordons avec Ratkowitsch

dans le refus de faire de ces pièces de purs et simples « exercices d'école », l'interprétation moralisante et christianisante qu'en fournit la savante autrichienne nous convainc peu (*Aetas ovidiana*, p. 97). Nous tendrions plutôt à y voir, sous le masque de l'*auctoritas* ovidienne, une sorte de dialogue entre le poète et son inspiration : « Pâris », qui décrit le *locus amoenus* troyen (v. 187-222 et n. 51) en usant des termes dont se sert Baudri pour décrire Bourgueil dans ses poèmes de type *invitatio amici* (*e.g.* le *c.* 129), est assurément une figure de l'auteur ; quant à « Hélène », qui surcharge sa réponse d'ornements empruntés à la *Rhétorique à Herennius*, conformément aux enseignements prodigués par Marbode dans le *De ornamentis verborum*, l'on peut sans beaucoup d'imagination y voir une image de la muse.

2. Vers 1-2 : *latum uulgauit in orbem* est ovidien (*Met.* 5, 481) ; nombreuses reprises de la formule, avec diverses variantes, dans la poésie de l'Antiquité tardive et du Moyen Age (*LHL*, 5, 748). On notera encore le jeu complexe des rimes *uulg*auit in or*b*em / *spir*auit in aurem.

3. *Frigiique Penates* : Verg., *Aen.* 3, 148 (en même position métrique).

4. *delata sub auras* : cf. *Ilias lat.* 96 *(delapsa per auras)*.

5. Vers 11-13 : cf. Verg., *Aen.* 3, 92-93 : ... *mugire adytis cortina reclusis... et uox fertur ad auris* et 6, 347 : ... *neque te Phoebi cortina fefellit. Cortina*, au sens propre, désigne le trépied de l'Apollon delphique.

6. *Filia Ledae* : Ov., *Her.* 16, 85 (cf. *infra*, v. 248 ; *c.* 200, 19).

7. *regnabitur* : emploi de ce mot à la même place métrique et dans un contexte identique par Verg., *Aen.* 1, 272.

8. L'assimilation, par métonymie, de Tyr à Troie n'est pas attestée dans la littérature classique. Aussi Sedgwick propose-t-il de corriger *Tirio* en *Frigio*. On peut néanmoins comprendre les vers 19-21 à la lumière du v. 151 de l'*Héroïde* 7 d'Ovide, *Dido Aeneae*, que Baudri a dû lire rapidement ou mal comprendre : *Ilion in Tyriam transfer felicius urbem*. Ils font peut-être aussi écho à Verg., *Aen*, 1, 284-285 (prophétie de Jupiter) : ... *clarasque* Mycenas / *seruitio premet atque uictis domina*bitur Argis.

9. *augur Apollo* : *LHL* 1, 172-173.

10. *responsa deorum* : Verg., *Aen.* 9, 134 (cf. *infra*, v. 77 et *c.* 8, 54).

11. *fata morando* : Lucan. 2, 581.

12. *fata reposc(unt)* : même clausule dans Ov., *Met.* 13, 180.

13. *Delius augurat* : cf. Ov., *Met.* 13, 650 (*Delius augurium*).

14. *sidera cuncta* : Verg., *Aen.* 3, 515 (cf. *LHL* 5, 144).

15. Le vers, gratté dans le manuscrit *V*, est proprement illisible : il faut supposer que la restitution effectuée par Abr. vient de la copie exécutée pour Delisle de la transcription de Salmon (manuscrit *D* : Paris, BN, Nouv. acq. lat. 870). C'est dire, soit que *V* était moins détérioré quand Salmon en a pris copie, soit que ce savant était doté d'une vue spécialement aiguë ou d'une grande hardiesse philologique. Notre restitution se fonde sur la première et la plus optimiste de ces hypothèses, la scansion *diūturno* étant garantie par Ov., *Trist.* 4, 6, 50.

16. *intermiscere colores* : cf. *c.* 8, 264. La requête de Pâris est donc construite – malgré la dénégation – comme une plaidoyer empruntant ses artifices à la rhétorique : ici, c'est à l'*elocutio* – illustrée, v. 41-42, par la figure dérivative *orator / perorandi* et par la paronomase à la rime *adessem / adissem* qu'il est fait allusion ; un peu plus bas (v. 46 : *ordo saporus*) à la *dispositio*.

17. *affectare* (*sibi aliquem*) : *consequi* (*sibi*) *affectum* (*alicuius*). Sens non classique. Même emploi dans le *c.* 97, v. 26.

18. Vers 46-47 : *Addere carminibus... munuscula* est à rapprocher de Baudri, *cc.* 132, 6 ; 193, 12 et 194, 96. Au demeurant, cette notation montre que Pâris a bien lu l'*Art d'aimer* (2, 261-270) !

19. Sur *pensare*, déjà employé par Baudri dans le sens moderne de « penser », cf. N. Bartolomucci, « Note lessicali al carme CXCVI di Balderico di Bourgueil », *Giornale italiano di filologia*, n. s. 7, 1976, p. 192-196.

20. *Abducere... abductam... inducere... inductam* : bel exemple de *gradatio* (*Rhet. Her.* 4, 34).

21. *perculit aures* : Ven. Fort., *c.* 6, 5, 281.

22. *matura senectus* : cf. Ov., *Met.* 3, 347 (*maturae senectae*).

23. Vers 78-79 : *aequore(a)s... procellas* : Lucan. 9, 446-447 ; *uentos ... et auras* : cf. Ov., *Met.* 15, 411.

24. *presagia uana* à cette place dans le vers : *LHL* 4, 330.

25. Vers 84-86 : noter le jeu des allitérations et de la rime (un ornement dont, en général, n'abuse pas Baudri).

26. *fibriloquo* : une rareté lexicographique. Litt. « celui qui fait parler, qui interprète les lobes des foies » (*fibrae infra* v. 106 ; *c.* 8, v. 52), *i. e.* l'haruspice.

27. *Huc ad nos uenias* : Baudri, *c.* 129, 4 (cf. Tilliette, *Aetas ovidiana*, p. 84 et 94-95).

28. *diuina pro fertilitate* : « d'avoir été fécondée par un dieu », ou plutôt, si nous comprenons bien le vers suivant, assez obscur : « d'avoir enfanté des êtres divins ».

29. Vers 101-102 : le même argument est développé par le Pâris d'Ovide (*Her.* 16, 173-176).

30. *armis inclitus* : Verg., *Aen.* 6, 479.

31. *Phoebi tripodas* : métonymie. Au sens littéral, cf. Lucan. 5, 152 et 223.

32. Allusion probable à Cassandre, mais surtout à Helenus, un personnage qui prend beaucoup d'importance dans les versions médiévales de la légende troyenne.

33. *Fabula nulla fuit* : Ov., *Am.* 1, 9, 40 (à propos des amours scandaleuses de Vénus et de Mars) ; *Grecia finxit* : Baudri, *c.* 154, 1235. L'intérêt empreint de circonspection de Baudri pour les fables mythologiques se manifeste aussi dans les pseudo-héroïdes 200, *Ad dominam Constantiam*, v. 89-116 et 201, v. 33-46, ainsi que dans le long *c.* 154. C. Ratkowitsch interprète les vers 111 à 138 de l'épître de Pâris comme une invite à l'amour spirituel (« Die keusche Helena... », *cit. supra* n. 1, p. 227-229).

34. Vers 113-114 : *madide... palestrae* vient de Maxim., *eleg.* 1, 25 ; *orgia Bacchi* de Verg., *Georg.* 4, 521. Mêmes remarques sur les effets pervers de l'enseignement de la mythologie aux jeunes gens dans Marbode, *Liber decem capitulorum* 2, 52-60 (éd. R. Leotta, Rome, 1984, p. 79-80).

35. *Ganimedes* : cf. *supra, c.* 3, n. 10. La description très péjorative qui suit est peut-être à mettre en relation avec le climat d'incompréhension haineuse qui sévit entre grecs byzantins et latins au lendemain du schisme d'Orient (von Albrecht, *loc. cit.*, p. 192). Mais dès les années 970, Liutprand de Crémone, dans sa *Relatio de legatione Constantinopolitana* (éd. Becker, Hanovre, 1915) stigmatisait les mœurs efféminées des Grecs en termes très voisins de ceux de Baudri. Pour les sources antiques de ce topos raciste, voir Juv. 3, 58-125.

36. *sirmate verrunt... crinalis acus... mitras* : termes empruntés aux descriptions de la Luxure et de la Pompe par Prudence (*Psych.* 362 et 448).

37. *Indigetes* est obscur. Le substantif *Indiges* dénote en principe les dieux nationaux, ceux qui ne sont pas importés de l'étranger, Énée ou Romulus à Rome par exemple ; d'où notre traduction. Peut-être faut-il voir en outre dans l'emploi de ce terme une réminiscence de la glose de Fulgence, que connaît bien Baudri : *indigetes ab indigeo, quod nullius rei indigent* (*Mythol.* 3, 5). L'idée, développée par les vers 134-138, serait alors que les mâles grecs souhaiteraient n'avoir besoin de personne, et surtout pas du sexe féminin, pour se reproduire.

38. *steriles uteros* : cf. Lucan. 1, 590-591 : *sterili... / ex utero.*

39. *Neptunia Troia* : clausule typiquement virgilienne (*Aen.*, 2, 625 ; 3, 3...).

40. Cf. Verg., *Aen.* 4, 215-217 : *Et nunc ille Paris* [sc. *Aeneas*] *cum* semiuiro (cf. v. 138) *comitatu, / Maeonia mentum* mitra (cf. v. 128) *crinemque madentem / subnixus...* Il est piquant de voir Pâris

retourner contre les Grecs les critiques adressées par Iarbas au Troyen Énée. A noter que, selon L. Bréhier (*La civilisation byzantine*, Paris, 1970², p. 47), « la question de la barbe a tenu une place parmi les griefs qui aboutissent au schisme entre les patriarches de Constantinople et l'Église romaine ». Cf. aussi H. Platelle, « Le problème du scandale : les nouvelles modes masculines aux XIᵉ et XIIᵉ siècles », *Revue belge de philologie et d'histoire*, 53, 1975, p. 1071-1096.

41. *superficies actus* : selon Pline l'Ancien (*Hist. nat.*, 18, 9), l'*actus* est une mesure de surface de petites dimensions ($^1/_2$ jugère). Cf. Isid. Hisp., *orig.* 15, 15, 4 : *Actus minimus est*.

42. *precelsa palatia* : cf. *LHL* 1, 313-4.

43. Vers 153-186 : ce long développement constitue une *amplificatio* d'Òv., *Her.* 16, 177-188 – comparer notamment les vers 159-161 à *Her.* 16, 187-188. Cf. également Godefroid de Reims, *Ep. ad Lingonensem episcopum*, v. 347-360 (éd. A. Boutemy, « Trois œuvres inédites de Godefroid de Reims », *Rev. Moy. Age lat.* 3, 1947, p. 335-366 [360-361]).

44. *domus*, par opposition à *thalamus*, la chambre à coucher, semble désigner ici l'autre pièce importante de la demeure seigneuriale au XIᵉ s., la grande salle, lieu de la convivialité (cf. Lambert d'Ardres, *Historia comitum Ghisnensium*, ch. 127).

45. *Pergameosque lares* : cf. Verg., *Aen.* 5, 744 : *Pergameumque Larem*.

46. Vers 164 : les deux comparaisons sont topiques. En fauconnerie, le milan, oiseau charognard, a une réputation de lâcheté (pour l'association des deux termes *miluus* et *accipiter*, voir Ter., *Phorm.* 330) ; l'opposition entre la noirceur du corbeau et la blancheur du cygne est proverbiale : *e.g.* Mart. 1, 53, 8, *Inter Ledaeos* (!) *ridetur coruus olores* (cf. A. Otto, *Die Sprichwörter... der Römer*, Leipzig, 1890, p. 104, *s.v. cycnus* 1).

47. *(memo)randa cacumina* à cette place dans le vers : Arator, *Act.* 1, 53.

48. *linguaque* : nous restituons le mot illisible d'après Godefroid de Reims, *c. ad Ingelrannum* 144 (éd. Boutemy, *cit.*, p. 343) ; cf. aussi Baudri, *c.* 45, 3.

49. *compositurae* : harmonie de la beauté du corps et de celle du visage, donc de la beauté intérieure : c'est l'idéal esthétique de Baudri (cf. *supra*, *c.* 3, 22 ; *c.* 200, v. 65, etc.) et de ses contemporains (E. de Bruyne, *Études d'esthétique médiévale*, t. 2 : *L'Époque romane*, Bruges, 1946, p. 86-88).

50. *Pubetenus* : non pas, ici, dans le sens classique, anatomique (« jusqu'à la ceinture » : cf. Verg., *Aen* 3, 427), mais dans un sens temporel (« jusqu'à l'âge de la puberté »).

51. Vers 187-222 : ce passage, qui n'a pas, quant à lui, d'équivalent chez Ovide, constitue la « clé » du poème. En effet, les anachronismes pleins d'humour des vers 194-200 et 208-209, qui fonctionnent comme des espèces de signatures, révèlent le sens de la démarche de Baudri : se réapproprier Ovide en situant ses personnages dans un cadre qui rappelle celui de Bourgueil, comme le poète romain s'était réapproprié les héros homériques, en les transposant dans le demi-monde de la galanterie du I$^{er}$ siècle (cf. Tilliette, *Aetas ovidiana*, p. 92-98).

52. Notation curieuse : nous ne connaissons pas de texte (à l'exception d'Athénée, *Dipnosophistes* 1, 26, que Baudri ne pouvait pas connaître) qui vante les vins de Préneste.

53. *Vrbi... quam dicunt Aurelianem* : cf. Verg., *Ecl.* 1, 19 : *Vrbem quam dicunt Romam*. Le parallèle est édifiant : rappelons que Baudri est natif des environs d'Orléans. Sur le lieu-dit « Area Bacchi », voir la note (de Duchesne ?) en marge du manuscrit et Abr., p. 39 n. 23 et 368.

54. *rex Henricus* : le capétien Henri I$^{er}$ (1008-1060).

55. Hor., *Carm.* 3, 21, 18 : *Tu (= uinum)... uiresque et addis cornua pauperi.*

56. Vers 202 : *N(ec) desunt fontes* est virgilien (*Georg.* 2, 200) ; *prata uirentia* est commun dans les descriptions du *locus amoenus* (cf. *LHL* 4, 342).

57. *scutatos* : la correction, suggérée par Ratkowitsch, de ce mot en *scrutatos* (« Die keusche Helena... », *cit.*, p. 231 n. 46), qui affadit le texte, ne nous paraît pas nécessaire.

58. Cf. Verg., *Georg.* 1, 307-308 : *... retia ponere cervis / auritosque sequi lepores..., figere dammas.* La mention du rhinocéros, qui met dans le passage une touche d'exotisme, souligne le caractère résolument imaginaire de la description.

59. *uitre(a)s... und(a)s* en même position métrique : Ov., *Met.* 5, 48 ; Juvenc. 1, 355 ; cf. Baudri, *c.* 129, 16.

60. *Quercus glandiferas* : Lucr. 5, 939 ; cf. aussi Ov., *Met.* 12, 328. L'emploi des adjectifs composés (voir aussi *pomifera*, v. 201 ; *auricomas*, v. 212) fait de ce passage une belle réussite poétique, comme sont souvent les descriptions de la nature chez Baudri.

61. Cf. Ov., *Met.* 10, 93 : *fraxinus utilis hastis.*

62. *perpetuum uer* : Ov., *Met.* 5, 391 ; Juv. 7, 208.

63. Construction un peu rude : *quod* est évidemment complément de *testare* (pour *testari*), sujet de *erit*.

64. La transition est brutale : *Has* désigne les trois déesses, dont il n'a été question, de façon allusive, qu'au vers 4. Aussi Bulst et Hilbert ont-ils conjecturé ici la présence d'une lacune assez importante. A vrai

dire, cette hypothèse est inutile : Pâris veut convaincre Hélène qu'il est digne de foi ; quel meilleur argument *a fortiori* peut-il lui en donner que celui consistant à dire que les dieux eux-mêmes lui font confiance ? Il n'a pas besoin d'être plus précis, puisqu'Hélène connaît parfaitement l'histoire (*c.* 8, v. 3-18).

65. *aequora pupim* : cf. *LHL* 1, 24-25 (on peut ajouter aux références données par Schumann Lucan. 2, 611).

66. *Implebo ... armato milite* : cf. Baudri, *c.* 134, 354 (d'après Verg., *Aen.* 2, 20).

67. *sanguine fuso* : cf. *LHL* 5, 38-39.

68. *sibi uindicat* : Lucan. 6, 73 (cf. aussi *LHL*, 5, 133) ; *uindicat armis* : Verg., *Aen.* 4, 228.

69. *Stigias innasse paludes* : cf. Verg., *Georg.* 4, 503 et 506 (histoire d'Orphée et Eurydice).

70. *supera(ss)e labore(m)* : Verg., *Aen.* 3, 368 (cf. aussi *LHL* 5, 318).

71. *te credere ponto* : Ov., *Met.* 13, 900.

72. *oracula certa* : Lucan. 9, 582.

73. Noter que le même verbe *ibo* est scandé de façon différente aux vers 265 (*o* bref) et 266 (*o* long). *Pedes uel eques* : *c.* 201, 55.

74. *Terque quaterque* : cf. *LHL* 5, 432-434 et *passim* chez Baudri.

75. Vers 282-292 : développement inspiré d'Ov., *Am.* 2, 15, 9-20 ; repris par Baudri, *c.* 106, v. 1-6.

76. *uicarius* : au Moyen Age, ce terme appartient plutôt au vocabulaire administratif.

77. *florida uirgo* : cf. *c.* 200, v. 87. Baudri applique indifféremment le mot *uirgo* à la jeune fille ou à la jeune femme.

78. *mellito... condita* : Ov., *Fast.* 3, 752.


## 8. Helena Paridi

1. Reprise terme à terme, mais dans un ordre différent, des v. 1-3 du *c.* 7.

2. *Libripens* : litt. « celui qui tient en équilibre les plateaux de la balance ». Le mot, épithète de Pâris, n'est attesté en latin classique que dans des sens techniques.

3. Le jeu de mots *amens / a mensa* n'est guère facile à rendre. Baudri a pu trouver l'histoire de la pomme de Discorde dans le commentaire virgilien de Ti. Claudius Donatus (*ad Aen.* 1, 27) ou plus vraisemblablement dans l'*Excidium Troiae*, § 2 (éd. A.K. Bate, Francfort-Berne-New York, 1986, p. 25-26).

4. Vers 12-14 : interprétation détaillée, et un peu différente de celle qui est fournie ici, du sens du jugement de Pâris dans le *c.* 154, v. 345-372. – On notera, au vers 14, l'étrange clausule heptasyllabe *superapposuisti*.

5. *dii... secundent* : Lucan. 1, 635.

6. *grauis atque molesta* : cf. *c.* 7, 268. Les craintes d'Hélène répondent ici à l'ardeur de Pâris.

7. Selon l'interprétation allégorique de la mythologie développée par Fulgence, Junon est le symbole de l'air (cf. Baudri, *c.* 154, 33).

8. *tellus infida manebit* : cf. Lucan. 1, 647 : *tellus infida negabit*.

9. Passage d'interprétation assez complexe. L'idée semble être la suivante : l'harmonie entre l'air (Junon) et la terre (Jupiter) est bénéfique pour les humains ; en revanche, le désaccord entre les deux éléments est promesse de cataclysmes analogues à ceux évoqués par les devins mis en scène par Lucain, dans le passage cité aux vers 19 et 26. On constatera toutefois que Baudri, pour les besoins de son exposé, prend ici quelques libertés par rapport à la tradition mythographique dont il est généralement tributaire (celle de Fulgence) et selon laquelle Jupiter est le symbole du feu, non de la terre (cf. *c.* 154, v. 35-36 : *ignis marit(a)t eum* [= *aera*]). Quoi qu'il en soit, on devine là en filigrane le reflet très affaibli de l'un des mythes les plus archaïques de la religion indo-européenne : la célèbre théogamie entre Zeus et Héra relatée au chant 14 de l'Iliade. On peut toutefois comprendre aussi le vers 28, de façon bien plus plate : « mauvaise conseillère, elle nous ôtera la faveur de Jupiter ».

10. *Totius mundi... machina* : Lucan. 1, 79-80.

11. *lumina solis* : *LHL* 3, 254-255.

12. *nobis sudbitur orbis* : Mart. Cap. 2, 123.

13. *dominemur in orbe* : *LHL* 2, 136.

14. *Aethiopes, Indos* : Baudri, *c.* 135, 7 ; cf. Ov., *Met.* 1, 778.

15. Vers 42 : écho probable du vers célèbre d'Horace : *Grecia capta ferum victorem cepit* (*epist.* 2, 1, 156).

16. Vers 43-44 : Hélène semble faire allusion ici à l'expédition des Épigones contre Thèbes. Nous ne savons pas d'où Baudri tire son information sur cette légende, transmise de façon fragmentaire par les sources latines.

17. *moenia Troiae* : *LHL* 3, 401-402.

18. Vers 52 : cf. Verg., *Aen.* 3, 361 *(... Praepetis omina pennae)* et Lucan. 1, 587-588 *(uenas... / fibrarum et monitus errantis in aere pinnae)*.

19. Vers 54-55 : cf. Verg., *Aen.* 3, 375-376 : *sic fata deum rex / sortitur uoluitque uices, is uertitur ordo* (prophétie d'Helenus) ; *responsa deorum* : cf. *c.* 7, n. 10.

20. Vers 57 : *stillauit...* in *aure* vient de Juvénal (3, 122) ; *cordis in aure* est une image caractéristique du « latin des chrétiens » (cf. par ex. Juvenc. 2, 812 ; Aug., *Conf.* 1, 5, 5 ; *Reg. Ben.* prol. 1 – C. Mohrmann, *Études sur le latin des chrétiens,* t. 1, Rome, 1961, p. 263, 320).

21. *mutatio rerum* : *LHL* 3, 482.

22. *dominabitur Arg(u)s* : Verg., *Aen.* 1, 285. Clausule extraite de la prophétie de Jupiter à Vénus invoquée – mais dans l'autre sens ! – par Pâris au vers 20 du *c.* 7.

23. Vers 68-71 : développement analogue dans Ov., *Her.* 17, 241-246.

24. *placari numina* : *junctura* très fréquente chez Ovide et dans l'*Ilias latina.*

25. Vers 81-95 : alors que la lettre de Pâris adopte la forme de la *suasoria,* celle d'Hélène va se présenter comme une *controversia* (au sujet de l'influence de ces exercices scolaires sur la naissance du genre de l'héroïde, voir l'introduction de H. Bornecque à son édition du recueil d'Ovide dans la CUF [p. XI-XII]) ; mais chacun des arguments successifs va être illustré par l'usage privilégié d'une figure de rhétorique. Ici, v. 81-85, puis 90-94, il s'agit d'*interrogationes* (*Rhet. Her.* 4, 22). Même procédé dans Ov., *Her.* 17, 207-216.

26. *coniuge coniunx* : Ov., *Her.* 3, 37.

27. *insidiata est* : même clausule chez Prudence, *Psych.* 682.

28. Vers 108 : allusion à la légende des amours de Mars et de Vénus, complaisamment relatée par Ovide dans l'*Art d'aimer* (2, 562-592), et dont Baudri fournit une interprétation allégorique dans son *c.* 154, v. 635-660.

29. Vers 118-154 : pour développer son deuxième argument, sur le mode de l'éventuel, Hélène a recours à la figure de *descriptio,* ou hypotypose (*Rhet. Her.* 4, 51). – Le vers 118 est à rapprocher de Verg., *Aen.* 6, 93 : *Causa mali tanti... coniunx hospita Teucris.*

30. ... *genus infractum, gens inuictissima* : *c.* 134, 497 (à propos des Normands de Guillaume le Conquérant).

31. Vers 134-135 : cf., pour l'idée, Ov., *Her.* 17, 251-252.

32. Vers 139 : *Cycropidaeue duces* : cf. Ov., *Met.* 7, 671 (*Cecropidas ducit*) ; *durus Achilles* : Stat., *Achill.* 1, 564 ; Ermold. Nigel., *In honorem Hludowici* 3, 147 (*Pirrhus seu durus Achilles*).

33. Vers 141-143 : cf. Verg., *Aen.* 2, 261 : *Thessandrus Sthenelusque duces et dirus Vlixes.*

34. *misce(bu)nt prelia multa* : cf. Verg., *Georg.* 3, 220 et *Aen.* 12, 720.

35. La clausule *Troiana iuuentus* se rencontre cinq fois dans l'*Énéide* (voir aussi *LHL* 5, 477).

36. Vers 147-148 : cf. Juv. 14, 198 (... *castrorum ferre labores*) et Coripp., *Ioh.* 4, 413 (*Et... potens Martis sufferre labores*).

37. *uideas et uulgus iners* : cf. Manilius 5, 737 : *Vulgus iners uideas*. On trouve l'expression *uulgus iners* (mais sans *uideas*), chez Lucain (5, 365) et Claudien (33, 21).

38. Les Dolopes, peuple de Thessalie et troupes d'élite de l'armée grecque, réputées pour leur férocité (cf. Verg., *Aen.* 2, 7).

39. Vers 155-166 : longue suite de *sententiae* sur le bon usage de la guerre. On reste donc bien dans le cadre d'une argumentation de type judiciaire (cf. *Rhet. Her.* 4, 24-25, qui donne cependant ce conseil : *Sententias interponi raro conuenit* !). Dans l'épopée, le procédé a été mis en honneur par Lucain, ce qui contribue à expliquer son succès au Moyen Age (cf. E. M. Sanford, « Quotations from Lucan in Medieval Latin Authors », *American Journal of Philology*, 55, 1934, p. 1-19).

40. Sur la scansion de *potitur* avec *i* bref (comme celui de *potiretur* au vers 170), voir Introduction, p. xxx.

41. *cura remordet* : *LHL* 1, 535.

42. *oracula uatum* : Ov., *Pont.* 2, 1, 55.

43. *Pro re tantilla*: c'est ainsi également que Baudri qualifie l'adultère supposé d'Ovide et de la femme de César (*c.* 97, 36) !

44. Vers 196-210 : le troisième argument est développé, cette fois, au moyen de la figure de l'*expeditio* (raisonnement par élimination : cf. *Rhet. Her.* 4, 40).

45. *mare fluctiuagum*, précédé d'une syllabe longue, au premier hémistiche : *LHL* 3, 287.

46. *seuis aquilonibus* : Prud., *Apoth.* 658 ; Baudri, *c* 134, 331.

47. *milia multa* : clausule assez commune (*LHL* 3, 357-358).

48. Vers 220 : cf. *LHL* 1, 214-215 (d'après Ov., *Pont.* 1, 6, 46).

49. Vers 225-249 : *amplificatio* d'*Her.* 17, 209-222, où Hélène manifeste le même souci de sa *fama.*

50. *polluet aures* : cf. Prud., *Psych.* 52 : *polluit auras.*

51. *uacuas dispergit in auras* : cf. *LHL* 5, 497-498 (on peut ajouter les références à Stace, *Theb.* 7, 121 et 11, 55).

52. *fama superstes* : *LHL* 2, 220-221 ; cf. Baudri, *c.* 99, 85 (mais là en bonne part).

53. *aspergine* : le mot est souvent employé au sens figuré au XIIe siècle, généralement en mauvaise part (cf., par ex., Bernard de Clairvaux, *serm. de div.*, 41, 3).

54. *ledent... contagia* : Verg., *Ecl.* 1, 50 ; cf. Baudri, *c.* 128, 3.

55. Vers 253-254 : en dépit d'une chronologie assez floue, la mort des Dioscures et donc leur catastérisme semblent bien être intervenus après la visite à Sparte de Pâris (cf. P. Grimal, *Dictionnaire de la*

*mythologie grecque et romaine,* Paris, 1951, p. 260, *s.v.* Leucippides). La tradition différente suivie par Darès situe leur disparition après l'enlèvement d'Hélène (*De excidio Troiae* 11). Hélène fait donc ici preuve de clairvoyance prophétique. On notera en outre que le terme de *diuus* (vers 253) ne peut s'appliquer au sens strict qu'à Pollux, fils de Zeus.

56. Vers 260 : noter l'allitération *uelut... uelit... uolare* et la paronomase *fama... infamis.*

57. *spargit in auras* : cf. *supra,* n. 51.

58. *intermiscere colores* : cf. *supra, c.* 7, 45 ; l'ornementation rhétorique, à laquelle Pâris feint de se refuser (*c.* 7, n. 15) est bien l'instrument du mensonge.

59. *nigro superinduet album* : proverbial (Otto, *Sprichwörter...., cit.,* p. 243, *s.v.* niger)

60. Vers 274-275 : figure de *contentio* (opposition ; *Rhet. Her.* 4, 21).

61. Vers 277-278 : figure de *conversio,* ou antistrophe (*Rhet. Her.* 4, 19).

62. Vers 280-284 : figure d'*exclamatio,* particulièrement propre, selon la *Rhétorique à Herennius* (4, 22) à exprimer la douleur. Dans l'*Héroïde* 17, Hélène n'exprime pas de tels regrets.

63. *Eripiarne meo... Menelao* : cf. *supra,* v. 90 : *eripiarne tibi* (= Pâris !). Parallèle possible, mais incertain, avec Dracontius, *Rom.* 8 (*De raptu Helenae*), 538 : *ut vivum linquam non iam moriente marito.*

64. *sol et nox conscia* : cf. Ov., *Met.* 13, 15 : *nox conscia sola.*

65. *libatae uirginitatis* : cf. Ov., *Her.* 2, 115 : *uirginitas... libata.*

66. *occasio colloquiorum* : on a déjà noté l'importance du thème du *colloquium* dans la poésie de Baudri (*supra, c.* 6, n. 5). Le caractère ambivalent, sinon ambigu, de cet entretien à la fois littéraire et amoureux (Tilliette, *Aetas ovidiana,* p. 95) était déjà souligné par Hélène dans l'*Héroïde* 17 d'Ovide : *Scimus quid ... conloquium... uoces* (v. 264).

67. *Priami uisura Penates* : cf. Godefroid de Reims, *c. ad Lingonensem episcopum,* v. 365 : *Paridis uisura penates* (*éd. cit.,* p. 361).

68. *duxque comesque* : *junctura* typiquement ovidienne (cf. *LHL* 2, 160), fréquente sous la plume de Baudri (par ex. *cc.* 132, 2 ; 137, 26).

69. *Nam tibi res agitur* : Hor., *epist.* 1, 18, 84 (*Nam tua res agitur*).

70. *subinstat* : un de ces mots composés en *sub-,* comme Baudri les affectionne (par ex. *subcomitari, cc.* 77, 196 ; 98, 60 ; 200, 10 et 79 ; *subtrepidare, c.* 134, 18 ; *subcinerare, c.* 178, 6), mais qui ne figurent pas dans les dictionnaires.

71. Vers 322-355 : comme la *Rhétorique à Herennius* (4, 68), la lettre d'Hélène se conclut par un splendide exemple de *demonstratio*. Cette *coda* brillante, saturée de réminiscences classiques, illustre le caractère purement littéraire du projet de Baudri, qui se situe au-delà de toute cohérence psychologique et en deçà de tout allégorisme moralisateur.

72. *electo milite comple* : Verg., *Aen.* 2, 20, *armato milite complent* (à propos du cheval de Troie) ; cf. aussi Baudri, *cc.* 7, 233 ; 134, 352.

73. Vers 329 : cf. Godefroid de Reims, *loc. cit*, v. 371 : (Paris) *regia munera defert*.

74. Vers 339-342 : cf. Godefroid de Reims, *loc. cit.*, v. 373-376 : *Solliciti naute soluunt retinacula caute / ... carina refugit ; / Remos uis lentat... / Vela noto turgent*. La principale différence entre les deux textes réside dans le fait que, chez Godefroid, Hélène n'est pas complice de son propre enlèvement.

75. *rumpite funem* : Verg., *Aen.* 3, 639-640.

76. *remus lentetur in unda* : Verg., *Aen.* 3, 384 (*lentandus remus in unda*).

77. *carbasa uentos* : cf. *LHL* 1, 264 (fréquent chez Ovide et chez Lucain).

78. *uelocior alite quauis* : cf. *supra*, c. 2, 99.

79. *uncta carina* : Verg., *Aen.* 4, 398.

80. Vers 352 : cf. Verg., *Aen.* 5, 15 : *iubet... incumbere remis* et Ov., *Ars* 2, 731 : *totis incumbere remis*. Tout le passage, comme l'autre récit de navigation mis en scène par Baudri (*c.* 134, 355-384) est constellé de souvenirs virgiliens.

81. Vers 358 : cf. *c.* 7, 202 et 201 (lettre de Constance à Baudri), 67-68.

82. *Expectate ueni* : cf. Verg., *Aen.* 2, 283 (*exspectate uenis*) ; la lettre héroïde de « Constance » à Baudri s'achève sur la même injonction (*c.* 201, 177).

83. *aequora uenti* : cf. *LHL* 1, 27.

84. *illud aueto /... meum... ualeto* : sur la substantivation des impératifs de salutation, déjà attestée en poésie classique (*e.g.* Ov., *Her.* 13, 14), voit Introduction, p. XXVII.


## 9. *Ad Girardum scriptorem suum*

1. Cf. *supra*, c. 1, 109-120.
2. Allusion à la boiterie de Gérard (cf. 1, 117). Le souhait est évidemment à double entente !

3. *superapposuissem* : ce mot heptasyllabe, que l'on rencontre déjà au vers 14 du *c*. 8, est la plus longue clausule d'hexamètre que s'autorise Baudri, en infraction à toutes les règles de la métrique classique (cf. K. Hilbert, *Studien zu den carmina des Baudri von Bourgueil*, Heidelberg, 1967, p. 67 et *supra*, notre introduction, p. XXXIII).

4. Sur les tablettes de cire qui servent de brouillon à Baudri, cf. *infra*, *c*. 12.

## 10. Ad eum qui carmina missa mutuo acceperat

1. J. Boswell (*op. cit.*, p. 310-311) interprète ce poème et le suivant comme des *paidika*, de façon selon nous abusive. On trouvera une analyse beaucoup moins anachronique et plus juste du ton souvent passionné qu'adoptent au XIᵉ siècle les lettres amicales, notamment en milieu monastique, dans R. W. Southern, *Saint Anselm and his Biographer*, Cambridge, 1963, p. 67-76.

2. *Carmin(e)... nomen in astra...* : Baudri, *c*. 223, 14 (à la même place dans le vers).

3. Vers 9-10 : cf. Baudri, *c*. 41 (épitaphe d'un adolescent), v. 4-6 : *... flos iuuenum... / Cuius plus iuuenum cedebat forma decore / Quam saliunca rosae, quam citisus uiolae.*

4. *formae iudex* : Ov., *Fast*. 6, 99 ; *Paris alter* : Verg., *Aen*. 7, 321 (cf. *c*. 7, 4).

## 11. De Iohanne desiderato diutius

1. *specialiter* : l'adjectif *specialis* qualifie très souvent le nom *amicus* dans les poèmes de Baudri (liste complète des occurrences dans Bond, *Iocus*, p. 163). De façon plus générale, l'expression « special ami » revient régulièrement dans les lettres d'amitié médiévales, en latin ou en langue vulgaire (cf. Leclercq, « L'amitié dans les lettres au Moyen Age », *cit.*, p. 404).

2. *colloquio* : cf. *supra*, *c*. 6, n. 5.

3. *pauit .... esuriem* : cf. Mt 25, 37.

4. *Temperie uerna* : cf. Ven. Fort., *c*. 9, 3, 5. L'expression annonce l'exorde printanier de la poésie lyrique (*e.g. CB* 132, 1, 1-2 : *Iam vernali tempore / terra viret...*).

5. *(nostr)i non sinit immemore(s)* : Baudri, *c*. 200, 30.

6. *sanctarum amicitiarum* : unique ex. de cette *junctura* dans l'œuvre de Baudri, qui développe pourtant volontiers le thème de

l'amitié. Faut-il y voir une préfiguration des traités d'Aelred de Rievaux et de Pierre de Blois sur l'amitié chrétienne ?

## 12. *Ludendo de tabulis suis*

1. Ce poème, comme les *cc.* 92 (*De graphio fracto grauis dolor*) et 196 (*Ad tabulas*), a passionné les historiens de l'écriture. On ne rencontre guère en effet dans le haut Moyen Age (et même depuis Martial, 14, 3-11) de description aussi précise de ces instruments du travail intellectuel que sont style et tablettes – et, ajouterons-nous, témoignant d'un tel amour d'un écrivain pour son métier. Brièvement commenté par W. Wattenbach (*Das Schriftwesen im Mittelalter*, Leipzig, 1896³, p. 53) et par Curtius (*LEMAL*, t. 2, p. 27-28), ce poème a été analysé en détail par R. H. et M. A. Rouse (« The vocabulary of wax tablets » dans O. Weijers (éd.) *Vocabulaire du livre et de l'écriture au Moyen Age*, Turnhout, 1989 [coll. CIVICIMA, t. 2], p. 220-230). Sur les tablettes de cire médiévales en général, il convient maintenant de se référer aux travaux d'E. Lalou (« Les tablettes de cire médiévales », *Bibliothèque de l'École des chartes*, 147, 1989, p. 123-140 et « Inventaire des tablettes médiévales et présentation générale », dans *Les tablettes à écrire de l'Antiquité à l'époque moderne* (Bibliologia 12), Turnhout, 1992, p. 233-288). A noter que les fragments d'un carnet de tablettes du XIᵉ siècle, assez semblable à celui que décrit Baudri, a été retrouvé à Angers au début des années 1960 (bibliographie dans Lalou « Les tablettes... », p. 138).

2. La longueur du pied étant environ de 30 cm, les tablettes de Baudri ne doivent guère excéder 70 mm de long (celles d'Angers sont de 85 mm).

3. *noua progenies* : Verg., *Ecl.* 4, 7. On goûtera ici l'humour de Baudri, ce *ludus* annoncé par le titre du poème, si l'on se rappelle que ce vers de la 4ᵉ Bucolique est parfois interprété au Moyen Age comme une prophétie de la naissance du Christ.

4. La théogonie de Baudri, dont la source nous reste obscure, est pour le moins confuse : on se demande même s'il évoque ici la succession de deux ou de trois générations de créatures. Quoi qu'il en soit, on reste ici dans le registre de l'emphase héroï-comique.

5. *dolatile lignum* : à rapprocher de Ven. Fort., *c.* 7, 18, 21 : *pagina vel redeat perscripta dolatile charta* (également à propos de tablettes à écrire).

6. *Faunorum... Satirorum* : cf. Hor., *epist.* 1, 19, 4.

7. Telle nous semble être ici la signification de *ludus* (cf. le double sens de « jeu » en français).

**8.** Ou « fabricant de tablettes ». Seul emploi du mot en ce sens, nous semble-t-il.

**9.** Vers 33 : cf. *c.* 196, 37.

**10.** Vers 37-38 : cf. *c.* 196, 49-52.

**11.** Il s'agit soit de Robert de Troarn, le premier abbé de Saint-Martin de Sées, mort le 15 janvier 1089, soit de son successeur Raoul d'Escures, qui gouverne le monastère jusqu'en 1108, date à laquelle il est nommé évêque de Rochester (cf. *Gall. christ.* 11, 717-720).

**12.** *Mittere auem puero* semble une expression proverbiale (= « faire un joli cadeau »). Mais nous n'en avons trouvé la trace ni dans le recueil d'Otto ni dans celui de Walther.

**13.** Vers 44 : cf. *c.* 196, 54-56.

### 13. Ad Radulphum monachum

**1.** *mellita... condit* : cf. *c.* 7, 299.

**2.** *portio magna mei* : cf. Baudri, *cc.* 193, 48 et 197, 12 (d'après Ov., *Pont.* 1, 8, 2).

**3.** Vers 7-8 : *topoi* classiques de l'amitié (cf. Otto, *Sprichwörter*, p. 19). On trouve *alter idem* et *unu(s) ex duobus* dans le *De amicitia* de Cicéron (respectivement aux § 21 et 81). La formule *alter ego* est également adressée par Baudri à son maître Hubert de Meung (*c.* 74, 21) et à Godefroid de Reims (*c.* 99, 213).

**4.** Abr. conjecture (p. 56 n. 1) que Baudri est sur le point d'entreprendre un voyage outremer. Il semble bien en effet s'être rendu à Rome avant son accession au rang d'archevêque (cf. *c.* 84, 19 ; *c.* 95, 6, 16), même si ce voyage n'est nullement documenté.

**5.** *sit plena facultas* : équivalent de *liceat*, que Baudri construit souvent avec le subjonctif sans conjonction de subordination. La correction de Sedgwick, adoptée par Hilbert, est donc inutile.

**6.** *sine remige cimba... portum* : cf. *LHL* 4, 506 *(s.v. remige portum)*.

**7.** Les vers 35-36 sont peut-être à double entente : la comparaison de l'existence humaine à une barque ballottée par les flots est topique, dans la littérature ascétique, depuis Cassien (Curtius, *LEMAL*, 1, 219 ; cf. Baudri, *c.* 94, 78, 88-89) ; mais il pourrait également y avoir ici une allusion précise au voyage en haute mer que Baudri semble sur le point d'entreprendre.

### 14. In rotulo Natalis abbatis

**1.** Les rouleaux des morts étaient ces lettres encycliques que les membres d'une communauté religieuse adressaient à ceux des autres communautés pour leur faire part du décès de leur supérieur. Chacun des établissements atteints ajoutait au bas du parchemin un texte pour exprimer ses sentiments de condoléance et souhaiter le repos éternel à l'âme du défunt. Une fois le parchemin rempli, on en cousait un autre à sa suite. Les rouleaux pouvaient ainsi parcourir des distances considérables et s'allonger en proportion. Sur ce genre et cette pratique, les études de L. Delisle (« Les monuments paléographiques concernant l'usage de prier pour les morts », *Bibl. Éc. chart.*, 8, 1846, p. 361-412, et *Les rouleaux des morts du IXᵉ au XVᵉ siècle*, Paris, 1866) font encore autorité. Elles sont relayées par les travaux érudits de J. Dufour (« Le rouleau mortuaire de Boson, abbé de Suse », *Journal des savants*, 1976, p. 237-254 ; « Les rouleaux et encycliques mortuaires de Catalogne (1008-1102) », *Cahiers de civilisation médiévale*, 20, 1977, p. 13-48), dont on espère une synthèse sur la question. Celle procurée par J.-C. Kahn (*Les moines messagers. La religion, le pouvoir et la science saisis par les rouleaux des morts. XIᵉ-XIIᵉ siècles*, Paris, 1987 – sur Baudri, p. 92-100) est moins brillante que superficielle.

2. Noël, abbé de Saint-Nicolas d'Angers de 1080 à mai 1096, date de sa mort (*Gallia christiana*, 14, 670-672). Sur ce personnage, voir L. Halphen, *Le comté d'Anjou au XIᵉ siècle*, Paris, 1906, p. 86-87.

3. La rime *quadam / Adam*, employée ici par Baudri avec un soupçon d'ironie (cf. Abr., p. 57 n. 1 ; Kahn, *op. cit.*, p. 97), est très banale dans ce genre de contexte (cf., par ex., Marbode *cc.* 1, 31 et 1, 41, *PL* 171, 1668 c et 1674 a). Notons que, sur les six pièces composées par Baudri pour les rouleaux des morts, trois (*c.* 14, 17 et 23) sont entièrement rimées, une (*c.* 22) partiellement – un ornement que notre auteur s'autorise beaucoup moins volontiers dans le cadre du genre antique de l'épitaphe.

4. Vers 15 : cf. *infra*, *c.* 17, 15 et n. 4.

5. *aecclesiae... columna* : Baudri, *cc.* 47, 2 ; 194, 5 ; *firma columna* : cf. Baudri, *c.* 71, 1.

## 15. *De Natali abbate*

1. Contrairement à l'assertion d'Abr. (p. 386), et malgré l'emploi de la rime, il s'agit ici d'une épitaphe : cf. l'usage des déictiques *has* (v. 1) et *hic* (v. 5) pour désigner le lieu de sépulture.

2. Au cours du périple qu'il effectua en France de l'Ouest et du Centre en 1095 (cf. R. Crozet, « Le voyage d'Urbain II et ses négociations avec le clergé de France », *Revue historique*, 179, 1937, p. 271-310).

### 16. Item unde supra

1. La célèbre étymologie *homo ex humo* (cf. Isid. Hisp., *orig.* 1, 29, 3) est naturellement un topos du genre de l'épitaphe (cf. Baudri, *cc.* 82, 6 ; 166, 6 ; 178, 6 et 214, 6). Un inventaire méticuleux des formules assez peu variées qui caractérisent le genre de l'inscription funéraire en vers est dressé par R. Hengstl, *Totenklage und Nachruf in der mittellateinischen Literatur seit dem Ausgang der Antike*, Würzburg, 1936. Pour le registre de la déploration, voir aussi la somme de P. von Moos, *Consolatio. Studien zur mittellateinischen Trostliteratur über dem Tod und zum Problem des christlichen Trauer*, Munich, 1971, 4 vol. Les parallèles textuels entre les épitaphes rédigées par Baudri et celles recueillies dans l'*Anth. lat.* ou éditées dans les volumes de *Poetae* des *Monumenta Germaniae* sont innombrables, mais, compte tenu de la rigidité et de la banalité du formulaire, sans signification quant aux sources de notre auteur. Nous nous sommes donc épargnés le souci d'en tenir, en note, un compte systématique. On peut toujours, si on le souhaite, consulter la liste des *loci paralleli* établie par Hilbert, qui consacre un excellent chapitre de ses *Studien* (*cit.*, p. 77-132) aux épitaphes de Baudri, sur la base de sondages effectués dans le t. 4 des *Poetae* et dans Delisle, *Rouleaux des morts*...

2. *Vir capitis cani* : *cc.* 47, 5 ; 80, 7.

3. *profuit aecclesiae* : *cc.* 48, 6 ; 71, 3.

### 17. In rotulo Rainaldi Remensis

1. Renaud du Bellay, archevêque de Reims, mort en janvier 1096 (cf. *Gall. christ.* 9, 75-77). Baudri lui dédie également une épitaphe (*c.* 71).

2. *patriarche* : très souvent employé au sens d'« archevêque » en latin médiéval.

3. *fletibus ora* : cf. Baudri, *c.* 23, 15 et n. 6.

4. La protestation contre l'excès de prolixité de certains des *tituli* transcrits sur le rouleau a un caractère topique (cf. *supra*, *c.* 14, 1-4 ; Marbode, *c.* 1, 44, *Reprehensio superfluorum in epitaphio Johannis abbatis*, *PL* 171, 1675 a-c ; autres ex. cités par Delisle, *Rouleaux des morts*, p. 155, 165, 212, 218).

**18. In rotulo Cenomannensi**

1. Joël d'Antins, abbé du monastère de Saint-Pierre de La Couture au Mans, mort en 1096 ; Hoël, évêque du Mans, prédécesseur d'Hildebert, mort le 29 juillet 1096 (cf. *Gall. christ.* 14, 472-473 et 374-377).

2. *sol... sidera magna* : sur ce genre de métaphores, cf. Hengstl, *op. cit.*, p. 140-141.

**19. Epitaphium super Hoelum Cenomannensem**

1. *Alloquio dulcis* : d'après Ven. Fort., *c.* 4, 1, 11 ; Baudri, *c.* 81, 2.

2. *patrem patriae* : cf. Baudri, *c.* 52, 4 ; 182, 2 et *LHL* 4, 154.

3. *Hic igitur positum* : *c.* 158, 7.

**20. Aliud**

1. *morte grauatus* : *cc.* 31, 6 ; 35, 5 ; 40, 4.

2. L'antithèse topique *corpus inhumatum / spiritus astra tenens* apparaît, sous diverses formes, dans dix-huit autres épitaphes (liste dans Hilbert, *Studien*, p. 108). Cf. aussi von Moos, *op. cit.*, t. 3, p. 176-178.

**21. Aliud**

1. Évêque d'Agen, mort en avril 1101 (*Gall. christ.* 2, 905-906).

2. Topos de la comparaison avec les grands hommes du passé (Curtius, *LEMAL*, 1, 270-274). On le retrouve dans les épitaphes *cc.* 57, 58, 61, 162, 163 (Caton) et 212.

3. Déols ou Bourg-Dieu, abbaye bénédictine située dans les environs de Châteauroux, au diocèse de Bourges. Les deux premiers vers de l'épitaphe de Baudri pour Simon s'y lisaient encore naguère (R. Favreau *et alii*, *Corpus des Inscriptions de la France médiévale*, t. 3, Poitiers, 1977, p. 25 n. 2).

**22. In rotulo pro archiepiscopo Biturigensi**

1. Cf. *supra*, *c.* 17.

2. Cf. *infra*, c. 50, n. 1. On n'a pas conservé l'inscription rotulaire de Baudri pour Durand d'Auvergne.

3. Cf. *supra*, c. 18.

4. Mort en septembre 1096 (*Gall. christ.* 8, 1441-1446). C'est de lui qu'après l'épiscopat éphémère de Sanche, dont la nomination est très vite cassée par le légat du pape Hugues de Die, Baudri briguera la succession (cf. Introduction, p. IX-X). Il a laissé le souvenir d'un personnage particulièrement débauché (Yves de Chartres, *ep.* 65 et 66).

5. Gérard, abbé de Montierneuf de Poitiers, mort en janvier 1097 (*Gall. christ.*, 2, 1165) ; sur Joël du Mans et Noël d'Angers, voir les *cc.* 14 et 18.

6. Audebert de Montmorillon, mort à la fin de 1096 ou au début de 1097, semble avoir été un proche de Baudri, qui lui dédie le *a.* 23 ainsi que les épitaphes 24 (fragmentaire) et 155-160 (cf. aussi le *c.* 126, 8). Il fut nommé en 1087 abbé de Déols, puis, en 1092, archevêque de Bourges. Les raisons de ce cumul peu canonique ne sont pas bien claires : peut-être Urbain II a-t-il voulu régler de cette façon habile le différend qui avait opposé les moines de Déols à l'archevêque de Bourges, Richard, prédécesseur d'Audebert (cf. *infra*, c. 31, n. 1). Selon la *Gallia christiana* (2, 44-46), la nomination d'Audebert comme archevêque de Bourges aurait servi à résoudre un conflit entre les moines de Déols et les chanoines de Limoges.

7. *lacrimas... uiuas* : c. 46, 8.

8. *de uobis substituendo* : c. 73, 12.

### 23. *Invectio in rolligerum*

1. Cf. Marbode, c. 1, 39, *Ad nuntium mortis*, PL 171, 1672-1673, sur le même thème.

2. Vers 5 : Marbode, *loc. cit.*, v. 1-2 : *Bubo ferum nomen, dirum mortalibus omen, / Ut Maro testatur, dum cantat, fata minatur* (la source est en fait Ov., *Met.* 5, 550).

3. Vers 8 : cf. Marbode, *loc. cit.*, v. 11 : *procul ergo recede.*

4. Vers 9 : cf. Marbode, *loc. cit.*, v. 15 : .. *nil portes, nisi tristitiam, nisi mortes.*

5. Vers 10 : cf. Marbode, *loc. cit.*, v. 20 (... *vendis mihi munere funus)* et *passim.* Passage commenté par Delisle, « Les monuments... », cit., p. 377.

6. *lamentum... fletibus ora* : Ven. Fort. c. 6, 5, 203 (cf. Baudri, c. 17, 11).

### 24. Epitaphium

1. Ici, il faut supposer une lacune d'un cahier au moins (éd. Hilbert, p. 307-308). Avec le f. 29, le scribe change : on retrouve la main de celui qui avait transcrit les fol. 5-7r. Le texte tronqué était probablement dédié à Audebert de Bourges et Déols (cf. *cc.* 155, 5 ; 156, 9). Le manuscrit *V* contient six autres épitaphes d'Audebert (*cc.* 155-160), mais en dehors du « recueil originel » (au f. 128). L'idée de publier ces textes immédiatement à la suite du *c.* 24 tronqué, comme le fait, après Duchesne, Abr., est indéfendable du point de vue codicologique, puisqu'ils ont été transcrits plus tardivement, dans un des éléments du manuscrit qui ne porte pas de trace de révision de la part de l'auteur. Mais, sur le fond, elle n'est pas absurde : il y a tout lieu de penser que, conformément à la logique qui préside à l'organisation du recueil, le(s) cahier(s) manquant(s) commençai(en)t par une suite d'épitaphes dédiées à Audebert.

### 25. Inscriptiones subnotatis defunctis competentes

1. Ce titre général semble s'appliquer non à la seule épitaphe de Jean de Dol (*c.* 25), mais à l'ensemble des inscriptions funéraires qui suivent (jusqu'au *c.* 73). Preuve que le recueil obéit bien à une volonté de structuration.

2. Personnage difficile à identifier, car les listes épiscopales de Dol sont assez embrouillées. F. Duine (*La métropole de Bretagne...*, Paris, 1926, p. 117) suppose, sur la seule base documentaire que constitue la présente épitaphe, l'existence d'un certain Jean III, prédécesseur immédiat de Baudri sur le siège breton. Nous identifierions plus volontiers le dédicataire du *c.* 25 à Jean II, fils de Rivallon Ier, seigneur de Dol-Combour, célèbre pour sa piété, qui fut « Élu de Dol » de 1087 environ à 1093, sans jamais obtenir la consécration archiépiscopale (cf. Duine, *op. cit*, p. 113-116, qui signale en outre que ce Jean II fut marié, puis moine – cf. Baudri v. 3-4). Les termes de *dux* (duc) et *consul* (comte) sont évidemment emphatiques, les seigneurs de Dol n'ayant jamais porté ces titres ; ils évoquent plus vaguement le gouvernement des affaires militaires *(dux)* et civiles *(consul)*.

3. *religionis amator* : cf. Baudri, *c.* 34, 2.

4. Nous n'avons pu localiser cette église Sainte-Sophie, qui, de toutes façons, ne se situerait pas à Rome, où l'on ne connaît pas de lieu de culte placé sous ce vocable.

5. L'indication de la date de la mort, quasi systématique dans les épitaphes en prose, est rare chez Baudri (cf. *cc.* 50, 7-8 ; 51, 9-10 ; 53, 9-10).

### 26. *Super Guillelmum de Monte Sorelli*

1. Guillaume, seigneur de Montsoreau, un des grands vassaux du comte d'Anjou, mort avant juin 1087. Dans les années 1056-1059, il fut en conflit avec les moines de Bourgueil, dont il avait entrepris d'usurper certaines possessions. Les actes conservés de lui nous le montrent beaucoup plus généreux envers les établissements religieux sur la fin de sa vie (cf. O. Guillot, *Le comte d'Anjou et son entourage au XI^e siècle*, Paris, 1972, t. 2, p. 127-128 et 218-219). Son fils Gautier sera l'un des principaux protecteurs de Fontevraud.

2. La pièce entière est en vers léonins, chose très rare chez Baudri.

3. *modica fossa* : cf. *cc.* 37, 8 (*scrobe modica*) ; 61, 9 (*modicae urnae*) ; 62, 9 ; 155, 5 ; 163, 5 (*modico antro*). Mention assez fréquente dans les épitaphes des grands de ce monde.

4. Ce qui fut le cas (cf. n. 1). Il est à noter que, sous la monotonie du formulaire et l'apparente constance dans l'éloge, Baudri établit une distinction toujours très claire entre les morts assurément voués à la félicité éternelle et ceux dont le sort est plus incertain.

### 27. *Super domnum Berengarium*

1. Le grand théologien Béranger de Tours, mort en 1088, dont les positions sur l'eucharistie furent condamnées par l'Église (cf. J. de Montclos, *Lanfranc et Béranger. La controverse eucharistique du XI^e siècle*, Louvain, 1971 ; O. Capitani, « Beranger v. Tours », dans *Lexikon des Mittelalters*, Munich, 1980, col. 1937-1939). Il n'en est pas moins l'objet d'éloges funèbres très enthousiastes de la part de Baudri et d'Hildebert (*c.* 18, éd. Scott, p. 7-9).

2. Réinterprétation originale de l'étymologie classique *Ianus / ianua* (Ov., *Fast.* 1, 115-144). Les répétitions, à la césure et à la rime des vers 5-6, soulignent l'ambivalence de Janus, dieu des choses mortes et des choses à naître.

### 28. *De Frodone Andegauensi*

1. On n'a guère d'autres certitudes concernant la biographie de ce Frodon que celles que nous livre Baudri. Selon Rangeard (*Histoire de*

*l'Université d'Angers*, t. 1, Paris-Angers, 1866, p. 32), il aurait été l'élève de Béranger de Tours avant d'enseigner à Angers, puis à Paris où il a pour disciple Robert d'Arbrissel, mais on ne sait trop d'où le savant angevin tire ces informations. Quoi qu'il en soit, la carrière de Frodon témoigne de l'éclat des écoles d'Angers à la fin du XIᵉ siècle. Une épitaphe inédite de Frodon a été repérée par M. A. Vernet, dans un florilège poétique du XIIᵉ siècle appartenant aujourd'hui à une collection privée (*Bull. Soc. nat. antiquaires de France*, 1952, p. 53).

2. *cineres reuerenter habete* : c. 50, 9.

### 29. Item de eodem

1. On a là les éléments d'un programme scolaire consacré au trivium : la dialectique avec Aristote (évidemment la *logica vetus*), la rhétorique avec Cicéron (sans doute le *De inv.* et la *Rhet. Her.*), la grammaire avec les poètes Ovide, Stace et Virgile.

2. *aurea secla* : Verg., *Aen.* 8, 324-325.

·3. *abstulit atra dies* : Verg., *Aen.* 11, 28.

4. *Sacra fames auri*: Verg., *Aen.* 3, 57. Baudri a constellé le *titulus* dédié à ce maître en littérature de formules virgiliennes, ce qu'il fait très rarement dans les épitaphes.

5. Comprendre quelque chose comme *iubet* (*tueri*).

### 30. Item de eodem

1. Vers 4 : pour *litterulas rapiens*, cf. Baudri, c. 150, 10 (*librorum sarcinulas rapias*) ; pour *uacans studiis*, cf. c. 66, 2 – deux poèmes également consacrés à des clercs vaguants.

2. *mors inopina* : Baudri, c. 66, 4 (cf. note précédente).

3. *iace(s)... factus de puluere puluis* : c. 49, 3 ; cf. von Moos, *op. cit.*, 1, p. 178, § 845.

### 31. Super Petrum Dolensem priorem

1. On ignore la date exacte du décès de ce personnage (les années 1090 ?) comme les raisons précises du conflit qui l'opposa à l'archevêque Richard de Bourges – probablement, comme c'est fréquent à l'époque, tourne-t-il autour du problème de l'exemption monastique (cf. G. Devailly, *Le Berry du Xᵉ siècle au milieu du XIIIᵉ*, Paris, 1973, p. 475-476).

2. Vers 2 : *prouidus in factis* : cc. 44, 4 ; 122, 89 ; *ordinis... uigor* : c. 48, 8 – *ordo* au sens d'« ordre monastique », bien sûr (cf. aussi c. 32, 5).

3. *morte grauatus* : cf. c. 20, n. 1.

4. L'équivoque sur la « pierre vive » de la Bible (I P 2, 4) et la pierre du tombeau est fréquente dans la rhétorique funéraire (von Moos, *op. cit.*, 1, 179, § 850).

5. *foueas animam* : l'expression se retrouve à la fin de l'épitaphe suivante, consacrée au même personnage.

## 32. Item de eodem

1. *priorarat* : le verbe est fort rare. Du Cange n'en relève qu'une autre occurrence, également dans une épitaphe.

2. *ex probitate tua* : cc. 61, 4 ; 69, 2.

3. *Emeliorare* : mot rare, attesté à partir du Xe siècle, selon Du Cange (cf. c. 64, 10).

## 33. Item de eodem

1. *Omnibus omnis* : I Cor. 9, 22 ; l'expression appartient à la phraséologie de l'éloge funèbre (Hengstl, *op. cit.*, p. 139-140 ; cf. Baudri, c. 64, 5).

2. Vers 8 : cf. Baudri, c. 20 n. 2. Des formules très voisines dans les cc. 39, 8 (*spiritus incolat astra*) et 213, 8 (*ad astra uolans spiritus alta colat*).

## 34. De canonico sine proprio

1. Sur la réforme canoniale, vigoureusement encouragée par Urbain II, voir, entre autres, J. Paul, *L'Église et la culture en Occident*, Paris, 1986, p. 489-490 (bibliographie p. 38-39). Ce Renaud de Poitiers, inconnu par ailleurs, semble néanmoins être un pionnier, car ce n'est guère avant les années 1090 que sont fondés les grands ordres de chanoines réguliers (à l'exception de Saint-Ruf).

2. *religionis amans* : cf. c. 25, 11 (*religionis amator*).

3. *spiritui mansio* : cf. cc. 35, 7 ; 37, 10 (*animae mansio*) ; 46, 10 ; 65, 10. Ici, le contexte nous autorise peut-être à supposer un jeu de mots avec le manse (*mansus*) ecclésiastique, d'où les prêtres tirent leurs revenus.

4. *summe sacerdos* : le Christ (cf. Hbr 3, 1 et *passim*).

### 35. *De Godefredo Remensi*

1. Écolâtre de Reims, poète à l'inspiration fort voisine de celle de Baudri, qui lui adresse l'important *c.* 99, il est mort en 1095. Sur ce personnage et son œuvre, en bonne partie perdue, voir A. Boutemy, « Autour de Godefroid de Reims », *Latomus,* 6, 1947, p. 231-255 et J. R. Williams, « Godfrey of Reims, a humanist of the XIth Century », *Speculum,* 22, 1947, p. 29-45.

2. Vers 4 : *Orbi sufficeret* : *cc.* 45, 4 ; 75, 5 ; *uiueret ipse diu* : *c.* 57, 4 – formulaire assez particulier à Baudri, semble-t-il.

3. Vers 5 : *Mors effrenis* : *c.* 46, 1 ; *mors... grauauit* : cf. *c.* 20, n. 1.

4. *Superi* est à prendre ici au sens virgilien, « les habitants de ce monde », par opposition à ceux des enfers *(inferi).*

### 36. *Item super eundem*

1. *Orbi deflendus* : *c.* 45, 2.

2. *urbi / Quam Remis dicunt* : cf. Verg., *Ecl.* 1, 19 *Vrbem quam dicunt Romam* et *supra, c.* 7, 195.

3. *cleri... lucerna* : à rapprocher de l'expression *clara lucerna,* qui qualifie ailleurs Hubert de Meung, le maître de Baudri (*c.* 74, 12), le savant Gérard de Loudun (*c.* 77, 177) et Herman de Reims, le prédécesseur de Godefroid dans la charge d'écolâtre (*c.* 99, 102).

### 37. *Item de eodem*

1. *Quem tegit iste lapis* : *c.* 43, 2.

2. Vers 5-6 : cf. Verg., *Aen.* 8, 554 : *Fama uolat... uolgata per urbem.*

3. *liuor edax* : cf. *c.* 1, n. 45.

4. *scrobe sub modica* : cf. *c.* 26, n. 3.

### 38. *Item de eodem*

1. Vers 1-6 : paraphrase lointaine d'Hor., *epist.* 1, 4, 6-12.

2. *tulere* : pour *sustulere.* On trouve des emplois analogues de ce verbe en poésie classique (par ex., Verg., *Ecl.* 5, 34).

3. *Remis te genuit* : la formule évoque à dessein l'*incipit* de la célèbre épitaphe de Virgile *Mantua me genuit (Anth. lat.* 2).

### 39. *Item de eodem*

1. Vers 5-6 : cf. *c.* 99, *Ad Godefredum Remensem*, 71-72 et 111-114. Le thème d'une renommée durable sur cette terre est particulièrement associé par Baudri à la personne de Godefroid.

2. Vers 8 : cf. l'épitaphe de Megingaudus de Würzburg, v. 2 (*Poetae*, 6, 1, p. 155) : *Terram terra tenet, spiritus alta petit*. Également Baudri, *c.* 33, 8.

### 40. *Super Alexandrum Turonensem*

1. Personnage non identifié.

2. *specialis honestas* : *cc.* 47, 4 ; 48, 3.

3. Vers 4 : *intempestiua morte* : *cc.* 53, 2 ; 67, 1 (cf. von Moos, *op. cit.*, p. 46-48) ; *morte grauatus* : cf. *c.* 20, n. 1.

4. Vers 6 : *rosa marcuit* : *c.* 53, 9 ; *a quod* est mis pour *ab eo quod* : cette construction bien rude se rencontre déjà dans la poésie de l'Antiquité tardive (par ex., Dracontius, *De laud. Dei*, 1, 374 : *de quod*).

5. Il était donc nettement en deçà de l'« âge canonique », alors fixé à 25 ans. Mais à l'époque, les dispenses étaient fréquentes.

### 41. *Super eundem*

1. Vers 5-6 : cf. *c.* 10, 9-10. La comparaison de la valériane à la rose est empruntée à Virgile (*Ecl.* 5, 17).

### 42. *Item de eodem*

1. Vers 1-2 : cf. *c.* 38, v. 1-2.

### 43. *Item de eodem*

1. Les vers 2, 6, 7 et 10 de ce poème sont léonins.

2. Seul ce poème et le *c.* 48 développent le thème classique « *siste, uiator* ».

3. *atrium* : à l'origine cour péristyle située sur le devant de l'église, l'atrium devient au Moyen Age synonyme de cimetière (cf.

Du Cange). Les fidèles avaient en effet à cœur, comme on sait, de se
faire enterrer *ad sanctos*.
   4. *quem tegit iste lapis* : c. 37, 1.
   5. *conspectissima stella* : c. 201, 55.


### 44. Super Guillelmum Engolismensem episcopum

   1. Guillaume II Taillefer, frère du comte Foulque d'Angoulême,
évêque de 1043 à septembre 1076, date de sa mort. A la différence de
la plupart des prélats dont Baudri fait l'éloge, c'est un évêque de type
« prégrégorien », n'hésitant pas à mettre personnellement la main à
l'épée pour faire valoir ses droits, mais aussi réputé pour sa générosité
envers les pauvres (*Gall. christ.*, 2, 993-994 ; *Gesta pontificum et
comitum Engolismensium, cap.* 32 [éd. J. Boussard, Paris, 1957,
p. 27] ; P. Dubourg – Noves *et alii, Histoire d'Angoulême et de ses
alentours*, Toulouse, 1989, p. 57).
   2. Vers 4 : *Prouidus in factis* : cf. c. 31, n. 2 ; *nulli... secundus* :
depuis Verg., *Aen.* 11, 441, cette tournure est un lieu obligé de la
rhétorique de l'éloge (nombreux ex. cités dans *LHL* 3, 579-580 ; cf.
*infra, cc.* 53, 1 ; 57, 3).
   3. Vers 5-6 : *tanto uiduata* : c. 49, 5 ; *orba* : cf. c. 20, 4 (*pupillos*) ;
à *moderamine*, un mot bien commode à caser dans l'hexamètre, le
*LHL* ne consacre pas moins de six pages (3, 388-393).


### 45. Super Erilandum

   1. Personnage non identifié.
   2. *Littera diues* : cc. 158, 2 ; 213, 5 ; 252, 1 (poème non épitaphe).
   3. *Orbi deflendus* : c. 36, 1.
   4. Vers 4-6 : voir c. 35, 4 et n. 2 ; c. 75, 5. Selon la figure
d'*expolitio*, les vers 5-6 répètent littéralement, mais en d'autres termes
(de façon ici un peu contournée), l'idée exprimée dans le vers 4.
   5. Vers 9 : *Dum... terra fouet* : c. 172, 5 ; *molliter ossa quiescant* :
Verg., *Ecl.* 10, 33.


### 46. Vt supra super Petrum priorem

   1. Voir les *cc.* 31-33.
   2. *Mors... effrenis* : c. 35, 5.
   3. *uiuas... lacrimas* : c. 22, 26.

4. Vers 9 : à peu près identique au vers 5 du *c.* 157.

5. *Mansio spiritui* : *c.* 34, 7.

### 47. Super Geraldum Aurelianensem

1. Sur l'identité controversée de ce personnage, vraisemblablement écolâtre d'Orléans à la fin du XIᵉ s., voir les hypothèses émises par Abr., p. 377.

2. Vers 2 : *Aecclesiae robur* : *c.* 48, 8 ; *columna* : cf. *cc.* 15, 17 ; 71, 1.   ·

3. *specialis honestas* : cf. *c.* 40, n. 2.

4. *uir cani capitis* : cf. *c.* 16, n. 2.

5. Vers 7 : repris textuellement, également à la suite d'une accumulation d'épithètes, dans le *c.* 83, 7 ; l'expression *imagine mortis* vient de Virgile (cf. *LHL* 3, 28-29 et 441).

6. *tenues... elabitur auras* : cf. Baudri, *c.* 77, 29 et n. 9.

### 48. Super Odonem abbatem Engeriacensem

1. Mort le 22 août 1091 (cf. *Gall. christ.*, 2, 1099-1100 ; G. Musset, *Cartulaire de l'abbaye royale de Saint-Jean d'Angély*, Paris, 1901-1903, documents 3, 19 et 263).

2. Vers 1 : cf. *c.* 43, 1 et n. 2.

3. Entre toutes les épitaphes composées par Baudri, celle-ci est la plus densément peuplée de lieux communs, faite d'une mosaïque de formules que l'on retrouve ailleurs (v. 3 : *specialis honestas* : *cc.* 40, 3 ; 47, 3 ; v. 4 : *Pauperibus saties* : *c.* 210, 3 ; v. 6 : *profuit aecclesiae* : *cc.* 16, 4 ; 71, 3 ; v. 7 : *sopitus morte quieuit* : *c.* 53, 2 ; v. 8 : *aecclesiae robur* : *c.* 47, 2 ; *ordinis... uigor* : *c.* 31, 2). Peut-être Baudri n'était-il pas très familier du personnage. La seule idée que l'on ne retrouve pas ailleurs dans sa poésie funéraire est celle de la peur de la mort, exprimée au dernier vers. Le caractère éminemment formulaire de ce texte s'explique peut-être aussi par le fait qu'il fut effectivement destiné à être gravé : un érudit du XVIIIᵉ siècle, dom Léonard Fonteneau, l'a relevé dans l'église abbatiale (R. Favreau *et alii*, *Corpus...* t. 3, cit., p. 105-106).

### 49. Super Radulfum Pictauiensem archidiaconum

1. Contrairement à ce que suppose Abr. (p. 389), il ne s'agit évidemment pas ici de Raoul Ardent, le célèbre prédicateur et théologien,

mort à la fin du XII$^e$ s. (cf. M.-T. d'Alverny, « L'obit de Raoul Ardent », *Archives d'histoire doctrinale et littéraire du Moyen Age*, 13, 1940-42, p. 403-405). L'archidiacre pleuré par Baudri n'est pas autrement connu.

2. *iacet... factus de puluere puluis* : *c*. 30, 9.

3. *tanto uiduata* (*ministro*) : *c*. 44, 5.

4. *Dum modo* : malgré l'emploi du subjonctif, peut-être imposé par la métrique, on ne peut comprendre ici la conjonction qu'au sens temporel : la traduction par une proposition conditionnelle n'offre aucune signification dans le contexte.

### 50. Super presulem <Durandum>

1. Le titre est partiellement effacé, mais le contexte permet de le restituer sans difficulté. Le dédicataire de l'épitaphe est Durand, l'évêque de Clermont d'Auvergne, qui mourut épuisé par les préparatifs du concile de novembre 1095, au cours duquel Urbain II lança son célèbre appel à la Croisade (*Gall. christ.*, 2, 262-263). Selon son propre témoignage (*Historia hierosolymitana*, PL 166, 1066-1069), Baudri assistait à ce concile. Sur le nombre de dignitaires ecclésiastiques présents à cette occasion (cf. v. 6 et *c*. 51, 7-8), voir Orderic Vital, *Historia ecclesiastica*, 9, 2 (éd. Chibnall, cit., t. 5, p. 10 : *XIII archiepiscopi et CCXXV episcopi*).

2. *cineres reuerenter habeto* : *c*. 28, 7.

### 52. Super comitem Pictauiensem

1. Il s'agit de Gui-Geoffroi, *alias* Guillaume, sixième comte de Poitou, huitième duc d'Aquitaine, mort le 25 septembre 1086.

2. *pater patriae* : *cc*. 19, 6 ; 182, 2.

3. Guillaume VIII fut enterré dans l'église de l'importante abbaye de Montierneuf, qu'il avait fait construire à Poitiers.

### 53. Super militem iuuenem

1. *Nulli... secundus* : cf. *c*. 44, n. 2.

2. Vers 2 : *Intempestiua morte* : cf. *c*. 40, n. 3 ; *sopitus morte quiescit* : *c*. 48, 7.

3. *Dormiit in Christo* : *c*. 161, 6.

4. Un âge assez précoce pour l'adoubement, semble-t-il, qui n'a guère lieu avant quinze ans (cf. v. 4 : *ante dies*).
5. Vers 9 : *uernante rosa* : Ov., *Fast.* 5, 194 ; *rosa marcuit* : *c*. 40, 6. Noter la *repetitio* de *rosa* à deux cas différents au centre du vers.

## 54. Super quem iacet (...)

1. Le tiers inférieur du folio, soit l'espace de 8 lignes, a été arraché. Dans les fragments de caractères subsistant en tête de cette lacune, Abr. déchiffre le titre : *Super quem iacet.* Cette lecture nous paraît très conjecturale.

## 55. Super Elpem comitissam

1. Peut-être Helvise, comtesse d'Évreux, petite-fille par sa mère du roi Robert le Pieux (cf. Orderic Vital, *Hist. ecclesiastica*, 8, 12). La similitude des prénoms n'est pas frappante, mais on peut imaginer le passage d'*Helvisia* à *Elpes via* une forme comme *(H)elpheis*.
2. Accord au neutre d'un pronom se rapportant à deux « noms de choses » féminins (*forma* et *etas*).

## 56. Super Burcardum bonum militem

1. Il s'agit selon toute évidence de Bouchard de Montrésor (*de Monthesauro*), dont l'histoire est relatée par les *gesta* des comtes d'Anjou et des seigneurs d'Amboise (éd. Halphen-Poupardin, p. 86-95). Gendre du sire d'Amboise Lisois, il entre en guerre contre ses beaux-frères à la mort de ce dernier en 1070. Après une éphémère victoire (cf. *c.* 58, 9), il est défait. Gravement malade, il fait profession monastique ; rétabli contre toute attente, il part en Italie demander au pape de le relever de ses vœux. A son retour, il s'arrête en Lombardie où il épouse une marquise (*marchisia*). Il vit là de nombreuses années avant d'être assassiné par traîtrise. La date exacte de sa mort, dans les dernières années du XIe siècle, est inconnue.
2. *centum linguas* : cf. Verg., *Georg.* 2, 43 ; *Aen.* 6, 625 (pour l'usage de ce *topos* dans les éloges funèbres, cf. Hengstl, *op. cit.*, p. 121-122). Il est naturel que, pour célébrer les exploits d'un vaillant guerrier, Baudri embouche la trompette de l'épopée.
3. *Agnetis uiduae* : fille de Guillaume VII d'Aquitaine et d'Agnès de Bourgogne, elle épouse en 1064 Pierre Ier de Savoie, marquis de

Turin. Veuve en 1078, elle continue de gouverner ses états jusqu'en 1091, date à laquelle elle se retire dans un couvent, où elle meurt après 1097. Elle n'est pas à identifier avec la « marquise » que, selon les *gesta* des sires d'Amboise, Bouchard aurait épousée en Italie (cf. *Dizionario biografico degli italiani*, 1, 437).

### 57. *Iterum super eundem*

1. *Achilleos actus* : cf. *c.* 61, 1.
2. *nulli... secundus* : cf. *c.* 44, n. 2.
3. *Viueret ipse diu* : *c.* 35, 4.
4. Verso du f. 34, partiellement détruit (cf. *supra*, *c.* 54, n. 1).

### 58. *Item de eodem*

1. Vers 7-8 : ces comparaisons prouvent que Bouchard était plus qu'un simple chevalier, comme Rahier, à qui sont dédiées les épitaphes 59-63, mais un seigneur, appelé à rendre la justice. Le vers 7 est presque identique au vers 1 du *c.* 172, une épitaphe dédiée à un personnage du même rang que Bouchard.
    2. *fulmineus properas* : cf. *c.* 60, 1.

### 59. *Super Raherium audacissimum*

1. La conjecture de Mabillon (*Ann. ord. s. Ben.*, 5, 64), selon qui ce Rahier était un vassal du comte de Blois, bienfaiteur de l'abbaye de Marmoutiers, ne semble pas devoir être adoptée : il s'agit en effet de toute évidence d'un « jeune » chevalier (cf. *c.* 62), inconnu par ailleurs.

### 60. *Super eundem*

1. *properus... fulminat* : cf. *c.* 58, 10.
    2. Vers 9-10 : cf. *c.* 62, v. 11-12. En bon disciple des clunisiens, Baudri pose ici la question du salut éternel des hommes de guerre, à laquelle la croisade prêchée par Urbain II et, plus tard, l'« éloge de la nouvelle milice » de saint Bernard tendent à apporter une réponse. Selon une métaphore banale, *sponsa Dei* (v. 9) désigne la communauté ecclésiale.

### 61. *Sicut supra*

1. Vers 4 : repris textuellement dans le *c.* 69, 2. Baudri distingue ici les mérites qui tiennent à l'appartenance de Rahier à l'« ordre » chevaleresque et sa valeur personnelle.

2. *modicae... urnae* : cf. *c.* 26, n. 3.

3. *Spiritus (inueniat) quam meruit melius* : expression reprise dans le *c.* 66, 6. Une façon discrète de suggérer que l'existence, sans doute violente, de Rahier ne fut pas en tous points irréprochable (cf. *c.* 60, n. 2).

### 62. *Item super eundem*

1. C'est ainsi que nous comprenons *per ora* : la mode récente, pour les chevaliers, de se laisser pousser les cheveux suscite autour de 1100 les réactions indignées des moralistes cf. H. Platelle, *loc. cit. supra* (*c.* 7, n. 40).

2. *contulerat... natura* : cf. *c.* 42, 1-2.

3. *In modico... claudens antro* (cf. *c.* 26, n. 3) : c'est la formule même qui est gravée sur le tombeau de César, selon un recueil de *Mirabilia urbis Romae* (*Poetae*, 4, p. 1072).

4. Vers 11-12 : cf. *c.* 60, n. 2.

### 63. *Ad scutum eiusdem*

1. L'analyse des cinq *tituli* dédiés à Rahier est un bon prétexte à étudier l'art de la *variatio* chez Baudri. Ainsi, cette apostrophe au bouclier du mort n'a pas de parallèle dans l'œuvre de Baudri ni, à notre connaissance, dans l'épigraphie funéraire médiévale. C'est plutôt peut-être du côté de l'*Anthologia latina* (par ex., Buecheler, n° 1525 b) qu'il faut chercher ses modèles.

### 64. *Super quem euenerit*

1. Traduction conjecturale : *super quem* doit être mis pour *super eum qui* ; *euenire* pris absolument, « s'accomplir », « se réaliser », serait un euphémisme pour « mourir ».

2. *patriae pater* : *c.* 52, 4 (appliqué à Guillaume VIII d'Aquitaine) ; *hostibus hostis* : *c.* 134, 394 (appliqué à Guillaume le Conquérant).

3. Le contexte ne permet pas d'identifier ce comte Guillaume, sans doute un très grand personnage, vu l'insistance avec laquelle est développée le thème : « la mort rend égales toutes les destinées ».

4. *omnibus omnis* : *c.* 33, 2 et n. 1.

### 65. Super Osannam

1. Personnage non identifié. Le prénom féminin d'Osanna (d'après l'exclamation triomphale du *Sanctus*) semble devenir fort populaire en Anjou dans les dernières décennies du XIᵉ s. (cf. D. Barthélemy, « Éléments d'anthroponymie féminine d'après le cartulaire du Ronceray d'Angers (1028-1184 environ) », dans *Genèse médiévale de l'anthroponymie moderne*, t. 2/2, Tours, 1992, p. 67-80).

2. Selon les démographes, le nombre moyen d'enfants par ménage fécond serait à fixer à cette époque entre 5 et 6 (cf. R. Fossier, *Enfance de l'Europe. Aspects économiques et sociaux*, Paris, 1982, p. 102-103). Ces données, pour fragiles qu'elles soient, confirment l'impression laissée par le poème de Baudri que la fécondité d'Osanna est exceptionnelle.

### 66. Super Guidonem

1. Personnage non identifié.

2. Plusieurs intellectuels itinérants sont évoqués dans la poésie de Baudri ; ainsi, Frodon d'Angers (*cc.* 28-30), Gérard de Loudun (*c.* 75-77), Guillaume « le Normand » (*c.* 150). Les formules *uaco studiis* (v. 2) et *mors inopina* (v. 4) se trouvent d'ailleurs dans une épitaphe de Frodon (*c.* 30, 4 et 6). Quant à *effugientes... libros* (v. 1-2), on doit le rapprocher de ce passage de la *Vita b. Roberti de Arbrissello* : *fugientes litteras per orbem persequi videbatur* (*PL* 162, 1047a).

3. Vers 6 : cf. *c.* 61, 10 et n. 3.

4. *me modo (Remis) habet* : cf. *Anth. lat.*, 1, 2, 507.

### 67. Super Iohannem

1. *Intempestiua... morte* : cf. *c.* 40, n. 3.

2. *techna* : transcription du grec *technè*, toujours prise en mauvaise part (« ruse », « tromperie »), le mot n'est guère utilisé en latin qu'à l'époque archaïque et, au Moyen Age, employé par les écrivains précieux. C'est sa seule occurrence dans la poésie de Baudri.

### 68. Super Odonem puerum

1. Incertitude sur la graphie exacte du prénom (cf. v. 8).
2. Il a donc été baptisé dès la naissance, comme doivent l'être, à titre exceptionnel, les enfants malades (cf. J. Chélini, *L'aube du Moyen Age. Naissance de la chrétienté occidentale*, Paris, 1991, p. 50-51).
3. Noter, dans ce vers très bien construit, le jeu des symétries (*uiuere / mori*), des rimes (*potuit / meruit*), des allitérations (*uiuere / uix, mori / mox, uix / mox*).

### 69. Super Burcardum iterum

1. Cf. *supra, cc.* 56-58.
2. Cf. *supra, c.* 61, 4 et n. 1.

### 70. Super Troilum

1. Hilbert émet l'hypothèse que ce court poème, doublement rimé (à la césure et à la clausule) est incomplet.

### 71. Super Rainaldum Remensem archiepiscopum

1. Cf. *supra, c.* 17 et n. 1. Avant d'être élu archevêque de Reims, Renaud était trésorier de l'abbaye Saint-Martin de Tours (v. 3).
2. *firmam columnam* : *c.* 14, 17.
3. *profuit aecclesiae* : *cc.* 16, 4 ; 48, 6.

### 72. In rotula de Guillelmo abbate

1. On trouve plus fréquemment *rotulus*, au masculin.
2. L'identification de ce personnage à Guillaume de Dol, abbé de Saint-Florent de Saumur, proposée par F. Duine (*Catalogue des sources hagiographiques de l'histoire de la Bretagne*, Paris, 1922, p. 10-11), doit être rejetée pour des raisons de chronologie (Guillaume de Dol est mort en 1118).
3. *tramite recto* est une clausule banale (*LHL* 5, 463-64 ; cf. Baudri, *c.* 154, 1209).

4. Passage difficile à construire. Le sujet sous-entendu du verbe *censet* doit être *pia fratrum sollicitudo*, exprimé deux vers plus bas.

5. *fratrum sollicitudo* : Baudri, *c.* 1, 5.

6. *sibi* : emploi du réfléchi erroné, mais fréquent chez Baudri (cf. *c.* 1, 6).

### 73. In rotula de Adam abbate

1. Il s'agit peut-être de l'abbé de Saint-Maixent, mort en 1091 (*Gall. christ.*, 2, 1253).

2. Ici, Baudri tombe dans le travers qu'il dénonçait dans le *c.* 14, 1-2. Mais le prénom de l'abbé défunt lui en fournit l'occasion.

3. *uobis... de (patre) substituendo* : *c.* 17, 30. Noter que *consulere* est ici employé dans le double sens de « pourvoir à » (v. 11) et de « délibérer » (v. 12).

### 74. De magistro suo planctus

1. C'est le seul *planctus*, et un des rares poèmes en vers lyriques, écrit par Baudri. Loin d'être une « poésie populaire », comme le voulait son éditeur E. du Méril, c'est un texte à la forme très travaillée, et probablement unique en son genre. En voici la structure : les strophes 1, 3 et 5 sont composées de trois asclépiades mineurs catalectiques (terentianéens), d'un pentamètre dactylique et d'un refrain scandé comme le premier hémistiche d'un hexamètre ou d'un pentamètre ; les strophes 2 et 4 comprennent trois asclépiades mineurs acatalectiques, un glyconique et un refrain scandé comme le précédent ; enfin, les strophes 6 et 7 se composent de quatre asclépiades mineurs, les deux derniers catalectiques, d'un pentamètre et du refrain. L'agencement des rimes est tout aussi complexe : dans les strophes 1, 3 et 5 les trois premiers vers riment entre eux, tandis que le quatrième est léonin ; dans les strophes 2 et 4, les quatre vers ont une rime unique ; quant aux strophes 6 et 7, elles comportent deux couples de vers rimés entre eux, suivi d'un vers léonin (simple assonance au vers 36). Ce texte combine donc les difficultés de la versification métrique (sur l'emploi du vers asclépiade au Moyen Age, voir D. Norberg, *Introduction à l'étude de la versification latine médiévale*, Stockholm, 1958, p. 80-82 ; *id.*, « Le vers terentianéen » *in* C. Leonardi [éd.], *La critica del testo mediolatino*, Spolète, 1994, p. 173-184) et de la versification rythmique. C'est le « chef-d'œuvre » que Baudri dédie au maître qui lui a appris la grammaire (cf. n. suivante).

2. Cet Hubert de Meung, dont Baudri décrit ailleurs l'enseignement avec enthousiasme et tendresse (*c.* 191, v. 37-44), a été identifié
par J. Clerval à un élève de Fulbert de Chartres (*Les écoles de
Chartres au Moyen Age*, Paris, 1895, p. 73). Cette identification ne
repose sur aucune autre preuve que la similitude des prénoms.

3. *clara lucerna* : Baudri, *cc.* 77, 177 ; 99, 102 et *supra, c.* 36, n. 3.

4. *alter ego, sed magis idem* : cf. *supra, c.* 13, n. 3.

5. C'est, exprimé sur un mode un peu précieux, un *topos* du genre
de la consolation : exprimer son chagrin, c'est déjà le soulager (cf. von
Moos, *op. cit.*, t. 1, p. 55, § 243).

### 75. De Gerardo Lausdunis surrepto

1. Personnage non identifié : son assimilation par Rangeard (*op.
cit.*, t. 2, p. 164-165) à Gérard, étudiant à Paris, professeur en Aquitaine, puis évêque d'Angoulême et légat pontifical de 1101 à 1136,
n'est rien moins que satisfaisante et contredit en partie les rares données positives que nous fournit Baudri.

2. *suffecerit orbi* : *cc.* 35, 4 ; 45, 4.

3. Gérard, en se faisant moine, est mort au monde : d'où l'emploi,
dans ce poème, du ton et du formulaire de l'épitaphe.

### 76. Item de eodem

1. Manegold de Lautenbach (v. 1045-1103), chanoine régulier,
enseigna un temps à Paris. Il semble avoir joué un rôle fondamental,
mais difficile à évaluer, car ses œuvres didactiques sont presque toutes
perdues, dans le renouvellement de la technique du commentaire,
aussi bien dans le domaine des lettres profanes que dans celui de
l'exégèse. Il est plus connu pour son œuvre de polémiste dans le cadre
de la querelle du Sacerdoce et de l'Empire (cf. *Lexikon des
Mittelalters*, t. 6/1, col. 190).

2. Même image, dans des contextes analogues, dans les *cc.* 134,
955 et 139, 12.

3. *legendo* : ici au sens technique de « pratiquer la *lectio*, la lecture
commentée » – l'exercice fondamental de l'enseignement médiéval.

4. Jeu de mots *laudes / Lausduni*, difficile à rendre en français.

5. Suite d'*adynata* assez banals, empruntés à Claudien (18, 348-
349 et 353).

6. *querelae... cicadae* : Verg., *Georg.* 3, 328 (cf. Ov., *Ars* 1, 271 :
*taceant cicadae* dans une formule d'*adynaton*).

### 77. *Ad eundem ut monachus fiat*

1. Ce texte est le grand poème de Baudri sur le *contemptus mundi*, un thème récurrent dans la littérature ascétique du haut Moyen Age (cf. R. Bultot, *La doctrine du mépris du monde en Occident, de saint Ambroise à Innocent III*, t 4 : *le XI^e siècle*, 2 vol., Louvain - Paris, 1963-1964). Il est notamment développé à la fin du XI^e siècle par des œuvres de Marbode (*c.* 1, 30, *Dissuasio mundanae cupiditatis, PL* 171, 1667 d-1668 b) et de Roger de Caen (*Carmen de contemptu mundi*, édité parmi les œuvres de saint Anselme dans *PL* 158, 687-706) ; le « chef-d'œuvre » du genre, le *De contemptu mundi* en trois livres et près de trois mille vers du clunisien Bernard de Morval (éd. R. Pepin, East Lansing [Mich.], 1991), date du milieu du XII^e siècle.

2. Vers 1-11 : l'idée selon laquelle « le monde vieillit » (*mundus senescit*) est un motif topique de la littérature chrétienne depuis Cyprien de Carthage, dont Baudri semble bien s'être inspiré ici (*Ad Demetrianum*, § 3, sur le bouleversement des cycles saisonniers [cf. ici, v. 5-8], éd. Hartel, Vienne, 1878, p. 352-353).

3. *culta noualia* : Verg., *Ecl.* 1, 70. Il y a évidemment là quelque exagération : le rendement des semences, à l'époque, sauf année catastrophique, est rarement inférieur à 2 pour 1 (Fossier, *op. cit.,* p. 646-647).

4. Vers 4 : cf. Ov., *Pont.* 1, 3, 51 : *Non ager hic pomum, non dulces educat uuas.*

5. *floruit orbis* : la métaphore de la fleur, développée ici sous forme de polyptote (*floruerit,* v. 13 ; *flore,* v. 14 ; *flos,* v. 15 ; *floris,* v. 18) est un lieu commun dans ce genre de contexte : cf. par ex. le poème d'Anselme de Cantorbéry (?) *Quid probitas quid nobilitas* (*PL* 158, 705-706), v. 13 *sqq.* : *Res huius mundi... / Sunt quasi flos agri... / ... cito deficiunt.* On sait que c'est du poème de Bernard de Morval (*supra,* n. 1) qu'Umberto Eco a tiré le titre de son célèbre roman *Il nome della rosa.*

6. *grata uoluntas* : *LHL* 2, 456 (la clausule ovidienne *grata uoluptas* est plus commune).

7. *retinere nequimus* : c'est également la clausule du premier vers du *c.* 1, 30 de Marbode (cf. *supra,* n. 1).

8. *fugitiua relinquunt* : cf. Ven. Fort., *c.* 3, 14, 9.

9. *tenues elapsa sub auras* : cf. Ov., *Ars* 1, 43 : *tenues... delapsa per auras.*

10. *rerum primordia* : la formule est de Lucrèce, quasi inconnu au Moyen Age, mais a connu une certaine fortune dans la poésie de l'Antiquité tardive (*LHL* 4, 354). *Primordia,* d'ailleurs, a ici le sens

faible de « premières apparences », diamétralement opposé à celui qu'il a chez Lucrèce.

11. Vers 25-31 : cette ample comparaison épique est une des phrases les plus complexes de la poésie de Baudri, avec des subordinations jusqu'au quatrième degré (un exemple analogue dans le *c.* 119, v. 10-16, où le terme comparé est à peu près le même).

12. Vers 36 : cf. Roger. Cadom., *De contemptu mundi* (*supra* n. 1), 117 et 119-120 : *Nam quid honos, quid opes, quid gloria... / ... vel quid... / Purpura ...* (*PL* 158, 691b) ; *regum purpura* est virgilien (*Georg.* 2, 495).

13. *Omnia praetereunt* : *LHL* 4, 39.

14. Vers 39-43 : cf. Roger. Cadom., *op. cit.*, 177, 179-180 et 187 : *O quantus regum patiuntur cunda tumulatus ! / Inter regales epulas ... / Tabescunt* curis sollicitoque *metu / ... Et breuis et rarus fit* somnus *habentibus aurum* (*PL* 158, 692c). Développement inspiré d'Eccl 5, 9-11.

15. *aspis aures obturat incantanti* : Ps 57, 5-6 (cf. *c.* 194, 73). C'est le diable, présent au cœur de l'homme tenté de rester dans le monde.

16. Vers 53 : allusion à la parabole des oiseaux du ciel et des lys des champs (Mt 6, 25).

17. Allusion, peut-être, aux « faux ermites » dont se méfie le monachisme traditionnel (cf. J. Leclercq, « Le poème de Payen Bolotin contre les faux ermites », *Revue bénédictine*, 68, 1958, p. 52-86).

18. *carni... demitur unguis* : Baudri, *c.* 90, 9 ; cf. aussi *c.* 4, 2 et n. 3.

19. *iura paterna* : Baudri, *c.* 134, 9.

20. C'est le thème, popularisé par Boèce, de la roue de Fortune. Sur l'emploi de l'adjectif *instabilis* dans ce genre de contexte, voir par ex. Baudri, *c.* 154, 914.

21. *saccus... distentus stercore* : même définition de la femme chez Odon de Cluny, *Collationes* 2, 9 (*P L* 133, 556 b) ; cf. aussi Roger. Cadom., *op. cit.*, 401-402 : *Viscera si pateant, pateant et caetera carnis. / Cernes quas sordes contegat alba cutis* (*PL* 158, 697 b).

22. *sulcabit ruga senilis* : cf. Ov., *Met.* 3, 276 (*sulcauit rugis*) et *Pont.* 1, 4, 2 (*ruga senilis*).

23. Le vers 90 est peu clair. Nous le comprenons à la lumière de la définition isidorienne : *Pelex apud Grecos proprie dicitur, a Latinis concuba* (*orig.* 10, 229). Gérard de Loudun est probablement un de ces clercs auxquels la réforme grégorienne s'efforce alors d'imposer le célibat.

24. Vers 91 : expression d'apparence proverbiale, mais dont nous n'avons pas trouvé la source. Le sens semble être : « il subira tous les

inconvénients qu'entraîne la présence de nourrissons dans la maison »
(cf. Abélard, *Historia calamitatum*, éd. Monfrin, Paris, 1978, p. 76).
Voir aussi Roger. Cadom., *op. cit.*, 431-432 : *Si fiat praegnans,
accessit et altera cura / Accesseruntque tibi multiplicata mala* (*PL*
158, 698 a).

25. Vers 94-124 : cf. *supra*, *c.* 3, n. 1. Ce développement contre
l'homosexualité est absent du poème de Roger de Caen.

26. Vers 95-96 : cf. ps.-Hildebert : *Innumeras aedes colit innume-
rus Ganimedes* (B. Hauréau, *Les mélanges poétiques d'Hildebert de
Lavardin*, Paris-Mamers, 1882, p. 69) et Hildebert, *c.* 33, 2 : *multa
domus multos fertur habere loues* (éd. Scott, p. 20).

27. *commercia carnis* à la clausule : Aldhelm, *De virginitate* 465.

28. *sidera tangit* : *LHL* 5, 148.

29. *Omnicreator* : mot assez rare (*omnicreans* est plus banal), qui
semble être une création de Prosper d'Aquitaine (*epigr.* 3, 1 et 62
(61), 7, *PL* 51, 199d et 517a), et ne se rencontre guère qu'en poésie,
par ex. chez Marbode (*c.* 2, 41, 26, *PL* 171, 1731 a) et Hildebert (*De
mysterio missae*, *PL* 171, 1187a).

30. Terme un peu étrange ici, sans doute entraîné par un rapprochement purement phonétique avec *cinedi* (v. 109).

31. *Vepr(ibus) et spin(is)* : *junctura* biblique, fréquente dans le
livre d'Isaïe (5, 6 ; 7, 23-25 ; 27, 4).

32. Cf. *c.* 4, n. 9. Il est curieux et, croyons-nous, bien révélateur de
l'humanité de Baudri de voir se glisser dans ce contexte imprécatoire
cette notation toute élégiaque sur les méfaits du temps qui s'enfuit.

33. Dante lui aussi réservera le châtiment du feu au sodomites
dans le septième cercle de son enfer (*Inferno*, Canti 15 et 16).

34. *Poena uoluptatis* : texte difficile (Sedgwick a proposé de corriger *Poena* en *Caena*). L'idée nous semble être que la luxure contient
en elle-même son propre châtiment – *condigna piacula* : Alcuin, *c.* 69,
3 ; Baudri, *c.* 154, 591.

35. *puellarum... uel puerorum* : cf. Baudri, *c.* 85, 31-32.

36. *castumque cubile* : Claudien, 36, 163 (en même position
métrique), d'après Verg., *Aen.* 8, 412 (*castum... cubile*) ; cf. *c.* 126,
109 et Marbode, *c.* 1, 47, *PL* 171, 1681 d.

37. *Mundi contemptus* : seule occurrence de la formule dans
l'œuvre poétique de Baudri.

38. Ce passage donne une certaine consistance à l'opinion couramment répandue, mais que les documents ne permettent pas de véri-
fier, selon laquelle Baudri aurait d'abord vécu dans le siècle (en vue
d'une carrière d'écolâtre ?), avant de s'orienter vers le monachisme.

39. C'est le but même de l'exercice scolaire de la *lectio*
(*supra*, *c.* 76, n. 3) : discerner les divers niveaux de lecture et d'inter-

prétation dont est susceptible un texte et les analyser tour à tour (cf. *c.* 208, 42).

40. Sur les conditions de rémunération des maîtres d'école, voir les témoignages cités par P. Riché, *Écoles et enseignement dans le haut Moyen Âge*, Paris, 1979, p. 199. L'âpreté au gain des professeurs est un *topos* de la littérature de l'époque (par ex., Rathier de Vérone, *Praeloquia* 1, 16, 31, éd. P. L. D. Reid, Turnhout, 1984 (CCCM 46 A), p. 32-34. Le mouvement oratoire est le même que chez Baudri).

41. *Grande supercilium* : cf. *c.* 1, n. 15.

42. *grata uoluptas* : cf. *supra*, n. 6.

43. *cauat... saxa* : d'après Ovide (*Ars* 1, 474 ; *Pont.* 2, 7, 40) c'est devenu une expression proverbiale (cf. Walther, *Proverbia*, 10507-10508) ; Baudri, *c.* 98, 27.

44. L'assimilation de Bourgueil au *locus amoenus* de la tradition est fréquente chez Baudri : voir en particulier, *infra*, *c.* 129. Sur le mixte de douceur et de sainteté qui caractérise l'*otium monasticum* (v. 158-174), cf. Marbode, *c.* 1, 20, *Laus vitae monasticae*, *PL* 171, 1656-1657.

45. *pacis alumnos* : clausule assez fréquente dans la poésie latine chrétienne (cf. *LHL* 4, 103-104).

46. *Prata uirent* : Prud., *Psych.* 863 (en même position métrique). Cf. *cc.* 126, 55 ; 153, 37.

47. Sur *armaria* (ici au n. plur., mais attesté aussi au fém. sing.), la bibliothèque, cf. les articles de J.-F. Genest (« Le mobilier des bibliothèques d'après les inventaires médiévaux ») et d'A. Vernet (« Du "chartophylax" au "librarian" ») dans *Vocabulaire du livre et de l'écriture* (*cit. supra*, *c.* 12, n. 1), p. 136-154 et 155-167. On ignore tout du contenu de celle de Bourgueil à la fin du XIe siècle.

48. *Huc ades* : Verg., *Ecl.* 2, 45 ; emploi de la même formule dans un contexte semblable au *c.* 129, 25.

49. *Sub modio... lucerna* : Mt 5, 15 ; Mc 4, 21 ; Lc 11, 33 ; *clara lucerna* : *cc.* 74, 12 ; 99, 102.

50. *luna latina* : expression assez étrange. Nous y voyons une reprise (d'après Mt 24, 29) de la topique apocalyptique développée dans les premiers vers du poème.

51. *pauper... cum paupere Christo* : sur cette formule (ou ses variantes) qui sera comme la devise de l'ordre cistercien, voir l'abondant dossier réuni notamment par R. Grégoire, « L'adage ascétique "nudus nudum Christum sequi" » in *Studi storici in onore di O. Bertolini*, s.l.n.d. [Pise, 1972], p. 395-409 et G. Constable, « "Nudus nudum Christum sequi" and Parallel Formulas in the 12th Century : A Supplementary Dossier », in *Continuity and Discontinuity in Church History* [Mél. G. H. Williams], Leyde, 1979, p. 83-91.

52. *nocuit differe paratis* : cf. *supra, c.* 6, n. 8.

53. Vers 186 : cf. 2 Cor 6, 10 : *tamquam nil habentes, et omnia possidentes.*

54. Après avoir cherché sans succès dans l'hagiographie les modèles de ces personnages, nous concluons sans certitude qu'il s'agit d'individus réels, connus de Baudri et de son correspondant : André est-il le frère de Gérard, évoqué au vers 202 ? Comme en témoigne l'exemple de saint Bernard, on sait que les conversions familiales au monachisme n'étaient pas rares à l'époque.

55. Vers 198 : allusion à la première épître à Timothée (5, 3-17), où Paul donne à son disciple toute une série de conseils précis sur la direction spirituelle des veuves.

### 78. *Prouidentia contra lasciuiam*

1. Exorde printanier : on trouverait des parallèles textuels innombrables, mais purement fortuits, entre les vers 1-4 de ce poème et les strophes d'ouverture des *Carmina burana* 132 à 161. Ainsi, pour cet incipit, *CB* 135, 2, 1 (« *veris adest... facies* ») et 142, 1, 1 (« *Tempus adest floridum* »).

2. *ergo*: renversement complet, et vraisemblablement ironique, de la thématique amoureuse habituellement induite par l'exorde printanier.

### 79. *Super abbatem Siluae Maioris*

1. Gérard, né à Corbie vers 1025, reçoit en 1079, après des années d'itinérance, mission (de la part du duc d'Aquitaine Guillaume VIII et du légat pontifical Amat d'Oloron – cf. *cc.* 146-147) de fonder un établissement religieux dans la région alors boisée et inculte de l'Entre-Deux-Mers. Il est le type accompli de ces moines réformateurs et défricheurs si nombreux à la fin du XIe siècle : à sa mort, en 1095, la congrégation fondée par lui compte déjà quelque vingt prieurés. Gérard de La Sauve sera canonisé en 1197 (cf. C. Higounet, *Histoire de l'Aquitaine*, Toulouse, 1971, p. 156-157 et *id.*, *Histoire de l'Aquitaine. Documents*, Toulouse, 1973, p. 101-104).

2. Vers 1-2 : cf. *c.* 17, 3-6.

3. *Exul... finibus a patriis* : cf. Verg., *Aen.* 1, 620, *Finibus expulsum patriis.*

4. Le vocabulaire technique de l'agriculture, employé par Baudri ici et dans les quatre épitaphes suivantes, est particulièrement approprié à son objet : il met en valeur le double mérite de Gérard, simultanément défricheur du sol et des âmes.

### 80. *Item de eodem*

1. Vers 4 : cf. Verg., *Ecl.* 5, 16-17 : *Lenta salix quantum pallenti cedit oliuae, / puniceis humilis quantum saliunca rosetis.*
2. *Vir cani capitis* : cc. 16, 4 ; 47, 5.
3. *odor* : plus qu'une simple métaphore, nous voyons là une allusion au parfum qui, selon une tradition déjà ancienne, s'exhale de la dépouille mortelle du saint (l'« odeur de sainteté »).

### 81. *Item de eodem*

1. *Alloquio dulcis* : *c.* 19, 3 et n. 1.
2. *Pauperibus largus* : *c.* 165, 2 (cf. Hilbert, *Studien*, p. 102-103).

### 82. *De eodem abbate*

1. *Quem* : noter l'accord *ad sensum.*
2. *culpae suae* : par opposition au péché originel.
3. Métaphore militaire issue du texte fondateur de l'hagiographie médiévale, la *Vie de saint Martin* par Sulpice Sévère (*ep. ad Bassulam*, 3, 13, éd. J. Fontaine, Paris, 1967, p. 340-341).
4. *humo... homo* : cf. *supra, c.* 16, n. 1.
5. *Francia dulcis* : sans doute une des plus anciennes attestations de cette *junctura* que rendra célèbre la Chanson de Roland.
6. *spiritus alta tenet* : clausule banale en fin d'épitaphe (cf. Hilbert, Studien, p. 110), que l'on retrouve, avec une légère variante (*astra* pour *alta*) dans *cc.* 171, 6 ; 213, 8 (d'après Verg., *Aen.* 6, 787).

### 83. *De eodem abbate*

1. Vers 1 : cf. Mt 10, 16 : *Estote... prudentes sicut serpentes et simplices sicut columbae* (voir *cc.* 81, 1 et 82, 1).
2. *uomere terram* : Ov., *Met.* 11, 31.
3. Vers 7 : même vers dans le *c.* 47, 7 (voir n. 5 *ad loc.*).

### 84. *Ad scriptorem suum*

1. C'est donc un personnage différent du destinataire du *c.* 9. Noter que la partie du manuscrit *V* que nous qualifions de « recueil originel » (f. 5-128) se caractérise par l'intervention de deux scribes.

2. *prece... precioque* : d'après Hor., *Epist.* 2, 2, 173 (cf. *cc.* 98, 52 ; 101, 24 ; 207, 21).

3. Ce qui correspond à l'apparence matérielle du « recueil originel » (cf. *supra, c.* 1, n. 38). Sur l'emploi de l'adj. *glaucus* pour désigner le bleu, voir J. André, *Étude sur les termes de couleur dans la langue latine*, Paris, 1949, p. 175-178.

4. Notation un peu surprenante par son prosaïsme. Il ne faut pas oublier que le fromage occupait une place importante dans l'alimentation monastique (cf. M. Rouche, « La faim sous les Carolingiens », *Revue historique*, 1973, p. 295-320). Dans l'utopie développée au *c.* 126, Baudri s'imagine fabriquant son fromage « à la maison » (v. 48).

5. Sur cet hypothétique voyage à Rome de Baudri abbé, voir *c.* 13, n. 4.

6. *uerborum melle* : cf. Baudri, *cc.* 7, 299 (et n. 78) ; 13, 1.


## 85. *Qua intentione scripserit*

1. Après le *c.* 1, voici le deuxième « poème-programme » de Baudri : l'*intentio auctoris* est l'un des six chapitres du plan canonique de l'*accessus*. Nous avons donné un commentaire de cette pièce, qui s'inspire de l'*Art poétique* d'Horace et surtout de l'élégie qui constitue le livre 2 des *Tristes* d'Ovide, dans notre *Aetas ovidiana*.

2. *ioculare* : seule occurrence de ce mot dans la poésie de Baudri, qui joue volontiers sur les divers sens du mot *iocus* et de ses dérivés (cf. Bond, *Iocus* ; Tilliette, *Aetas ovidiana*). Ce vers est peut-être à rapprocher d'Horace, *Sat.* 1, 1, 23-24, où il est question, pour le poète, de *dicere uerum... ridens iocularia*.

3. Vers 3-7 : nombreux passages parallèles cités par Curtius, *LEMAL*, t. 1, P. 229-232 (« métaphores relatives à la nourriture »). Cf. *c.* 99, 119-126.

4. *senex* : notation topique, qui inverse avec humour le motif du *puer-senex*. Baudri prend ici le contre-pied de Marbode, *Liber decem capitulorum* 1, 1 : *Quae iuuenis scripsi, senior dum plura retracto* (éd. Leotta, cit., p. 59).

5. Vers 18-26 : développement parallèle dans Ov., *Trist.* 2, 313-334. A cela près que, si les « grands genres » auxquels Ovide s'avoue incapable de sacrifier sont l'épopée et le panégyrique, Baudri, quant à lui, se déclare incompétent en matière de poésie didactique.

6. *abdita rerum* : Hor., *Ars* 49. Sur les tendances « orphiques » de la poésie du temps, manifestées par un texte comme le *Quid suum uirtutis* pseudo-hildebertien, voir C. S. Jaeger, *op. cit. supra* (*c.* 3, n. 1).

7. *importabile pondus* : c. 94, 67 ; cf. Hor., *Ars* 38-40 : *Sumite materiam uestris, qui scribitis, aequam/uiribus et uersate diu quid ferre recusent, /quid ualeant umeri...*
8. *fasce grauandus* : cf. *LHL* 2, 227.
9. *pueris... atque puellis* : cf. Hor., *Sat.* 1, 1, 85 ; 2, 3, 130. Intéressante définition par Baudri de son public de *juvenes*.
10. Il n'est guère facile de déterminer avec certitude à quels textes Baudri fait allusion ici. Aurait-il, à la manière de son ami Marbode, écrit *sub assumpta persona* des poèmes licencieux (cf. W. Bulst, « Liebesbriefgedichte Marbods », cit., p. 287-301) ? La question risque bien de demeurer sans réponse.
11. Vers 46-47 : l'opposition *sententia uerbi / intentio materiei* semble *grosso modo* recouvrir celle qui met en balance « expression » et « contenu ».


## 86. *Marbodo poetarum optimo*

1. Marbode, né vers 1036, écolâtre puis archidiacre de la cathédrale d'Angers (1069-1096), enfin évêque de Rennes (1096-1123) est considéré, avec Baudri et Hildebert de Lavardin (cf. c. 87 et n. 1) comme une des figures de proue de l'« école de la Loire ». La monographie que lui consacra voilà plus d'un siècle L. Ernault (*Marbode, évêque de Rennes*, Rennes, 1890), bien vieillie, n'a pas été remplacée. Quant à ses œuvres poétiques, médiocrement publiées par Beaugendre (Paris, 1708 – éd. reprise dans la *PL*, 171, col. 1465-1736), elles attendent encore de faire l'objet d'une édition critique digne de ce nom, à l'exception du *Liber decem capitulorum*, successivement publié par W. Bulst (Heidelberg, 1947) et par R. Leotta (Rome, 1984). Il est possible, mais non prouvé, que Baudri ait été l'élève de Marbode à Angers (cf. Introduction, p. IX). C'est en tout cas celui des poètes de son temps pour qui il témoigne de la plus vive estime (*cc.* 126, 7 ; 153, 59 ; 223, 19).
2. *Me tibi teque michi* : cf. H. Walther, « Zur Geschichte eines mittelalterlichen topos », dans *Liber Floridus*, cit., p. 153-164.
3. *colludere* : cf. *cc.* 113, 15 (*metricis alludere... odis*) et 117, 21 (*metricis alludere ludis*).
4. *specialem* : substantivé au sens de *specialem amicum* (cf. c. 11, n. 1).
5. Cf. Marbode, *c.* 2, 34 : *Ejus censura dabitur mihi multa litura* (*PL* 171, 1725 a).
6. *suffire* : litt. « fumiger ».
7. *moderamine iusto* : *LHL* 3, 389-390.

8. *calcaria uatibus addunt* (cf. Hor., *epist.* 2, 1, 217 : *uatibus addere calcar*) / *pedibus talaria figunt* : noter le jeu des rimes. Les *talaria* sont les talonnières de Mercure.

9. Vers 37 : Baudri sollicite le même service de ses amis Muriel (*c.* 137, 44), Emma (*c.* 153, 11-12) et Galon (*c.* 252, 23), ainsi que du lecteur anonyme (note en prose au bas du *c.* 144).

10. Vers 42 : un des *leitmotive* de la poésie de Baudri (*cc.* 1, 33-34 ; 99, 197 ; 193, 107 ; 200, 145-148 ; 217, 11-12), d'après Ov., *Trist.* 2, 354 : *Vita uerecunda est Musa iocosa mea.*

### 87. *Audeberto Cenomannensi archidiacono*

1. Hildebert de Lavardin, archidiacre, puis évêque du Mans (1096-1125), enfin archevêque de Tours (1125-1133). L'orthographe *Audebertus* est attestée par plusieurs documents (cf. Abr., p. 368). Sur ce personnage, considéré à juste titre comme le modèle de l'humaniste chrétien, on se reportera au grand ouvrage de P. von Moos, *Hildebert von Lavardin, 1056-1133. Humanitas an der Schwelle des höfischen Zeitalters*, Stuttgart, 1965. L'édition que Beaugendre a donnée de son œuvre (Paris, 1708 – reproduite dans la *PL* 171, col. 1-1462) suscite les mêmes réserves que celle des écrits de Marbode réalisée par ce savant (cf. *c.* 86, n. 1). On peut toutefois lire les *carmina minora* d'Hildebert dans l'édition d'A. B. Scott (Leipzig, 1969) et ses épigrammes bibliques dans celle du même Scott, de D. F. Baker et d'A. G. Rigg (in *Mediaeval Studies*, 47, 1985, p. 272-316).

2. *commoditate* : cf. *c.* 1, n. 9.

3. Sur l'idéal poétique défini par la double comparaison avec Virgile et Ovide, voir *c.* 99, 8 et n. *ad loc.*

4. Hildebert, *c.* 18, *In Berengarii obitum*, éd. Scott, p. 7-9 (cf. Baudri, *c.* 27).

5. Hildebert, *c.* 50, *De tribus vitiis : muliebri amore, avaritia, ambitione*, éd. Scott, p. 40-43.

6. Sur l'usage fait des dieux antiques par la poésie médiévale, cf. Curtius, *LEMAL*, p. 370 et P. Dronke, « Gli dei pagani nella poesia latina medievale », dans *Sources of Inspiration. Studies in Literary Transformation, 400-1500*, Rome, 1997, p. 243-262.

### 88. *Ad Simeonem qui cum episcopo morabatur*

1. Personnage non identifié. Il s'agit en tout cas d'un savant (v. 3), qui exerçait peut-être ses responsabilités au sein d'une école cathédrale.

2. *Littera... diues* : expression fréquente sous la plume de Baudri, pour désigner la culture classique (*cc*. 45, 1 ; 158, 2 ; 194, 17 ; 213, 5 ; 252, 1).

3. *refellere* : un terme appartenant au vocabulaire de la logique, bien propre à qualifier la démarche intellectuelle du savant philosophe qu'est Siméon.

4. *salutatum* : ici au sens technique, le mot se réfère à ce qui constitue, pour les *artes dictaminis*, la première partie de la lettre, la *salutatio*, qui précède la *narratio* et la *petitio*.

5. *in parte sequestra* : Baudri, *c*. 134, 101 et n. *ad loc.*

6. *stillabis in aure* : cf. Juv. 3, 122 (et Baudri, *c*. 4, 7).

7. Vers 10-24 : Baudri feint ici d'adresser par oral à sa lettre, personnifiée (figure rhétorique de la *conformatio*), le message – écrit – qu'elle doit transmettre à son destinataire. Ce subtil jeu de miroirs était sans doute propre à séduire le lettré qu'est Siméon.

8. Tel est, dans le contexte de la métaphore filée ici, le sens du mot rare qu'est *responsiuus* (qui fait écho à l'expression *semina reddit* du v. 11). Peut-être s'agit-il aussi de parodier gentiment le vocabulaire de l'école (cf. v. 17 : *optatiua*).

9. *tempusque locumque* : Ov., *Ars* 2, 367.

10. *copia nostri* : Ov., *Met*. 3, 391.

11. Vers 23-24 : noter le polyptote *(rescribas rescriptum)* et la *repetitio (facta sequantur)*.

## 89. *Ad eum cuius colloquium expetebat*

1. Si l'on excepte les textes pour les rouleaux des morts, c'est le seul poème entièrement rimé de la collection (avec le *c*. 143, où le système des rimes est plus complexe).

2. *Aptasti* : équivalent de *fecisti aptam*. L'*aptum* est une catégorie esthétique fort estimée de Baudri.

3. Vers 7 : cf. Ov., *Trist*. 3, 14, 33-34 : *Ingenium fregere meum mala, cuius et ante / fons infecundus paruaque uena fuit.*

4. Vers 13-14 : traduction conjecturale ; Baudri a sacrifié la clarté syntaxique au jeu de mots sur *census* (qui ne peut guère désigner que les revenus du monastère) et *sensus*. Cf. ps.-Marbode (Wilchard de Lyon), *c*. 2, 41, v. 13-14 : *Ordo monasticus ecclesiasticus est sine sensu. / Aestimat omnia spiritualia diuite censu* (éd. U. Kindermann, *Mittellateinisches Jahrbuch*, 23, 1988, p. 44).

5. Vers 27 : cf. ps. Cato, *Dist*. 3, 4 : *Sermones blandos* blaesos*que cauere memento.*

6. *redimat* : emploi analogue du même mot dans un contexte très similaire au *c.* 101, 24.

### 90. Ad Stephanum monachum suum

1. Il est également question de ce personnage, inconnu par ailleurs, dans les *cc.* 107 et 131.

2. *carni demitur unguis* : cf. *c.* 4, n. 3.

3. Vers 11-12 : cf. la formule, devenue proverbiale, de Salluste : *idem uelle atque idem nolle, ea demum firma amicitia est* (*Catil.* 20, 4).

4. Vers 13-14 : cf. *Epistolae duorum amantium* (éd. E. Könsgen, Leyde-Cologne, 1974) 14, p. 24 : *tu sepe meas cogitaciones anticipas*.

5. *dimidium me* : cf. *Anth. lat.*, 445 (*De amico mortuo*) : *Plus quam demidium mei recessit.* Sur ce topos, voir *c.* 6, n. 3.

6. *tolle moras* répété plus bas, v. 26 : cf. *c.* 129, 49 et 51 (d'après Ven. Fort., *Vita Martini* 1, 314 : *Nunc age, rumpe moras...).*

7. Vers 22 : ici, un petit mystère : le moine Étienne est-il l'auteur d'un poème animalier, comme le seront beaucoup de *pseudo-ovidiana* médiévaux (d'où la comparaison trop hyperbolique pour n'être pas ironique) ? ou bien, comme semble le penser Hilbert, qui fait figurer le mot *Talpa* dans son index des noms propres, « La Taupe » est-il le sobriquet d'un ami commun à Baudri et à Étienne (sans doute affligé d'une vue basse), que celui-ci aurait célébré dans ses vers ? On peut encore imaginer qu'Étienne, auteur d'un poème sur la taupe, évoqué ici, se voit gratifier par Baudri dans les *cc.* 107 et 131, du surnom ironique de *Talpa* (cf. n. *ad loc.*).

8. Vers 31 : cf. *epist. duorum amantium*, 87, v. 9-10 : *Quelibet una dies ter denos continet annos, / Quam sine te cogor ducere* (*éd. cit.*, p. 50).

### 91. Inuitatio ut quidam se monacharet

1. *saluere... imperat* : variante de la formule de *salutatio* classique *iubeo te salvere* (cf. C. D. Lanham, *Salutatio Formulas in Latin Letters to 1200 : Syntax, Style and Theory*, Munich, 1975, p. 19-20).

2. Le sens étymologique du mot *abbas* (de l'hébr. *abba* = « père ») est ici clairement perçu.

3. Bazas (département de la Gironde) fut jusqu'à la Révolution le siège d'un évêché appartenant à la province ecclésiastique d'Auch.

4. Vers 7-8 : ces belles formules nous permettent de prendre la juste mesure de l'humanisme de Baudri, ni contempteur résolu des classiques, ni adepte d'une sorte de cryptopaganisme.

5. *pagina* : rappelons que ce terme, pris absolument, désigne souvent au Moyen Age l'Écriture sainte. La rime léonine *gentilis – pagina uilis* se trouve aussi dans le *c.* 200, 91.

6. Vers 25-26 : cf. Mt 7, 13-14 ; Lc 13, 24.

7. *explicet... implicitum* : jeu sur le double sens, propre et figuré, de ces mots. Même emploi du terme *implicitum*, dans un contexte comparable, dans l'*ep.* 21 de Loup de Ferrières (éd. L. Levillain, Paris, 1927, p. 108).

8. Cf. *c.* 77, 180 (une autre « invitation à se faire moine ») et n. 51.


## 92. *De graphio fracto grauis dolor*

1. Cf. *supra, c.* 12 (*Ludendo de tabulis suis*), où l'on trouve, sur un sujet voisin, à la fois la même précision technique et la même emphase héroï-comique.

2. Vers 5-10 : ici, Baudri parodie le style de la scolastique naissante. Ce à quoi font allusion les vers 5-6, c'est au problème de la référence (qu'est-ce que nommer un être ou une chose ?) dont Anselme pose alors les termes dans son *De grammatico* ; le vers 8 évoque sans doute la théorie des causes aristoléliciennes. Noter aussi, au vers 6, l'emploi de *Ergo*, pour introduire la conclusion d'un syllogisme dont la majeure manque et, aux vers 9-10, celui de *esse* substantivé.

3. Vers 8 : cf. Foulcoie de Beauvais (un poète assez proche de Baudri dans le temps et par l'inspiration), *epist.* 4, 27-28 : *Esse deum ratione caret cui contulit esse / Effigiale manus, materiale lapis* (éd. M. Colker in *Traditio* 10, 1954, p. 217 et n.).

4. Vers 11-14 : on assiste à l'époque à une revalorisation des arts mécaniques qui, dans le système des sciences mis en place par Hugues de Saint-Victor, occuperont une place aussi éminente que les arts libéraux (*Didascalicon*, 2, 20-27).

5. *fornace recoctum* : Prud., *Psych.* 599 (en même position métrique) ; cf. *c.* 191, 1.

6. *cura sagax* : Baudri, *cc.* 12, 4 ; 134, 213 (dans des contextes tout à fait parallèles).

7. *tenax* : au sens de « tenailles », généralement employé au pluriel (cf. Du Cange).

8. Vers 27-28 : ce passage évoque la description par Virgile de l'antre des Cyclopes au chant 8 de l'*Énéide* ; ainsi, *incudibus ictus /*

*... referunt (Aen.* 8, 419-420) ; *fornacibus ignis anhelat (ibid.,* 421) ; *bracchia tollunt (ibid.,* 452).

9. Transposition comique du célèbre vers de Virgile : *Tantae molis erat Romanam condere gentem* ! *(Aen.* 1, 33) ; cf. *supra, c.* 12, 11 et n. 3.

10. *abstulit una dies* : Ven. Fort., *c.* 4, 25, 6 (d'après Verg. *Aen.* 6, 429).

11. *perarabo* : c'est la très vieille métaphore du travail d'écriture comme labour, qui est, entre autres, la clé du fameux *Indovinello veronese* (cf. Curtius, *LEMAL*, t. 2, p. 21-23).

12. *titulis* : ici au sens technique (mais le sens de « titres de gloire » est peut-être à lire en filigrane).

## 93. *Ad comitis Stephani fratrem*

1. Fils de Thibaud III, comte de Blois, et frère cadet de son successeur Étienne-Henri, le mari de la comtesse Adèle, fille de Guillaume le Conquérant (cf. *cc.* 134-135), Philippe est né vers 1065. Il est élu dès 1093 évêque de Châlons-sur-Marne, mais ne sera sacré qu'en 1095, conformément aux prescriptions canoniques. Il meurt avant le 18 novembre 1100 (cf. M. Bur, *La formation du comté de Champagne*, Paris, 1975, p. 271). Cette lettre a dû être écrite alors que Philippe était encore un enfant, ou un tout jeune homme.

2. *Lampadis os* : déchiffrement étymologique du nom de Philippe, d'après Jérôme, *Liber interpretationis hebraicorum nominum* (éd. P. de Lagarde, Göttingen, 1887, p. 64). Cette étymologie est fréquente dans les textes médiévaux (A. Darmesteter, « Philippus = os lampadis », *Romania*, 1, 1872, p. 360-362).

3. Malgré la réforme grégorienne, les cadets des familles princières restaient, pratiquement dès la naissance, destinés à une haute charge ecclésiastique (Bur, *op. cit.*, p. 473).

4. Vers 9 : cf. *c.* 99, 140.

5. *Inuidia caruit* : cf. Ov., *Met.* 13, 139.

6. Vers 11 : cf. Godefroid de Reims, *c. de Odone Aurelianensi*, v. 85-86 : *Quem genus a proavis et linea sanguinis alti / Ornat* (éd. Boutemy, cit., p. 347). Voir aussi *c.* 117, 13.

7. Sur ces méthodes éducatives, voir Riché, *Les écoles et l'enseignement*, cit., p. 207-210.

8. *reuolue libros* : *cc.* 99, 178 ; 197, 17 (même type de contexte).

9. *asellus eris* : Avian., *Fab.* 5, 18. La formule est quasi proverbiale. On connaît la célèbre réplique du comte d'Anjou Foulque II le

Bon au roi Louis IV : *rex illiteratus est asinus coronatus* (*Gesta consulum Andegavorum*, éd. Halphen-Poupardin, Paris, 1912, p. 140).

10. Vers 21-22 : le même conseil est adressé par Baudri en des termes voisins à un jeune homme « de très haute noblesse », Pierre (*c*. 145, 13-14).

11. (*Nobi*)*litas et lingua procax* : Baudri, *c*. 153, 19.

12. Baudri trace ici les linéaments de l'idéal chevaleresque tel que les clercs s'efforceront, jusqu'à saint Louis, de l'imposer peu à peu à la noblesse. Les conseils donnés ici s'inspirent de la sagesse « juste-milieu » de l'*Ecclésiastique* (notamment le ch. 28).

13. Eudes I$^{er}$ de Blois († 996), le bisaïeul de Philippe ; Eudes II de Blois et Champagne († 1037), son grand-père.

14. Eudes II, politique habile autant que guerrier farouche, volontiers présenté par les historiens du temps (Raoul Glaber, Hugues de Flavigny) comme un véritable « fléau de Dieu », essaya de faire valoir ses droits sur le royaume de Bourgogne après la mort de son oncle maternel Rodolphe III, décédé en 1032 sans héritier direct. C'est au cours de la guerre de succession, d'abord victorieuse, qui s'ensuivit, qu'Eudes trouva la mort en 1037. Plusieurs cités alpestres s'étaient déclarées en sa faveur, mais il ne paraît pas s'y être rendu personnellement.

15. *pacis alumnum* : cf. *c*. 77, 164. En comparaison de son père, Thibaud III (mort en 1089-1090) est une assez terne figure. Il sut néanmoins, par une subtile politique d'alliances, préserver et consolider le patrimoine familial (cf. Bur, *op. cit.*, p. 194-230).

16. Vers 45-46 : la syntaxe de ce distique est particulièrement maladroite (Baudri semble avoir eu à cœur d'y manifester sa *rusticitas* !) : le premier *quod* est relatif, le second complétif ; *ac si*, après *puta*, introduit une proposition qui est à la fois complétive et circonstancielle.

17. *Nec nos a nobis... dirimat* : Baudri, *cc*. 97, 100 ; 196, 60.


## 94. Ad iuuenem qui heremita fieri cupiebat

1. Sous l'influence des idées qui inspirent le grand mouvement réformateur du XI$^e$ siècle, les fondations érémitiques se multiplient en Europe, notamment en Italie du Sud et dans l'Ouest de la France. De la bibliographie très abondante consacrée à ce phénomène, on se bornera à citer l'article de synthèse de L. Raison et R. Niderst, « Le mouvement érémitique dans l'Ouest de la France à la fin du XI$^e$ siècle », *Annales de Bretagne*, 55, 1948, p. 5-46. La hiérarchie ecclésiastique se montre généralement, comme Baudri ici, fort circonspecte à l'égard

de ces entreprises (cf. par ex. les lettres 34 et 37 d'Yves de Chartres à un certain Robert [éd. Leclercq, Paris, 1949, p. 138-141 et 152-157]).

Il ne faut pas oublier cependant que notre auteur fut le biographe enthousiaste du plus illustre de ces ermites, Robert d'Arbrissel : ainsi, ses jugements moraux lui sont inspirés moins par une attitude doctrinaire que par la prise en compte du caractère des individus.

2. Vers 1-4 : figure rhétorique de *diuisio* (*Rhet. Her.* 4, 52).

3. *mobilitate iuuentus* : cf. *c.* 120, 34 (une parabole sur l'inconstance propre à la jeunesse). Voir aussi Verg., *Georg.* 3, 165 : *iuuenum... mobilis aetas.*

4. *primum florere iuuenta* : cf. *Anth. lat.*, 760, 7 : *prima florente iuuenta* (*LHL* 2, 303).

5. *desine* + subjonctif (sans conjonction) : construction assez rude ; l'impératif *desine* semble presque perçu comme une interjection (« halte là ! » cf. Verg., *Ecl.* 5, 19).

6. Vers 15-16 : les métaphores militaires sont fréquentes dans ce genre de contexte, en particulier dans les *Conférences* de Cassien dont ce poème de Baudri reproduit fidèlement l'esprit (*e.g. Coll.* 4, 7 ; 7, 7-8 ; 12, 5).

7. La formule *unus et alter* dans cette position métrique est typiquement ovidienne (*LHL* 5, 712).

8. *tribulant* : terme biblique, particulièrement fréquent dans le psautier ; sur son histoire et sa signification, voir C. Mohrmann, *Études sur le latin des chrétiens*, t. 3, Rome, 1979, p. 206-207.

9. Vers 17-22 : cf. Rom 7, 23, *video aliam legem in membris meis, repugnantem legi mentis meae* ; ce verset paulinien est longuement commenté par Baudri dans sa lettre à Pierre de Jumièges (cf. Introduction, p. xv-xvi). Voir aussi Cassien, *Coll.* 22, 14-15 et, dans le registre profane, ps. Cato, *Dist.* 1, 4.

10. *ieiunia longa* dans cette position métrique : *LHL* 3, 10-11.

11. *pulmo* : métonymie par contiguïté.

12. Vers 31-38 : cf. *Vita beati Roberti de Arbrissello, PL* 166, 1049 c-d (description des duretés de la vie érémitique).

13. *pigmentis* : épices, au Moyen Age (d'où : piment). On sait que les épices importés d'Orient agrémentaient la table des classes aisées (cf. C. Violante, *La società milanese nell'età precomunale*, Bari, 1981[3], p. 30-34 ; B. Laurioux, *Le Moyen Age à table*, Paris, 1989, p. 36-48).

14. *aranea tela* : *LHL* 1, 111 (ajouter aux références données par Schumann Juv. 14, 61).

15. *pulpa caro* : métaphore très concentrée, faite de la juxtaposition de deux substantifs mutuellement en apposition l'un à l'autre. Figure rare chez Baudri (cf. *c.* 92, 50 : *carminibus titulis*).

16. *bruma... gelu* : Verg., *Georg.* 3, 443.

17. Même mise en garde contre les dangers du jeûne excessif, générateur de colère, dans Cassien, *Coll.* 1, 7 et 2, 16-17.

18. C'est le piège le plus pernicieux que le démon tende à l'ermite (Cassien, *Coll.* 4, 16 et 5, 10).

19. *malus... hospes* : le démon, qui habite dans le cœur du pécheur, d'après Ven. Fort., *Vita Martini* 1, 434 : *ferus hospes et hostis.* La correction en *hostes*, proposée par Sedgwick, affaiblit, nous semble-t-il, le texte.

20. *duo saecula* : à la fois la vie terrestre, que l'on aura passée dans les souffrances et les macérations, et la vie éternelle. Il y a là une sorte de « pari de Pascal » à l'envers.

21. *importabile pondus* : *c.* 85, 26 et note *ad loc.*

22. C'est-à-dire : « tu auras trop présumé de tes forces ». Le qualificatif de « ridicule » appliqué au malheureux satyre est peut-être inspiré à Baudri par l'étymologie fulgencienne : *Marsyas quasi « morosis », id est « stultus solus »* (*Myth.*, 3, 9).

23. *instabilis (ut) rota uertibilis* : *c.* 154, 914 ; cf. *c.* 220, 1.

24. C'est-à-dire : « si tu persistes par orgueil dans une résolution dont tu auras compris qu'elle était néfaste ». Expression d'apparence proverbiale, dont nous n'avons pas trouvé la source.

25. Vers 88-89 : *Nauiget in portu* : Ter., *Andr.*, 480 ; *qui freta seua timet* : *c.* 154, 1092 ; *fragilem cimbam* : Cassien, *Coll.*, *Praef.* Toutes ces métaphores maritimes viennent de la préface de Cassien, pour qui, toutefois, le port symbolise la félicité de la vie érémitique.

26. *furor exagitat* : cf. Verg., *Aen.* 3, 331 et 12, 668 ; Ov., *Met.* 6, 595 ; Arator, *Act.* 2, 100. Si Baudri a feint jusqu'à présent de maintenir la balance égale entre les deux partis, sa préférence finit par se manifester clairement ici.

27. *libripens* : même emploi de ce mot dans le *c.* 8, v. 6.


## 95. *Archiepiscopo Pisano*

1. Il s'agit soit de Gérard, archevêque de Pise de 1077 à 1088, soit de son successeur Daimbert (1088-1099), soit encore de Pierre (1103-1120) (*Italia Sacra*, 3, col. 468-469).

2. *specialis honestas* : Baudri, *cc.* 40, 3 ; 47, 4 ; 48, 3.

3. Pièce écrite au cours de ce voyage à Rome auquel fait allusion le *c.* 84, v. 19 (cf. v. 16) ?

4. *tedia progenera(bo)* : Baudri, *c.* 85, 28.

5. *conamine toto* : Baudri, *c.* 142, 15.

### 96. *Ad eum qui sibi nullos uersus reddebat*

1. La figure de style qui consiste à répéter, ici à la rime, le même mot à des cas différents s'appelle *traductio* (*Rhet. Her.* 4, 20).

### 97. *Florus Ouidio*

1. Ce poème et le suivant ont fait l'objet de belles analyses de la part de W. Offermanns, *Die Wirkung Ovids auf die literarische Sprache der lateinischen Liebesdichtung des 11. und 12. Jahrhunderts*, Wuppertal-Kastellaun, 1970, p. 94-97, de S. Schülper, « Ovid aus der Sicht des Balderich von Bourgueil, dargestellt anhand des Briefwechsels Florus-Ovid », *Mittellateinisches Jahrbuch*, 14, 1979, p. 93-117 et de C. Ratkowitsch, « Baudri von Bourgueil – ein Dichter der "inneren Emigration" », *ibid.*, 22, 1987, p. 142-165 – cette dernière reposant cependant sur une interprétation de type biographique assurément erronée (cf. Tilliette, *Aetas ovidiana*). « Florus » est un personnage forgé par Baudri, qui ne figure pas parmi les destinataires des élégies des *Tristes* ou des *Pontiques*.

2. Vers 1-2 : même jeu de mots sur le double sens de « salut » dans Ov., *Trist.* 5, 13, 1-2 (*Hanc tuus e Getico mittit tibi Naso salutem, / Mittere si quisquam, quo caret ipse, potest*) et *Pont.* 1, 10, 1-2 (*Naso... mittit tibi, Flacce, salutem, / mittere rem si quis qua caret ipse potest*). Cf. aussi Ov., *Her.* 4, 1-2.

3. *procul a patria* : Ov., *Trist.* 5, 3, 11.

4. *natale solum* : Ov., *Pont.* 1, 3, 35.

5. Vers 11-12 : cf. Ov., *Trist.* 3, 1, 50-52 : ... *procul extremo pulsus in orbe latet, / In quo poenarum quas se meruisse fatetur / Non facinus causam, sed suus error habet*. Autres parallèles moins convaincants dans Schülper, *loc. cit.*, p. 94.

6. *Caesaris ira(m)* se rencontre à la clausule (cf. *infra*, v. 33 et 98, 9) sept fois dans les *Tristes* et six dans les *Pontiques* (*LHL* 1, 246).

7. *gelidum... ad Histrum* : Ov., *Pont.* 2, 4, 1.

8. Vers 17 : cf. Ov., *Ars* 1, 174 : *ingens orbis in Urbe fuit*. Sur l'expression *Roma caput mundi* au XIe s., voir P. E. Schramm, *Kaiser, Rom und Renovatio*, t. 1, Leipzig-Berlin, 1929, p. 37-38.

9. Vers 19 : cf. Ov., *Pont.* 1, 8, 35-36 : *Nunc fora, nunc aedes, nunc marmore tecta* theatra, / *nunc subit aequata* porticus omnis *humo* (cf. aussi *Pont.* 2, 4, 19-20 et *Trist.* 2, 279-286).

10. Vers 23-24 : cf. Ov., *Ars* 1, 45 : *Scit bene uenator... ubi retia tendat* (même image dans *Ars* 1, 253 ; *Am.* 1, 8, 69 ; *Her.* 21, 208).

11. *impenitranda* : pour *impenetrabilis*. Cet adjectif semble un hapax.

12. *Affectare* : cf. *c.* 7, n. 17.

13. Vers 32 : L'idée selon laquelle Ovide devrait son exil au fait d'avoir été l'amant de Livie est fort répandue au Moyen Age (cf. F. Ghisalberti, « Medieval biographies of Ovid », *Journal of the Warburg and Courtauld Institutes*, 9, 1946, p. 10-59).

14. *implacabilis* : cf. Ov., *Pont.* 3, 3, 63.

15. Vers 37-38 : cf. Ov., *Am.* 2, 2, 51-52.

16. Vers 39 : cf. Ov., *Trist.* 2, 131 : *Nec... decreto... damnasti senatus.*

17. Vers 40-42 : les biographies médiévales d'Ovide (Ghisalberti, *loc. cit.*) mettent ce deuxième grief – Ovide serait puni pour avoir écrit l'*Art d'aimer* – sur le même plan que le premier. Le troisième motif de bannissement allégué par les commentateurs du Moyen Age – Ovide aurait été le témoin indiscret des amours homosexuelles d'Auguste – n'est pas évoqué par Baudri.

18. *Caesaris ira nocet* : Ov., *Pont.* 1, 4, 29.

19. Vers 45-47 : cf. Ov., *Ars* 2, 479-480.

20. *uersibus absque tuis* : la répétition du second hémistiche du pentamètre (v. 48) au début de l'hexamètre suivant (v. 49) s'appelle anadiplose ; celle du même hémistiche en début et en fin de distique, épanalepse (49-50). Baudri affectionne cette double figure dont Ovide fit parfois usage : cf. *cc.* 142, 34-36 ; 144 ; 252, 6-8, etc.

21. *deus* : Dieu (le Dieu d'amour chrétien) ou, plus vaguement, la divinité ? Il y a là une ambiguïté volontaire que la traduction doit trancher. Comme l'ont très justement remarqué Bond (*Iocus*, p. 169-170), puis Ratkowitsch (*loc. cit.*), c'est, dans les *cc.* 97-98, Baudri lui-même qui s'exprime *sub assumpta persona Ovidii* (ou *Flori*) et propose une défense et illustration de sa propre poésie. On peut voir dans cette évocation hardie de la nature imprégnée d'amour par Dieu une préfiguration encore confuse de la pensée chartraine.

22. *actor* : cf. M.-D. Chenu, « Actor, auctor, autor », *Archivum latinitatis medii aevi*, 3, 1927, p. 81-86.

23. Vers 57-58 : brève digression, qui est aussi une profession de foi : comme son contemporain Anselme de Cantorbéry, Baudri croit en la non-substantialité du mal ; la haine n'existe que « par défaut » (dans tous les sens du terme).

24. *nec eras inuentor amoris* : cf. Ov., *Trist.* 1, 1, 67 : *non sum praeceptor amoris.*

25. Vers 61-62 : résument le long développement de *Trist.* 2, 359-420 où Ovide fait valoir que, s'il a été condamné pour avoir écrit un

poème d'amour, toutes les grandes œuvres littéraires sont passibles du même châtiment.

26. Vers 63-64 : cf. *Trist.*, 3, 14, 9-10.

27. *doleo quia sis michi causa dolendi* : cf. Ov., *Her.* 20, 127 : *Maceror... quod* si*m tibi* causa dolendi.

28. Vers 76 : cf. Ov., *Trist.* 3, 6, 3 : *nec te mihi carior alter.*

29. *spiritus unus alit* : cf. Verg., *Aen.* 6, 726 : *spiritus intus alit.*

30. *molliter ossa quiescent* : Verg., *Ecl.* 10, 33 (cf. Ov., *Trist.* 3, 3, 76).

31. *foedus amoris* : cf. Baudri, *c.* 200, 34 et note *ad loc.*

32. Vers 100 : même idée dans Ov., *Her.* 11, 126.

33. *Carnibus expositae* : *positae e carnibus* (cf. le sens classique de *exponere nauibus* : « débarquer »).

34. *Morinos* : un peuple de Gaule Belgique (occupant *grosso modo* le territoire de l'actuel Pas-de-Calais) subjugué par César. Les Morins sont définis par Virgile (*Aen.* 8, 727) comme *extremi hominum* : il y a donc là pour Baudri une façon à la fois d'ancrer la fiction qu'il met en scène dans la réalité antique et d'évoquer, à l'instar d'Ovide (par ex., *Pont.* 1, 4, 29-30), l'étendue de la puissance de César. Voir, dans ce vers, comme le fait Ratkowitsch (*loc. cit.*, p. 152-155), une allusion aux campagnes du roi de France en Flandre est pour le moins aventureux.

35. Vers 110 : reprise du v. 52 du *c.* 93.

36. Vers 117-118 : reprise d'un thème qui revient fréquemment dans les *Tristes* (par ex., 3, 4b, 17-26 ; 4, 5, 13-16 ; 5, 9) : Ovide évite par prudence de nommer ses correspondants, précaution dont il s'abstiendra dans les *Pontiques*. Il y a là une légère inconséquence de la part de Baudri, puisque, si le nom de Florus n'apparaît pas dans le poème, il figure au moins dans le titre.

37. *timet ne... non* : contrairement à l'usage classique, le *non*, ici, est purement explétif et renforce, au lieu de la détruire, la négation contenue dans *ne*.

### 98. Ouidius Floro suo

1. On sait que les *Tristes* et les *Pontiques* ont directement inspiré nombre de poètes médiévaux en exil, en particulier à l'époque carolingienne : cf. G. Brugnoli, « Ovidio e gli esiliati carolingi », dans *Atti del Convegno Internazionale Ovidiano,* Rome, 1959, p. 209-216 ; K. Smolak, « Der verbannte Dichter (Identifizierung mit Ovid im Mittelalter und Neuzeit) », *Wiener Studien,* 91, 1978, p. 158-191 ;

S. Viarre, « Exil ovidien, exil médiéval », dans R. Chevallier (éd.) *Colloque Présence d'Ovide*, Paris, 1982, p. 261-271.

2. Cf. *c*. 97, v. 1-2 et n. 2.

3. Vers 4-8 : la sauvagerie et la rudesse de la terre d'exil sont un des thèmes récurrents des deux recueils ovidiens. Les vers de Baudri sont une sorte de « patchwork » de *Pont.* 3, 1, 5 (... *mihi* barbaria *uiuendum... in ista*), 2, 7, 71-72 (Temperie caeli *corpusque animusque iuuatur* : / *frigore perpetuo Sarmatis ora* riget) 1, 3, 50 (niues... *perpetuas* ; cf. aussi *Trist.* 3, 10, 13-14), *Trist.* 5, 2b, 15, 22 (glaeba*que canenti semper obtusa* gelu). Également un *locus parallelus* au vers 5 dans *Am.* 1, 8, 9 : *toto* glomerantur *nubila* caelo.

4. *Nec tamen emerui* : à la différence de celui de Baudri, l'Ovide réel se reconnaît une part de responsabilité dans son malheur (cf. *supra, c.* 97, n. 5 et *Trist.* 2, 29 ; 5, 2b, 15 ; 5, 10, 49, etc.).

5. Ovide, lui, parle de « tribunal d'exception » (*Trist.* 2, 132 : *selecto iudice*).

6. Cf. Juv. 6, 223 : *sic iubeo, sit pro ratione uoluntas*.

7. Vers 21-22 : cf. par ex. *Trist.* 2, 185-186 : *Mitius exilium si das propiusque roganti,* / *pars erit ex poena magna leuata mea*, ou 3, 6, 24 : *mutatoque minor sit mea poena loco*. Nombreux autres parallèles énumérés par Schülper, *loc. cit.*, p. 100.

8. Cf. *supra, c.* 77, n. 43.

9. *multa... mortis imago* : cf. Verg., *Aen.* 2, 369.

10. Vers 31-32 : cf. Ov., *Met.* 11, 503-504 : *... de uertice montis* / *Despicere in ualles imumque Acheronta uidetur* (récit du naufrage de Céyx).

11. *Ingeminare meos quid uis... dolores* : cf. Ov., *Am.* 2, 10, 11 : *quid geminas... meos... dolores*.

12. Cf. *c.* 6, 12-14 et n. 3 ; *c.* 90, 11-15.

13. *uiscus amoris* : cf. *c.* 99, 133. Métaphore banale en « latin chrétien ».

14. *foedus amicitiae* : Ov., *Trist.* 3, 6, 1. *Junctura* très fréquente chez Baudri (cf. *supra, c.* 1, n. 47).

15. Vers 45-54 : cf. les conseils donnés par Ovide à sa femme dans *Pont.* 3, 1, 129-166.

16. *Nil intemptatum* : Hor., *Ars* 285 (en même position métrique).

17. *prece uel precio* : cf. *c.* 84, n. 2.

18. Vers 55-64 : passage important, à rapprocher, comme le fait justement Ratkowitsch (*loc. cit.*, p. 146-150), des nombreux plaidoyers que Baudri prononce en faveur de sa propre poésie amoureuse (dans les *cc.* 1, 85, 99, 193, 200...). Ovide lui aussi, notamment au livre 2 des *Tristes*, oppose la frivolité de son inspiration à la pureté de ses mœurs.

19. Vers 56 : *Quem natura facit* : cf. Maxim., *eleg.* 1, 73-74 (*me natura (pudicum) / fecerat...*) ; *coniugis immemor(em)* : Hor., *carm.* 1, 1, 26.

20. *subcomitatur* : un de ces verbes composés en *sub*- chers à Baudri (cf. *cc.* 99, 196 ; 200, 10 et 79), absent de tous les dictionnaires que nous avons consultés.

21. Vers 61 : cf. Ov., *Trist.* 2, 354 : *Vita uerecunda est Musa iocosa mea* et *supra*, *c.* 86, n. 10.

22. Vers 62 : cf. Job, 1, 21 : *Nudus egressus sum de utero matris* (voir aussi Ecl 5, 14).

23. *impos* : le mot renvoie-t-il à l'impuissance sexuelle, comme semble le penser Sedgwick (*Speculum*, 5, 1930, p. 304) ? Certes, il ne semble guère attesté dans ce sens, ni dans l'Antiquité ni au Moyen Age. Mais le rapprochement, suggéré par Ratkowitsch, avec la première élégie de Maximien (cf. n. 19), un poète que connaissait sans doute Baudri, même s'il ne s'appuie pas sur des parallèles textuels très convaincants, irait dans le sens d'une telle interprétation. On peut encore remarquer que la légende de l'impuissance d'Ovide, à laquelle a pu donner corps l'élégie 3, 7 des *Amours*, est assez répandue à la fin du Moyen Age (Eustache Deschamps, *Miroir de mariage* ; Christine de Pisan, *Livre de la Cité des Dames*).

24. Vers 66 : allusion aux *Remedia amoris*, souvent copiés dans les manuscrits médiévaux à la suite de l'*Ars*.

25. *... tibi fortuna... faueat* : cf. Ov., *Trist.* 3, 4b, 31 : *Prospera sic maneat uobis fortuna*.

26. *comes et socius* : *c.* 103, 7.

27. *alis* : il s'agit ici soit d'*alae*, « ailes d'un bâtiment », au sens architectural où l'emploie Vitruve, mais aussi Sidoine Apollinaire (*c.* 22, 152), synecdoque de la partie pour le tout, soit de la corruption d'une leçon *aulis*.

28. Vers 90 : repris textuellement au *c.* 147, v. 2.

29. Vers 110 : cf. Ov., *Pont.* 4, 13, 41-42 : *... nocuerunt carmina quondam / primaque tam miserae causa fuere fugae*.

30. *Cesareos... narrare triumphos* : Ov., *Trist.* 3, 12, 45-46. Pour le contenu des v. 111-114, reprise de l'idée exprimée dans *Trist.* 5, 1, 45-46.

31. *doctiloquo* : même adjectif appliqué à Ovide lui-même dans le *c.* 87, 15.

32. Vers 116-117 : cf. Ov., *Trist.* 4, 10, 126-128.

33. *utinam ingenium... latuisset* : Ov., *Trist.* 1, 9, 55.

34. Allusion aux *Métamorphoses*, dont nous rappelons l'*incipit* : *In nova fert animus mutatas dicere formas / corpora...*

35. Vers 122 : cf. Ov., *Trist.* 4, 10, 26 : *Et quod temptabam scribere uersus erat.*

36. Vers 123 : cf. Verg., *Aen.* 1, 203 : *forsan et haec olim meminisse iuuabit.*

37. *mei non... immemorem* : cf. Ov., *Her.* 15, 106. Baudri, *c.* 200, 30.

38. Vers 134 : allusion à la même maladie dans Ov., *Trist.* 5,13,5.

39. Vers 135 : cf. Ov., *Trist.* 5, 2b, 23 : *Nesciaque est uocis barbara lingua latinae.*

40. Vers 136-140 : cf. *supra*, n. 3.

41. *uolucrum... garrulitate* : cf. *c.* 153, 40.

42. Vers 146 : cf. Ov., *Trist.* 4, 6, 50 et *Her.* 10, 82.

43. Vers 153-158 : *abbreviatio* du thème développé par Ovide dans *Pont.* 4, 9, 9-38.

44. « Florus » est donc un sénateur, comme le destinataire de *Pont.* 4, 9 (voir note précédente).

45. *effundere fletus* : Verg., *Aen.* 2, 271.

46. *Tu solus spes una* : cf. Verg., *Aen.* 12, 57 : *spes tu nunc una.*

47. Vers 167 : cf. Ov., *Pont.* 1, 2, 33 : *Ille ego sum lignum qui non admittar in ullum.* A Phyllis (v. 167) est dédiée l'*Héroïde* 2, à Laodamie (v. 169) l'*Héroïde* 3 ; l'histoire de Pyrame et Thisbé (v. 170), si populaire au Moyen Age, est racontée dans les *Métamorphoses*, 4, 55-166.

48. *Passeris extincti* : Juv. 6, 8, où il est fait allusion au *c.* 3 de Catulle sur la mort du moineau de Lesbic – un thème de l'élégie érotique parodié par Ovide lui-même dans *Am.* 2, 6 (plaintes sur la mort du perroquet de Corinne).

49. *Me deflent oculi... mei* : cf. Ov., *Her.* 10, 45.

50. Vers 173-174 : c'est à peu près en ces termes que s'achèvent *Trist.* 3, 3 et *Her.* 14.

### 99. Ad Godefredum Remensem

1. Sur ce poète, sans doute l'un des précurseurs majeurs de la renaissance du XII<sup>e</sup> siècle, voir *supra*, *c.* 35, n. 2. L'essentiel de ce que nous savons sur sa carrière est connu par le présent poème de Baudri (v. 87-110). Les rares fragments que nous ayons conservés de son œuvre ont été publiés par W. Wattenbach (« Lateinische Gedichte aus Frankreich im elften Jahrhundert », *Sitzungsberichte der Kgl. Preussischen Akademie der Wissenschaften*, Berlin, 1891, p. 97-114) et par A. Boutemy (« Trois œuvres inédites de Godefroid de Reims », *Latomus*, 6, 1947, p. 231-255).

2. Sur ce genre de « signature », cf. *supra*, *c.* 1, n. 6.

3. *Pierias... domos* : cf. Hor., *carm.* 3, 4, 40 : *Pierio... antro*.

4. Vers 8 : cf. *c.* 87, 9-16. Traditionnellement, au Moyen Age, le summum du talent poétique est celui qui opère une synthèse entre les qualités respectives de Virgile et d'Ovide (cf. Raban Maur, *c.* 10, 3-4, *Poetae* 2, p. 172 ; Ermold, *Ad Pippinum* 2, 4, *ibid.*, p. 85).

5. Vers 13-20 : les auteurs médiévaux ne sont guère prolixes en considérations sur la cinquième partie de la rhétorique, l'*actio*. Les conseils donnés par Geoffroy de Vinsauf dans sa *Poetria nova* (v. 2031-2061 – éd. E. Faral, *Les arts poétiques du XIIᵉ et du XIIIᵉ siècle*, Paris, 1924, p. 259-260) détaillent ceux donnés par Baudri aux vers 17-18 : il s'agit, en somme, d'adapter la prononciation au contenu, de « mettre le ton ». Les vers 19-20 sont plus difficiles d'interprétation. On peut imaginer ces « récitations » comme des sortes de psalmodies (certains manuscrits de poètes classiques sont pourvus de notations musicales).

6. *Defuscata* : première attestation, semble-t-il, de ce mot, dont les fichiers du « Nouveau Du Cange » signalent deux emplois chez Pierre Riga.

7. *responsa* : ici mis pour *sponsa*. On peut aussi comprendre : « Consultations » (demandées par les puissants).

8. *parua decent intersita magnis* : cf. Verg., *Georg.* 4, 176 : *parua licet componere magnis*.

9. *magna minora iuuant* : proverbial. Cf. Otto, *Sprichwörter*, p. 204-205.

10. Vers 39 : cf. Verg., *Aen.* 6, 282 (*In medio* ramos *annosa* bracchia *pandit*) et aussi Ov., *Met.* 2, 352.

11. Encore un proverbe, formulé presque dans les mêmes termes par saint Augustin (*serm.* 42, 9 : *De minutis guttis flumina implentur*).

12. C'est une citation d'Horace (*Ars* 323).

13. *ieiuna... modulamina* : cf.cc. 191, 15 (*ieiuna musa*) ; 193, 57 (*ieiunus calamus*). Là métaphore est fréquente dans les œuvres rhétoriques de Cicéron ou de Quintilien pour désigner un style pauvre (par ex., *de or.* 1, 218 ; 3, 66 ; *Inst. or.* 1, 4, 5, etc.).

14. Vers 51 : *Vt... fuluum... aurum* : Ov., *Trist.* 1, 5, 25 (en même position métrique) ; cf. aussi Maxim., *eleg.* 1, 19-20 : *fuluo auro.. /... plus micat* (*ingenium*). Le comparatif rare *micantius* vient de Prudence (*Cath.*, 5, 44). La clausule du vers 52 *(carmina carminibus)* se trouve aussi dans les *cc.* 9, 3 ; 134, 42 ; 141, 4.

15. *Anser olori* : comparaison proverbiale depuis Virgile, *Ecl.* 9, 36 (Otto, *Sprichwörter*, p. 104-105) ; cf. Baudri, *c.* 252, 15 et Marbode, *c.* 2, 34, 9 (dans un contexte tout à fait semblable), *PL* 171, 1725 c.

16. Les vers 67 et 69 (d'après Verg., *Ecl.* 8, 69) sont repris quasi textuellement, respectivement dans les *cc.* 201, 27 (de Constance à Baudri) et 200, 67 (de Baudri à Constance).

17. Vers 70 : assez peu clair. L'idée est que la muse de Godefroid est capable de rendre immortel comme Jupiter tout ce qu'elle chante (*infra*, v. 112 – cf. aussi l'apothéose d'Auguste, dans les tout derniers vers des *Métamorphoses*).

18. Vers 71-74 : idée chère au cœur de Baudri (cf. *cc.* 84, 13-14 ; 117, 3-4 ; 204, 12) et qui semble refaire son apparition en poésie à la fin du XIᵉ siècle, avec des auteurs comme Guidon d'Ivrée ou Reginald de Cantorbéry (cf. Curtius, *LEMAL*, t. 2, p. 285-287 : « La poésie et l'immortalité » et 301-303 : « Fierté du poète »).

19. Vers 77-80 : développement parallèle dans le *c.* 193, v. 11-14.

20. *dimittis* : employé ici de façon tout à fait précise dans le sens technique de « cadeau de joyeux avènement fait par un empereur à ses soldats » (cf. Tac., *Hist.* 1, 18).

21. *fama superstes / ... superstes erit* : cf. Ov., *Trist.* 3, 7, 50 : *fama superstes erit.* Également *Am.* 1, 15, 42.

22. Mythe de fondation couramment reçu au Moyen Age (cf. Flodoard, *Historia ecclesiae Rememsis*, 1, 1, *PL* 135, 28 – cf. M. Sot, *Un historien et son Église. Flodoard de Reims*, Paris, 1993, p. 357-360), que Baudri semble considérer avec un certain scepticisme.

23. Vers 97-98 : repris presque textuellement dans le *c.* 139, 15-16, adressé à Emma, la maîtresse de l'école du couvent du Ronceray. Même image dans la *Vita beati Roberti de Arbrissello*, *PL* 166, 1050 b. Rappelons que, pour le Moyen Age comme pour l'Antiquité, les abeilles sont soumises à un roi (Verg., *Georg.* 4).

24. Bruno, écolâtre de Reims entre 1056 et 1075, est déposé de sa charge par le sinistre archevêque Manassès. C'est en 1083 qu'il se retire au désert et fonde la Grande Chartreuse. Il est à noter que Baudri, écrivant à un protégé de Manassès, ne dit rien des circonstances du départ de Bruno.

25. Sur ce personnage, dont on sait peu de chose, et plus généralement sur le milieu scolaire rémois à cette époque, voir J. R. Williams, « The cathedral school of Rheims in the XIth century », *Speculum*, 29, 1954, p. 661-677.

26. *speculum* (v. 100)... *clara lucerna* (v. 102) : mêmes expressions à propos d'un maître dans le *c.* 74, v. 1 et 12.

27. Gervais de Bellême, archevêque de Reims de 1053 à 1067 (*Gall. christ.*, 9, 68).

28. Manassès de Gournay, impie, débauché, simoniaque, est le type même du prélat antigrégorien (cf. A. Fliche, *Le règne de Philippe Iᵉʳ*, Paris, 1922, p. 417-423 – voir aussi, entre autres, le témoi-

gnage de Guibert de Nogent, *De vita sua*, 1, 11, éd. Labande, Paris, 1981, p. 62-67). Il fut déposé par Grégoire VII en avril 1080 (*Gall. christ.*, 9, 70-75). Il ne faut pas le confondre avec Manassès de Chatillon, son deuxième successeur, archevêque de Reims de 1096 à 1106 (cf. *c.* 194, 83-86). Manassès I<sup>er</sup> fut cependant célébré par un autre bon poète classicisant, Foulcoie de Beauvais.

29. Notation étrange puisque Manassès, mort en 1097, survécut deux ans à Godefroid (cf. Boutemy, *loc. cit.*, p. 336 n. 3). Nous pensons qu'il faut y lire un euphémisme pour : « avant son excommunication ».

30. Vers 111-114 : cf. *supra*, v. 71-74 et n. 18.

31. Ces métaphores militaires (cf. *supra*, *c.* 1, 22) nous paraissent renvoyer assez précisément aux trois premières parties de l'art rhétorique : l'*elocutio* (*lingue falerata decentia* : noter que, dans l'Antiquité, *phalerata oratio* désigne déjà le discours orné – par ex., Ter., *Phorm.*, 500), l'*inventio* (*sensus feriens*) et la *dispositio* (*positura decens* ; le mot *positura* désigne plutôt chez les grammairiens la ponctuation ou l'ordre des mots).

32. Vers 119-126 : passage au registre des métaphores alimentaires, déjà abondamment exploité au début du *c.* 85 (cf. n. 3 *ad loc.*).

33. *Larga manu(s)* : Juv. 10, 302 (en même position métrique). Cf. aussi Baudri, *cc.* 112, 32 ; 184, 5.

34. Vers 127 et 129 : repris presque textuellement dans le *c.* 107, 2-3. *Decimus* n'est pas exactement synonyme de *quilibet* : les degrés d'amitié correspondent à une hiérarchie extrêmement précise (cf. *infra, cc.* 118-120).

35. *huc ades* : Verg., *Ecl.* 2, 45 (cf. encore, le *c.* 107, 4) ; *alter ego* : cf. *supra, c.* 13, n. 3.

36. *compita circumeat* : cf. Hor., *epist.* 1, 1, 49 (*circum compita*). Même idée dans les *cc.* 93, 9 ; 196, 106.

37. C'est le sens ici de *pondere* : cf. God. Rem., *c. ad Ingelrannum*, v. 11 (éd. Boutemy, *cit.*, p. 343) : ... *risus iners* [cf. Baudri, v. 154], *iocus* [v. 198], *sine pondere verba*.

38. *terque quaterque* : LHL 5, 432-434.

39. *tempus iners* : *c.* 1, 56. On a affaire aux vers 153-166, à un topos classique de l'exorde (« Si j'écris – malgré mon peu de talent – c'est pour éviter la paresse » : Curtius, *LEMAL*, t. 1, 162).

40. *Expelles clauum clauo* : cf. Otto, Sprichwörter, p. 85. Le proverbe est cité dans les mêmes termes exactement par Jérôme, *ep.* 125, 24.

41. *cura iecur comedat* : cf. Hor., *carm.* 1, 25, 13-15.

42. Vers 169-172 : même idée, reprise presque dans les mêmes termes, dans le *c.* 191, 45-46. Ces maximes sur les vertus du travail et de l'exercice sont proverbiales (Otto, *Sprichwörter*, p. 359 *s.v. usus*).

43. Vers 172 : cf. Hor., *Ars* 291 : *poetarum limae labor et mora.*

44. Vers 173 : cf. Hor., *epist.* 2, 1, 73-74 : *Inter quae uerbum emicuit si forte decorum, / si uersus paulo concinnior unus...*

45. *sudor prosilit uberior* : cf. Hor., *Ars* 241.

46. *reuoluo libros* : *cc.* 93, 14 ; 197, 17.

47. Vers 183-198 : reprise, de façon particulièrement brillante et explicite, du thème favori de Baudri, la poésie comme *iocus* (c'est-à-dire à la fois comme divertissement et comme pure fiction – cf. *c.* 85, 79), sur le mode topique de la réponse aux détracteurs (*c.* 1).

48. *sexus uterque* : *LHL* 5, 130-131 (cf. *c.* 97, 45).

49. Cf. *supra, cc.* 1, 33-34 ; 98, 61, et Ov., *Trist.* 2, 354.

50. Vers 203 et 205-206 : même idée dans Ov., *Trist.* 2, 563-566.

## 100. Ad eundem Godefredum

1. *Annus abit* : Baudri, *c.* 201, 63 (dans un contexte analogue).

## 101. Ad diem in qua letatus est

1. *Haec michi festa dies* : Ven. Fort., *c. append.* 19, 1. Baudri joue sur le double sens de *festa dies*, à la fois « jour de joie » et « jour férié, rituellement célébré » (cf. v. 25-26).

2. Vers 3 : cf. Pers. 2, 1 : *diem numera meliore lapillo.*

3. *dieta* : l'hellénisme *diaeta*, en latin classique « régime alimentaire » ou « résidence », est considéré au Moyen Age comme un dérivé de *dies* (cf. Du Cange). Ici, on pourrait traduire littéralement par « quotidienneté ». Baudri se rapproche donc, sans le savoir du sens premier du mot grec, « genre habituel de vie » (en latin : *conuersatio*).

4. *melior fortuna* : Hor., *carm.* 1, 7, 25 ; Ov., *Met.* 7, 518 ; *fortuna secunda* : Verg., *Aen.* 9, 282 ; Ov., *Trist.* 1, 1, 51 ; *Pont.* 2, 3, 23, etc. ; cf. *supra, c.* 6, n. 4.

5. *Nomen-omen* : cf. Curtius, *LEMAL*, 1, p. 317-326 (« L'étymologie considérée comme forme de pensée ») et R. Klinck, « Die lateinische Etymologie des Mittelalters », *Medium Aevum*, 13, 1970, p. 93-145. Autres ex. chez Baudri : *cc.* 4, 24 (= 130, 1) ; 129, 43. Virgile emploie le verbe *adludere* pour qualifier un jeu de mots porteur d'une signification profonde dans *Aen.* 7, 117. Sur la *junctura nominis... omen* en poésie, voir *LHL* 3, 558.

6. *strenuus hospes* : Baudri, *c.* 208, 49.

7. Il n'est guère possible de rendre exactement en français le jeu de mots *Letaudum / letandum*.

8. *monachaui* : Du Cange ne donne pas d'exemple du verbe *monachare* antérieur au début du XIIᵉ siècle.

9. *Nec prece nec precio* : cf. *c.* 84, n. 2.

10. *me cruciando redemi* : l'allusion à la Passion du Christ est quelque peu désinvolte (sur *redimere* dans ce genre de contexte, cf. *supra, c.* 89, 30). Il faut considérer qu'alors, la conversion à la vie monastique procurait l'assurance certaine du salut éternel.

11. *diescat* : pour l'Antiquité, le mot n'est attesté qu'une seule fois, dans un glossaire, sous forme impersonnelle. Il est en revanche fréquent dans la poésie du XIIᵉ siècle (dans le *Babio*, chez Joseph d'Exeter, Jean de Hauville, Jean de Garlande...).

### 103. Ad amicum post reditum suum

1. Il est bien difficile de savoir si le voyage dont revient Baudri est celui auquel font allusion les *cc.* 13, 84 et 95. Si l'expression *procellosum iter* est à prendre au sens littéral, il s'agit d'un voyage en mer comme dans le *c.* 13 ; quant au *c.* 95, il évoque comme celui-ci de longues et délicates négociations.

2. *sociusque comesque* : *c.* 98, 83 (cf. Hor., *carm.* 1, 7, 26 : *socii comitesque*).

3. *gratia colloquii* : cf. *c.* 129, 5 (*dulcedo colloquii*).

### 104. Ad eum qui sepe sibi mentitus fuerat

1. Figure de *conduplicatio* (*Rhet. Her.* 4, 38), rarement employée par Baudri (cf. *c.* 119, 2) et plutôt suspecte aux yeux des poéticiens médiévaux (par ex. Geoffroy de Vinsauf, *Poetria nova*, v. 1931-1932, *éd. cit.*, p. 256).

2. *Committam uentis* : cf. Verg., *Aen.* 10, 69. Les expressions du type *uerba dat in uentos* (Ov., *Am.* 1, 6, 42), *uenti uerba ferunt* (Ov., *Met.* 8, 134) sont proverbiales (Otto, *Sprichwörter*, p. 364-365, *s. v. ventus* 2).

### 105. Ad eum qui tabulas ei promiserat

1. Dans les correspondances monastiques du XIᵉ s., le motif du don ou de la demande de tablettes est assez fréquemment développé : voir

par ex. Regimbald de Tegernsee, *ep.* 100 (éd. K. Strecker, *Die Tegernseer Briefsammlung*, Berlin, 1925, p. 103-104) ou encore W(erner?) de Hildesheim, in *Hildesheimer Briefe*, ep. 9 (éd. C. Erdmann, Weimar, 1950 [MGH, Briefe der deutschen Kaiserzeit, 5], p. 28). Dans ces milieux cultivés, les tablettes à écrire étaient un cadeau particulièrement apprécié. C'est pourquoi nous ne pensons pas qu'il faille traduire le mot *tabulae* par « lettre », comme fait G. Bond, qui cite et commente ce poème dans son ouvrage *The Loving Subject. Desire, Eloquence and Power in Romanesque France* (Philadelphie, 1995), p. 44-46. Voir au demeurant les *cc.* 12, 144, 148 et 205 de Baudri.

2. *Repetitio* de l'hémistiche *Rettulit ipse mei* (ou *michi*) en tête des deuxième, troisième et quatrième distiques : même procédé dans le *c.* 4, *supra*.

3. *fedus amicitiae* : cf. *supra, c.* 1, n. 47.

4. Même emploi du verbe *alludere* dans les *cc.* 113, 15-16 ; 117, 21-22 et 196, 5. Sur *ludus* et ses composés dans la poésie de Baudri, voir Tilliette, *Aetas ovidiana*, p. 83 et 101.

### 106. De equo postulato et non dato

1. Tentative approximative de rendre le jeu de mots *equum/ aequum*.

2. C'est-à-dire : « viens me voir ».

### 107. Ad eum qui sibi inimicabatur

1. Ici, plusieurs hypothèses de lecture, selon que l'on considère que le mot *talpa* (v. 6-10) désigne un animal (peu probable ici), le moine Étienne (*c.* 90) ou un tiers (cf. *supra, c.* 90, n. 7).

2. *quod me grauat* : Hor., *epist.* 2, 1, 264.

3. Vers 2-4 : reprise presque terme à terme des v. 127, 129 et 132 du *c.* 99 (cf. n. 34-35 *ad loc.*).

4. Vers 7 : cf. le *c.* 4, 16 (avec la même nuance d'ironie). A la lumière de ce parallèle, on pourrait sans doute imaginer que *Talpa* désigne l'animal, et non un personnage. Mais le *c.* 131, *infra*, permet de lever l'ambiguïté.

### 108. Ad amicum cui cartam mittebat

1. Vers 1-6 : *concetti* d'origine ovidienne (cf. *Am.* 2, 15, 7-20). Pâris formule le même regret dans sa lettre à Hélène (*c.* 7, 282-292).

2. Vers 8 : conclusion bien abrupte, et dont le ton tranche avec la préciosité de ce qui précède. Dans l'ignorance où nous sommes de ce que Baudri désigne par *caetera* (v. 7), il nous est difficile de comprendre les sous-entendus impliqués par ces vers.

### 109. Amicis qui ab eo recesserant

1. Vers 3 : cf. *c*. 191, 45 : *Ingenium dormit, quod nullus adiuuat usus*.

2. *amplificare* : ici, sans doute pas au sens technique que donnent volontiers à ce verbe les traités médiévaux de rhétorique (Faral, *Les arts poétiques...*, cit., p. 61).

3. Encore un exemple de la polysémie du mot *iocus* chez Baudri : ici, à la fois « jeux » et « joies » (cf. Tilliette, *Aetas ovidiana*).

4. *ructare... carmina* : cf. Hor., *Ars* 457 (*uersus ructatur*).

5. *sermone pedestri* : Hor., *Ars* 95. Il ne s'agit pas ici de prose, comme dans le *c*. 1, 61, mais de style bas, familier, prosaïque.

6. *equus* : la métaphore est habilement filée. Au *sermo pedester* s'oppose Pégase, qui fit jaillir d'un coup de sabot la fontaine des Muses, la source Hippocrène (*c*. 154, 295-296 : *Musis ungula fodit / Fontem*).

### 110. Ad eum qui ab eo recedere uolebat

1. *ipse paras reditum* (v. 2-3) : figure d'anadiplose (cf. *supra*, n. 635).

2. *meliore uia* : *LHL*, 3, 312 (notamment Ven. Fort., *c*. 1, 18, 11). *Via* est ici pris au sens abstrait (« moyen »), mais, puisqu'il est question dans ce poème de voyage, on perçoit également les échos du sens concret (« route ») de ce mot.

3. *conditione pari* : *LHL* 1, 417.

4. *propicii* : l'adjectif revient également en conclusion des poèmes voisins 107 et 108, tandis que le *c*. 111 s'achève également sur un souhait : c'est peut-être une des raisons de leur contiguïté au sein du recueil (cf. Introduction, p. XLIV-XLVII).

### 111. Ad eum qui ab eo Ouidium extorsit

1. Par-delà son emphase comique, ce poème témoigne du prix que Baudri attachait à la possession des œuvres de cet auteur (et peut-être du caractère encore réduit de leur diffusion à l'époque). Nous sommes

naturellement dans l'incapacité de déterminer de quel poème d'Ovide il est question ici : l'allusion subtile du vers 4 (cf. note suivante) suggère qu'il s'agissait peut-être des *Métamorphoses*.

2. *In quascunque... uertitur effigies* : cf. Ov., *Trist.* 2, 556 : *in facies corpora uersa noua* (à propos de *Métamorphoses*).

3. *fallat Vlixes* : cf. Ov., *Met.* 13, 712 (*fallacis Vlixis* à la clausule).

4. *(e)luserit arte* : cf. Ov., *Her.* 17, 144 ; Théodulphe, *c.* 44, 17.

5. *paternae* : sens conjectural. Peut-être simplement : « qu'il a héritée de son père » (cf. *c.* 112, 7).

6. *(Af)figens oscula* : cf. Ov., *Met.* 4, 141. On trouve *pedibus... oscula figens* chez Silius Italicus (11, 331), mais ce poète était inconnu de Baudri.

## 112. Ad Theobaldum pedagogum

1. Le mot *pedagogus* désigne en général au Moyen Age le maître de l'école élémentaire (cf. C. Frova, « Le scuole municipali all'epoca in O. Weijers (éd.) *Vocabulaire des écoles et des méthodes d'enseignement au Moyen Age*, Turnhout, 1992 (coll. CIVICIMA 5), p. 184-185).

2. *Sinonis* : allusion au personnage du jeune grec (cf. *Graeculus*, v. 5), qui, « par ses ruses et ses larmes feintes » (Verg., *Aen.* 2, 196), réussit à introduire le cheval de bois dans les murs de Troie.

3. Vers 10 : cf. Hor., *Ars* 238 : *Pythias, emuncto lucrata Simone talentum.*

4. *belle nepos* : avec la *Francia dulcis* du *c.* 82, 7, c'est le seul écho, dans la poésie de Baudri, de la phraséologie de la littérature en langue vulgaire, encore dans les limbes – d'où peut-être la construction particulièrement rude du génitif *sanguinis alterius*.

5. *Choridona* : le protagoniste de la 2ᵉ bucolique (cf. v. 56 : *Rusticus es, Corydon*).

6. *sulcet... ruga* : Ov., *Met.* 3, 276.

7. *Ovidiane* : l'allusion est peu claire ; sans doute Baudri se réfère-t-il ici à l'Ovide maître ès tromperies de l'*Art d'aimer*. La métaphore cynégétique du vers 26 ferait alors écho à *Ars* 1, 45-48. On peut aussi comprendre « spécialiste d'Ovide », puisque Thibaud doit être professeur de grammaire ; mais ce sens n'est guère attesté avant le XIIIᵉ siècle.

8. *ne uacuu(s) redeat* : Théodulphe, *c.* 53, 2 (éd. Dümmler, *Poetae*, 1, 552), peut-être d'après Maximien 5, 49 (*uacuus... recessit*) ; Cf. Baudri, *cc.* 122, 124 ; 134, 40.

9. *larga manu(s)* : 1 Mcc 3, 30 ; Juv. 10, 302 ; cf. Baudri, *cc.* 99, 126 ; 184, 5 ; *digna coaptet* : cf. Baudri, *c.* 193, 12.

10. *transiliatque modum* : même clausule dans le *c.* 134, 1012.

11. *Monstrari digito* : Hor., *carm.* 4, 3, 22 ; cf. Baudri, *c.* 126, 127.

12. *custos... comesque* : l'association *comes – custos* à propos de la personne qui s'occupe d'un enfant est traditionnelle (Verg., *Aen.* 5, 546 ; Claud., 36, 176).

13. Sous-entendu *mori* (*poteris*) : comme le montre l'exemple célèbre donné par Guibert de Nogent (*De vita sua*, 1, 4), les pédagogues sont entièrement dépendants de la générosité de ceux qui leur confient leurs enfants – à la différence des maîtres de niveau supérieur : cf. *c.* 77, 137-146.

### *113. Ad puerum mirandi ingenii*

1. Cf. *c.* 8, 1.

2. Vers 7 : il est intéressant de comparer ce poème au *c.* 3 où les charmes physiques d'un jeune homme, et non, comme ici, ses talents intellectuels, sont attribués à la seule nature.

3. *exposuit* : au sens technique, scolaire, d'« explication des mots » (cf. O. Weijers, *Dictionnaires et répertoires au Moyen Age*, Turnhout, 1991 (coll. CIVICIMA 4), p. 49-52 et 73-769). Nous ne pensons pas que, s'agissant d'un enfant de quinze ans, il soit question ici d'exégèse.

4. Vers 15-16 : cf. *supra*, *c.* 105, 12 et n. 4.

5. Le texte de *V* ici fait problème : la correction que nous proposons a sur celle de Hilbert l'avantage de rétablir non seulement la syntaxe de la phrase, mais aussi la métrique du vers (en outre, le passage de « Cicero n͞c » à « Ciceron͞e » s'explique assez bien). Sur *uiuere* + attribut, cf. *supra*, *c.* 5, n. 7.

6. Vers 17-18 : cf. Godefr. Rem., *c. ad Ingelrannum*, 77-78 : *... tam celebrem tua te facundia fecit / Quam celebris Rome Quintilianus erat.*

7. Topos du *puer-senex* (cf. Curtius, *LEMAL*, 1, P. 176-180).

8. *Extolli noli* : même genre de conseils au destinataire du *c.* 3, 57-65.

### *114. Ad Bernerium monachum*

1. *rescribas attamen ipse ueni* : Ov., *Her.* 1, 2.

2. Nous savons très peu de chose de la famille de Baudri. Le neveu dont il est question ici est vraisemblablement le dédicataire du traité pseudo-augustinien *De visitatione infirmorum*, que notre auteur lui consacra alors qu'il était sur son lit de mort (*PL*, 140, col. 1147-1148). Pour des raisons qui tiennent à la date probable du manuscrit, on ne peut pas le confondre avec « Arnaldus clericus archiepiscopi Baudrici nepos », qui souscrit une charte peu après 1107 (Bibl. mun. Tours, ms. 1338, p. 406).

### 115. *Propter eum qui non redibat*

1. Personnage impossible à identifier, vu la banalité du prénom : on peut penser au destinataire du *c.* 11 ou encore, compte tenu de la symétrie des titres, à celui, anonyme, du *c.* 110.

2. *obliuia nostri* : Ov., *Trist.* 1, 8, 11.

3. *tres* : peut-être ici un souvenir approximatif d'Ov., *Met.* 7, 152-153 (*trois* incantations de Médée ont le même effet que l'eau du Léthé) ; ou simple hyperbole : en principe, une seule gorgée de cette eau suffit à procurer l'oubli.

4. *inconstans quaeque iuuentus* : cf. Baudri, *cc.* 94, 7-8 ; 120, 34.

5. *superexpectabo, superassociabo* : deux de ces verbes composés en *super* – comme Baudri aime à en forger (cf. *cc.* 8, 325 : *super-appendere* ; 134, 412 : *superingruere* ; 134, 669 : *superedere*, etc.).

### 116. *Ad quemlibet*

1. *quod habet mea tota facultas* : même hémistiche, *c.* 193, 31.

### 117. *Ad Maiolum*

1. Sans doute un moine (cf. v. 21), au prénom prédestiné, qui témoigne en tous cas de la vénération dont fait l'objet, en cette période de réforme, le quatrième abbé de Cluny (cf. D. Iogna-Prat, *Agni immaculati. Recherches sur les sources hagiographiques relatives à saint Maieul de Cluny*, Paris, 1988, p. 377-382).

2. Cf. *supra*, *c.* 99, n. 18.

3. *decor atque decus* : cf. *supra*, *c.* 3, n. 14.

4. Cf. *supra*, *c.* 93, 11-12 et n. 6.

5. *tui non immemor* : *c.* 200, 30.

6. Vers 21-22 : cf. *c.* 105, n. 4.

7. N'ayant pu identifier le monastère où réside Maieul, nous sommes incapable de dire si Hugues et « le prieur » sont ou non une seule et même personne. La ponctuation du manuscrit (point entre *Hugone, priore* et *Blaino*) nous inclinerait à penser qu'il s'agit d'individus distincts.

### 118. *Allegorice de quolibet*

1. *Allegoria* au Moyen Age n'est pas à entendre dans le sens moderne du terme, mais dénote l'emploi métonymique du concret pour l'abstrait (cf. Isid. Hisp., *orig*. 1, 37, 22 ; Mattheus Vindocinensis, *Ars versificatoria* 3, 43). En ce sens, le personnage de « Teucer » – sans doute un prénom fictif – est allégorique des avanies qu'il fait subir à Baudri, image des caprices de la Fortune. Signalons toutefois que si, dans la tradition classique, les Teucriens, c'est-à-dire les Troyens, ne sont pas présentés, contrairement aux Grecs, comme des modèles de tromperie et de déloyauté, une telle réputation s'attache à eux au Moyen Age (cf. *Roman d'Eneas*, v. 3289-3290 : *Li Troïen n'ont giens de foi / ne il ne tienent nule loi*).

2. Vers 1-6 : une fois sa part faite à l'ironie évidente qui sous-tend ces considérations, la question subsiste de savoir ce que Baudri entend exactement par les adjectifs numéraux *quartus* et *quintus* (encore précisés par la terminologie arithmétique très présente dans ces vers) : Baudri veut-il suggérer qu'il a trois amis, qu'il serait susceptible de nommer, qu'il préfère de toutes façons à « Teucer » ? fait-il allusion à l'ordre d'arrivée à un rendez-vous (cf. v. 5) ? ou se réfère-t-il à une valeur symbolique du quatre et du cinq, que nous serions d'ailleurs bien en peine de préciser ? Il ne faut pas oublier que, dans la société de l'époque, tous les rapports sociaux, même teintés d'affectivité, sont fortement hiérarchisés. On ne verra donc dans ce poème et les deux suivants ni une pure plaisanterie, dans le registre de *private joke*, ni le reflet d'une situation réelle – au fond, une « allégorie », au sens que Baudri donne à ce mot (note précédente).

3. *felicia fata precabor* : *c*. 6, 27.

4. *alter* : noter la reprise par un pronom masculin, d'un nom féminin (*fortuna*) ou neutre (*fata*).

5. *uota precantum* : clausule fort commune en poésie médiévale, d'après Verg., *Aen*. 9, 624 (*LHL* 5, 735).

### 119. De quo supra

1. *uelox uelox* : noter l'effet de la *conduplicatio*, de part et d'autre de la césure.

2. *praecipitesque ruunt* : cf. *c.* 94, 8.

3. Vers 10-15 : longue comparaison épique, à rapprocher de celle du *c.* 77, v. 25-31. Par-delà son apparente incohérence, elle est motivée par l'ambivalence du mot *praeceps*, au masculin « homme qui se jette en avant la tête la première », au neutre « terrain en pente rapide ».

4. *Obstupui fateor* : *c.* 134, 93 (*Obstupui* en début d'hexamètre dans Verg., *Aen.* 2, 774).

5. Le texte du manuscrit (*dixi*) est compréhensible, mais incorrect métriquement.

### 120. Iterum de eodem

1. Vers 3-4 : cf. le poème de Marbode *Audi faex iuuenum*, qui est également une invective contre un jeune homme, v. 10-11 : *Mens in momento duplici tua concita uento / Vult quod nolebat non uultque quod ante uolebat* (éd. J. Werner, *Beiträge zur Kunde der lateinischen Literatur des Mittelalters aus Handschriften gesammelt*, Aarau, 1905, n° 6, p. 5).

2. *quintus* : correction hypothétique, étant donné le caractère elliptique du texte : ou bien il s'agit de la promotion accordée à Teucer par Baudri dans le *c.* 118 (« alors qu'il était cinquième »), ce que semble suggérer l'adverbe *et* ; ou bien il s'agit de l'ordre d'arrivée à un rendez-vous (cf. *c.* 118, 5), auquel cas il faut garder le texte de *V* (« parce qu'il était arrivé quatrième »). Cette seconde hypothèse, vu la complexité du sous-entendu qu'elle suppose, nous paraît moins probable. D'autre part, la confusion par le scribe de deux adjectifs numéraux juxtaposés et de graphie très voisine est bien compréhensible.

3. *foedus amicitiae* : cf. *supra*, *c.* 1, n. 47.

4. *dececini* : aucune autre attestation, à notre connaissance, de *decanere* dans ce sens, mais on trouve chez Jean de Salisbury (*ep.* 244, ca. 1168) : *quicquid cecinerat alius, alius in curia* decantabat.

5. *castra mouens* : *LHL* 1, 296-297. Le vers 20 fait évidemment allusion à la formation de l'armée romaine en *cuneus*, mais, dans le contexte, une traduction trop littérale et trop technique serait fâcheuse.

6. *Expes (sc. Exspes)* : la correction de Hilbert, en *Expers*, ne s'impose pas. Au contraire, il nous semble que la paronomase *expes /*

*expers*, encadrant un vers où l'on rencontre aussi le polyptote *Teucro Teucri*, est un témoignage supplémentaire de la virtuosité de Baudri à pratiquer les jeux de la *variatio* rhétorique.

7. *incurius* : mot rare, dont la seule attestation recensée par le *ThLL* se trouve dans Gloss. IV 531, 16.

8. *seruitium* : assurément au sens féodal du terme (innombrables attestations dans Du Cange).

9. Vers 34 : cf. *c.* 94, 7.

10. Vers repris presque mot pour mot en conclusion du *c.* 122. Comme dans ce dernier poème, mais de façon moins explicite, c'est la parabole de l'enfant prodigue qui se donne à lire ici.

## 121. *Ad musam per yroniam*

1. L'ironie, qui exprime le contraire de ce qu'elle veut faire entendre, est considérée par Isidore de Séville (*orig.* 1, 37, 23) comme un type d'*alieniloquium*, au même titre que l'allégorie (cf. *c.* 118, n. 1). Ici, l'effet d'ironie repose sur l'attente frustrée du lecteur : après une invocation à la Muse et une suite d'images épiques un peu pompeuses (v. 8-10), le poème tourne court et s'achève sur une conclusion très prosaïque.

2. Quoique Baudri évoque assez souvent sa muse, c'est le seul passage où il l'invoque directement, à la deuxième personne du singulier (sur le contexte traditionnel de l'invocation aux Muses, cf. Curtius, *LEMAL*, t. 1, p. 363-388) : que ce soit dans un poème sur... le manque d'inspiration est particulièrement caractéristique du genre d'humour de notre auteur.

3. *satiras... et odas* : faut-il voir ici une allusion précise à Horace, le second grand modèle de Baudri, après Ovide ? Le titre de *liber odarum*, bien que moins fréquent que *liber carminum*, se rencontre dans les manuscrits médiévaux.

4. Vers 8-10 : comparer à ces images Verg., *Aen.* 6, 535-536 : *... Aurora quadrigis / iam medium aetherio cursu traiecerat axem* et Ov., *Met.* 4, 214-216 : *Solis equorum / (Ambrosia)... fessa diurnis / Membra ministeriis... reparat.* La *junctura occidu(as)... und(as)* à propos du coucher du soleil est fréquente en poésie médiévale (*LHL* 4, 13).

5. *membra sopori* : clausule très banale dans la poésie épique (*LHL* 3, 321).

6. Vers 14 : cf. *c.* 126, 19-20 : *puer... tabulas preparet et calamos*, sans doute d'après Hor., *epist.* 2, 1, 112-113 : *prius orto / sole... calamum et chartas... posco.*

## 122. *Confessio poenitentialis*

1. Ce texte est l'unique poème long de Baudri à sujet exclusive-ment religieux ; à ce titre, il a fait l'objet d'une traduction française, plus élégante qu'exacte, de la part de H. Spitzmüller (*Poésie latine chrétienne du Moyen Age (IIIᵉ-XVᵉ siècle)*, Paris, 1971, p. 486-497). A une époque où la réflexion théologique sur la pénitence est très riche, le thème du repentir n'est pas absent de l'œuvre des poètes : ainsi, l'*Oratio paenitentis saepe lapsi* de Marbode (*c.* 1, 34, *PL* 171, 1669-1670) présente plusieurs ressemblances très étroites avec le présent poème. Cf. aussi, Pierre le Peintre, *c.* 17, *De recordatione mortis* (éd. L. Van Acker, Turnhout, 1972, *CCCM* 25, p. 131-134) ; Galon de Léon, *Heu stolidi qui tam cupidi...* (éd. A. Boutemy In *Latomus* 1, 1937-1938, p. 310-311) ; Henri de Huntingdon, *Mors properat torpes...* (éd. T. Wright, *Anglo-Latin Satirical Poets...*, t. 2, Londres, 1872, p. 171-174). Baudri lui-même a développé ce thème dans son « manuel de la bonne mort » (*De visitatione infirmorum, PL* 40, 1147-1158) et dans sa lettre à Pierre de Jumièges (éd. J.-Y. Tilliette, *Revue des Études augustiniennes*, 28, 1982, p. 262-266). Nous avons d'autre part commenté le *c.* 122 dans notre article « Hermès amoureux, ou les métamorphoses de la Chimère. Réflexions sur les *carmina* 200 et 201 de Baudri de Bourgueil », *Mélanges de l'École française de Rome. Moyen Age*, 104, 1992, p. 121-161 (p. 131-136).

2. *ad externas... tenebras* : Mt 8, 12.

3. Sur cette description de la vieillesse, cf. *supra, c.* 3, 68-72 et n. 15. Pour le vers 2, cf. Verg., *Aen.* 5, 396 : *sanguis hebet, frigent... uires* ; l'expression *cutis aret* (v. 3) est dans Maximien (1, 135) (contextes analogues).

4. *Infelix quid agam* : c'est l'incipit du *c.* 1, 34 de Marbode (*cit. supra,* n. 1).

5. *cautio* : terme technique, défini par Du Cange *chirographus quo debitor cavet se pecuniam a creditore accepisse eamque certo die soluturum spondet. Exactor,* au vers 7, désigne en langage adminis-tratif un collecteur d'impôts.

6. *extremum... quadrantem* : cf. Mt 5, 26 (*novissimum quadran-tem*).

7. Vers 11-12 : allusion à l'épisode relaté par IV Rg 20, 1-3 (visite d'Isaïe à Ézéchias mourant) : *Qui* (= Ézéchias) *convertit faciem suam ad parietem... Flevit itaque Ezechias fletu magno* (cf. aussi Is 38, 1-3).

8. *susceptio carnis* : l'expression se rencontre déjà dans l'Anti-quité chrétienne pour désigner l'Incarnation du Christ (Ambr., *ep.* 10,

7 ; Avit., *Contra Eutychianam haeresim*, éd. Peiper, *MGH, AA*, p. 16).
Cf. aussi Geoffroy d'Auxerre, *Super apocalypsim*, 7 (éd. Gastaldelli,
Rome, 1970, p. 124).

9. Vers 13-14 : les exégètes interprètent généralement les versets
des *Rois* cités plus haut *ad litteram* : c'est par honte ou par tristesse
qu'Ézéchias se tourne vers le mur. Nous n'avons pas trouvé ailleurs de
texte qui fasse de ce mur « de boue » une figure du corps du Christ-
homme, sinon chez Baudri lui-même (*De visitatione infirmorum*, 2, 2,
*PL* 40, 1153 ; cf. aussi *c*. 94, 90 : *lutulentus homo*).

10. *Disponam domui* : Is 38, 1 (cf. *supra*, n. 7).

11. *uitulis laborium* : Os 14, 3.

12. Vers 22-24 : Lc 7, 38 : *et stans retro secus pedes eius, lacrymis coepit rigare pedes eius, et capitis capillis sui tergebat... et
unguento ungebat* (épisode de la pécheresse repentie) : cf. *infra*, v. 52-
56 et Tilliette, « Hermès amoureux... », cit., p. 133-134.

13. Vers 25 : interprétation allégorique traditionnelle de cet épisode (Ambr., *In Luc.* 6, 30).

14. Vers 27-32 : Lc 10, 30-35 : *Homo quidam* descendebat *ab*
Ierusalem in Iericho, *et incidit in latrones qui etiam* despoliauerunt
*eum* : *et* plagis *impositis abierunt... Accidit... ut* sacerdos... uiso *illo*
praeteriuit. Simili*ter et* leuita... *Samaritanus autem... obligauit* uulnera
*eius... et* imponens *illum in* iumentum *suum* duxit in stabulum... *Et
altera die protulit duos denarios...* (parabole du bon Samaritain).

15. *miserebor enim miserorum* : cf. Ier 31, 20 *(miserans miserebor
eius)*. Noter la figure dérivative.

16. *Vulnera inueterata* : cf. Marbode, *c*. 1, 34, 2 : *Plagam peccati
fetentis et inueterati*. On trouve ici les mots *plaga* au vers 42 et *fetens*
au vers 81.

17. *medicina salutis* : *LHL* 3, 310. La même métaphore est
longuement filée par Baudri dans le *c*. 73.

18. Vers 46 : Lc 10, 34 : *alligauit uulnera eius, infundens oleum et
uinum*. Cf. Marbode, *c*. 1, 35, 26 et 28 : ... *ut fecit Samaritanus, /
... perfundito uulnus oliuo*.

19. *Bis Moyses silicem (incussit)* : cf. Num 20, 11.

20. Vers 54-55 : Lc 7, 45-48 et 50 : Remittuntur *ei* peccata multa,
quoniam dilexit multum... *Dixit autem ad illam* : Remittuntur tibi
peccata... uade in pace (cf. *supra*, n. 12). A l'époque où écrit Baudri,
la tradition a depuis longtemps assimilé la pécheresse anonyme de
l'Évangile de Luc à Marie-Madeleine (v. 52).

21. Vers 57 : Mt 11, 12 : *regnum caelorum uim patitur, et uiolenti
rapiunt illud* (éloge de Jean-Baptiste). Même idée développée *infra*,
v. 132-134.

22. *librum* : allusion probable au livre où sont consignées les actions bonnes ou (ici) mauvaises des hommes et qui sera ouvert au jour du Jugement (Apc 20, 12). Cf. Curtius, *LEMAL*, t. 2, p. 17-19.

23. *lituram* : le sens exact du mot fait problème ici. Nous supposons que Baudri file la métaphore du « livre de vie » (note précédente), où les péchés seraient inscrits sous forme de ratures, ou de taches. Ou encore selon Ez 13, 9-12, le pécheur est assimilé aux faux prophètes qui « ne seront pas inscrits au livre (*scriptura*) de la maison d'Israël » et dont la parole mensongère est comparée à un crépi (*litura*) dont ils enduisent les murs de cette maison.

24. Vers 74-76 : même métaphore filée dans l'*ep. ad Petrum Gemmeticensem*, d'après Ps 33, 9 (*éd. cit.*, p. 264).

25. Vers 77-78 : cf. Mt 15, 14 : *caecus... si caeco ducatum praestet, ambo in foueam cadunt* (cf. aussi Lc 6, 39).

26. Vers 82-83 : Lc 6, 41-42 : ... *trabem quae in oculo tuo est non consideras... Quomodo potes dicere fratri tuo : Frater sine eiiciam festucam de oculo tuo ?* (cf. Mt 7, 3-4 et Baudri, *c.* 1, 81-82).

27. *uaricosus aruspex* : Juv. 6, 397. Ici, l'allusion classique ne semble guère en situation, car Juvénal parle de ce personnage avec plus de malice que d'indignation. Peut-être faut-il comprendre *uaricosus* à la lumière de la physiologie médiévale, pour laquelle les maladies du sang sont le symptôme de maladies de l'âme (par ex., Barthélemy l'Anglais, *De proprietatibus rerum*, 4, 8 : *sanguis si fuerit in corpore superfluus, monstruosas in hominibus generat passiones*).

28. *miserandus homuntio* : Baudri, *c.* 118, 8.

29. Vers 90 : cf. Marbode, *Liber decem capitulorum*, 6, 67 : *Fur, latro, sacrilegus, raptor, periurus, adulter* (éd. Leotta, cit. p. 156).

30. Vers 90-98 : une énumération comparable, mais un peu moins emphatique, dans Sedulius, *Carm. pasch.* 5, 59-62 (à propos de Judas !). La figure rhétorique de *congeries*, énumération-accumulation en asyndète de termes homogènes, est fort prisée des poètes de l'Antiquité tardive et du Moyen Age (H. Wedeck, « The Catalogue in late and medieval poetry », *Medievalia et Humanistica*, 13, 1960, p. 3-16). Aussi, prendre cette énumération au pied de la lettre, comme fait J. Boswell à seule fin d'enrôler Baudri sous la bannière de la culture « gay » (*op. cit.*, p. 309-310), nous paraît-il au moins naïf.

31. Vers 110-111 : cf. Ps 50, 19 : *Sacrificium Deo spiritus contribulatus ; cor contritum... non despicies*. Sur le « don des larmes », un grand thème monastique dans les premiers siècles du Moyen Age, voir les belles réflexions de J. Leclercq, *L'amour des lettres et le désir de Dieu*, Paris, 1957, p. 34-38, ou encore J.-Ch. Payen, *Le motif du repentir dans la littérature française médiévale*, p. 31-33 et *passim*.

32. Vers 114-121 : Lc 15, 11-32 (parabole du fils prodigue). Bornons-nous ici à relever les parallèles textuels exacts : v. 115, *paui porcos* (verset 15) ; *in longinqua regione* (13) ; v. 116, *portio rerum* (12) ; v. 118-120, *In meritricales... tabernas... uoraui* (30) [l'expression *meretricales taberna(s)* se trouve aussi dans Baudri, *c.* 200, 93 et *Vita s. Hug. Rotom.* 11, *PL* 166, 1170 d] ; v. 121 : cf. verset 19 (*fac me sicut unum de mercenariis tuis*).

33. *conseruum* : sur le mot *conseruus* en « latin chrétien », voir C. Mohrmann, *Études sur le latin des chrétiens*, t. 2, Rome, 1961, p. 336-337.

34. *Nemo redit uacuus* : cf. *supra*, *c.* 112, n. 8.

35. De ces nombreux exemples de la miséricorde du Christ, seul le premier est difficile à identifier : sans doute s'agit-il du pardon, non relaté explicitement dans les évangiles, que Jésus accorde à Pierre après son reniement (cf. *c.* 147, 3-4 : *Vicit uterque Deum Petrus et mulier cananea, / Hic instans lacrimis* (Mt 26, 75), *illa studens precibus*) ; *Cananea* : Mt 15, 21-28 ; *centurionem* : Mt 8, 5-13, Lc 7, 1-10 ; *Cecum importunum* : Mt 20, 29-34, Mc 10, 46-52, Lc 18, 35-43 ; *Iairum* : Mc 5, 22-24, Lc 8, 40-42 et 49-56 (cf. Mt 9, 23-26) ; vers 126, guérison de l'hémorroïsse : Mt 9, 18-22, Mc 5, 25-34 ; Lc 8, 43-48 – à noter, à propos de ce dernier exemple, que les Évangiles parlent d'une maladie qui dura douze ans, et non dix-huit, comme Baudri (confusion probable avec le miracle relaté en Lc 13, 10-13).

36. *Vt loquar audenter* : *c.* 138, 18 (contexte analogue).

37. Vers 135-148 : ces vers sont difficiles à comprendre si l'on ne saisit pas que Baudri, qui revient ici à la parabole du fils prodigue, s'inspire directement du commentaire que Bède, dans son *Expositio in Lucae Evangelicum*, a donné des versets 22-23 du chapitre 15 de saint Luc (éd. D. Hurst, Turnhout, 1960 (*CCSL* 120), p. 291-292). Ainsi, à propos du veau gras (Lc 15, 23 : *uitulus saginatus* ; cf. Baudri, v. 135-140) : *Vitulus saginatus ipse idem dominus est.*

38. *Eius misterii* : pour le sens de *mysterium*, équivalent d'*allegoria* dans le vocabulaire de l'exégèse, voir H. de Lubac, *Exégèse médiévale. Les quatre sens de l'Écriture*, t. 1/2, Paris, 1959, p. 500.

39. Vers 141-142 : cf. Bède, *loc. cit.* : *Stola prima est uestis innocentiae.* Baudri, à la suite de Bède, commet sur l'expression *stola prima* un contresens qui résulte de la traduction ambiguë de Jérôme (« la plus belle robe » et non « la robe d'autrefois »).

40. Vers 143-144 : cf. Bède, *loc. cit.* : *Anulus est... nuptiarum pignus illarum quibus ecclesia sponsatur.*

41. Vers 145-146 : cf. Bède, *loc. cit.* : *Calciamenta in pedes... denuntiant ut cursus mentis... priorum munitus exemplis... securus incedat.*

42. *carne soluti* : *LHL* 1, 289.

43. *ouis que desipit est repetenda* : allusion à la parabole de la brebis perdue (Lc 15, 3-7), qui, dans l'Évangile de Luc, précède presque immédiatement celle du fils prodigue.

44. *Simphoniam atque chorum* : Lc 15, 25 (Bède, *loc. cit.* : ... *scilicet spiritu plenos*).

45. Vers 155 : *c.* 120, 35. Conclusion conforme à celle des trois « paraboles de la miséricorde » (Lc 15, 7, 10 et 32).

### 123. Pro gratiarum actione

1. Avec cette pièce et les *tituli* n° 124, 125 et 133, Baudri s'inscrit dans la tradition de l'épigramme chrétienne, inaugurée par Damase.

### 124. Circa lapidem altaris sui

1. Cf. Gn 35, 14.

### 125. Circa crucifixum

1. De tous les poèmes de Baudri, ce bref *titulus* est de loin celui qui aura connu le plus grand succès : tôt attribué à Hildebert, il est transmis, sous diverses formes (cf. Apparat) par dix-huit manuscrits. Il a même été gravé sur l'un des portails d'une église catalane (cf. R. Favreau, « L'inscription du tympan Nord de San Miguel d'Estella », *Bibliothèque de l'École des Chartes*, 137, 1975, p. 237-246). Il constitue enfin le début d'un bref poème intégré au *De visitatione infirmorum* (2, 2, *PL* 166, 1154). Il a fait l'objet d'un commentaire extrêmement méticuleux, du point de vue à la fois de l'histoire du texte et de son arrière-plan idéologique (*i.e.* la question de la nature et de la fonction de l'image religieuse) de la part de R. Pörtner, *Eine Sammlung lateinischer Gedichte in der Handschrift Wien ÖNB 806 aus dem 12. Jahrhundert*, diss. Tübingen, 1989, p. 243-248.

### 126. De sufficientia uotorum suorum

1. Ce poème, par son titre même et par son inspiration, évoque immanquablement la satire 2, 6 d'Horace (*Hoc erat in votis...*), même

si les rapprochements verbaux entre les deux textes ne sont par ailleurs guère nombreux : même goût pour la vie rustique, finement observée, même idéal d'*aurea mediocritas*... Parmi les œuvreş contemporaines, on peut le rapprocher du poème pseudo-marbodien *Rus habet in silva*... (*PL* 171, 1665-1667) ou des *Bucoliques* de Marcus Valerius, sous réserve que celles-ci soient bien du XII<sup>e</sup> siècle.

2. Vers 7-8 : Marbode et Godefroid de Reims sont cités comme les parangons du talent poétique dans le *c*. 223, 19. On a tout perdu de l'œuvre d'Audebert de Bourges (*cc*. 22-23, 155-160).

3. *mandare lituris* : là encore, le sens du mot *litura* est obscur (cf. *supra*, *c*. 122, n. 23). Nous comprenons cette expression à la lumière d'Horace, *epist*. 2, 1, 167 et *Ars* 293 : le bon poète est celui qui n'hésite pas à raturer. On peut aussi envisager de corriger *mandare* en *mendare* (ou *emendare* : cf. Mart. 1, 4, 8 : *liturae possunt emendare*).

4. *lentis... fidibus* : *c*. 129, 28.

5. Vers 19-20 : cf. *c*. 121, 14.

6. Vers 24 : on peut aussi comprendre : *(Nec) priuatus nec inops*... auquel cas les deux adjectifs seraient synonymes.

7. *Vitreus ... fons* : cf. Hor., *carm*., 3, 13, 1 (*fons... splendidior uitro*).

8. *refluis anfractibus* : *c*. 129, 17.

9. *murmure rauco... obstreperet* : cf. Alcuin, *Vita s. Willibrordi*, liv. 2, praef. v. 5 (*Poetae* 1, p. 208) – d'après Append. Virgil., *Copa*, 12.

10. Vers 35-36 : cf. *c*. 129, 23-24.

11. Vers 39-40 : cf. Verg., *Georg*. 4, 10-12 : *oues haedique petulci /floribus insultent aut errans bucula... / ... atterat herba*.

12. Vers 41-42 : cf. Verg., *Georg*. 2, 526 : *inter se aduersis luctantur cornibus haedi*.

13. *balatibus aur(e)s* : Sed., *carm. pasch*. 2, 114 ; Ven. Fort., *c*. app., 21, 5.

14. Vers 45-46 : Verg., *Ecl*. 3, 30 (*bis uenit ad mulctram*) et 4, 21-22 (*Ipsae lacte domum referent distenta capellae / ubera*).

15. *Exossata... arua* : cf. Pers., 6, 52. A noter que, chez Perse, l'expression *exossatus ager* est à entendre au sens figuré (« champ qui ne vaut rien du tout »), alors que le scholiaste, et Baudri à sa suite (également dans l'*Itinerarium*, 1, *PL* 166, 1173 c), la comprennent au sens concret (*ossa terae sunt lapides*, d'après Ov., *Met.*, 1, 393-394 – cf. *ThLL*, 5/2, col. 1594).

16. *bruma rigens* : cf. Lucan. 9, 874.

17. Vers 53-54 : l'idée que les bovins doivent boire d'abondance est dans Caton (*Agr*. 73). En revanche, nous ne savons pas d'où, sinon

peut-être de sa propre expérience, Baudri a tiré celle qu'il faut leur donner de la paille pour mieux les assoiffer.

18. Vers 55 : cf. *cc.* 77, 165 et 153, 37.

19. Vers 61-62 : l'idée que le lézard peut être nuisible aux abeilles vient des *Géorgiques* (4, 13 : *Absint... lacerti*).

20. *rete... tendere si libeat* : *c.* 97, 24 et n. 10.

21. Vers 65-66 : cf. Baudri, *c.* 7, 210-211.

22. Vers 67 : d'après Avian. 6, 11-12 (cf. *supra, c.* 1, 38 et n. 16).

23. Vers 75-77 : cf. Verg., *Ecl.* 1, 80-81 (*Sunt nobis mitia poma, / castaneae molles*) et 2, 51-52 («... *tenera lanugine mala / castaneasque nuces*»). Sur le sens de *coctana*, voir J. André, *Lexique des termes de botanique en latin*, Paris, 1956, p. 77.

24. *Vinum... misceat* : allusion à la coutume antique qui consiste à couper les vins à trop fort degré d'alcool (cf Hor., *Sat.* 2, 4, 55). Le haut Moyen Âge semble plutôt avoir apprécié les vins légers. La coutume d'y mélanger de l'eau n'est guère attestée avant le XIIIe siècle (B. Laurioux, *Le Moyen Age à table*, Paris, 1989, p. 86).

25. *in factis prouidus* : cf. *cc.* 31, 2 ; 44, 5.

26. Vers 95-96 : d'après Juv. 10, 29-34, vers devenus proverbiaux (cf. par ex., Raoul « Tortarius », *ep.* 3, 339-386, éd. Ogle-Schullian, Rome, 1933, p. 278-279) : les seules attitudes dignes d'un sage, face au spectacle du monde, sont le désespoir ou la dérision. Baudri a dû trouver dans quelque scholie le nom d'Héraclite, qui n'apparaît pas dans le texte de Juvénal.

27. *unus et alter* : clausule horacienne (*LHL* 5, 711-712) ; cf. aussi Baudri, *cc.* 2, 83 ; 9, 1.

28. Vers 105 : sans doute faut-il voir là, malgré le conditionnel, une des seules indications positives que nous ayons sur la famille de Baudri. On sait d'ailleurs l'affection qu'il éprouvait pour le neveu à qui il dédie son *De visitatione infirmorum* (*supra, c.* 114, n. 2) et, de façon plus générale, le lien très fort qui unit, dans la société comme dans la littérature d'époque féodale, le neveu à l'oncle maternel (cf. R. R. Bezzola, « Les neveux », in *Mélanges Jean Frappier*, Genève, 1970, t. 1, p. 89-114).

29. *cithara* : le terme est passablement énigmatique et nous ne comprenons son emploi ici qu'en nous référant à un passage de *De officiis* d'Ambroise : (*mater Maccabaeorum) pulcherrimam ventris sui* citharam *in filiis cernens*.

30. Vers 107 : cf. Verg., *Aen* 2, 710 (... *paruus Iulus*) et 4, 328-329 (... *si quis michi paruolus aula / luderet*).

31. *casta cubile* : cf. *supra, c.* 77, n. 36.

32. *maiorem... honorem* : sans doute la charge d'abbé, dont Baudri déplore également le poids dans le *c.* 1, 89-90.

33. *michi uiuere mallem* : cf. Hor., *epist.* 1, 18, 107 (*mihi uiuam*). La morale qu'expriment les vers 115 à 122 rejoint celle qui se dégage du premier livre des *Épîtres* d'Horace.

34. Vers 123 : cf. Lc 9, 25 : *Quid enim proficit homo, si lucretur universum mundum...* ?

35. *mentio nulla michi* : Baudri, c. 191, 28.

36. *Monstrarer digito* : Hor., *carm.* 4, 3, 22 et Baudri, c. 112, 40.

37. *multociens* au sens local (« de toutes parts »), de même que l'on trouve souvent chez Baudri *nusquam, usquam* au sens temporel.

38. *Quam* au sens de *potius quam* se trouve déjà chez Tacite.

39. *paupertas mediocris* : le poème s'achève comme il avait commencé, par un clin d'œil à Horace (*carm.* 2, 10, 5 : *auream... mediocritatem*).

## 127. De eo qui sabbato carnem recusauit

1. Cette épigramme a fait couler beaucoup d'encre : Mabillon (*Annales ordinis s. Benedicti...*, 5, p. 146-147) et, après lui, l'abbé Lebœuf (*Histoire littéraire de la France...*, t. 11, p. 97-98) y voient la preuve éclatante du laxisme coupable de ce « mauvais moine » qu'était Baudri. En réponse à ces critiques, H. Pasquier (*Baudri, abbé de Bourgueil, archevêque de Dol...*, Angers, 1878, p. 205) essaie plutôt maladroitement de blanchir la mémoire de son héros, en alléguant qu'il s'adresse à un laïc et que, de toutes façons, la coutume de faire abstinence le samedi n'était pas si répandue au XIᵉ siècle. En fait, les *fratres* du v. 12 sont sûrement, comme presque toujours chez Baudri, des religieux ; quant à l'abstinence du samedi, qui est évidemment de règle dans les monastères bénédictins (cf. *Dictionnaire de spiritualité*, t. 1, col. 121-126, et *Catholicisme*, t. 6, *s. v. jeûne*, col. 837-838), le courant réformateur du XIᵉ siècle tend même à l'imposer aux laïcs. A notre sens, ce n'est pas de l'étroit point de vue du rituel qu'il faut lire le texte de Baudri. Si le débat sur le régime alimentaire revêt un caractère crucial tout au long du haut Moyen Age, et notamment au cours de la querelle entre Cîteaux et Cluny, c'est qu'il est révélateur d'un problème de fond : l'argumentation des « libéraux », reprise ici par notre auteur, ne s'appuie pas sur le souci de leur confort personnel, mais sur l'idée « que les aliments ne sont pas impurs et que ce qui souille l'homme ne vient pas de l'extérieur, mais de lui-même [...], bref que les chrétiens ne seront pas jugés sur ce qu'ils mangent mais sur leur charité » (J. Paul, *L'Église et la culture en Occident (IXᵉ-XIIᵉ s.)*, Paris, 1986, p. 725 – où sont données aussi les références bibliographiques *ad hoc*).

2. *Iudeus Apella* : Hor., *Sat.* 1, 5, 100 (glosé au Moyen Age, selon Du Cange, en *sine pelle*, c'est-à-dire « circoncis »).

3. *apices* : ici, la lettre (qui tue) par opposition à l'esprit. Selon le *ThLL*, on trouve de nombreux exemples, dans la littérature chrétienne de la fin de l'Antiquité, d'*apices* pour désigner les saintes Écritures.

4. *commune* : nous hésitons à donner ici à ce terme le sens d'« impur », qu'il aura un siècle plus tard sous la plume de Pierre Comestor : *est idioma Hebreorum, reputantium cibos immundos, quibus communiter utebantur gentes. Unde uocabant communes, quasi immundos* (*Historia scholastica, In actus apost.*, cap. 47, p. 110, *PL* 198, col. 1676 b).

5. *pone supercilium* : *LHL* 4, 289 (on ajoutera à la liste de Schumann Sedul., *carm. pasch.* 1, 3).

### 128. De eo qui amicitiam interruperat

1. *ledunt contagia* : Verg., *Ecl.* 1, 50 (cf. Baudri, *c.* 8, 244). Le sens de ce vers elliptique, et mal ponctué par Hilbert (qui semble voir en *lesi* un parfait à la première personne du singulier !) est à peu près : « en rompant notre accord (*lesi pacti*), c'est à toi que tu fais tort (*te... ledunt*), puisque tu te couvres ainsi d'une souillure (*contagia*) ».

2. *refrixit opus* : peut-être à rapprocher de Ter., *Ad.* 233 (*refrixerit res*).

### 129. Ad Auitum ut ad eum ueniret

1. Destinataire inconnu, qui pourrait être identique à celui du *c.* 4 (voir la similitude des v. 130, 1 et 4, 24).

2. *sibi* : la correction en *tibi* ne s'impose pas (voir l'emploi similaire, et fautif, de réfléchi dans le *c.* 1, 6).

3. *Est locus* : c'est la formule consacrée pour introduire la description du *locus amoenus* (Verg., *Aen.* 1, 530 ; 3, 163 ; Ov., *Met.* 2, 195 ; Sidon., *c.* 2, 407 ; Ven. Fort., *c.* 1, 18, 1 ; Ermoldus Nigellus, *In honorem Hludowici*, 230, éd. Faral, p. 22, etc.). Le *c.* 129 n'est pas le seul poème où Baudri développe ce topos (cf. *cc.* 7, 118-218 ; 77, 160-165 ; 153, 35-42), mais c'est le seul texte où il fait figurer ensemble tous les éléments de la description traditionnelle : prés fleuris, ruisseaux murmurants, bocages ombreux, oiseaux chanteurs (cf. Curtius, *LEMAL*, t. 1, p. 317-322 et D. Thoss, *Studien zum locus amoenus im Mittelalter*, Vienne, 1972). Les moines du haut Moyen Age décrivent souvent le site de leur abbaye sous les couleurs du

paysage paradisiaque (D. Von der Nahmes, « Ueber Ideallandschaft und Klostergründungsorte », *Studien und Mitteilungen zur Geschichte des Benediktiner- Ordens und seiner Zweige*, 84, 1973, p. 195-270).

4. Vers 8-10 : cette énumération vient pour une large part de Verg., *Ecl.* 2, 47-50 : *(Nais) pallentis* uiolas... *carpens,* / narcissum et florem *iungit*... anet*hi;* / *tum*, casia *atque aliis intexens suauibus herbis*, / *mollia* luteola *pingit uaccinia* calta ». Il nous paraît donc aventureux d'y voir, comme certains (R. Vivier, *Le pays de Bourgueil*, s.l.n.d. [Tours, 1936], p. 129), une description réaliste du jardin du monastère de Bourgueil, probablement semé de ces plantes potagères et médicinales auxquelles le compatriote de Baudri Odon de Meung, a dédié au début du XIᵉ siècle un long poème *De viribus herbarum* (éd. L. Choulant, Leipzig, 1832).

5. *perpetuum uer* : Ov., *Met.* 5, 391 ; Juv. 7, 208 (Baudri, *c.* 7, 217).

6. *refluis anfractibus* : *c.* 126, 19.

7. Vers 23-24 : cf. *c.* 126, 35-36.

8. *Huc ades... puer* : Verg., *Ecl.* 2, 45.

9. Vers 28 : *fidibus lentis* : *c.* 126, 12 ; *organa* : l'« organum » est très exactement, dans la théorie musicale du haut Moyen Age, le chant à deux voix (*organum siue diaphonia*, lit-on dans la *Musica enchiriadis*). Sur le « concert champêtre » décrit aux vers 25-46, voir S. Pittaluga, « Concerti in giardino e cataloghi ornitologici », *Maia* 46, 1994, p. 337-347.

10. *Alexi* : un homonyme de ce personnage, ou plus probablement ce personnage lui-même, est cité dans le *c.* 3, 3. Ce n'est toutefois sûrement pas par hasard que le nom d'Alexis est mentionné dans un texte si riche en allusions à la deuxième *Bucolique*.

11. Vers 33 : Il s'agit vraisemblablement de ce poème sur la Genèse, aujourd'hui perdu, que Baudri déclare avoir entrepris de composer dans les *cc.* 1, 59 et 200, 164-166.

12. Vers 34 : dans les vers 1029 à 1066 du *c.* 154. Ce poème est une paraphrase en vers des *Mythologies* de Fulgence ; le passage sur la Chimère est l'un des seuls où Baudri s'écarte sensiblement de son modèle pour l'amplifier (cf. Tilliette, « Hermès amoureux ou les métamorphoses de la Chimère... », cit., p. 153-154). *Formabo* signifie aussi *faciam formosam* : sur « la beauté du laid » dans l'art roman, voir De Bruyne, *Études d'esthétique médiévale*, 2, cit., p. 105-106.

13. Vers 35 : cf. *cc.* 85 et 99, 182-198. Sur le sens exact de ce vers, Tilliette, *Aetas ovidiana*, p. 84-85.

14. Vers 36-39 : dans les vers 235 à 562 du *c.* 134 (voir note suivante). A l'apparition de la comète de Halley en 1066, qui impres-

sionna beaucoup les esprits et fut interprétée comme un présage de la conquête de l'Angleterre par les Normands, sont consacrés les vers 242 à 258 de ce poème.

15. Vers 40-46 : le plus célèbre et le plus important des poèmes de Baudri, le *c.* 134, est une description fictive de la chambre d'Adèle, fille de Guillaume le Conquérant et épouse d'Étienne-Henri, comte de Blois et Champagne. Une des parois de cette chambre est tendue d'une tapisserie représentant la conquête de l'Angleterre par les Normands. Nous réservons le commentaire détaillé de ce passage, et les indications bibliographiques, au tome suivant de notre édition des poèmes de Baudri.

16. Vers 43 : étymologie « cratylienne », comme les affectionne Baudri (cf. *supra, c.* 101, n. 5). Il semble être l'inventeur de celle-ci.

17. *germen Odonum* : cf. *supra, c.* 93, n. 1 et 13.

18. En réalité, sa conduite indigne lors de la Croisade vaudra à Étienne-Henri d'apparaître comme le type même du lâche dans la *Chanson d'Antioche.* Notre poème est donc soit antérieur à la fuite honteuse du comte de Blois en 1099, stigmatisée par Baudri dans son *Historia hierosolymitana* (*PL* 166, 1118), soit contemporain de son retour en Orient (1101-1102), où il finira par trouver une mort courageuse.

19. *rumpe moras* : *LHL* 4, 541-542.

20. Vers 49-52 : cf. *c.* 208, 63-68 (qui filent la même métaphore).

21. Vers 53-55 : cf. Prv 10, 26 : *Sicut... fumus oculis, sic piger his qui miserunt eum.* Les comparaisons un peu approximatives du vers 53 sont motivées par la rime intérieure *pix / nix*, fréquente au Moyen Age (par ex., Marbode, *c.* 1, 58, 3, *PL* 171, 1685).


## 130. *Ad supradictum Auitum*

1. *Nomen habes ab auo* : *c.* 4, 24.

2. Vers 4 : on hésite donc à identifier le destinataire de ce poème à l'Avit riche et avare à qui est adressé le *c.* 5 – qui semble d'ailleurs être un laïc.

3. Vers 5 : construction assez rude ; la conditionnelle *si te diuiseris ipsum*, équivalant syntaxiquement à une complétive en *quod*, est le sujet du verbe *potest*.

### 131. De Talpa se reprehendendo

1. Il est question de Talpa dans les *cc*. 90 et 107. Le contenu de ce poème permet de trancher la question de savoir s'il s'agit d'un animal ou d'un homme. Encore peut-on imaginer que *Talpa* est le surnom qu'a valu au moine Étienne (*c.* 90) son poème sur la taupe (animal). Mais c'est pure conjecture...

2. Vers 3-7 : noter l'effet de ritournelle – traduction sonore de la palinodie à laquelle ici se livre Baudri – produit par la rime en *-isse(t)*.

3. Vers 12 : cf. *c.* 90 (à Étienne), v. 15 (*dimidium me*) et 18 (*Carmen sepe tuo supposui studio*). Ces rapprochements – ténus – permettent-ils de conforter l'hypothèse émise à la note 1 ?

4. *sententia iudicialis* : *c.* 154, 639 (à propos du jugement de Pâris).

### 132. Ad Guillelmum Sanctonensem

1. Destinataire non identifié.

2. *duxque comesque* : *cc*. 8, 312 ; 137, 26.

3. *munera carminibus* : *c.* 193, 12.

### 133. In mensa itineraria

1. *mensa* : désigne très souvent l'autel au Moyen Age, puisqu'il figure la table du Christ. Les autels portatifs, dont l'usage est peut-être antique, sont en tous cas attestés avec certitude dès la seconde moitié du VII<sup>e</sup> siècle (*Dict. d'archéologie chrétienne et de liturgie*, t. 1/2, col. 3187). Il est à noter que saint Anselme en désapprouve l'usage (*ep.* 159, *PL* 159, 195). Le poème est commenté en détail par Hilbert (*Studien*, p. 173-176).

2. Vers 1-4 : cf. *c.* 185, *De mensa* (mais à propos d'une table profane).

# ADDENDA

## Introduction

P. VIII, note 14: sur l'adhésion, assez peu enthousiaste du point de vue ecclésiologique, plus résolue du point de vue spirituel, de Baudri de Bourgueil à la réforme grégorienne, voir maintenant la thèse magistrale de Jean-Hervé Foulon, *Église et réforme au moyen âge. Papauté, milieux réformateurs et ecclésiologie dans les Pays de la Loire au tournant des XI^e^-XII^e^ siècles*, Bruxelles, 2008, *passim*.

P. VIII-X et XI-XIV: Les vues traditionnelles sur la carrière archiépiscopale de Baudri à Dol ont été entièrement renouvelées par les travaux d'Armelle Le Huërou. Dans l'attente de son édition, pour la collection ALMA, des œuvres hagiographiques en prose de notre auteur, on se limitera à renvoyer aux travaux publiés de cette savante, en particulier: « La réécriture d'un texte hagiographique du XII^e^ siècle: la *Vita Samsonis* de Baudri de Bourgueil », *Annales de Bretagne et des Pays de l'Ouest*, 108/2, 2001, p. 7-30; « Essai de reconstitution de l'histoire des armes miniatures de saint Michel depuis leur introduction au Mont jusqu'à leur disparition », *ibid.*, t. 110/2, 2003, p. 157-187; « Pour une définition du corpus historico-hagiographique de Baudri, archevêque de Dol (1107-1130): à propos de la *Chronique de Dol* et des *Vitae* de saint Magloire (BHL 5140/5144) et de saint Malo (BHL 5120) », *Britannia monastica*, 10, 2007, p. 27-37; « Baudri de Bourgueil et la Normandie: la contribution d'un archevêque de Dol au prestige de grands établissements monastiques normands (Mont-Saint-Michel, Jumièges, Fécamp) », dans: B. Merdrignac et J. Quaghebeur (éd.) *Bretons et Normands au Moyen Âge: rivalités, malentendus, convergences*, Rennes,

2008, p. 201-214; « L'*archiepiscopus Dolensis* au début du XIIᵉ siècle. Esquisse d'un catalogue des actes de Baudri, archevêque de Dol (1107-1130) », dans : J. Quaghebeur et S. Soleil (éd.) *Les pouvoirs et la foi au Moyen Âge en Bretagne et dans l'Europe de l'Ouest. Mélanges en mémoire du professeur Hubert Guillotel,* Rennes, 2010, p. 261-279.

P. XIII, note 37 : La *Vita Beati Roberti de Arbrissello* fait maintenant l'objet d'une édition critique soigneuse, avec traduction française, de la part d'Armelle Le Huërou et de Jacques Dalarun, dans l'ouvrage collectif publié sous la direction de ce dernier, *Les deux vies de Robert d'Arbrissel fondateur de Fontevraud. Légendes, écrits et témoignages. The Two Lives of Robert of Arbrissel Founder of Fontevraud. Legends, Writings and Testimonies,* Turnhout, 2006, p. 78-94 et 130-186.

P. XXIX-XXXIII : La métrique de Baudri est désormais à considérer par rapport aux usages des poètes de son temps, dont l'analyse minutieuse a été opérée par Giovanni Orlandi (« The Hexameter in the *Aetas Horatiana* », dans : Michael W. Herren, Christopher J. McDonough et Ross G. Arthur (éd.) *Latin Culture in the Eleventh Century. Proceedings of the third International Conference on Medieval Latin Studies. Cambridge, September 9-12 1998,* Turnhout, 2002, p. 240-257).

P. XXXIII-XXXVIII : Sur la sociologie du milieu littéraire dans lequel évolue Baudri, voir désormais notre article « La vie culturelle dans l'Ouest de la France au temps de Baudri de Bourgueil », dans : Jacques Dalarun (éd.) *Robert d'Arbrissel et la vie religieuse dans l'Ouest de la France. Actes du colloque de Fontevraud 13-16 décembre 2001,* Turnhout, 2004, p. 71-86.

P. XLV : Il convient de signaler qu'un autre manuscrit médiéval, le Cotton Claudius B.VII de la British Library de Londres, daté du milieu du XIIIᵉ siècle et provenant de l'abbaye de Lichfield, transmet aux folios 239v-240 les vers 749 à 928 du c. 134 *A la comtesse Adèle*; ils sont insérés dans une compilation d'extraits géographiques qui fait suite aux prophéties de Merlin, et présentent un texte rigoureusement identique à celui du manuscrit de Paris, BNF lat. 4126, pour autant qu'on puisse en juger, car le texte est très mutilé à partir du vers 864. Nous remercions Mme Clara Wille, de l'Université de Zurich, de nous avoir signalé ce témoin.

P. LVIII, note 155 : A la liste des traductions des poèmes de Baudri, on ajoutera celle, de langue anglaise, donnée par Mme Monika Otter et accompagnée d'un commentaire minutieux, du c. 134

*A la comtesse Adèle* (« Baudri of Bourgueil, To Countess Adela »,
*The Journal of Medieval Latin* 11, 2001, p. 60-141), et la traduction
italienne commentée, avec texte latin en regard, des *Epistolae ad
mulieres* (cc. 134, v. 1-90; 135-142; 153; 200-201) due à Manuela
Sanson (*Balderico di Bourgueil, Marbodo di Rennes, Ildeberto di Lavardin.
Lettere amorose e galanti*, Rome, 2005, p. 11-87 et 126-135).

**Commentaire**

c. 1, 1-2, *Vade... liber*: sur ce *topos*, voir Michel Jourde *et alii*, « *Va,
mon livre*: quelques jalons pour une histoire de la destination »,
*Nouvelle revue du XVIᵉ siècle*, 1, 2003, p. 121-151.

c. 1, 63 64; *opuscula / dirimat noctibus aut equitans*: cf. Ven.
Fort., *carmina*, Praefatio 4, *opuscul[a]... aut equitando aut dormitando
conscripserim*. À propos de la formule *noctibus aut equitans* et de ses
éventuels échos dans la poésie de langue vulgaire, voir Corrado
Bologna et Tiziana Rubagotti, « 'Talia dictabat noctibus aut equitans' : Baudri de Bourgueil o Guglielmo IX d'Aquitania? », *Critica
del testo*, I/3, 1998, p. 891-917.

c. 1, 69 : compte tenu du contexte (cf. v. 66-67), l'adjectif numéral
*octo* pourrait renvoyer aux huit offices quotidiens de la journée
monastique. Nous ne parvenons pas pour autant à proposer une
restitution satisfaisante du vers détérioré.

c. 1, 73 : aux références données par la note 26 de la p. 145, on
peut ajouter Ov., *ars* 1, 45 (... *ceruis ubi retia tendat*).

c. 2 : nous avons proposé une interprétation de ce rêve dans notre
article « Belles-lettres et mauvais rêves. De quelques cauchemars
monastiques des Xᵉ et XIᵉ siècles », dans: Alain Corbellari et Jean-
Yves Tilliette (éd.) *Le Rêve médiéval. Etudes littéraires*, Genève, 2007,
p. 11-36.

c. 2, 12 : cf. Ov., *Her.* 11, 31 (... *nox erat annua nobis*).

c. 2, 78 : *Fluctibus in mediis*: l'hémistiche est formulaire (dix-sept
occurrences à cette place métrique dans la base de données
*Poetria nova*). On peut toutefois se demander si Baudri n'a pas
pensé ici à Horace, *ep.* 2, 2, 85, où la formule, prise métaphori-
quement, réfère aux soucis et embarras de la vie citadine, fuis par
le poète, qui trouve son inspiration dans le calme des bois et des
champs – une thématique très récurrente dans la poésie de l'abbé
de Bourgueil.

c. 2, 118: la clausule *obice saxi* (cf. p. 149, n. 25) se rencontre également dans Boeth., *Cons.* 1, metr. 7, 19. Or, la conclusion du c. 2 de Baudri paraît clairement entrer en résonance avec ce poème (... *Defluus amnis / Saepe resistit / Rupe soluti / Obice saxi. / Tu quoque si uis / Cernere uerum, / (...) Pelle timorem / (...) Nec dolor adsit*).

c. 3, 52: cf. Ov., *Met.* 3, 354 (à propos de Narcisse) : *fuit in tenera tam dura superbia forma.*

c. 3, 62, *lumine toruo*: cf. Verg., *Aen.* 3, 677; Ov., *Met.* 9, 27.

c. 3, 65, *credis (...) tuae nimium speciei*: cf. Verg., *ecl.* 2, 17, *O formose puer, nimium ne crede colori* (en semblable contexte).

c. 7, 125-130: dans la description des mœurs efféminées des Grecs, on verra volontiers une réponse aux reproches adressés dans l'*Énéide* par Iarbas aux Troyens : *Et nunc ille **Paris** cum semiuiro comitatu, / Maeonia mentum **mitra** crinemque madentem / subnixus, rapto potitur* (*Aen.* 4, 215-217).

c. 7, 287-288, ... *fidelis / interpres*: sur le retournement humoristique par Baudri d'un lieu commun horacien (*Ars*, 133-134), voir J.V. Fleming, « The *Fidus Interpres*, or from Horace to Pandarus », dans P. Boitani et A. Torti (éd.) *Interpretation : Medieval and Modern*, Woodbridge, 1993, p. 189-200.

c. 8, 21, *liceat sperare timenti*: sentence empruntée à Lucain (2, 15).

c. 12: Ce poème, où Baudri décrit avec une minutie affectueuse les instruments matériels de son travail d'écrivain, a inspiré une *Ode to a Mobile Phone* au philosophe et essayiste Kristòf Nýiri (« Images of Home », dans *A Sense of Place. The Global and the Local in Mobile Communication*, Vienne, 2005, p. 375-381).

cc. 14, 17-18, 22, 71-73: les *tituli* composés par Baudri pour les « rouleaux des morts », ainsi que son « Invective contre le porte-rouleau » (c. 23) font désormais l'objet d'une édition méticuleuse et d'un commentaire historique savant de la part de Jean Dufour, dans : Jean Favier – Jean Dufour, *Recueil des rouleaux des morts, VIIIᵉ siècle – vers 1536. Volume 1 : VIIIᵉ siècle – 1180,* Paris, 2005, p. 227-238, 242-243 et 590-597 (n° 81-88, 93 et 125).

c. 25: voir l'édition, la traduction et le commentaire de cette épitaphe au tome 23 du *Corpus des inscriptions de la France médiévale (Côtes d'Armor, Finistère, Ille-et-Vilaine, Morbihan, Loire-Atlantique, Vendée),* Paris, 2008, p. 37-38 (n° 24).

c. 52 : l'épitaphe du comte Gui-Geoffroi de Poitiers a fait l'objet d'un enregistrement sonore de la part de l'ensemble de musique ancienne *Diabolus in musica* (*Carmina gallica. Chansons latines du XIIᵉ siècle*, 2003, plage n° 10). La mélodie semble avoir été composée, d'après des modèles du XIIᵉ siècle, par le directeur de cet ensemble, Antoine Guerber, qui annexe abusivement le poème de Baudri au genre du *planctus* (mais il est vrai qu'il y a incompatibilité entre celui de l'épitaphe et l'exécution musicale).

c. 60, 5 : cf. Verg., *Aen.* 9, 349, *Vomit ille animam et cum sanguine mixto.*

c. 62, 9 : dans la note 3, p. 185, corriger « c. 26, n. 2 » en « c. 26, n. 3 ».

c. 72 (et note 2, p. 187) : au n° 125 de son catalogue (*Recueil des rouleaux des morts... Vol. 1*, p. 590-597), Jean Dufour enregistre deux fragments aujourd'hui conservés séparément (Leyde, Bibliotheek der Rijksuniversiteit, BPL 2505, et Vatican, Reg. lat. 1495, fol. I) mais à l'origine solidaires, qui transmettent quinze *tituli*, pour la plupart versifiés, extraits du rouleau des morts qui déplore la disparition d'un certain Guillaume, sans doute un abbé ; la critique interne permet de dater ce document entre 1113 et 1127. Dufour formule l'hypothèse selon laquelle le c. 72 *In rotula de Guillelmo abbate* aurait pu appartenir au même rouleau, et reprend avec prudence la conjecture de François Duine concernant l'identité du défunt (Guillaume de Dol, abbé de Saint-Florent de Saumur, mort en 1118). Ces hypothèses raisonnables ne sont pourtant guère compatibles avec la date probable de transcription du manuscrit *V*, antérieure à 1107. Il n'est pas impensable qu'un autre abbé portant le prénom alors assez commun de Guillaume se soit vu dédier un *rotulus*, aujourd'hui perdu, vers la fin du XIᵉ ou le début du XIIᵉ siècle. Après tout, on ignorerait tout de l'existence de ceux de Durand d'Auvergne, Jean d'Orléans et Gérard de Montierneuf, si Baudri n'y faisait pas une brève allusion dans son c. 22.

c. 74, *De magistro suo planctus* : ce poème est cité et commenté par Mia Münster-Svendsen, « The Model of Scholastic Mastery in Northern Europe, c. 970-1200 », dans : S.N. Vaughn – J. Rubenstein (éd.) *Teaching and Learning in Northern Europe 1000-1200*, Turnhout, 2006, p. 318-356.

c. 77, 76, *non sinit esse* : cf. Hildebert, c. 22, 28 (éd. Scott, p. 12), également à propos des caprices de la Fortune.

c. 77, 137, *Vendit... uerba*: dans les *Confessions* (9, 5, 13), Augustin, nouveau converti, assimile avec un certain mépris la profession de maître de rhétorique à laquelle il renonce alors à celle de *venditor verborum*.

c. 78, 1-4: sur le développement du thème printanier par les poètes de l'entourage de Marbode, voir M. Delbouille, « Un mystérieux ami de Marbode : le 'redoutable poète' Gautier », *Le Moyen Âge*, 57, 1951, p. 205-240 (231-234), qui cite à ce propos le c. 78 de Baudri.

c. 85, 19-20 : Cf. Juv. 1, 19-20, *Cur tamen hoc potius libeat decurrere campo, / Per quem magnus equos Auruncae flexit alumnus* (également dans le cadre d'un « poème-programme »).

c. 86, 1, *diuine poeta*: Verg., *ecl.* 5, 45.

c. 87, 21, *Femina, census, honos*: Hildebert, c. 50 (*De tribus uitiis*), 3 (éd. Scott, p. 40).

c. 94, 27-34 : ces vers pourraient faire écho aux mots de Jérôme, *ep.* 22, 11 : ... *te... semper in deliciis, semper in plumis, non posse a uino et esculentioribus cibis abstinere*, également adressés à une candidate à l'érémitisme, Eustochium. Il est avéré que Baudri connaît bien ce texte (voir notes au c. 138).

c. 94, 78, *fluctiuago... pelago*: cf. Godefr. Rem., c. *ad Ingelrannum*, 121 (*per fluctiuagum pelagus*), éd. Boutemy, p. 343; Broecker (cf. *infra*, note complémentaire aux cc. 99-100), p. 184.

c. 96, 1-4: l'anaphore à la clausule du mot *Gall(us)* peut faire penser au c. 78 de Catulle, où le même nom est répété, avec une insistance tout aussi moqueuse, en tête des trois premiers distiques. Il n'y a toutefois guère d'apparence que Baudri ait pu connaître l'œuvre de cet auteur. Cf. aussi Sedulius Scottus, qui parcourt, en fin de vers quant à lui, toute la déclinaison du nom de *Robertus* dans son c. II, 58, 1-6 (éd. J. Meyers, Turnhout, 1991, CCCM 117, p. 97) ; l'œuvre poétique de cet auteur n'est pas, elle non plus, largement diffusée.

cc. 97-98 : à défaut de figurer parmi les correspondants d'Ovide, Florus est le destinataire de la longue *Epitre* 2, 2, d'Horace, souvent citée par Baudri qui paraît en goûter la morale humaniste et sans illusions.

c. 97, 51-56 : la même idée est exprimée par le *carmen buranum* 121a (*Non est crimen amor, quia, si scelus esset amare, / Nollet amore Deus etiam divina ligare* – éd. Hilka-Schumann, t.1/2, p. 203). Ce passage du

c. 97 est commenté par M.L. Stapleton, *Harmful Eloquence. Ovid's Amores from Antiquity to Shakespeare*, Ann Arbor, 1996, p. 58-63.

cc. 99-100: l'œuvre poétique de Godefroid de Reims a récemment fait l'objet d'une édition très consciencieuse de la part d'Elmar Broecker, *Gottfried von Reims. Kritische Gesamtausgabe. Mit einer Untersuchung zur Verfasserfrage und Edition der ihm zugeschriebenen carmina*, Francfort - Berlin - Berne – Bruxelles – New York – Oxford – Vienne, 2002. Voir cependant les réserves et compléments à ce travail apportés par Helena de Carlos, « An Approach to the Meaning and Value of the *Epistolarum Liber* of Godfrey of Rheims », *The Journal of Medieval Latin*, 13, 2003, p. 1-18.

c. 99, 131, *specialis amicus*: cette *junctura* qui revient à quatre autres reprises dans la poésie de Baudri (*cc.* 120, 9, 131, 8; 193, 3; 200, 79), et également chez Marbode (c. 2, 31, 14), est commentée par Constant Mews, « Discussing Love: The *Epistolae duorum amantium* and Abelard's *Sic et Non* », *The Journal of Medieval Latin*, 19, 2009, p. 130-147 (p. 142), qui en met en évidence les arrière-plans patristiques et philosophiques. Elle est en fait des plus communes dans la littérature épistolaire.

c. 104, 1-2: cf. Is 28, 10, *Quia manda, remanda...*

c. 109, 16, *iocos eripuere*: cf. Horace, *ep.* 2, 2, 56 (dans un contexte également nostalgique, évoquant la perte de l'inspiration).

c. 110, 2-3: dans la note 1 de la p. 218, corriger « n. 635 » en « c. 97, n. 20 ».

c. 118, 1: cf. Mart. 1, 39, 1 (... *inter numerandus amicos*).

c. 122: parmi les textes spirituels du XIᵉ siècle auxquels fait écho le grand poème pénitentiel de Baudri (cf. p. 225, n.1), on peut encore mentionner l'*ep.* 5, 2 de Pierre Damien. En particulier, le virulent acte d'accusation que l'abbé de Bourgueil dresse contre lui-même, aux v. 84-99, paraphrase presque exactement un passage de cette lettre (*PL* 144, 340c-d).

c. 125: ce distique, effectivement gravé dans la pierre, qui synthétise de façon frappante le mystère de l'Incarnation, a encore fait l'objet d'une nouvelle étude de la part de Javier del Hoyo Calleja, « Nec Deus est nec homo: a propòsito de la inscripcion de la portada norte de San Miguel de Estella », dans E. Pérez Rodrìguez (éd.) *Actas del III Congreso Hispanico de Latìn Medieval (Leòn, 26-29 de septiembre de 2001)*, Leòn, 2002, p. 783-796.

c. 126: sur les sources du poème, voir Jürgen Blansdorf, « Ancient Genres in the Poem of a Medieval Humanist: Intertextual Aspects of the 'De sufficientia votorum suorum' (c. 126 H.) of Baudri de Bourgueil (1046-1130) », *International Journal of the Classical Tradition*, 2/2, 1995, p. 209-218.

c. 126, 53-54 (et note 17, p. 230-231): cf. Verg., *Georg.* 3, 394-395, *At cui lactis amor (...) / Ipse manu salsasque ferat praesepibus herbas.*

c. 127, 5 (et note 4, p. 233): sur le sens péjoratif (« impur ») de l'adjectif *commune*, voir Actes des apôtres 10, 14-15.

# TABLE DES MATIÈRES

INTRODUCTION ................................................................. V

   I. La vie et l'œuvre de Baudri de Bourgueil ...................... V
      Une biographie lacunaire ..................................... V
      Un talent de polygraphe ........................................ X
   II. Les poèmes de Baudri de Bourgueil .......................... XV
      Genres et thèmes .................................................. XVI
      Modèles ............................................................. XIX
      Langue, style et versification .......................... XXIII
      Milieu littéraire ................................................ XXXIII
   III. Les manuscrits ................................................. XXXVIII
      Le manuscrit du Vatican Reg. lat. 1351 *(V)* .... XXXVIII
      La structure du recueil ..................................... XLII
      Autres manuscrits médiévaux ........................... XLV
      Manuscrits modernes ........................................ XLVI
   IV. Éditions .......................................................... XLVII
   V. La présente édition .......................................... LIII
      Principes adoptés .............................................. LIV
      Sources et *loci paralleli* ................................. LVI
   VI. La traduction .................................................. LVII

BIBLIOGRAPHIE ........................................................ LXI

CONSPECTVS SIGLORVM ET ABBREVIATIONVM ...................... LXIX

POÈMES DE BAUDRI, ABBÉ DE BOURGUEIL EN ANJOU
   Texte et traduction ............................................... 1

NOTES ....................................................................... 143

ADDENDA ................................................................... 237

Cet ouvrage
de la collection Auteurs latins du Moyen Âge,
publié aux Éditions Les Belles Lettres,
a été achevé d'imprimer
en décembre 2012
par la Société ACORT Europe
www.cogetefi.com

N° d'éditeur : 7545
Dépôt légal : décembre 2012

Imprimé en France